General Finance Series

通用财经类系列

中级财务会计教程

（第二版）

⊙ 刘海燕 王则斌 主编

复旦大学出版社

内容提要

中级财务会计作为会计学专业的核心骨干课程,在会计学科体系中占有非常重要的地位。本书是在2008年第一版的基础上,根据作者长期教学的经验和体会,结合财政部2014年最新发布的《企业会计准则》、现行的《企业所得税法》及《公司法》的相关规定,作了较为全面的梳理、补充和完善,使其内容更加完整、准确。

全书包含十四章,分别介绍会计学的基本理论基础、货币资金和应收款项、存货、金融工具投资、固定资产、无形资产、投资性房地产及其他资产、资产减值、流动负债、非流动负债、所有者权益、收入与费用及利润、财务报告、财务报表调整。在具体阐述实务操作方法时结合案例,各章末配有多种练习题,注重培养和提高学生的专业知识和专业技能。

前 言

· 中 · 级 · 财 · 务 · 会 · 计 · 教 · 程 ·

会计总是随着经济的发展而发展,并为推动经济发展服务。随着我国社会主义市场经济的进一步深化,会计改革也日新月异。为适应社会主义市场经济发展,进一步完善我国企业会计准则体系,提高财务报表列报质量和会计信息透明度,保持我国企业会计准则与国际财务报告准则的持续趋同,2014年伊始,财政部开始对2006年颁布的《企业会计准则》进行完善,修订或新增了8项具体会计准则。新企业会计准则的颁布实施为企业会计工作,尤其是财务会计工作带来了新的机遇和挑战。

中级财务会计作为会计学专业的核心骨干课程,在会计学科体系中占有非常重要的地位。掌握中级财务会计课程的内容,对于立志于学习会计知识、了解会计知识的学生来说是非常重要的。本书是在《中级财务会计教程》(复旦大学出版社,2008年7月第一版)的基础上,根据作者长期教学的经验和体会,结合财政部2014年最新发布的企业会计准则、现行的企业所得税法及公司法的相关规定,作了较为全面的梳理、补充和完善,使其内容更加完整、准确。修改后的教材力争突出以下特色。

1. 内容新颖、全面。本书紧紧围绕企业会计准则的相关内容,结合会计要素的特点,对企业常见的会计核算内容都有所阐释,体现了新颖性和全面性的特点。

2. 操作性强。本书以我国新颁布的企业会计准则为依据,结合大量的业务实例,使学生可以在学习中更好地掌握具体的核算方法,各章中设计了"案例",以培养学生分析问题和解决问题的能力。

3. 便于理解和掌握。在具体内容安排上,每章都设计了本章学习目的与要求,并在每章安排概述部分,介绍本章的基本概念、基本内容、基本特点和分类,让初学者对全章的基本概念和基本内容有一个总括的了解,做到心中有数。另外,每章最后都有复习思考题、练习题和主要名词的中英文对照,以便读者更好地学习,方便使用者深入理解本书的内容,并可对自己的学习效果进行检查和测试。

本书除可作为高等学校会计学、财务管理、工商管理、财政(含税收)学、金融学等专业的教材外,也可作为从事会计、审计、财务管理、证券监管和银行监管、税务稽核等相关实际工作的人员进行培训和自学的参考资料。

本书由刘海燕、王则斌主编并负责全书的总体设计,刘海燕负责初稿修改完善并对全书进行总纂。全书各章执笔者:刘海燕,第一章、第四章(其中第五节由张佳执笔)、第十二章;王则斌,第十三章;许叶枚,第三章、第九章;龚菊明,第十章;李洁慧,第七章、第八章;龚蕾,第二章、第十一章;袁敏,第五章、第六章;周胡迪,第十四章。

本书的出版获得苏州大学校教材培育专项支持,得到复旦大学出版社的大力支持,在此一并表示感谢。

本书的编写参考了有关专家教授编著的教材和专著,在这里一并表示由衷的感谢!由于水平有限,时间仓促,本教材难免存在一些缺点和错误,期望同仁批评和赐教。

编　者
2015 年 7 月

目录

中 · 级 · 财 · 务 · 会 · 计 · 教 · 程

第一章　总论　001

本章概要　001
学习目的与要求　001
第一节　财务会计概述　001
第二节　财务报告的目标　003
第三节　会计的基本假设和会计基础　005
第四节　会计信息质量要求　008
第五节　会计要素及其确认和计量原则　012
第六节　财务报告　020
第七节　我国企业会计准则体系　021
本章小结　023
名词中英对照　024
案例分析　024
复习思考题　025

第二章　货币资金和应收款项　026

本章概要　026

学习目的与要求 026
第一节 货币资金 026
第二节 应收款项 042
第三节 货币资金和应收款项在财务报告中的披露 056
本章小结 057
名词中英对照 057
案例分析 058
复习思考题 058
练习题 058

第三章 存货 061

本章概要 061
学习目的与要求 061
第一节 存货的确认及初始计量 061
第二节 发出存货的计量 064
第三节 原材料 070
第四节 周转材料和委托加工物资 079
第五节 自制半成品和库存商品 085
第六节 存货的清查和期末计量 089
第七节 存货项目在财务报告中的披露 097
本章小结 098
名词中英对照 098
案例分析 099
复习思考题 100
练习题 100

第四章 金融工具投资 103

本章概要 103
学习目的与要求 103
第一节 以公允价值计量且其变动计入当期损益的金融资产 103
第二节 持有至到期投资 107
第三节 可供出售金融资产 113
第四节 长期股权投资 118

| 第五节 | 长期股权投资核算法的转换及处置 | 130 |
| 第六节 | 金融工具投资项目在财务报告中的披露 | 134 |

本章小结 136

名词中英对照 136

案例分析 137

复习思考题 138

练习题 138

第五章　固定资产　　140

本章概要 140

学习目的与要求 140

第一节　固定资产的确认和初始计量 140

第二节　固定资产的折旧 154

第三节　固定资产的后续支出 160

第四节　固定资产的处置 161

第五节　固定资产在财务报告中的披露 165

本章小结 166

名词中英对照 167

案例分析 167

复习思考题 168

练习题 168

第六章　无形资产　　171

本章概要 171

学习目的与要求 171

第一节　无形资产的确认和初始计量 171

第二节　内部研究开发费用的确认和计量 176

第三节　无形资产的后续计量 180

第四节　无形资产的处置 183

第五节　无形资产在财务报告中的披露 184

本章小结 185

名词中英对照 186

案例分析 186

复习思考题　187
练习题　187

第七章　投资性房地产及其他资产　189

本章概要　189
学习目的与要求　189
第一节　投资性房地产的概述　189
第二节　投资性房地产的确认和初始计量　191
第三节　投资性房地产的后续计量　193
第四节　投资性房地产的转换和处置　197
第五节　其他资产　202
第六节　投资性房地产及其他资产在财务报告中的披露　205
本章小结　206
名词中英对照　207
案例分析　207
复习思考题　207
练习题　208

第八章　资产减值　209

本章概要　209
学习目的与要求　209
第一节　资产减值的判断　209
第二节　资产减值损失的确认和计量　211
第三节　资产组和商誉减值的处理　218
本章小结　223
名词中英对照　224
案例分析　224
复习思考题　224
练习题　224

第九章　流动负债　226

本章概要　226

学习目的与要求	226
第一节 流动负债概述	226
第二节 应付账款和应付票据	228
第三节 应交税费	230
第四节 应付职工薪酬	239
第五节 其他流动负债	249
第六节 流动负债在财务报告中的披露	251
本章小结	252
名词中英对照	252
案例分析	253
复习思考题	253
练习题	254

第十章　非流动负债　　256

本章概要	256
学习目的与要求	256
第一节 非流动负债概述	256
第二节 长期借款	257
第三节 应付债券	259
第四节 其他长期负债	264
第五节 借款费用	268
第六节 非流动负债在财务报告中的披露	273
本章小结	274
名词中英对照	274
案例分析	275
复习思考题	275
练习题	276

第十一章　所有者权益　　278

本章概要	278
学习目的与要求	278
第一节 所有者权益概述	278
第二节 实收资本	280

第三节　资本公积和其他综合收益　　286
第四节　留存收益　　289
第五节　所有者权益在财务报告中的披露　　292
本章小结　　292
名词中英对照　　293
案例分析　　293
复习思考题　　293
练习题　　293

第十二章　收入、费用和利润　　295

本章概要　　295
学习目的与要求　　295
第一节　收入　　296
第二节　费用　　324
第三节　利润及利润分配　　333
第四节　收入、费用和利润在财务报告中的披露　　346
本章小结　　346
名词中英对照　　347
案例分析　　347
复习思考题　　348
练习题　　348

第十三章　财务报告　　352

本章概要　　352
学习目的与要求　　352
第一节　财务报告概述　　352
第二节　资产负债表　　357
第三节　利润表　　380
第四节　现金流量表　　386
第五节　所有者权益变动表　　405
第六节　会计报表附注　　408
第七节　中期财务报告　　413
本章小结　　417

名词中英对照	418
复习思考题	419
练习题	419

第十四章　财务报表调整　422

本章概要	422
学习目的与要求	422
第一节　会计政策及其变更	422
第二节　会计估计及其变更	429
第三节　前期差错更正	431
第四节　资产负债表日后事项	434
本章小结	438
名词中英对照	439
案例分析	439
复习思考题	440
练习题	440

主要参考文献　442

第一章 总 论

■ 本章概要 ■

财务会计属于对外报告会计,它主要以对外提供财务报告的形式,对投资者和其他利益相关者提供决策有用的信息,并报告受托责任。迄今为止,财务会计已形成了一套较为完整的理论体系,该体系的主要内容包括财务会计的目标、会计假设、会计信息质量要求、会计要素、会计计量理论等。本章主要就上述财务会计的基本理论问题进行介绍。

■ 学习目的与要求 ■

通过本章学习,应当能够了解并掌握:
1. 财务会计的概念与特征;
2. 财务会计的目标;
3. 财务会计基本假设的内涵和会计基础;
4. 会计信息质量要求;
5. 会计要素计量属性。

第一节 财务会计概述

一、现代企业会计两大分支的形成

会计是以货币为主要计量单位,反映和监督一个单位经济活动的一项经济管理工作。企业会计主要反映企业的财务状况、经营成果和现金流量,并对企业经营活动和财务收支进行监督。

会计发展史表明,会计是随着社会生产的需要而产生,随着社会生产的发展和经济管理要求的提高而发展和提高的。它的发展与社会经济环境、法律政治环境和科学信息技术的发展密切相关。企业组织形式的变化和经济管理要求的提高，对会计提出了更新、更高的要求；电子计算机在会计领域的应用，也对会计的发展有着重要影响，促使会计理论方法体系日趋完善，会计应用领域不断拓展，会计程序和方法不断优化。伴随着会计的职能从对经济活动的结果进行事后反映，提供会计信息，发展到对经济活动的全过程进行核算和监督，通过参与企业的经营决策强化企业经营管理水平，提高企业竞争能力，充分说明会计在社会经济发展中的地位和作用，同时也促使会计学科的发展，出现了很多的会计分支，但主要将企业会计分为财务会计和管理会计两大分支。

财务会计和管理会计的分离经历了漫长的发展过程。工业革命之前，企业组织形式主要是独资和合伙两种。无论是独资企业还是合伙企业，企业的所有者通常也是企业的经营者，企业与政府机构和其他外部集团之间还没有形成密切的经济利益关系。在这种情况下，会计主要是为企业的所有者兼经营者服务，为企业内部经营管理提供财务信息；各企业可以根据自己的需要，灵活选用会计的程序、方法和信息的提供方式，没有统一的规范可循。开始于18世纪中叶的资本主义工业革命，在带来社会生产力发展的同时，也促使股份有限公司这种企业组织形式的产生。至19世纪末20世纪初，股份有限公司已成为现代公司制度的典型形式。股份有限公司的一个显著特征，就是可以通过在资本市场上发行股票在短期内筹集巨额资本。公司的所有者就是为数众多、日益分散化的股东，他们同企业之间存在经济利益关系，但却无法直接参与企业的经营管理，因而不得不由股东团体聘请专职的经营人员来管理企业。这种所有权与经营权的分离，使公司的所有者与经营者之间形成财产的委托与受托关系，公司的所有者自然要关心管理当局对委托财产的使用和保管情况，关心企业的盈利水平和投资报酬。与此同时，企业的债权人也关心企业的偿债能力，关心债权的安全性。这样，股东和债权人都迫切需要企业会计提供关于企业财务状况和经营成果等方面的信息，以便作出有效的投资决策和信贷决策。此外，企业的客户、政府机构、广大的社会公众等都会从各自的利益出发，要求企业提供有关的会计信息，他们和企业的股东、债权人一起，构成企业的外部利益集团。另外，企业管理当局受法律或合同的约束，或者出于维持公共形象、进一步吸引投资的考虑，往往也乐于向外部利益集团提供它们所需要的信息。这样，传统的会计逐渐演变成主要向企业外部利益集团提供财务信息的财务会计。

财务会计提供的信息虽然也是企业管理当局进行经营决策的重要信息来源，但是随着企业生产经营环境的日趋复杂化，企业管理当局迫切需要在财务会计系统之外取得与计划、预测和分析有关的信息，并要求这些信息在内容上更加广泛，形式上更加灵活，时间上更加及时。在这种情况下，于20世纪初逐渐产生了企业会计的另一重要分支——管理会计。从20世纪30年代开始，管理会计逐步引进了管理科学、数学模型、电子计算机以及信息论、系统论、控制论等先进的技术和方法，至20世纪50年代，专门致力于加强企业内部管理、提高经济效益的一整套新的会计理论、方法体系——管理会计正式形成。至此，管理会计和财务会计就正式成为企业会计的两大分支。

二、财务会计的特点

财务会计以会计准则或制度为依据,采用一系列专门的方法,对企业经济活动过程进行确认、计量、记录、核算和监督,定期编制和对外提供财务报告。财务会计的最大特点是以货币作为主要计量单位,全面、系统、客观地反映已经发生的经济业务,并以财务报告的形式提供有关会计主体的信息。与管理会计相比,财务会计的特点主要表现在以下四个方面。

一是从提供会计信息的对象看,财务会计编制的财务报告既为企业外部使用者提供会计信息,同时也为企业内部管理者提供会计信息。但是,主要是编制对外财务报告,所以财务会计也称"外部会计"。管理会计主要是围绕管理者的决策和控制,提供经济活动现时的和未来的企业内部预测、决策、控制、分析等方面的信息,为内部管理者服务。所以,管理会计也被称为"内部会计"。

二是从提供信息的规范来看,财务会计要严格遵循企业会计准则或企业会计制度,具有强制性;而管理会计主要考虑经营管理决策中的"成本—效益"原则,相对较灵活。

三是从会计核算的过程来看,财务会计严格按照"凭证—账簿—报表"的会计程序和模式,以货币作为计量单位,综合反映并定期提供有关企业资产、负债和所有者权益的增减变动,收入的取得和费用的发生,以及损益的形成和分配等各种经济活动的情况及其结果;而管理会计在会计期间的划分、核算程序的选择和核算方法的确定方面都比较灵活,往往没有固定的模式,可以根据管理所需信息的要求选择。

四是从信息的报告来看,财务会计以提供历史信息为主,对资产负债表、利润表、现金流量表、报表附注等提供信息的内容和格式都有统一的规定,而且,要定期编制,并具有法律效力;而管理会计主要强调提供的信息对管理者决策的有效性,并不注重信息报告的形式,也不具有法律效力。

财务会计与管理会计虽然在许多方面存在着差别,但作为现代企业会计的两大分支,仍然具有密切的关系,而且它们的最终目标是一致的,都是为了实现企业价值的最大化。

第二节 财务报告的目标

财务会计作为对外报告会计,其目的是为了通过向外部会计信息使用者提供有用的信息,以反映企业财务信息,帮助使用者作出相关决策。承担这一信息载体和功能的便是企业编制的财务报告,它是财务会计确认和计量的最终成果,是企业管理层与外部信息使用者沟通的桥梁和纽带。

一、财务报告的使用者

财务报告的使用者包括企业的投资者、债权人、政府及其职能机构、客户、企业内部管理者和员工等与企业有各种经济利益关系的集团和个人。不同的利益关系者有不同的利益诉求,其所需要的会计信息侧重点也有所不同。

(一) 投资者(股东)和潜在投资者

投资者(股东)和潜在投资者进行投资决策的最终目的是扩大财富。因此,他们是企业财富最大化的追求者,投资者进行某项投资后,其财富的大小是由企业的价值大小决定的。企业的价值即其出售的价格,而个别投资者(股东)的财富就是其拥有的企业资产份额(股份)转让时所能获取的现金。所以,他们在阅读企业会计报告时,主要结合投资项目、资本结构和股利分配政策等,以了解企业的盈利能力及其变化趋势,了解企业目前的经营管理状况,判断企业未来现金流量的数额、时间和不确定性,据以作出投资决策。

(二) 债权人

企业债权人包括银行、非银行金融机构(财务公司、信贷投资公司等)、债券购买者和其他债权人。债权人的目的不是价值最大化,而是到时收回本金并获得约定的利息收入。所以,在信息的需求上,他们主要关心的并非仅仅是企业的盈利能力,他们更注重企业的资本结构、资产结构等影响偿债能力方面的信息,以关注和判断其债权所面临的风险程度。

(三) 政府及其职能机构

政府作为投资者,关心的是政府资本在企业中的保值增值,它有与一般投资者一样的会计信息需求;政府作为社会管理者,需要根据企业的会计信息,在了解微观经济资源的配置状况与效益、经济秩序、税收、证券市场监管等基础上,对社会宏观经济进行调整和控制。

(四) 社会中介服务机构

随着市场体系的建立和发展,出现了许多关心会计信息的组织和个人,如会计师事务所、评估师事务所、律师事务所、投资咨询服务公司、股评机构及专业人员。这些中介机构和个人根据其受托的服务对象的需求,从不同的侧面和重点关注企业的会计信息。

(五) 企业管理当局

企业以营利为目的,投资人将资源投入企业,就希望能在企业管理者有效的管理经营下,在激烈的竞争中求得生存和发展,获得预期利润。企业管理当局为了履行其受托的责任,就必须运用自己的专业才干和管理经验去努力实现投资者所期望的目标。企业管理当局根据企业会计信息评价和预测企业的财务状况和盈利能力,并根据企业的现实情况进行计划调整,以提高管理水平,更好地帮助企业作出有利于企业生存、发展的经营决策。

二、财务报告的目标

我国企业财务报告的目标,是向财务报告使用者提供与企业财务状况、经营成果和现金流量等有关的会计信息，反映企业管理层受托责任的履行情况，有助于财务报告使用者作出经济决策。其主要包括以下两个方面的内容。

（一）向财务报告使用者提供决策有用的信息

企业编制财务报告的主要目的是为了满足财务报告使用者的信息需要，有助于财务报告使用者作出经济决策。因此，向财务报告使用者提供决策有用的信息是财务报告的基本目标。如果企业在财务报告中提供的会计信息与使用者的决策无关，没有使用价值，那么财务报告就失去了其编制的意义。根据向财务报告使用者提供决策有用的信息这一目标的要求，财务报告所提供的会计信息应当：如实反映企业所拥有或者控制的经济资源、对经济资源的要求权以及经济资源要求权的变化情况；如实反映企业的各项收入、费用、利得和损失的金额及其变动情况；如实反映企业各项经营活动、投资活动和筹资活动等所形成的现金流入和现金流出情况等。从而，有助于现在的或者潜在的投资者、债权人以及其他使用者正确、合理地评价企业的资产质量、偿债能力、盈利能力和营运效率等；有助于使用者根据相关会计信息作出理性的投资和信贷决策；有助于使用者评估与投资和信贷有关的未来现金流量的金额、时间和风险等。

（二）反映企业管理层受托责任的履行情况

在现代公司制下，企业所有权和经营权相分离，企业管理层是受委托人之托经营管理企业及其各项资产，负有受托责任，即企业管理层所经营管理的企业各项资产基本上均为投资者投入的资本（或者留存收益作为再投资）或者向债权人借入的资金所形成的，企业管理层有责任妥善保管并合理、有效地运用这些资产。尤其是企业投资者和债权人等，需要及时或者经常性地了解企业管理层保管、使用资产的情况，以便于评价企业管理层受托责任的履行情况和业绩情况，并决定是否需要调整投资或者信贷政策，是否需要加强企业内部控制和其他制度建设，是否需要更换管理层等。因此，反映企业管理层受托责任的履行情况，以有助于评价企业的经营管理责任和资源使用的有效性就成为财务报告的又一重要目标。

第三节　会计的基本假设和会计基础

一、会计的基本假设

财务报告的目标是通过对经济业务的确认、计量、记录、报告来实现的。会计所计量、记录的经济业务是错综复杂的，其中有些经济现象及其规律性并没有被人们所认识，当然无法用科学方法去计量和描述。为了使会计工作顺利进行，就必须对会计工作中产生的一些尚未确知的事物，根据客观的正常情况或者发展趋势作出合乎逻辑的判断和假定。这种判断和假定就是财务会计核算的前提条件，又称会计假设。

会计假设并非主观臆测,而是会计人员对长期实践经验的总结。它们是从会计实践中抽象出来的,体现了会计活动的基本特征,其最终目的是为了保证会计信息的有用性、合理性和可靠性。这些合乎逻辑的假设,是组织会计核算工作必须具备的前提条件,一般包括:会计主体、持续经营、会计分期和货币计量。

(一)会计主体

会计主体,是指企业会计确认、计量和报告的空间范围。为了向财务报告使用者反映企业财务状况、经营成果和现金流量,提供与其决策有用的信息。会计核算和财务报告的编制应当集中于反映特定对象的活动,并将其与其他经济实体区别开来,才能实现财务报告的目标。

在会计主体假设下,企业应当对其本身发生的交易或者事项进行会计确认、计量和报告,反映企业本身所从事的各项生产经营活动。生产经营活动又是由各项具体的经济业务所构成的,而每项经济业务又都与其他相关经济业务联系在一起。另一方面,由于社会经济关系的错综复杂,企业本身的经济业务也总是与其他企业或单位的经济活动相联系。即使是同一项经济业务,也会存在因为企业的不同而对交易双方意义不同的情况。例如,甲企业销售货物给乙企业,对交易双方来说,甲企业是销售,而乙企业是采购。因此,对于会计人员来说,首先就需要确定会计核算的范围,明确为谁服务,明确哪些经济活动应当予以确认、计量和报告,明确哪些不应当包括在其会计核算的范围内,也就是要确定会计主体。明确界定会计主体是开展会计确认、计量和报告工作的重要前提。

会计主体是随着社会生产力的发展和经营活动组织形式的发展变化而产生和发展的。在生产经营规模小,业主独资经营的情况下,经营活动和业主本身的活动是合二为一的,会计主体的概念并不是很迫切需要。而当几个人合伙经营时,合伙企业的经营收支活动就必须与各个业主的个人收支活动相区分,明确合伙经营企业与合伙人个人收支的界限,即合伙会计的核算范围。

会计主体的作用在于界定不同会计主体会计核算的范围。从企业来说,它要求会计核算区分自身的经济活动与其他企业的经济活动;区分企业的经济活动与企业投资者的经济活动。这样通过会计核算范围的界定,就能够为提供会计信息使用者所需要的会计信息明确空间范围。

会计主体与法律主体并不是同一概念。一般来说,法律主体必然可以作为独立的会计主体。但是,会计主体并不一定就是法律主体。会计主体可以是独立的法人,也可以是非法人(如独资企业和合伙企业);可以是一个企业,也可以是企业内部的某一单位或企业内部为管理需要而设立的某一个特定的部分;可以是单一企业,也可以是由几个企业组成的企业集团。例如,某基金管理公司管理了10只证券投资基金,对于该公司来讲,一方面公司本身既是法律主体,又是会计主体,需要以公司为主体核算公司的各项经济活动,以反映整个公司的财务状况、经营成果和现金流量;另一方面每只基金尽管不属于法律主体,但需要单独核算,并向基金持有人定期披露基金财务状况和经营成果等,因此,每只基金也属于会计主体。

(二)持续经营

持续经营是指假定会计主体的生产经营活动将无限期地延续下去,在可以预见的将来,会计主体不会因为进行清算、解散、倒闭而不复存在。它界定了会计核算的时间范围,它使得会计人员可以以会计主体持续、正常的经营活动为前提,选择和确定会计程序、会计处理方法,进行会计核算。

现行的会计处理方法大多是建立在持续经营的基础之上。如果没有持续经营这一会计假设,一些公认的会计处理方法将不能采用,企业也就不能按照现在的会计原则和会计处理方法进行会计核算和对外提供会计信息。例如,历史成本原则就是假定企业在正常经营的情况下,运用它所拥有的各种经济资源和依照原来的偿还条件偿付其所负担的各种债务的前提下,才运用于会计核算之中的。如果没有持续经营这一假设,从理论上来说,机器设备等固定资产的价值只能采用可变现价值来予以计量;负债就不可能按照原来规定的条件偿还,而必须按照资产变现后的实际负担能力来清偿;会计处理原则和程序就必须按照清算条件下的情形来进行。

如果一个企业在不能持续经营时还假定企业能够持续经营,并仍按持续经营基本假设选择会计确认、计量和报告原则与方法,就不能客观地反映企业的财务状况、经营成果和现金流量,会误导会计信息使用者的经济决策。

(三)会计分期

会计分期是指将企业持续不断的经营活动人为地划分为一个一个的期间,以便会计主体据以结算账目、编制会计报表,从而及时地向会计信息的使用者提供反映其经营成果和财务状况及其变动情况的信息。

在假定企业为持续经营的条件下,要想计算会计主体的盈亏情况,反映其生产经营成果,从理论上来说只有等到企业所有的生产经营活动完全结束时,才能够通过收入与其相关的成本费用的比较,进行准确的计算。但是,这显然是行不通的。因为,这就意味着信息的使用者无法得到及时的会计信息,自然也就不是决策有用的信息。所以,必须将企业持续不断的生产经营活动人为地划分为一个一个相等的会计期间,以分期反映企业的经营成果和财务状况。

会计期间划分的最重要的意义就是使得及时向信息使用者提供信息成为可能。同时,有了会计期间才产生了本期与非本期的区别,出现了权责发生制与收付实现制的区别,才使不同类型的会计主体有了记账基准,进而出现了应收、应付、折旧、摊销等会计处理方法。我国基本会计准则明确规定,企业在会计确认、计量和报告中应当以权责发生制为基础。

企业通常以自然年度作为划分会计期间的标准,也可以采用其他的标准,例如,可以是企业的一个营业周期。按照我国企业会计准则的规定,我国企业的会计核算应当划分会计期间,分期结算账目和编制财务报告。会计期间分为年度和中期,短于一个完整会计年度的报告期间称为会计中期。

(四)货币计量

货币计量,是指会计主体在财务会计确认、计量和报告时以货币计量反映会计主体的生产经营活动。

在会计的确认、计量和报告过程中之所以选择货币为基础进行计量,是由货币的本身属性决定的。货币是商品的一般等价物,是衡量一般商品价值的共同尺度,具有价值尺度、流通手段、贮藏手段和支付手段等特点。其他计量单位,如重量、长度、容积、台、件等,只能从一个侧面反映企业的生产经营情况。无法在量上进行汇总和比较,不便于会计计量和经营管理。只有选择货币尺度进行计量才能充分反映企业的生产经营情况,所以,我国基本准则规定,会计确认、计量和报告选择货币作为计量单位。

但是,统一采用货币计量也存在缺陷。例如,某些影响企业财务状况和经营成果的因素,如企业经营战略、研发能力、市场竞争力等,往往难以用货币来计量,但这些信息对于使用者决策也很重要。为此,企业可以在财务报告中补充披露有关非财务信息来弥补上述缺陷。

二、会计基础

企业会计的确认、计量和报告应当以权责发生制为基础。权责发生制基础要求,凡是当期已经实现的收入和已经发生或应当负担的费用,无论款项是否收付,都应当作为当期的收入和费用,计入利润表;凡是不属于当期的收入和费用,即使款项已在当期收付,也不应当作为当期的收入和费用。

在实务中,企业交易或者事项的发生时间与相关货币收支时间有时并不完全一致。例如,款项已经收到,但销售并未实现;或者款项已经支付,但并不是为本期生产经营活动而发生的。为了更加真实、公允地反映特定会计期间的财务状况和经营成果,基本准则明确规定,企业在会计确认、计量和报告中应当以权责发生制为基础。

第四节 会计信息质量要求

为了实现财务报告的目标,规范企业会计行为,保证会计信息质量,会计监管部门一般都要明确规定会计信息应当达到的基本质量要求,即为了使财务报告中所提供的会计信息对使用者决策有用而应具备的质量特征。我国根据会计实践经验,同时借鉴国际惯例,在《企业会计准则——基本准则》中规定了八条会计信息质量特征,包括可靠性、相关性、可理解性、可比性、实质重于形式、重要性、谨慎性和及时性。

一、可靠性

可靠性要求企业应当以实际发生的交易或者事项为依据进行确认、计量和报告，如实反映符合确认和计量要求的各项会计要素及其他相关信息，保证会计信息真实可靠、内容完整。具体包括以下两个内容。

第一，以实际发生的交易或者事项为依据进行确认、计量，将符合会计要素定义及其确认条件的资产、负债、所有者权益、收入、费用和利润等如实反映在财务报表中，不得根据虚构的、没有发生的或者尚未发生的交易或者事项进行确认、计量和报告。

第二，在符合重要性和成本效益原则的前提下，保证会计信息的完整性，其中包括应当编报的报表及其附注内容等应当保持完整，不能随意遗漏或者减少应予披露的信息，与使用者决策相关的有用信息都应当充分披露。

二、相关性

相关性要求企业提供的会计信息应当与投资者等财务报告使用者的经济决策需要相关，有助于投资者等财务报告使用者对企业过去、现在或者未来的情况作出评价或者预测。

会计信息是否有用，是否具有价值，关键是看其与使用者的决策需要是否相关，是否有助于决策或者提高决策水平。相关的会计信息应当能够有助于使用者评价企业过去的决策，证实或者修正过去的有关预测，因而具有反馈价值。相关的会计信息还应当具有预测价值，有助于使用者根据财务报告所提供的会计信息预测企业未来的财务状况、经营成果和现金流量，例如区分收入和利得、费用和损失，区分流动资产和非流动资产、流动负债和非流动负债以及适度引入公允价值等，都可以提高会计信息的预测价值，进而提升会计信息的相关性。

会计信息质量的相关性要求，需要企业在确认、计量和报告会计信息的过程中，充分考虑使用者的决策模式和信息需要。但是，相关性是以可靠性为基础的，两者之间并不矛盾，不应将两者对立起来。也就是说，会计信息在可靠性前提下，尽可能地做到相关性，以满足投资者等财务报告使用者的决策需要。

三、可理解性

可理解性要求企业提供的会计信息应当清晰明了，便于投资者等财务报告使用者理解和使用。

企业编制财务报告、提供会计信息的目的在于使用，而要帮助使用者有效使用会计信息，应当能让其了解会计信息的内涵，弄懂会计信息的内容，这就要求财务报告所提供的会计信息应当清晰明了，易于理解。只有这样，才能提高会计信息的有用性，实现财务报告的目标，满足向投资者等财务报告使用者提供决策有用信息的要求。

鉴于会计信息是一种专业性较强的信息产品，因此，在强调会计信息的可理解性要求的同时,还应假定使用者具有一定的有关企业生产经营活动和会计核算方面的知识,并且愿意付出努力去研究这些信息。对于某些复杂的信息,例如,交易本身较为复杂或者会计处理较为复杂,但其对使用者的经济决策是相关的,就应当在财务报告中予以披露,企业不能仅仅以该信息会使某些使用者难以理解而将其排除在财务报告所应披露的信息之外。

四、可比性

可比性要求企业提供的会计信息应当具有可比性。具体包括下列两个方面的要求。

第一,为了便于使用者了解企业财务状况和经营成果的变化趋势,比较企业在不同时期的财务报告信息,从而全面、客观地评价过去、预测未来,会计信息质量的可比性要求同一企业对于不同时期发生的相同或者相似的交易或者事项,应当采用一致的会计政策,不得随意变更。当然,满足会计信息可比性的要求,并不表明不允许企业变更会计政策,企业按照规定或者会计政策变更后可以提供更可靠、更相关的会计信息时,就有必要变更会计政策,以向使用者提供更为有用的信息,但是有关会计政策变更的情况,应当在附注中予以说明。

第二,为了便于使用者评价不同企业的财务状况、经营成果的水平及其变动情况,从而有助于使用者作出科学合理的决策,会计信息质量的可比性还要求不同企业发生的相同或者相似的交易或者事项,应当采用规定的会计政策,确保会计信息口径一致、相互可比,即对于相同或者相似的交易或者事项,不同企业应当采用一致的会计政策,以使不同企业按照一致的确认、计量和报告基础提供有关会计信息。

五、实质重于形式

实质重于形式要求企业应当按照交易或者事项的经济实质进行会计确认、计量和报告,不应仅以交易或者事项的法律形式为依据。如果企业仅仅以交易或者事项的法律形式为依据进行会计确认、计量和报告,那么就容易导致会计信息失真,无法如实反映经济现实。

在实务中,交易或者事项的法律形式并不总能完全真实地反映其实质内容。所以,会计信息要想反映其所应反映的交易或事项,就必须根据交易或事项的实质和经济现实来进行判断,而不能仅仅根据它们的法律形式。例如,企业以融资租赁方式租入固定资产,虽然从法律形式来讲,企业并不拥有其所有权,但是由于租赁合同中规定的租赁期都相当长,接近于该资产的使用寿命;租赁期结束时承租企业有优先购买该资产的选择权;在租赁期内承租企业有权支配该资产并从中受益等。所以,从其经济实质来看,企业能够控制融资租入固定资产所创造的未来经济利益,所以在进行会计确认、计量和报告时,应当将以融资租赁方式租入的固定资产视为企业的资产,列入企业的资产负债表。

六、重要性

重要性要求企业提供的会计信息应当反映与企业财务状况、经营成果和现金流量有关的所有重要交易或者事项。

在实务中,如果会计信息的省略或者错报会影响投资者等财务报告使用者据此作出决策的,该信息就具有重要性。重要性的应用需要依赖职业判断,企业应当根据其所处环境和实际情况,从项目的性质和金额大小两方面加以判断。重要性也是相对的,某一事项对这个企业是重要的,但对另外的企业可能就不重要;过去是重要的事项,现在可能就不是重要的事项,或者相反。此外,还要考虑会计事项的性质,不能只看金额,如违纪、违法行为,即使金额不大,也应单独列示。

七、谨慎性

谨慎性要求企业对交易或者事项进行会计确认、计量和报告应当保持应有的谨慎,不应高估资产或者收益、低估负债或者费用。

在市场经济环境下,企业的生产经营活动面临着许多风险和不确定性,如应收款项的可收回性、固定资产的使用寿命、无形资产的使用寿命、售出存货可能发生的退货或者返修等。会计信息质量的谨慎性要求,需要企业在面临不确定性因素的情况下作出职业判断时,应当保持应有的谨慎,充分估计到各种风险和损失,既不高估资产或者收益,也不低估负债或者费用。例如,要求企业对可能发生的资产减值损失计提资产减值准备,对售出商品可能发生的保修义务等确认预计负债等,就体现了会计信息质量的谨慎性要求。

谨慎性原则的目的在于确保企业具有正常、坚实的财务状况,保持继续经营的经济实力。但谨慎并不意味着可以任意高估费用、压低利润、建立"秘密准备",因为这将会扭曲企业实际的财务状况和经营成果,从而对使用者的决策产生误导。

八、及时性

及时性要求企业对于已经发生的交易或者事项,应当及时进行会计确认、计量和报告,不得提前或者延后。

会计信息的价值在于帮助使用者作出经济决策,因此具有时效性。即使是可靠、相关的会计信息,如果不及时提供,也就失去了时效性,对于使用者的效用就大大降低,甚至不再具有任何意义。在会计确认、计量和报告过程中贯彻及时性:一是要求及时收集会计信息,即在经济交易或者事项发生后,及时收集整理各种原始单据或者凭证;二是要求及时处理会计信息,即按照企业会计准则的规定,及时对经济交易或者事项进行确认或者计量,并编制出财务报告;三是要求及时传递会计信息,即按照国家规定的有关时限,及时地将编制的财务报告传递给财务报告使用者,便于其及时使用和决策。

第五节 会计要素及其确认和计量原则

会计要素,是指按照交易或者事项的经济特征所作的基本分类,分为反映企业财务状况的会计要素和反映企业经营成果的会计要素。它既是会计确认和计量的依据,也是确定财务报表结构和内容的基础。我国企业会计要素按照其性质分为资产、负债、所有者权益、收入、费用和利润,其中,资产、负债和所有者权益要素侧重于反映企业的财务状况,收入、费用和利润要素侧重于反映企业的经营成果。会计要素的界定和分类可以使财务会计系统更加科学严密,并可为使用者提供更加有用的信息。

一、会计要素

(一)资产

1. 资产的定义

资产,是指过去的交易或者事项形成的、由企业拥有或者控制的、预期会给企业带来经济利益的资源。它具有以下三个特征。

第一,资产能够直接或间接地给企业带来经济利益。

资产定义中所指的"预期会给企业带来经济利益",是指直接或者间接导致现金和现金等价物流入企业的潜力。其中,经济利益,是指直接或间接地流入企业的现金或现金等价物。资产导致经济利益流入企业的方式多种多样,比如:单独或与其他资产组合为企业带来经济利益;以资产交换其他资产;以资产偿还债务等。资产之所以成为资产,就在于其能够为企业带来经济利益。如果某项目不能给企业带来经济利益,那么就不能确认为企业的资产。例如,货币资金可以用于购买所需要的商品或用于利润分配;厂房场地、机器设备、原料材料等可以用于生产经营过程,制造商品或提供劳务,出售后收回货款,货款即为企业所获得的经济利益。

第二,资产都是为企业所拥有的,或者即使不为企业所拥有,也是企业所控制的。

资产定义中所指的"由企业拥有或者控制",是指企业享有某项资源的所有权,或者虽然不享有某项资源的所有权,但该资源能被企业所控制。企业拥有资产,就能够排他性地从资产中获取经济利益。有些资产虽然不为企业所拥有,但是企业能够支配这些资产,因此同样能够排他性地从资产中获取经济利益。如果企业不能拥有或控制资产所能带来的经济利益,那么就不能作为企业的资产。例如,对于以融资租赁方式租入的固定资产来说,虽然企业并不拥有其所有权,但是由于租赁合同规定的租赁期相当长,接近于该资产的使用寿命,则表明企业控制了该资产的使用及其所能带来的经济利益,所以以融资租赁方式租入的固定资产应视为企业的资产。对于以经营租赁方式租入的固定资产来说,由于企业不能控制它并从中受益,所以,以经营租赁方式租入的固定资产不应视为企业的资产。

第三,资产是由过去的交易或事项形成的。

资产定义中所指的"企业过去的交易或者事项",包括购买、生产、建造行为或其他交易或者事项。预期在未来发生的交易或者事项不形成资产。资产必须是现实的资产,而不能是预期的资产。只有过去发生的交易或事项才能增加或减少企业的资产,而不能根据谈判中的交易或计划中的经济业务来确认资产。例如,已经发生的固定资产购买交易会形成企业的资产,而计划中的固定资产购买交易则不会形成企业的资产。

资产按流动性分类可分为流动资产和非流动资产。

流动资产是指满足下列条件之一的资产:(1)预计在一个正常的营业周期中变现、出售或耗用;(2)主要为交易目的而持有;(3)预计在资产负债表日起一年内(含一年)变现;(4)自资产负债表日起一年内,交换其他资产或清偿负债的能力不受限制的现金或现金等价物。流动资产主要包括货币资金、以公允价值计量且其变动计入当期损益的金融资产、应收票据、应收账款、预付款项、应收利息、应收股利、其他应收款、存货等。

非流动资产是指流动资产以外的资产,主要包括投资性房地产、长期股权投资、固定资产、在建工程、工程物资、无形资产、开发支出等。

2. 资产的确认条件

将一项资源确认为资产,首先需要符合资产的定义。除此之外,还需要同时满足以下两个条件。

(1)与该资源有关的经济利益很可能流入企业。根据资产的定义,能够带来经济利益是资产的一个本质特征,但是由于经济环境瞬息万变,与资源有关的经济利益能否流入企业或者流入多少,实际上带有不确定性。因此,资产的确认应当与经济利益流入的不确定性程度的判断结合起来,如果根据编制财务报表时所取得的证据,与该资源有关的经济利益很可能流入企业,那么就应当将其确认为资产。

(2)该资源的成本或者价值能够可靠地计量。可计量性是所有会计要素确认的重要前提,资产的确认也不例外。只有当有关资源的成本或者价值能够可靠地计量时,资产才能够予以确认。

(二)负债

1. 负债的定义

负债,是指企业过去的交易或者事项形成的、预期会导致经济利益流出企业的现时义务。它具有以下三个特征。

第一,负债是企业承担的现时义务。

现时义务,是指企业在现行条件下已承担的义务。现时义务包括法定义务和推定义务。法定义务,通常是指企业在经济管理和经济协调中,依照经济法律、法规的规定必须履行的责任,如企业与其他企业签订购货合同产生的义务,就属于法定义务。因国家法律、法规的要求产生的义务,如企业按税法要求交纳所得税的义务,也属于法定义务。推定义务,通常是指企业在特定情况下产生或推断出的责任。如甲公司是一家化工企业,因扩大经营规模,到美国创办了一家分公司,如果美国尚未针对甲公司这类企业的生产经营可能产生的环境污染制定相关法律,因而甲公司的分公司对在美国生产经营可能产生的环境污染不承担法定义务。但是,甲公司为在美国树立良好的社会形象,自行向社会公告,宣称将对生产经营可能产生的环境污染进行治理。甲公司的分公司为此承担的义务就属于推定义务。

负债是企业的现时义务,也就是说,负债作为企业的一种义务,是由企业过去的交易或事项形成的现在已承担的义务。如银行借款是因为企业接受了银行贷款而形成的,如果企业没有接受银行贷款,则不会发生银行借款这项负债;应付账款是因为企业采用信用方式购买商品或接受劳务而形成的,在购买商品或接受劳务发生之前,相应的应付账款并不存在。

第二,负债的清偿预期会导致经济利益流出企业。

负债的清偿预期会导致经济利益流出企业。清偿负债导致经济利益流出企业的形式多种多样,如:用现金偿还或以实物资产偿还;以提供劳务偿还;部分转移资产部分提供劳务偿还;将负债转为所有者权益,如将国有企业对金融机构的债务转为金融机构拥有的所有者权益。企业不能或很少可以回避现时义务。如果企业能够回避该项义务,则不能确认为企业的负债。

第三,负债是由过去的交易或事项形成的。

作为现时义务,负债是过去已经发生的交易或事项所产生的结果,是现实的义务。只有过去发生的交易或事项才能增加或减少企业的负债,未来发生的交易或者事项形成的义务,不属于现时义务,不应当确认为负债。如银行借款是因为企业接受了银行贷款而形成的,如果企业没有接受贷款,则不会发生银行借款这项负债;应付账款是因为企业采用信用方式购买商品或接受劳务而形成的,在购买商品或接受劳务发生之前,相应的应付账款并不存在。

负债按流动性分类可分为流动负债和非流动负债。

流动负债是指满足下列条件之一的负债:(1)预计在一个正常的营业周期中清偿;(2)主要为交易目的而持有;(3)自资产负债表日起一年内(含一年)到期应予以清偿;(4)企业无权自主地将清偿推迟至资产负债表日后一年以上。流动负债主要包括短期借款、应付票据、应付账款、预收账款、应付职工薪酬、应交税费、应付利息、应付股利、其他应付款等。

非流动负债是指流动负债以外的负债,主要包括长期借款、应付债券等。

2. 负债的确认条件

将一项义务确认为负债,需要符合负债的定义,并同时满足以下两个条件。

(1)与该义务有关的经济利益很可能流出企业。预期会导致经济利益流出企业是负债的一个本质特征,鉴于履行义务所需流出的经济利益带有不确定性,尤其是与推定义务相关的经济利益通常需要依赖于大量的估计,因此,负债的确认应当与经济利益流出的不确定性程度的判断结合起来。如果根据编制财务报表时所取得的证据判断,与现实义务有关的经济利益很可能流出企业,那么就应当将其作为负债予以确认。

(2) 未来流出经济利益的金额能够可靠地计量。负债的确认也需要符合可计量性的要求,即对于未来流出经济利益的金额能够可靠地计量。对于与法定义务有关的经济利益流出金额,通常可以根据合同或者法律规定的金额予以确定。考虑到经济利益的流出一般发生在未来期间,有时未来期间的时间还很长,在这种情况下,有关金额的计量通常需要考虑货币时间价值等因素的影响。对于与推定义务有关的经济利益流出金额,通常需要较大程度的估计。为此,企业应当根据履行相关义务所需支出的最佳估计数进行估计,并综合考虑有关货币时间价值、风险等因素的影响。

（三）所有者权益

1. 所有者权益的定义

所有者权益是指企业资产扣除负债后,由所有者享有的剩余权益。公司的所有者权益又称为股东权益。所有者权益是所有者对企业资产的剩余索取权,它是企业资产中扣除债权人权益后应由所有者享有的部分,既可反映所有者投入资本的保值增值情况,又体现了保护债权人权益的理念。

2. 所有者权益的来源构成

所有者权益的来源包括所有者投入的资本、直接计入所有者权益的利得和损失、留存收益等,通常由实收资本(或股本)、资本公积(含资本溢价或股本溢价、其他资本公积)、其他综合收益、盈余公积和未分配利润等构成。

所有者投入的资本是指所有者投入企业的资本部分,它既包括构成企业注册资本或者股本部分的金额,也包括投入资本超过注册资本或者股本部分的金额,即资本溢价或者股本溢价,这部分投入资本在我国企业会计准则体系中被计入了资本公积,并在资产负债表中的资本公积项目下反映。

直接计入所有者权益的利得和损失,是指不应计入当期损益、会导致所有者权益发生增减变动的、与所有者投入资本或者向所有者分配利润无关的利得或者损失。其中,利得是指由企业非日常活动所形成的、会导致所有者权益增加的、与所有者投入资本无关的经济利益的流入,利得包括直接计入所有者权益的利得和直接计入当期利润的利得。损失是指由企业非日常活动所发生的、会导致所有者权益减少的、与向所有者分配利润无关的经济利益的流出,损失包括直接计入所有者权益的损失和直接计入当期利润的损失。直接计入所有者权益的利得和损失主要包括可供出售金融资产的公允价值变动额等。

留存收益是企业历年实现的净利润留存于企业的部分,主要包括累计计提的盈余公积和未分配利润。

3. 所有者权益的确认条件

由于所有者权益体现的是所有者在企业中的剩余权益,因此,所有者权益的确认主要依赖于其他会计要素,尤其是资产和负债的确认;所有者权益金额的确定也主要取决于资产和负债的计量。

(四) 收入

1. 收入的定义

收入,是指企业在日常活动中形成的、会导致所有者权益增加的、与所有者投入资本无关的经济利益的总流入。根据收入的定义,收入具有以下三个特征。

第一,收入是企业在日常活动中形成的。

日常活动是指企业为完成其经营目标所从事的经常性活动以及与之相关的活动。例如,工业企业制造并销售产品、商业企业销售商品、保险公司签发保单、咨询公司提供咨询服务、软件企业为客户开发软件、安装公司提供安装服务、商业银行对外贷款、租赁公司出租资产等,均属于企业的日常活动。明确界定日常活动是为了将收入与利得相区分,因为企业非日常活动所形成的经济利益的流入不能确认为收入,而应当计入利得。

第二,收入会导致所有者权益的增加。

与收入相关的经济利益的流入应当会导致所有者权益的增加,不会导致所有者权益增加的经济利益的流入不符合收入的定义,不应确认为收入。例如,企业向银行借入款项,尽管也导致了企业经济利益的流入,但该流入并不导致所有者权益的增加,反而使企业承担了一项现时义务。企业对于因借入款项所导致的经济利益的增加,不应将其确认为收入,应当确认为一项负债。

第三,收入是与所有者投入资本无关的经济利益的总流入。

收入应当会导致经济利益的流入,从而导致资产的增加。例如,企业销售商品,应当收到现金或者在未来有权收到现金,才表明该交易符合收入的定义。但是,经济利益的流入有时是所有者投入资本的增加所导致的,所有者投入资本的增加不应当确认为收入,应当将其直接确认为所有者权益。

按照企业所从事日常活动的性质,收入有三种来源:一是销售商品,取得现金或者形成应收款项;二是提供劳务;三是让渡资产使用权,主要表现为对外贷款、对外投资或者对外出租等。

按照日常活动在企业所处的地位,收入可分为主营业务收入和其他业务收入。

2. 收入的确认条件

收入在确认时,除了应当符合收入定义外,还应当满足严格的确认条件。收入的确认至少应当同时符合以下三个条件:

(1) 与收入相关的经济利益应当很可能流入企业;

(2) 经济利益流入企业的结果会导致企业资产的增加或者负债的减少;

(3) 经济利益的流入额能够可靠地计量。

(五) 费用

1. 费用的定义

费用,是指企业在日常活动中发生的、会导致所有者权益减少的、与向所有者分配利润无关的经济利益的总流出。根据费用的定义,费用具有以下三个特征。

(1) 费用是企业在日常活动中形成的。

费用必须是企业在其日常活动中所形成的,这些日常活动的界定与收入定义中涉及的日常活动的界定相一致。因日常活动所产生的费用通常包括销售成本(营业成本)、管理费用等。将费用界定为日常活动所形成的,目的是为了将其与损失相区分,企业非日常活动所形成的经济利益的流出不能确认为费用,而应当计入损失。

(2) 费用会导致所有者权益的减少。

与费用相关的经济利益的流出应当会导致所有者权益的减少,不会导致所有者权益减少的经济利益的流出不符合费用的定义,不应确认为费用。

(3) 费用是与向所有者分配利润无关的经济利益的总流出。

费用的发生应当会导致经济利益的流出,从而导致资产的减少或者负债的增加(最终也会导致资产的减少)。其表现形式包括现金或者现金等价物的流出,存货、固定资产和无形资产等的流出或者消耗等。鉴于企业向所有者分配利润也会导致经济利益的流出,而该经济利益的流出显然属于所有者权益的抵减项目,不应确认为费用,应当将其排除在费用的定义之外。

按照费用与收入的关系,费用可以分为营业成本和期间费用。营业成本是指销售商品或提供劳务的成本包括主营业务成本和其他业务成本。期间费用包括管理费用、销售费用和财务费用等。

2. 费用的确认条件

费用的确认除了应当符合费用定义外,还应当至少同时符合以下三个条件:

(1) 与费用相关的经济利益应当很可能流出企业;

(2) 经济利益流出企业的结果会导致资产的减少或者负债的增加;

(3) 经济利益的流出额能够可靠计量。

对费用的确认还应当注意以下三点。

(1) 企业为生产产品、提供劳务等发生的可归属于产品成本、劳务成本等的费用,应当在确认产品销售收入、劳务收入等时,将已销售产品、已提供劳务的成本等计入当期损益。即这些费用应当与企业实现的相关收入相配比,并在同一会计期间予以确认,计入利润表。

(2) 企业发生的支出不产生经济利益的,或者即使能够产生经济利益但不符合或者不再符合资产确认条件的,应当在发生时确认为费用,计入当期损益。

(3) 企业发生的交易或者事项导致其承担了一项负债而又不确认为一项资产的,

应当在发生时确认为费用,计入当期损益。比如,企业对售出商品提供产品质量保证,该保证导致企业承担了一项负债,但企业又不能将其确认为一项资产,因此应当将其作为费用确认。

(六)利润

1. 利润的定义

利润是指企业在一定会计期间的经营成果。通常情况下,如果企业实现了利润,表明企业的所有者权益将增加,业绩得到了提升;反之,如果企业发生了亏损(即利润为负数),表明企业的所有者权益将减少,业绩下滑了。利润往往是评价企业管理层业绩的一项重要指标,也是投资者等财务报告使用者进行决策时的重要参考。

2. 利润的来源构成

利润包括收入减去费用后的净额、直接计入当期利润的利得和损失等。收入减去费用后的净额,反映的是企业日常活动的经营业绩,直接计入当期利润的利得和损失反映的是企业非日常活动的业绩。直接计入当期利润的利得和损失,是指应当计入当期损益、最终会引起所有者权益发生增减变动的、与所有者投入资本或者向所有者分配利润无关的利得或者损失。企业应当严格区分收入和利得、费用和损失之间的区别,以更加全面地反映企业的经营业绩。

3. 利润的确认条件

利润反映的是收入减去费用以及利得减去损失后的净额,因此利润的确认主要依赖于收入和费用以及利得和损失的确认,其金额的确定也主要取决于收入、费用、利得、损失金额的计量。

二、会计要素的计量

会计计量,是指根据一定的计量标准和计量方法,在资产负债表和利润表中确认和列示会计要素而确定其金额的过程。会计计量基础,又称会计计量属性,是指用货币对会计要素进行计量时的标准。根据基本准则的规定,会计计量属性主要有历史成本、重置成本、可变现净值、现值和公允价值。企业在对会计要素进行计量时,一般应当采用历史成本,采用重置成本、可变现净值、现值、公允价值计量的,应当保证所确定的会计要素金额能够取得并可靠地计量。

(一)历史成本

历史成本,又称为实际成本,就是取得或制造某项财产物资时实际支付的现金或其他等价物。

在历史成本计量下,资产按照其购置时支付的现金或者现金等价物的金额,或者按照购置资产时所付出的对价的公允价值计量。负债按照其因承担现时义务而实际收到的款项或者资产的金额,或者承担现时义务的合同金额,或者按照日常活动中为偿还负债预期需要支付的现金或者现金等价物的金额计量。

（二）重置成本

重置成本又称现行成本，是指按照当前市场条件，重新取得同样一项资产所需支付的现金或现金等价物金额。

在重置成本计量下，资产按照现在购买相同或者相似资产所需支付的现金或者现金等价物的金额计量。负债按照现在偿付该项债务所需支付的现金或者现金等价物的金额计量。在实务中，重置成本多应用于盘盈固定资产的计量等。

（三）可变现净值

可变现净值，是指在正常生产经营过程中，以预计售价减去进一步加工成本和预计销售费用以及相关税费后的净值。

在可变现净值计量下，资产按照其正常对外销售所能收到现金或者现金等价物的金额扣减该资产至完工时估计将要发生的成本、估计的销售费用以及相关税费后的金额计量。可变现净值通常应用于存货资产减值情况下的后续计量。

（四）现值

现值是指对未来现金流量以恰当的折现率进行折现后的价值，是考虑货币时间价值的一种计量属性。

在现值计量下，资产按照预计从其持续使用和最终处置中所产生的未来净现金流入量的折现金额计量。负债按照预计期限内需要偿还的未来净现金流出量的折现金额计量。现值通常用于非流动资产可收回金额和以摊余成本计量的金融资产价值的确定等。例如，在确定固定资产、无形资产等可收回金额时，通常需要计算资产预计未来现金流量的现值；对于持有至到期投资、贷款等以摊余成本计量的金融资产，通常需要使用实际利率法将这些资产在预期存续期间或适用的更短期间内的未来现金流量折现，再通过相应的调整确定其摊余成本。

（五）公允价值

公允价值，是指市场参与者在计量日发生的有序交易中，出售一项资产所能收到或者转移一项负债所需支付的价格。

企业以公允价值计量相关资产或负债，应当考虑该资产或负债的特征以及该资产或负债是以单项还是以组合的方式进行计量。企业应当假定市场参与者在计量日出售资产或者转移负债的交易，是在当前市场条件下的有序交易。企业应当假定出售资产或者转移负债的有序交易在该资产或负债的主要市场进行；不存在主要市场的，应当假定该交易在该资产或负债的最有利市场进行。企业以公允价值计量相关资产或负债，应当采用市场参与者在对该资产或负债定价时为实现其经济利益最大化所使用的假设，包括有关风险的假设。企业应当根据交易性质和相关资产或负债的特征等，判断初始确认时的公允价值是否与其交易价值相等。企业以公允价值计量相关资产或负债，应当使用在当前情况下适用并且有足够可利用数据和其他信息支持的估值技术。企业应当根据估值技术中所使用的输入值确定公允价值计量结果所属的层次。

第六节 财务报告

一、财务报告的定义

财务报告是企业对外提供的反映企业某一特定日期的财务状况和某一会计期间的经营成果、现金流量等会计信息的文件。

根据财务报告的定义,财务报告具有以下三层含义:一是财务报告应当是对外报告,其服务对象主要是投资者、债权人等外部使用者,专门为了内部管理需要的、特定目的的报告不属于财务报告的范畴;二是财务报告应当综合反映企业的生产经营状况,包括某一时点的财务状况和某一时期的经营成果与现金流量等信息,以勾画出企业财务的整体和全貌;三是财务报告必须形成一个系统的文件,不应是零星的或者不完整的信息。

财务报告是企业财务会计确认与计量的最终结果体现,投资者等使用者主要是通过财务报告来了解企业当前的财务状况、经营成果和现金流量等情况,从而预测未来的发展趋势。因此,财务报告是向投资者等财务报告使用者提供决策有用信息的媒介和渠道,是沟通投资者、债权人等使用者与企业管理层之间信息的桥梁和纽带。

二、财务报告的构成

财务报告包括财务报表和其他应当在财务报告中披露的相关信息和资料。其中,财务报表由报表本身及其附注两部分构成,附注是财务报表的有机组成部分,而报表至少应当包括资产负债表、利润表和现金流量表等报表。全面执行企业会计准则体系的企业所编制的财务报表,还应当包括所有者权益(股东权益)变动表。

资产负债表是反映企业在某一特定日期的财务状况的会计报表。企业编制资产负债表的目的是通过如实反映企业的资产、负债和所有者权益金额及其结构情况,从而有助于使用者评价企业资产的质量以及短期偿债能力、长期偿债能力和利润分配能力等。

利润表是反映企业在一定会计期间的经营成果的会计报表。企业编制利润表的目的是通过如实反映企业实现的收入、发生的费用以及应当计入当期利润的利得和损失等金额及其结构情况,从而有助于使用者分析评价企业的盈利能力及其构成与质量。

现金流量表是反映企业在一定会计期间的现金和现金等价物流入和流出的会计报表。企业编制现金流量表的目的是通过如实反映企业各项活动的现金流入、流出情况,从而有助于使用者评价企业的现金流和资金周转情况。

所有者权益(股东权益)变动表是反映构成所有者权益(股东权益)的各组成部分当期的增减变动情况的报表。所有者权益(股东权益)变动表全面反映了一定时期所有者权益(股东权益)的变动情况,不仅包括所有者权益总量的增减变动,还包括所有者权益增减变动的重要结构性信息,特别是要反映直接计入所有者权益的利得和损失,让报表使用者准确理解所有者权益增减变动的情况。

附注是对在会计报表中列示项目所作的进一步说明,以及对未能在这些报表中列示项目的说明等。企业编制附注的目的是通过对财务报表本身作补充说明,以更加全面、系统地反映企业财务状况、经营成果和现金流量的全貌,从而有助于向使用者提供更为有用的信息,作出更加科学合理的决策。

财务报表是财务报告的核心内容,但是除了财务报表之外,财务报告还应当包括其他相关信息,具体可以根据有关法律法规的规定和外部使用者的信息需求而定。如企业可以在财务报告中披露其承担的社会责任、可持续发展能力等信息,这些信息对于使用者的决策也是相关的,尽管属于非财务信息,无法包括在财务报表中,但是如果有规定或者使用者有需求的,企业应当在财务报告中予以披露,有时企业也可以自愿在财务报告中披露相关信息。

第七节 我国企业会计准则体系

财务会计由于需要服务于外部信息使用者,在保护投资者及社会公众利益、维护市场经济秩序及其稳定方面扮演着越来越重要的角色。因此,在社会经济生活中的地位日显突出,迫切需要一套社会公认的统一的会计原则来规范其行为。在这种情况下,企业会计准则应运而生,其核心是通过规范企业财务会计确认、计量和报告内容,提高会计信息质量,降低资金成本,提高资源配置效率。

我国多年来一直重视会计准则的建设,尤其是改革开放以来,我国一直积极推进会计改革和会计制度、会计准则建设。2006年2月15日,财政部在多年会计改革经验积累的基础上,顺应我国社会主义市场经济发展和经济全球化的需要,发布了企业会计准则体系。2014年上半年,财政部陆续发布了新增或修订的八项企业会计准则,这些新准则基本与相关国际财务报告准则一致,保持了持续趋同。

我国企业会计准则体系由基本准则、具体准则、会计准则应用指南和解释等组成。

一、基本准则

基本准则在我国现行企业会计准则体系中类似于国际会计准则理事会的《编报财务报表的框架》,在整个企业会计准则体系中扮演着概念框架的角色,起着统驭作用。它规范了包括财务报告目标、会计基本假设、会计信息质量要求、会计要素的定义及其确认、计量原则、财务报告等在内的基本问题,是会计准则制定的出发点,是制定具体准则的基础。其作用主要表现为两个方面。

一是统驭具体准则的制定。随着我国经济迅速发展,会计实务问题层出不穷,会计准则需要规范的内容日益增多,体系日趋庞杂,在这样的背景下,为了确保各项准则的制定建立在统一的理念基础之上,基本准则就需要在其中发挥核心作用。我国基本准则规范了会计确认、计量和报告等一般要求,是准则的准则,可以确保各具体准则的内在一致性。为此,我国基本准则第三条明确规定:"企业会计准则包括基本准则和具体准则,具体准则的制定应当遵循本准则(即基本准则)。"在企业会计准则体系的建设中,各项具体准则也都严格按照基本准则的要求加以制定和完善,并且在各具体准则的第一条中作了明确规定。

二是为会计实务中出现的、具体准则尚未规范的新问题提供会计处理依据。在会计实务中,由于经济交易事项的不断发展、创新,具体准则的制定有时会出现滞后的情况,会出现一些新的交易或者事项在具体准则中尚未规范但又急需处理,这时,企业不仅应当对这些新的交易或者事项及时进行会计处理,而且在处理时应当严格遵循基本准则的要求,尤其是基本准则关于会计要素的定义及其确认与计量等方面的规定。因此,基本准则不仅扮演着具体准则制定依据的角色,也为会计实务中出现的、具体准则尚未做出规范的新问题提供了会计处理依据,从而确保了企业会计准则体系对所有会计实务问题的规范作用。

二、具体准则

具体准则是在基本准则的指导下,对企业各项资产、负债、所有者权益、收入、费用、利润及相关交易事项的确认、计量和报告进行规范的会计准则。我国现行企业具体会计准则有:(1) 会计要素类准则,包括存货、长期股权投资、投资性房地产、固定资产、生物资产、无形资产、收入、建造合同等准则;(2) 特殊业务类准则,包括非货币性资交换、职工薪酬、企业年金、股份支付、债务重组、或有事项、政府补助、借款费用、所得税、外币折算、租赁、资产减值、企业合并、会计政策、会计估计变更和差错更正、资产负债表日后事项、合营安排等准则;(3) 金融工具类准则,包括金融工具确认和计量、金融资产转移、套期保值、金融工具列报等准则;(4) 特殊行业类准则,包括原保险合同、再保险合同、石油天然气开采等准则;(5) 财务报告类准则,包括财务报表列报、现金流量表、中期财务报告、合并财务报表、每股收益、分部报告、关联方披露、其他主体中权益的披露;(6) 计量类准则,包括公允价值计量等准则;(7) 过渡性要求准则,包括首次执行企业会计准则。

三、应用指南

应用指南是对具体准则相关条款的细化和有关重点难点问题提供的操作性指南,以利于会计准则的贯彻落实和指导实务操作。

四、解释

解释是对具体准则实施过程中出现的问题、具体准则条款规定不清楚或者尚未规定的问题作出的补充说明。

企业会计准则体系自2007年1月1日起首先在上市公司范围内施行,之后逐渐扩大到几乎所有大中型企业。

2011年10月18日,财政部又发布了《小企业会计准则》。《小企业会计准则》规范适用于小企业的资产、负债、所有者权益、收入、费用、利润及利润分配、外币业务、财务报表等会计处理及其报表列报等问题。《小企业会计准则》适用于在中华人民共和国境内依法设立的、符合《中小企业划型标准规定》所规定的小型企业标准的各企业,但股票或债券在市场上公开交易的小企业、金融机构或其他具有金融性质的小企业、属于企业集团内的母公司和子公司的小企业除外,自2013年1月1日起在所有适用的小企业范围内施行。《小企业会计准则》的发布与实施,标志着我国涵盖所有企业的会计准则体系的建成。

本章小结

财务会计学是会计学专业学生的一门核心课程。本章阐述企业财务会计的基本概念与基本理论。第一章总论既是对初级会计学相关内容的复习与深化,也是本教材以后各章的基础。本章主要介绍了财务会计的目的和财务报告的目标、对企业会计信息的需求、财务会计的特点、我国企业会计准则体系等内容。重点阐述了财务会计的基本前提、会计基础、财务会计的基本要素、会计信息的质量要求。

开展财务会计工作首先要明确其目标。企业财务会计的目标主要是以对外提供财务报告的形式满足有关方面的决策对企业会计信息的需求。要实现这一目标,关键是保证财务报告的质量,因此需要有专门的会计规范。企业会计准则是国际上通行的一种会计规范形式。我国的企业会计准则体系已经基本上与国际会计准则趋同。

组织财务会计工作必须具备一定的基本前提,一般包括会计主体、持续经营、会计分期、货币计量四项。中级财务会计学的内容都是基于这些基本前提来组织的。

落实财务会计工作必须明确会计基础、会计的对象及其具体内容,编制财务报表则必须明确财务报表的种类和基本框架。财务会计的基本要素是会计对象的具体化,也是主要财务报表的基本要素。按照我国《企业会计准则——基本准则》的规定,财务会计的基本要素包括资产、负债、所有者权益、收入、费用和利润。其中,资产、负债、所有者权益是资产负债表要素,收入、费用和利润是利润表要素。

为了实现财务会计的目标,企业会计准则对会计信息质量提出了具体要求,包括客观性、相关性、明晰性、可比性、实质重于形式、重要性、谨慎性、及时性。

名词中英对照

财务会计	financial accounting
管理会计	management accounting
会计基本假设	basic accounting assumptions
会计主体	accounting entity
持续经营	going concern
会计分期	accounting period
货币计量	monetary measurement
记账本位币	generally booking money
权责发生制	accrual basis
收付实现制	cash basis
会计计量	accounting measurement
历史成本	historical cost
可变现净值	replacement cost
现值	present value
公允价值	fair value
资产	assets
负债	liabilities
所有者权益	owners' equity
收入	revenue
费用	expense
利润	profit

 案例分析

X公司本是一家籍籍无名的稻米加工企业。2011年9月27日,它以每股25元的发行价成功登陆创业板,加上超募资金,共募集4.25亿元,曾被多家券商誉为"新兴行业中的优质企业"。

2012年7月31日,X公司农业开发股份有限公司董事长龚某在深交所互动交流平台信誓旦旦地说:"作为一名扔掉铁饭碗自主创业的民营企业创始人,我可以自豪地告诉大家,公司的业绩是真实的。"仅仅三个月后,2012年11月23日,该公司收到深交所对公司及相关当事人给予公开谴责的信息,公开致歉。2013年3月2日,X公司发布自查公告，承认 2008—2011 年累计虚增收入 7.4 亿元左右，虚增营业利润 1.8 亿元左右，虚增净利润 1.6 亿元左右。2012 年半年报中虚增营业收入 1.88 亿元、虚增营业成本 1.46 亿元、虚增净利润 4 023 万元，以及未披露公司上半年停产。承认财务造假，在创业板上市公司中尚属首例。此外，该公司选择了虚增在建工程和预付账款来虚增资产，根据其 2012 年中期财务更正公告，截至 2012 年 6 月底，公司在建工程虚增 8 036 万元，预付款项虚增 4 469 万元。仅仅 2012 年上半年，该公司在建工程项目账面余额从 8 675 万元增至 1.8 亿元，增加了 9 323 万元。

2012 年，顶着"稻米精深加工第一股"光环的 X 公司承认财务造假，成为创业板造假第一股。

要求：请阐述 X 公司上述造假行为主要违反了会计信息质量的哪几项要求？

复习思考题

1. 如何理解财务会计的目标？
2. 财务会计与管理会计的主要区别与联系是什么？
3. 会计确认与计量有何区别与联系？
4. 企业会计准则对会计信息质量有何要求？它与财务报告的目标有何关系？
5. 你怎样理解会计假设？
6. 试说明市场经济中谨慎处理会计事项的理由。
7. 历史成本存在诸多缺陷，但为什么企业会计准则并不轻易放弃历史成本计量？
8. 简述各会计要素之间的关系。

第二章 货币资金和应收款项

■ 本章概要 ■

货币资金和应收款项是企业资产的重要组成部分,从本质上讲,两者都属于金融资产范畴,但由于其会计处理的特殊性,本章单独加以阐述。本章内容包括货币资金和应收款项两部分:货币资金主要介绍了库存现金、银行存款的管理与控制,库存现金、银行存款和其他货币资金的会计处理,银行转账结算的主要方式;应收款项主要介绍了应收票据、应收账款、预付账款、其他应收款及应收款项减值的会计处理等。

■ 学习目的与要求 ■

通过本章学习,应当能够了解并掌握:
1. 货币资金的含义和范围;
2. 货币资金的管理与控制;
3. 银行支付结算办法的主要内容;
4. 库存现金、银行存款以及其他货币资金的核算方法;
5. 应收票据、应收账款、预付账款、其他应收款的核算方法;
6. 应收款项减值的判断方法及核算方法。

第一节 货币资金

货币资金是指企业拥有的、处于货币形态的、可随时用于支付的资产,如硬币、纸币、存于银行或其他金融机构的存款以及信用证、本票和汇票等交换媒介物。凡是不能立即支付使用的,如银行冻结存款等,均不能视为货币资金。货币资金按其存放地点及用途不同,分为库存现金、银行存款和其他货币资金。

一、库存现金

（一）库存现金的管理

现金是流动性最强的一种货币性资产，可以随时用其购买所需的物资，支付有关费用，偿还债务，且可以随时存入银行。现金的概念有狭义和广义之分。狭义的现金是指企业的库存现金；广义的现金是指除了库存现金外，还包括银行存款和其他符合现金定义的票证等。本章现金的概念是指狭义的现金，即库存现金，包括人民币现金和外币现金。

1. 现金的使用范围

根据国家现金管理和结算制度的规定，企业收支的各种款项必须按照国务院颁发的《现金管理暂行条例》的规定办理，在规定的范围内使用现金。允许企业使用现金结算的范围是：(1) 职工工资、津贴；(2) 个人劳务报酬；(3) 根据国家规定颁发给个人的科学技术、文化艺术、体育等各种奖金；(4) 各种劳保、福利费用以及国家规定的对个人的其他支出；(5) 向个人收购农副产品和其他物资的价款；(6) 出差人员必须随身携带的差旅费；(7) 结算起点(1 000元)以下的零星支出；(8) 中国人民银行确定需要支付现金的其他支出。属于上述现金结算范围的支出，企业可以根据需要向银行提取现金支付，不属于上述现金结算范围的款项支付一律通过银行进行转账结算。

2. 库存现金的限额

库存现金限额是指为保证各单位日常零星支出按规定允许留存现金的最高数额。库存现金的限额，由开户银行根据开户单位的实际需要和距离银行远近等情况核定。其限额一般按照单位3—5天的日常零星开支所需现金确定。远离银行或交通不便的企业，银行最多可以根据企业15天的正常开支需要量来核定库存现金的限额。正常开支需要量不包括企业每月发放工资和不定期差旅费等大额现金支出。库存限额一经核定，要求企业必须严格遵守，不能任意超过，超过限额的现金应及时存入银行；库存现金低于限额时，可以签发现金支票从银行提取现金，补足限额。

3. 不准坐支现金

企业的现金收入，应及时送存银行，不得直接用于支付自己的支出。用收入的现金直接支付支出的，称为坐支。企业如因特殊情况需要坐支现金的，应当事先报经开户银行审核批准，由开户银行核定坐支范围和限额。企业应定期向开户银行报送坐支金额和使用情况。未经银行批准，企业不得擅自坐支现金。为了加强银行的监督，企业向银行送存现金时，应在送款簿上注明款项的来源。从开户银行提取现金时，应当在现金支票上写明用途，由本单位财会部门负责人签字盖章，经开户银行审核后，予以支付现金。

4. 不得"白条顶库"，不得设置"小金库"

不准用不符合制度的凭证顶替库存现金，即不得"白条顶库"；不准谎报用途套取现金；不准用银行账户代其他单位和个人存入或支取现金；不准将单位收入的现金以个人名义存储,不准保留账外公款,不得设置"小金库"等。

（二）库存现金的核算

1. 库存现金的序时核算

为加强对库存现金的管理,随时掌握现金收付的动态和库存余额,保证现金的安全,企业必须设置库存现金日记账,对库存现金进行序时核算。库存现金日记账一般采用三栏式。三栏式库存现金日记账的格式如表2-1所示。

表2-1　库存现金日记账

月	日	凭证		摘要	对方科目	收入	支出	结余
		种类	号数					
3	1			月初余额				2 400
	1	现收	3001	销售产品	主营业务收入	702		
	1	现付	3001	预付差旅费	其他应收款		1 000	
	1	现付	3002	购买办公用品	管理费用		500	
	1	银付	3001	从银行提取现金	银行存款	5 000		
	1			本日合计		5 702	1 500	6 602

库存现金日记账应由出纳人员按照业务发生先后,逐日逐项按顺序登记。收付金额应根据审核以后的现金收款凭证和现金付款凭证登记,其中从银行提取现金的收入金额,由于不编制现金收款凭证,应根据银行存款付款凭证登记。为了反映和监督现金收付的来龙去脉,还应登记对方科目。每日终了应计算全日现金收入合计、支出合计和库存余额,做到日清月结；账面结余数应同库存现金实存数相互核对,保证账款相符。

有外币现金收付业务的企业,应按币种分别设置库存现金日记账进行明细核算。

2. 库存现金的总分类核算

为了总括反映和监督库存现金的收支和结存情况,企业应设置"库存现金"科目进行总分类核算。该科目的借方登记现金收入的金额,贷方登记现金支出的金额,余额在借方表示库存现金的实有数额。现将有关业务举例如下：

[例2-1] 从银行提取现金500元备用,编制会计分录如下：

借：库存现金　　　　　　　　　　　　　　　　　　　　　　　　500
　　贷：银行存款　　　　　　　　　　　　　　　　　　　　　　　500

[例2-2] 企业行政管理部门报销市内交通费等开支,计180元,会计部门审核后支付现金,编制会计分录如下：

借：管理费用　　　　　　　　　　　　　　　　　　　　　　　　180
　　贷：库存现金　　　　　　　　　　　　　　　　　　　　　　　180

[例2-3] 企业零星销售产品,取得现金702元,其中产品销售收入600元,增值税销项税额102元,编制会计分录如下：

借：库存现金 702
　　贷：主营业务收入 600
　　　　应交税费——应交增值税（销项税额） 102

由于企业设置的库存现金日记账格式不同,采用的会计核算组织程序不同,"库存现金"科目登记方法也就不同。在设置三栏式日记账的情况下,可以根据现金收付款凭证和部分银行存款付款凭证直接登记,也可以定期或在月终一次根据汇总收付款记账凭证或科目汇总表的合计数填列。

需要说明的是,企业内部各部门周转使用的备用金在"其他应收款"科目核算,不在"库存现金"科目核算。

（三）库存现金的清查

为了保证账款相符,保护现金的安全与完整,及时、如实地反映库存现金余额,企业应该经常进行现金清查。清查现金的基本方法是清点库存现金,并将现金实存数与账面余额进行核对。出纳人员应该对本人经管的现金逐日盘点,企业组织的清查小组还应对库存现金进行定期的和不定期的清查。若发现用借条、白条等不符合会计制度的凭证顶替库存现金,应对出纳人员和有关人员按照规定进行处理;超过库存现金限额的现金,应及时送存银行;如有现金短缺和溢余,应及时查明原因,按照规定进行处理。现举例如下。

[例2-4] 现金清查中发现现金溢余200元,编制会计分录如下：
借：库存现金 200
　　贷：待处理财产损溢——待处理流动资产损溢 200

经核查,属于应支付给有关人员或单位的现金,应记入"其他应付款"科目;属于无法查明原因的现金,经批准应记入"营业外收入"科目。

假定现金溢余200元中属于应支付给有关人员或单位的现金为150元,属于无法查明原因的现金为50元,编制会计分录如下：
借：待处理财产损溢——待处理流动资产损溢 200
　　贷：其他应付款——应付现金溢余（××个人或单位） 150
　　　　营业外收入——现金溢余 50

[例2-5] 现金清查中发现现金短缺160元,编制会计分录如下：
借：待处理财产损溢——待处理流动资产损溢 160
　　贷：库存现金 160

经核查,属于应由责任人员负责赔偿的部分,应记入"其他应收款——应收现金短缺款"科目,属于应由保险公司赔偿的部分,应记入"其他应收款——应收保险赔款"科目,属于无法查明的其他原因,根据管理权限,经批准后应记入"管理费用——现金短缺"科目。

假定现金短缺160元中100元为应由责任人员负责赔偿,60元为属于无法查明的其他原因,编制会计分录如下：

  借：其他应收款——应收现金短缺款(××个人)   100
    管理费用——现金短缺   60
   贷：待处理财产损溢——待处理流动资产损溢   160

二、银行存款

(一) 银行存款的管理

银行存款是企业存入银行或其他金融机构的款项。银行存款的管理主要包括银行存款开户管理、结算管理和日常管理等方面。

1. 银行存款账户的开立

根据《银行结算账户管理办法》的规定,每个企业都要在银行或其他金融机构开立账户,用来办理存款、取款和转账结算业务。在开户时,企业必须填制开户申请书,提供有关证明文件,送交盖有存款人印章的印鉴卡片,向银行申请开户。

银行存款账户分为基本存款账户、一般存款账户、临时存款账户和专用存款账户。基本存款账户是存款人办理日常转账结算和现金收付的账户。存款人的工资、奖金等现金的支取,只能通过本账户办理。一般存款账户是存款人因借款或其他结算需要,在基本存款账户开户银行以外的银行营业机构开立的银行结算账户。存款人可以通过本账户办理转账结算和现金缴存,但是不能办理现金支取。临时存款账户是指存款人因临时需要并在规定期限内使用而开立的银行结算账户。专用存款账户是存款人按照法律、行政法规和规章,对其特定用途资金进行专项管理和使用而开立的银行结算账户。

一个企业只能选择一家银行的一个营业机构开立一个基本存款账户,不得在多家银行开立基本存款账户,也不得在同一家银行的几个分支机构开立一般存款账户。

2. 银行存款结算管理

现金使用范围以外的各项款项收付,都必须通过银行办理转账结算。企业办理转账结算,账户内必须有足够的资金保证支付,必须以合法、有效的票据和结算凭证为依据；企业必须遵守"恪守信用,履约付款；谁的钱进谁的账,由谁支配；银行不予垫款"的结算纪律；根据业务特点,采用恰当的结算方式办理各种结算业务。

3. 银行存款日常管理

企业会计部门应指定专职出纳人员负责办理银行存款的存取和转账结算工作；对各种收支款凭证,必须如实填明款项来源或用途,不得巧立名目、弄虚作假、套取现金、套购物资,严禁利用账户搞非法活动；应及时、正确地记载与银行的往来账务,随时掌握银行存款的收支和结余的情况,定期与银行寄送的对账单进行核对,发现不符,及时与银行联系,尽快查对清楚。

(二) 银行结算方式

企业发生的各种结算款项,除按规定可以直接使用现金进行现金结算外,其余都必须通过银行进行转账结算。根据中国人民银行有关支付结算办法规定,现行银行转账结算主要包括支票、银行汇票、银行本票、商业汇票、汇兑、委托收款、托收承付、信用卡、信用证等结算方式。

1. 支票

支票是单位或个人签发的,委托办理支票存款业务的银行在见票时无条件支付确定的金额给收款人或者持票人的票据。

支票结算方式是同城结算中应用比较广泛的一种结算方式。单位和个人在同一票据交换区域的各种款项结算,均可以使用支票。支票由银行统一印制,支票上印有"现金"字样的为现金支票,现金支票只能用于支取现金。支票上印有"转账"字样的为转账支票,转账支票只能用于转账。转账支票可以根据需要在票据交换区域内背书转让。未印有"现金"或"转账"字样的为普通支票,普通支票可以用于支取现金,也可以用于转账。在普通支票左上角划两条平行线的,为划线支票,划线支票只能用于转账,不得支取现金。

支票的提示付款期限为自出票日起10日内,中国人民银行另有规定的除外。超过提示付款期限的,持票人开户银行不予受理,付款人不予付款。

存款人领购支票,必须填写"票据和结算凭证领用单",并加盖预留银行印鉴。存款账户结清时,必须将剩余的空白支票全部交回银行注销。

企业财会部门在签发支票之前,出纳人员应该认真查明银行存款的账面结余数额,防止签发超过存款余额的空头支票。签发空头支票,银行除退票外,还按票面金额处以5%但不低于1 000元的罚款。持票人有权要求出票人赔偿支票金额2%的赔偿金。签发支票时,应使用蓝黑墨水或碳素墨水,将支票上的各要素填写齐全,并在支票上加盖其预留银行印鉴。出票人预留银行的印鉴是银行审核支票付款的依据。银行也可以与出票人约定使用支付密码,作为银行审核支付支票金额的条件。

2. 银行汇票

银行汇票是汇款人将款项交存当地出票银行,由出票银行签发的,由其在见票时,按照实际结算金额无条件支付给收款人或持票人的票据。银行汇票具有使用灵活、票随人到、兑现性强等特点,适用于先收款后发货或钱货两清的商品交易。单位和个人各种款项结算,均可使用银行汇票。

银行汇票可以用于转账,填明"现金"字样的银行汇票也可以用于支取现金。银行汇票的付款期限为自出票日起1个月内。超过付款期限提示不获付款的,持票人须在票据权利时效内向出票银行作出说明,并提供本人身份证件或单位证明,持银行汇票和解讫通知向出票银行请求付款。

企业支付购货款等款项时,应向出票银行填写"银行汇票申请书",填明收款人名称、支付金额、申请人、申请日期等事项并签章,签章为其预留银行的印鉴。银行受理银行汇票申请书,收妥款项后签发银行汇票,并用压数机压印出票金额,然后将银行汇票和解讫通知一并交给汇款人。

申请人取得银行汇票后即可持银行汇票向填明的收款单位办理结算。银行汇票的收款人可以将银行汇票背书转让给他人。背书转让以不超过出票金额的实际结算金额为限,未填写实际结算金额或实际结算金额超过出票金额的银行汇票不得背书转让。

收款企业在收到付款单位送来的银行汇票时,应在出票金额以内,根据实际需要的款项办理结算,并将实际结算金额和多余金额准确、清晰地填入银行汇票和解讫通知的有关栏内,银行汇票的实际结算金额低于出票金额的,其多余金额由出票银行退交申请人。收款企业还应填写进账单并在汇票背面"持票人向银行揭示付款签章"处签章,签章应与预留银行的印鉴相同,然后,将银行汇票和解讫通知、进账单一并交开户银行办理结算,银行审核无误后,办理转账。

3. 银行本票

银行本票是银行签发的,承诺自己在见票时无条件支付确定的金额给收款人或者持票人的票据。

银行本票由银行签发并保证兑付,而且见票即付,具有信誉高、支付功能强等特点。用银行本票购买材料物资,销货方可以见票付货,购货方可以凭票提货;债权债务双方可以凭票清偿;收款人将本票交存银行,银行即可为其入账。无论单位或个人,在同一票据交换区域支付各种款项,都可以使用银行本票。

银行本票可以用于转账,注明"现金"字样的银行本票可以用于支取现金。银行本票的付款期限为自出票日起最长不超过2个月,在付款期内银行本票见票即付。超过提示付款期限不获付款的,在票据权利时效内向出票银行作出说明,并提供本人身份证或单位证明,可持银行本票向银行请求付款。

企业支付购货款等款项时,应向银行提交"银行本票申请书",填明收款人名称、申请人名称、支付金额、申请日期等事项并签章。申请人或收款人为单位的,银行不予签发现金银行本票。出票银行受理银行本票申请书后,收妥款项签发银行本票。

申请人取得银行本票后,即可向填明的收款单位办理结算。收款单位可以根据需要在票据交换区域内背书转让银行本票。

收款企业在收到银行本票时,应该在提示付款时在本票背面"持票人向银行提示付款签章"处加盖预留银行印鉴,同时填写进账单,连同银行本票一并交开户银行转账。

4. 商业汇票

商业汇票是出票人签发的,委托付款人在指定日期无条件支付确定的金额给收款人或者持票人的票据。在银行开立存款账户的法人以及其他组织之间须具有真实的交易关系或债权债务关系,才能使用商业汇票。商业汇票的付款期限由交易双方商定,但最长不得超过6个月。商业汇票的提示付款期限自汇票到期日起10日内。

存款人领购商业汇票,必须填写"票据和结算凭证领用单"并加盖预留银行印鉴,存款账户结清时,必须将剩余的空白商业汇票全部交回银行注销。

商业汇票可以由付款人签发并承兑,也可以由收款人签发交由付款人承兑。定日付款或者出票后定期付款的商业汇票,持票人应当在汇票到期日前向付款人提示承兑;

见票后定期付款的汇票,持票人应当自出票日起1个月内向付款人提示承兑。汇票未按规定期限提示承兑的,持票人丧失对其前手的追索权。付款人应当自收到提示承兑的汇票之日起3日内承兑或者拒绝承兑。付款人拒绝承兑的,必须出具拒绝承兑的证明。

商业汇票可以背书转让。符合条件的商业承兑汇票的持票人可持未到期的商业承兑汇票连同贴现凭证,向银行申请贴现。

商业汇票按承兑人不同分为商业承兑汇票和银行承兑汇票两种。

(1) 商业承兑汇票。

商业承兑汇票是由银行以外的付款人承兑。商业承兑汇票按交易双方约定,由销货企业或购货企业签发,但由购货企业承兑。承兑时,购货企业应在汇票正面记载"承兑"字样和承兑日期并签章。承兑不得附有条件,否则视为拒绝承兑。汇票到期时,购货企业的开户银行凭票将票款划给销货企业或贴现银行。销货企业应在提示付款期限内通过开户银行委托收款或直接向付款人提示付款。对异地委托收款的,销货企业可匡算邮程,提前通过开户银行委托收款。汇票到期时,如果购货企业的存款不足以支付票款,开户银行应将汇票退还销货企业,银行不负责付款,由购销双方自行处理。

(2) 银行承兑汇票。

银行承兑汇票由银行承兑,由在承兑银行开立存款账户的存款人签发。承兑银行按票面金额向出票人收取万分之五的手续费。

购货企业应于汇票到期前将票款足额交存其开户银行,以备由承兑银行在汇票到期日或到期日后的见票当日支付票款。销货企业应在汇票到期时将汇票连同进账单送交开户银行以便转账收款。承兑银行凭汇票将承兑款项无条件转给销货企业,如果购货企业于汇票到期日未能足额交存票款时,承兑银行除凭票向持票人无条件付款外,对出票人尚未支付的汇票金额按照每天万分之五计收罚息。

采用商业汇票结算方式,可以使企业之间的债权债务关系表现为外在的票据,使商业信用票据化,加强约束力,有利于维护和发展社会主义市场经济。对于购货企业来说,由于可以延期付款,可以在资金暂时不足的情况下及时购进材料物资,保证生产经营顺利进行。对于销货企业来说,可以疏通商品渠道,扩大销售,促进生产。汇票经过承兑,信用较高,可以按期收回货款,防止拖欠,在急需资金时,还可以向银行申请贴现,融通资金,比较灵活。销货企业应根据购货企业的资金和信用情况不同,选用商业承兑汇票或银行承兑汇票;购货企业应加强资金的计划管理,调度好货币资金,在汇票到期以前,将票款送存开户银行,保证按期承付。

5. 汇兑

汇兑是汇款人委托银行将其款项支付给收款人的结算方式。单位和个人的各种款项的结算,均可使用汇兑结算方式。

汇兑分为信汇、电汇两种。信汇是指汇款人委托银行通过邮寄方式将款项划转给收款人。电汇是指汇款人委托银行通过电报将款项划给收款人。这两种汇兑方式由汇款人根据需要选择使用。汇兑结算方式适用于异地之间的各种款项结算。这种结算方式划拨款项简便、灵活。

企业采用这一结算方式,付款单位汇出款项时,应填写银行印发的汇款凭证,列明收款单位名称、汇款金额及汇款的用途等项目,送达开户银行,委托银行将款项汇往收汇银行。收汇银行将汇款收进单位存款户后,向收款单位发出收款通知。

6. 委托收款

委托收款是收款人委托银行向付款人收取款项的结算方式。无论单位还是个人都可凭已承兑商业汇票、债券、存单等付款人债务证明办理款项收取同城或异地款项。委托收款还适用于收取电费、电话费等付款人众多、分散的公用事业费等有关款项。

委托收款结算款项划回的方式分为邮寄和电报两种。

企业委托开户银行收款时,应填写银行印制的委托收款凭证和有关的债务证明。在委托收款凭证中写明付款单位的名称、收款单位名称、账号及开户银行,委托收款金额的大小写、款项内容、委托收款凭据名称及附寄单证张数等。企业的开户银行受理委托收款后,将委托收款凭证寄交付款单位开户银行,由付款单位开户银行审核,并通知付款单位。

付款单位收到银行交给的委托收款凭证及债务证明,应签收并在 3 天之内审查债务证明是否真实,是否是本单位的债务,确认之后通知银行付款。

付款单位应在收到委托收款的通知次日起 3 日内,主动通知银行是否付款。如果不通知银行,银行视同企业同意付款并在第 4 日,从单位账户中付出此笔委托收款款项。

付款人在 3 日内审查有关债务证明后,认为债务证明或与此有关的事项符合拒绝付款的规定,应出具拒绝付款理由书和委托收款凭证及持有的债务证明,向银行提出拒绝付款。

7. 托收承付

托收承付是根据购销合同由收款人发货后委托银行向异地付款人收取款项,由付款人向银行承认付款的结算方式。办理托收承付结算的款项,必须是商品交易,以及因商品交易而产生的劳务供应的款项。代销、寄销、赊销商品的款项,不得办理托收承付结算。

托收承付款项划回方式分为邮寄和电报两种,由收款人根据需要选择使用;收款单位办理托收承付,必须具有商品发出的证件或其他证明。托收承付结算每笔的金额起点为10 000 元。新华书店系统每笔金额起点为 1 000 元。

采用托收承付结算方式时,购销双方必须签有符合《中华人民共和国合同法》的购销合同,并在合同上写明使用托收承付结算方式。销货企业按照购销合同发货后,填写托收承付凭证,盖章后连同发运证件(包括铁路、航运、公路等运输部门签发运单、运单副本和邮局包裹回执)或其他符合托收承付结算的有关证明和交易单证送交开户银行办理托收手续。

销货企业开户银行接受委托后,将托收结算凭证回联退给企业,作为企业进行会计处理的依据,并将其他结算凭证寄往购货单位开户银行,由购货单位开户银行通知购货单位承认付款。

购货企业在收到托收承付结算凭证和所附单据后,应立即审核是否符合订货合同的规定。按照《支付结算办法》的规定,承付货款分为验单付款与验货付款两种,这在双方签订合同时约定。验单付款是购货企业根据经济合同对银行转来的托收结算凭证、发票账单、托运单及代垫运杂费等单据进行审查无误后,即可承认付款。为了便于购货企业对凭证的审核和筹措资金,结算办法规定承付期为3天,从付款人开户银行发出承付通知的次日算起(承付期内遇法定休假日顺延)。购货企业在承付期内,未向银行表示拒绝付款,银行即视作承付,并在承付期满的次日(法定休假日顺延)上午银行开始营业时,将款项主动从付款人的账户内付出,按照销货企业指定的划款方式,划给销货企业。验货付款是购货企业待货物运达企业,对其进行检验与合同完全相符后才承认付款。为了满足购货企业组织验货的需要,结算办法规定承付期为10天,从运输部门向购货企业发出提货通知的次日算起。承付期内购货企业未表示拒绝付款的,银行视为同意承付,于10天期满的次日上午银行开始营业时,将款项划给收款人。为满足购货企业组织验货的需要,对收付双方在合同中明确规定,并在托收凭证上注明验货付款期限的,银行从其规定。

对于下列情况,付款人可以在承付期内向银行提出全部或部分拒绝付款:(1)没有签订购销合同或购销合同未写明托收承付结算方式的款项;(2)未经双方事先达成协议,收款人提前交货或因逾期交货付款人不再需要该项货物的款项;(3)未按合同规定的到货地址发货的款项;(4)代销、寄销、赊销商品的款项;(5)验单付款,发现所列货物的品种、规格、数量、价格与合同规定不符,或货物已到,经查验货物与合同规定或发货清单不符的款项;(6)验货付款,经查验货物与合同规定或与发货清单不符的款项;(7)货款已经支付或计算错误的款项。

不属于上述情况,购货企业不得提出拒付。

购货企业提出拒绝付款时,必须填写"拒绝付款理由书",注明拒付理由,涉及合同的应引证合同上的有关条款。属于商品质量问题,需要提出质量问题的证明及其有关数量的记录;属于外贸部门进口商品,应当提出国家商品检验或运输等部门出具的证明,向开户银行办理拒付手续。

银行同意部分或全部拒绝付款的,应在拒绝付款理由书上签注意见,并将拒绝付款理由书、拒付证明、拒付商品清单和有关单证邮寄收款人开户银行转交销货企业。

付款人开户银行对付款人逾期支付的款项,根据逾期付款金额和逾期天数,按每天万分之五计算逾期付款赔偿金。逾期付款天数从承付期满日算起。银行审查拒绝付款期间不算作付款人逾期付款,但对无理的拒绝付款而增加银行审查时间的,从承付期满日起计算逾期付款赔偿金。赔偿金实行定期扣付,每月计算一次,于次月3日内单独划给收款人。赔偿金的扣付列为企业销货收入扣款顺序的首位。付款人账户余额不足支付时,应排列在工资之前,并对该账户采取"只收不付"的控制办法,直至足额扣付赔偿金后才准予办理其他款项的支付,由此产生的经济后果由付款人自负。

8. 信用卡

信用卡是指商业银行向个人和单位发行的,凭以向特约单位购物、消费和向银行存取现金,且具有消费信用的特制载体卡片。

信用卡按使用对象分为单位卡和个人卡;按信誉等级分为金卡和普通卡。

凡在中国境内金融机构开立基本存款账户的单位可申领单位卡。单位卡可申领若干张,持卡人资格由申领单位法定代表人或其委托的代理人书面指定和注销,持卡人不得出租或转借信用卡。单位卡账户的资金一律从其基本存款账户转账存入,在使用过程中,需要向其账户续存资金的,也一律从其基本存款账户转账存入,不得交存现金,不得将销货收入的款项存入其账户。单位卡一律不得用于10万元以上的商品交易、劳务供应款项的结算,不得支取现金。

信用卡在规定的限额和期限内允许善意透支。透支期限最长为60天。透支利息,自签单日或银行记账日起15日内按日息万分之五计算,超过15日按日息万分之十计算,超过30日或透支金额超过规定限额的,按日息万分之十五计算。透支计算不分段,按最后期限或者最高透支额的最高利率档次计息。超过规定限额或规定期限,并且经发卡银行催收无效的透支行为称为恶意透支,持卡人使用信用卡不得发生恶意透支。严禁将单位的款项存入个人卡账户中。

单位或个人申领信用卡,应按规定填制申请表,连同有关资料一并送交发卡银行。符合条件并按银行要求交存一定金额的备用金后,银行为申领人开立信用卡存款账户,并发给信用卡。

9. 信用证

信用证结算方式是国际结算的一种主要方式。经中国人民银行批准经营结算业务的商业银行总行以及经商业银行总行批准开办信用证结算业务的分支机构,也可以办理国内企业之间商品交易的信用证结算业务。

国内信用证(以下简称信用证),是指开证银行依照申请人(购货方)的申请向受益人(销货方)开出的有一定金额、在一定期限内凭信用证规定的单据支付款项的书面承诺。我国信用证为不可撤销、不可转让的跟单信用证。

采用信用证结算方式的,收款单位收到信用证后,即备货装运,签发有关发票账单,连同运输单据和信用证,送交银行,根据退还的信用证等有关凭证编制收款凭证;付款单位在接到开证行的通知时,根据付款的有关单据编制付款凭证。

上述各种结算方式的运用,须以加强结算纪律为保证。中国人民银行发布的《支付结算办法》中规定了银行结算纪律,即:不准签发没有资金保证的票据或远期支票,套取银行信用;不准签发、取得和转让没有真实交易和债权债务的票据,套取银行和他人资金;不准无理拒绝付款,任意占用他人资金;不准违反规定开立和使用账户等。企业必须严格遵守银行支付结算办法规定的结算纪律,保证结算业务的正常进行。

（三）银行存款的核算

1. 银行存款的序时核算

与现金收付业务一样，企业每日发生的银行存款收付业务也非常频繁，其收入的来源和支出的用途也各不相同。为了能够逐日详细地反映银行存款的收入来源、支出用途和结存情况，以便加强对银行存款的管理，企业应设置银行存款日记账，序时核算银行存款。

银行存款日记账也应由出纳人员按照业务发生先后，逐日逐项按顺序登记。收付金额应根据审核以后的银行存款收、付款凭证登记，其中将现金送存银行的收入金额，由于不编制银行存款收款凭证，应根据现金付款凭证登记。每日终了应结出余额，月末结出本月收入、付出合计数和月末结存数，并与银行对账单核对相符。

银行存款日记账也可采用三栏式或多栏式，其格式和登记办法，均与库存现金日记账基本相同。

有外币银行存款收付业务的企业，应分别人民币和各种外币设置银行存款日记账进行明细核算。

2. 银行存款的总分类核算

为了总括地反映和监督企业银行存款的收支和结存的情况，企业应设置"银行存款"科目进行总分类核算。该科目借方登记银行存款收入的金额，贷方登记银行存款付出的金额，余额在借方表示企业银行存款的结余数额。现将有关业务举例如下。

[例 2 - 6]　企业将现金 1 500 元存入银行，编制会计分录如下：

　　借：银行存款　　　　　　　　　　　　　　　　　　　　1 500
　　　　贷：库存现金　　　　　　　　　　　　　　　　　　　　1 500

[例 2 - 7]　企业用银行存款交纳税金 6 000 元，编制会计分录如下：

　　借：应交税费　　　　　　　　　　　　　　　　　　　　6 000
　　　　贷：银行存款　　　　　　　　　　　　　　　　　　　　6 000

[例 2 - 8]　企业用银行存款支付前欠购料款 7 500 元，编制会计分录如下：

　　借：应付账款　　　　　　　　　　　　　　　　　　　　7 500
　　　　贷：银行存款　　　　　　　　　　　　　　　　　　　　7 500

登记"银行存款"科目与登记"库存现金"科目一样，可以直接根据银行存款收付款凭证和部分现金付款凭证逐项登记，也可以定期或在月终一次根据汇总收付款记账凭证或科目汇总表汇总登记，或根据多栏式日记账于月末汇总登记。

（四）银行存款的清查

为了防止记账错误，保证银行存款账目正确无误，掌握银行存款的实际余额，企业应定期对银行存款进行清查。清查采用核对账目的方法进行，即根据银行送来的对账单与企业的银行存款日记账逐笔核对。如果两者余额不相等，原因有两个：(1) 企业或银行记账有差错；(2) 存在未达账项。所谓未达账项，是指企业与银行一方已经入账，而另一方因尚未接到有关凭证而未入账的款项。未达账项归纳起来,不外乎有下列四种情况:(1)银行已经收款记账而企业尚未记账的款项;(2)银行已经付款记账而企业尚未记账的款项;(3)企业已经收款记账而银行尚未记账的款项;(4)企业已经付款记账而银行尚未记账的款项。

在核对账目中发现未达账项时,应编制"银行存款余额调节表"进行调节。调节后双方余额如果相等,一般说明双方记账没有错误;如果双方余额不相等,则表明记账有差错,就需要进一步查对,找出原因,更正错误的记录。

经过调整后的银行存款余额,是企业在调节银行存款的实有数额。对于银行已经入账而企业尚未入账的未达账项,不能根据调节表更正账面记录,一定要待结算凭证达到后再进行会计处理。

企业应定期对银行存款进行检查,如果有确凿证据表明存在银行或其他金融机构的款项已经部分不能收回,或者全部不能收回的,例如,吸收存款的单位已宣告破产,其破产财产不足以清偿的部分,或者全部不能清偿的,应当作为当期损失,冲减银行存款,借记"营业外支出"科目,贷记"银行存款"科目。

三、其他货币资金

(一)其他货币资金的种类

其他货币资金是指企业除库存现金、银行存款以外的其他各项货币资金。其他货币资金就其性质而言,与库存现金和银行存款一样,同属于企业的货币资金,只是存放地点不同,而且往往都有特定的用途,企业不能任意动用。因此,会计上要对其他货币资金单独进行核算。其他货币资金的种类有外埠存款、银行汇票存款、银行本票存款、信用卡存款、信用证保证金存款、存出投资款等。

(二)其他货币资金的核算

为了总括地反映和监督企业的各种其他货币资金的增减变动及其结存情况,企业应设置"其他货币资金"科目。该科目的借方登记其他货币资金的增加数,贷方登记其他货币资金的减少数,余额在借方表示企业期末其他货币资金的结余数额。在该科目下,应按照其他货币资金的种类分设"外埠存款""银行汇票""银行本票""信用卡""信用证保证金""存出投资款"等二级科目,并按外埠存款的开户行,银行汇票、银行本票的收款单位,信用卡的开户行等设置明细科目,进行明细核算。

1. 外埠存款的核算

外埠存款是指企业到外地进行临时或零星采购时,汇往采购地银行开立采购专户的存款。

企业将款项汇往外地时,应填写汇款委托书,委托开户银行办理汇款。汇入地银行以汇款单位名义开立临时采购账户,该账户的存款不计利息、只付不收、付完清户,除了采购人员可从中提取少量现金外,一律采用转账结算。

企业将款项委托当地银行汇往采购地开立专户时,应借记"其他货币资金——外埠存款"科目,贷记"银行存款"科目;收到采购人员交来供应单位发票账单等报销凭证时,应借记"在途物资""应交税费——应交增值税(进项税额)"等科目,贷记"其他货币资金——外埠存款"科目;完成采购任务,将多余的外埠存款转回当地银行时,应根据银行的收账通知,借记"银行存款"科目,贷记"其他货币资金——外埠存款"科目。现举例如下。

[例2-9] ① 企业委托开户银行将40 000元采购资金汇往采购地开立采购专户,编制会计分录如下:

借:其他货币资金——外埠存款　　　　　　　　　　　　　　40 000
　　贷:银行存款　　　　　　　　　　　　　　　　　　　　40 000

② 收到采购人员交来采购材料的发票账单,材料价款30 000元,增值税额5 100元,编制会计分录如下:

借:在途物资　　　　　　　　　　　　　　　　　　　　　30 000
　　应交税费——应交增值税(进项税额)　　　　　　　　　　5 100
　　贷:其他货币资金——外埠存款　　　　　　　　　　　　35 100

③ 收到开户银行通知,多余的外埠存款已转回开户银行,编制会计分录如下:

借:银行存款　　　　　　　　　　　　　　　　　　　　　4 900
　　贷:其他货币资金——外埠存款　　　　　　　　　　　　4 900

2. 银行汇票存款的核算

银行汇票存款是指企业为取得银行汇票,按照规定存入银行的款项。

企业向银行提交"银行汇票委托书"并将款项交存开户银行,取得银行汇票后,根据银行盖章退回的委托书存根联,借记"其他货币资金——银行汇票"科目,贷记"银行存款"科目;企业使用银行汇票支付款项后,应根据发票账单及开户行转来的银行汇票有关副联等凭证,借记"在途物资""应交税费——应交增值税(进项税额)"等科目,贷记"其他货币资金——银行汇票"科目;银行汇票使用完毕,应转销"其他货币资金——银行汇票"科目。如有多余款或因汇票超过付款期或其他原因未曾使用而退回款项时,借记"银行存款"科目,贷记"其他货币资金——银行汇票"科目。现举例如下。

[例2-10] ① 企业按规定手续办理取得银行汇票一张,票面金额50 000元,编制会计分录如下:

借:其他货币资金——银行汇票　　　　　　　　　　　　　50 000
　　贷:银行存款　　　　　　　　　　　　　　　　　　　50 000

② 用银行汇票购入原材料一批,材料价款40 000元,增值税额6 800元,编制会计分录如下:

借:在途物资　　　　　　　　　　　　　　　　　　　　　40 000
　　应交税费——应交增值税(进项税额)　　　　　　　　　　6 800
　　贷:其他货币资金——银行汇票　　　　　　　　　　　　46 800

③ 将多余额 3 200 元转回银行结算户，编制会计分录如下：

借：银行存款　　　　　　　　　　　　　　　　　　　　　　　3 200
　　贷：其他货币资金——银行汇票　　　　　　　　　　　　　　　3 200

3. 银行本票存款的核算

银行本票存款是指企业为取得银行本票，按照规定存入银行的款项。

企业向银行提交"银行本票申请书"并将款项交存银行，取得银行本票后，应根据银行盖章退回的申请书存根联，借记"其他货币资金——银行本票"科目，贷记"银行存款"科目；用银行本票支付款项后，应根据发票账单等有关凭证，借记"在途物资""应交税费——应交增值税（进项税额）"等科目，贷记"其他货币资金——银行本票"科目；由于银行本票只办理全额结算，若银行本票金额大于所采购材料应支付金额而形成的多余额，银行不办理多余款退回业务，而由购销双方协商采用现金、支票等方式结清；企业因本票超过付款期等原因交银行退回后，借记"银行存款"科目，贷记"其他货币资金——银行本票"科目。现举例如下。

[例 2-11] ① 企业按规定手续取得银行本票一张，金额 1 000 元，编制会计分录如下：

借：其他货币资金——银行本票　　　　　　　　　　　　　　　1 000
　　贷：银行存款　　　　　　　　　　　　　　　　　　　　　　1 000

② 用银行本票购入原材料一批，材料价款 800 元，增值税额 136 元，多余票款 64 元由对方单位用现金结清，编制会计分录如下：

借：在途物资　　　　　　　　　　　　　　　　　　　　　　　　800
　　应交税费——应交增值税（进项税额）　　　　　　　　　　　　136
　　库存现金　　　　　　　　　　　　　　　　　　　　　　　　　64
　　贷：其他货币资金——银行本票　　　　　　　　　　　　　　1 000

4. 信用卡存款的核算

信用卡存款是指企业为取得信用卡而存入银行信用卡专户的款项。

企业申请办理信用卡时，将款项存入银行办理信用卡后，按信用卡金额，借记"其他货币资金——信用卡"科目，贷记"银行存款"科目；企业用信用卡支付有关费用时，借记"管理费用"等科目，贷记"其他货币资金——信用卡"科目；企业取得信用卡存款的利息收入时，应冲减财务费用，借记"其他货币资金——信用卡"科目，贷记"财务费用"科目；企业信用卡透支，银行将按贷款利率计收利息。企业支付利息时，应借记"财务费用"科目，贷记"其他货币资金——信用卡"科目；企业增补信用卡金额时，按增补的金额，借记"其他货币资金——信用卡"科目，贷记"银行存款""库存现金"科目。现举例如下。

[例 2-12] ① 企业将 10 000 元交存银行，办理牡丹信用卡一张，编制会计分录如下：

借：其他货币资金——信用卡　　　　　　　　　　　　　　　　10 000
　　贷：银行存款　　　　　　　　　　　　　　　　　　　　　　10 000

② 用信用卡支付业务招待费 6 000 元，在收到卡部发送的账单时，编制会计分录如下：

借：管理费用　　　　　　　　　　　　　　　　　　　　　　6 000
　　贷：其他货币资金——信用卡　　　　　　　　　　　　　　6 000

[例 2-13]　接卡部发送的账单，实现信用卡利息收入 100 元，编制会计分录如下：

借：其他货币资金——信用卡　　　　　　　　　　　　　　　100
　　贷：财务费用　　　　　　　　　　　　　　　　　　　　　100

[例 2-14]　若因信用卡透支被银行计收利息 200 元，编制会计分录如下：

借：财务费用　　　　　　　　　　　　　　　　　　　　　　200
　　贷：其他货币资金——信用卡　　　　　　　　　　　　　　200

5. 信用证保证金存款的核算

信用证保证金存款是指采用信用证结算方式的企业为开具信用证而存入银行信用证保证金专户的款项。

企业向银行提交"信用证委托书"，将款项交存银行由银行开出信用证后，根据银行盖章退回的"信用证委托书"回单，借记"其他货币资金——信用证保证金"科目，贷记"银行存款"科目；企业收到供货单位信用证结算凭证及所附发票账单时，借记"在途物资""应交税费——应交增值税（进项税额）"等科目，贷记"其他货币资金——信用证保证金"科目；企业未用完的信用证保证金余额转回银行存款结算户时，借记"银行存款"科目，贷记"其他货币资金——信用证保证金"科目。现举例如下。

[例 2-15]　① 企业要求银行对供货单位开出信用证 40 000 元，编制会计分录如下：

借：其他货币资金——信用证保证金　　　　　　　　　　　40 000
　　贷：银行存款　　　　　　　　　　　　　　　　　　　　40 000

② 收到供货单位信用证结算凭证及所附发票账单，账单所列材料价款 30 000 元，增值税额 5 100 元，编制会计分录如下：

借：在途物资　　　　　　　　　　　　　　　　　　　　　30 000
　　应交税费——应交增值税（进项税额）　　　　　　　　　5 100
　　贷：其他货币资金——信用证保证金　　　　　　　　　　35 100

③ 未用完的信用证保证金余额 4 900 元，转回银行存款结算户，编制会计分录如下：

借：银行存款　　　　　　　　　　　　　　　　　　　　　4 900
　　贷：其他货币资金——信用证保证金　　　　　　　　　　4 900

6. 存出投资款的核算

存出投资款是指企业已存入证券公司但尚未进行股票、债券等投资的现金。

企业向证券公司划出资金时，应按实际划出的金额，借记"其他货币资金——存出投资款"科目，贷记"银行存款"科目；购买股票、债券等时，按实际发生的金额，借记"交易性金融资产"等科目,贷记"其他货币资金——存出投资款"科目。现举例如下。

[例2-16] ① 企业向证券公司划出资金600 000元,编制会计分录如下:

借:其他货币资金——存出投资款　　　　　　　　　　600 000
　　贷:银行存款　　　　　　　　　　　　　　　　　　600 000

② 企业用存出投资款购买股票600 000元(该股票划分为交易性金融资产),编制会计分录如下:

借:交易性金融资产　　　　　　　　　　　　　　　　600 000
　　贷:其他货币资金——存出投资款　　　　　　　　　600 000

(三)其他货币资金的清查

企业应该加强其他货币资金的清查工作。对于外埠存款应查明采购地开户银行对账单与企业账面结存额是否相符,是否有挪用公款等非法行为发生。对于银行汇票存款和银行本票存款,也应按期核对,以防止银行汇票和银行本票的丢失,并查明其付款的有效期限,防止逾期不能办理结算业务。对于信用卡存款也应该核对其余额,防止存款余额过低发生透支,并检查其具体用途,防止公款私用行为的发生。对于在途货币资金,也应与相关单位核对数额是否相符,以避免期终合并报表或汇总报表编制发生差错。

第二节　应 收 款 项

应收款项是指在活跃市场上没有报价、回收金额固定或可确定的非衍生金融资产,主要包括应收账款、应收票据、预付账款、其他应收款等。

一、应收账款

(一)应收账款的概念

应收账款是指企业因销售商品、产品、提供劳务而应向购货单位或接受劳务单位收取的债权,具体包括应收货款、劳务款、代垫的运杂费及代收的增值税。

会计上的应收账款是因赊销业务形成的应收客户的债权,不包括应收职工的欠款、应收债务人的利息、存出保证金等其他应收款,不包括长期性质的债权。

应收账款应于销售实现时予以确认。

(二)应收账款的计价

应收账款一般是在收入实现时按实际发生额计价入账。但实际工作中,许多企业为了扩大销售或及早收回货款,在销售业务中经常采用折扣的方法,所以在确定应收账款的金额时还应当考虑商业折扣和现金折扣等因素。

1. 商业折扣

商业折扣是指企业根据市场的供需要求、季节变化或针对不同客户,在商品的标价上给予一定的折扣。这种方式是企业常常采用的一种促销方式。企业为了拓展市场，增加销量，或者为了处理一些过季商品，常常会采用商业折扣的方式，通常用折扣10%（九折）、折扣50%（五折）等表示。商业折扣一般在销售时即已经发生，它不过是确定实际销售价格的一种手段，所以在存在商业折扣的前提下，应收账款是按扣除商业折扣以后的实际售价确认，它不在交易双方的任何一方的账上进行反映。

2. 现金折扣

现金折扣是指在赊销方式下，债权人为了鼓励债务人在规定时间及早付款而给予的债务扣除。现金折扣一般用符号"折扣/付款期限"表示。例如，买方在10天内付款给予2%的折扣，可用符号表示为"2/10"；买方在20天内付款给予1%的折扣，可以用符号表示为"1/20"；买方30天内付款不给折扣，可以用符号表示为"n/30"。

在存在现金折扣的前提下，应收账款入账价值的确认有两种方法，即总价法和净价法。

总价法下，应收账款按不扣除折扣的全部金额作为应收账款的入账价值。如果买方在约定的折扣期间内提前付款，则将由此支付给买方的折扣作为当期的一项理财费用，计入财务费用。我国会计实务中一般均采用此法。

净价法下，应收账款按扣除最大折扣后的金额作为应收账款的入账价值。这种方法认为买方一般都会在折扣期内付款，将买方提前付款视为正常现象。而一旦客户未在约定的折扣期内付款，则将该部分买方未能享受而多收的金额，视为向买方提供信贷而获取的收入，冲减财务费用。

（三）应收账款的会计处理

企业为了核算和监督应收账款资金的增减和占用情况，应设置"应收账款"科目进行总分类核算。"应收账款"科目核算企业因销售商品、提供劳务等业务，应向购货单位收取的款项（包括价款和增值税）。其借方反映企业应收的各种款项，贷方反映已收回的应收账款或已结转的坏账损失或转作商业汇票结算方式的应收款项，期末借方余额反映尚未收回的各种应收款项。

"应收账款"科目应按不同的购货单位或接受劳务的单位设置明细科目，进行明细分类核算，详细核算和监督企业应收的各种款项的发生和回收情况。

企业销售商品或提供劳务发生应收账款，在没有商业折扣的情况下，按应收的全部金额入账。存在商业折扣的情况下，应按扣除商业折扣后的金额入账。存在现金折扣的情况下，采用总价法入账，发生的现金折扣作为财务费用处理。企业因销售商品或提供劳务形成应收款项时，借记"应收账款"科目，贷记"主营业务收入""应交税费——应交增值税（销项税额）"等科目。收回应收账款时，按实收金额，借记"银行存款"等科目，贷记"应收账款"科目。如果应收账款改用商业汇票结算，在收到承兑的商业汇票时，按照票面金额，借记"应收票据"科目，贷记"应收账款"科目。

1. 没有商业折扣和现金折扣

企业发生的应收账款，在没有任何折扣的情况下，按应收的全部金额入账。

[例2-17] 甲公司销售产品一批,其售价金额为40 000元,适用的增值税率为17%,代购货单位垫付运杂费1 500元。编制会计分录如下:

借:应收账款		48 300
贷:主营业务收入		40 000
应交税费——应交增值税(销项税额)		6 800
银行存款		1 500

收到货款时编制会计分录如下:

借:银行存款	48 300
贷:应收账款	48 300

2. 发生商业折扣

企业发生的应收账款,在有商业折扣的情况下,应按扣除商业折扣后的金额入账。

[例2-18] 甲公司销售产品一批,按价目表标明的价格计算,金额为50 000元,由于成批销售,销货方给购货方10%的商业折扣,金额为5 000元,适用的增值税率为17%。编制会计分录如下:

借:应收账款	52 650
贷:主营业务收入	45 000
应交税费——应交增值税(销项税额)	7 650

收到货款时编制会计分录如下:

借:银行存款	52 650
贷:应收账款	52 650

3. 发生现金折扣

在有现金折扣的情况下,企业的应收账款,应采用总价法入账,发生的现金折扣作为财务费用处理。

[例2-19] 甲公司销售产品一批,售价金额为20 000元,规定的现金折扣条件为1/10,n/30,适用的增值税率为17%。编制会计分录如下:

借:应收账款	23 400
贷:主营业务收入	20 000
应交税费——应交增值税(销项税额)	3 400

如果上述货款在10天内收到,编制会计分录如下:

借:银行存款	23 166
财务费用	234
贷:应收账款	23 400

如果超过了现金折扣的最后期限,则编制如下会计分录:

借:银行存款	23 400
贷:应收账款	23 400

二、应收票据

（一）应收票据的概念

应收票据是指企业持有的还没有到期、尚未兑现的票据。票据包括支票、银行本票、银行汇票、商业汇票等，但在我国除了商业汇票，其他票据都是见票即付的票据，可以即刻收款或存入银行成为货币资金，不需要作为应收票据核算。因此，应收票据是指商业汇票。

商业汇票按承兑人不同，分为商业承兑汇票和银行承兑汇票。商业承兑汇票是由银行以外的付款人承兑，可以由付款人签发并承兑，也可以由收款人签发交由付款人承兑的票据。银行承兑汇票是在承兑银行开立存款账户的存款人签发，由开户银行承兑付款的票据。

商业汇票按是否计息，可分为不带息商业汇票和带息商业汇票。不带息商业汇票是指票据到期时，承兑人只按票面金额（即面值）向收款人或被背书人支付款项的票据。带息商业汇票是指票据到期时，承兑人必须按票面金额加上应计利息向收款人或被背书人支付票款的票据。

（二）应收票据的计量

在我国，商业票据的期限一般较短（6个月），利息金额相对来说不大，用现值记账不但计算麻烦而且其折价还要逐期摊销，过于繁琐。因此，应收票据一般按其面值计价。即企业收到应收票据时，应按照票据的面值入账。但对于带息的应收票据，按照企业会计准则的规定，应于期末（指中期期末和年度终了）按应收票据的票面价值和确定的利率计提利息，计提的利息应增加应收票据的账面价值。

（三）应收票据的会计处理

企业为了反映和监督应收票据的取得和回收情况，应设置"应收票据"科目进行核算。"应收票据"科目的借方登记应收票据的增加（取得）数，贷方登记应收票据的减少（兑现、贴现等）数，余额在借方表示收款企业所持有的应收票据金额。为了便于管理和分析各种应收票据的具体情况，企业还应设置"应收票据备查簿"，逐笔登记商业汇票的种类、号数、出票日期、票面金额、交易合同号和付款人、承兑人、背书人的姓名或单位名称，到期日、背书转让日、贴现日、贴现率和贴现净额，以及收款日和收回金额、退票情况等资料。商业汇票到期结清票款或退票后，应在"应收票据备查簿"中逐笔注销。

1. 不带息应收票据

不带息票据的到期价值等于应收票据的面值。企业销售商品或提供劳务收到商业汇票时，借记"应收票据"科目，贷记"主营业务收入""应交税费——应交增值税（销项税额）"等科目。票据到期收回时，应按票面金额，借记"银行存款"科目，贷记"应收票据"科目。

[例2-20] A企业销售一批产品给B公司，货已发出，货款40 000元，增值税额

为 6 800 元。按合同约定 3 个月以后付款,B 公司交给 A 企业一张不带息 3 个月到期的银行承兑汇票,面额 46 800 元。A 企业应编制会计分录如下:

借:应收票据——B公司　　　　　　　　　　　　　　46 800
　　贷:主营业务收入　　　　　　　　　　　　　　　　40 000
　　　　应交税费——应交增值税(销项税额)　　　　　　6 800

3 个月后应收票据到期,收回款项 46 800 元,存入银行,应编制会计分录如下:

借:银行存款　　　　　　　　　　　　　　　　　　　46 800
　　贷:应收票据——B公司　　　　　　　　　　　　　46 800

2. 带息应收票据

企业收到的带息应收票据,除按照上述原则进行核算外,还应于中期期末和年度终了,按规定计提票据利息,并增加应收票据的账面价值,同时,冲减财务费用。票据利息的计算公式为

应收票据利息＝应收票据票面金额×票面利率×期限

上式中,"利率"一般指年利率;"期限"指签发日至到期日的时间间隔(有效期)。票据的期限,有按月表示和按日表示两种。在实际工作中,为了计算方便,常把一年定为 360 天。

票据期限按月表示时,应以到期月份中与出票日相同的那一天为到期日。如 4 月 15 日签发的一个月票据,到期日应为 5 月 15 日。但有两个特例:其一,如果出票日为某月 31 日,而票据到期的那个月份只有 30 天,那么这张票据的到期日是该月的 30 日;其二,如果出票日为某月 29 日、30 日或 31 日,而票据到期的那个月是 2 月份,那么这张票据的到期日就是该 2 月份的最后一天。与此同时,计算利息使用的利率要换算成月利率(年利率÷12)。

票据期限按日表示时,应从出票日起按实际经历天数计算。通常出票日和到期日,只能计算其中的一天,即"算头不算尾"或"算尾不算头"。例如,4 月 15 日签发的 90 天票据,其到期日应为 7 月 14 日[90 天－4 月份剩余天数－5 月份实有天数－6 月份实有天数＝90－(30－15)－31－30＝14]。同时,计算利息使用的利率,要换算成日利率(年利率÷360)。

带息的应收票据到期收回款项时,应按收到的本息,借记"银行存款"科目,按账面余额,贷记"应收票据"科目,按其差额,贷记"财务费用"科目。

[**例 2-21**] 甲公司 20×7 年 9 月 1 日销售一批产品给 A 公司,货已发出,发票上注明的销售收入为 100 000 元,增值税额 17 000 元。收到 A 公司交来的商业承兑汇票一张,期限为 6 个月,票面利率为 10%。

① 收到票据时,应编制会计分录如下:

借:应收票据　　　　　　　　　　　　　　　　　　117 000
　　贷:主营业务收入　　　　　　　　　　　　　　　100 000
　　　　应交税费——应交增值税(销项税额)　　　　　17 000

② 年度终了(20×7年12月31日)，计提票据利息，应编制会计分录如下：

票据利息＝117 000×10％×4÷12＝3 900(元)

借：应收票据　　　　　　　　　　　　　　　　　3 900
　　贷：财务费用　　　　　　　　　　　　　　　　　　3 900

③ 票据到期收回货款，应编制会计分录如下：

收款金额＝117 000×(1＋10％÷12×6)＝122 850(元)

借：银行存款　　　　　　　　　　　　　　　　　122 850
　　贷：应收票据　　　　　　　　　　　　　　　　　120 900
　　　　财务费用　　　　　　　　　　　　　　　　　　1 950

3. 应收票据转让

应收票据转让是指持票人因偿还前欠货款等原因，将未到期的商业汇票背书后转让给其他单位或个人的业务活动。

企业可以将自己持有的商业汇票背书转让，背书是指持票人在票据背面签字，签字人称为背书人，背书人对票据的到期付款负连带责任。

企业将持有的应收票据背书转让，以取得所需物资时，按应计入物资成本的价值，借记"在途物资""原材料"等科目，按取得的专用发票上注明的增值税，借记"应交税费——应交增值税(进项税额)"科目，按应收票据的账面价值，贷记"应收票据"科目，如有差额，借记或贷记"银行存款"等科目。

[例2-22] 甲公司将一张金额为45 000元的不带息应收票据，背书转让给A企业，以抵付其前欠的购货款。应编制会计分录如下：

借：应付账款　　　　　　　　　　　　　　　　　45 000
　　贷：应收票据　　　　　　　　　　　　　　　　　45 000

如果公司将该票据背书转让给B企业，以购入材料一批，材料价款40 000元，增值税额6 800元，差额部分用银行存款支付。应编制会计分录如下：

借：在途物资　　　　　　　　　　　　　　　　　40 000
　　应交税费——应交增值税(进项税额)　　　　　　6 800
　　贷：应收票据　　　　　　　　　　　　　　　　　45 000
　　　　银行存款　　　　　　　　　　　　　　　　　　1 800

应收票据的背书转让，当不符合金融资产终止确认条件时，会使企业承担因付款方不能到期支付票款的连带责任。此时，转让应收票据实际上具有抵押性质，应收票据不能终止确认。因转让应收票据而购入的材料视为负债处理，并通过"应付账款"科目核算。

4. 应收票据贴现

企业所持有的应收票据在到期前，如果出现资金短缺，可以持未到期的商业汇票去银行申请贴现，以解决临时性的资金需要。贴现是指票据持有人将未到期的票据在背书后转让给银行，由银行按票据到期价值扣除贴现日至票据到期日的利息后，将余额付给持票人,作为银行对企业的短期贷款。因此,票据贴现实质上是企业融通资金的一种形式。贴现时,银行计算贴现息的利率称为贴现率,企业从银行获得的票据到期价值扣除贴现息后的货币收入,称为贴现净额。贴现净额的计算公式为

$$贴现净额＝票据到期价值－贴现息$$

其中：
$$贴现息＝票据到期价值\times 贴现率\times 贴现天数$$
$$票据到期价值＝面值＋面值\times 利率\times 票据期限$$

贴现期即从贴现日到到期日的时间间隔。如果票据期限按日表示,应从出票日起按实际经历天数计算。通常出票日和到期日,只计算其中的一天,即"算头不算尾"或"算尾不算头"。票据期限按月表示时,票据的期限不考虑各月份的实际天数多少,应以到期月份中与出票日(承兑日)相同的那一天为到期日。由于票据的票面利率与银行贴现利率的差异及贴现期的影响,票据贴现实收金额与票面金额会产生一定差异,对于这种差异,会计上应作为财务费用处理。

以下以不带息票据为例说明应收票据贴现的核算。企业持未到期的应收票据向银行贴现,应按实际收到的金额,借记"银行存款"科目;按贴现息部分,借记"财务费用"等科目;按商业汇票的票面金额,贷记"应收票据"科目(适用于满足金融资产终止确认条件的情形)或"短期借款"科目(适用于不满足金融资产终止确认条件的情形)。

[例2-23] 20×8年2月18日,甲企业收到B公司出具的一张不带息银行承兑汇票,面值46 800元,期限5个月,假设企业在持有票据两个月时将票据到银行办理了贴现,贴现率为9%。由于贴现的银行承兑汇票不附追索权,因而本项贴现业务符合金融资产终止确认的条件。所作会计处理为

$$贴现息＝46\ 800\times 9\%\times 3/12＝1\ 053(元)$$
$$贴现净额＝46\ 800－1\ 053＝45\ 747(元)$$

应编制会计分录如下：

借：银行存款　　　　　　　　　　　　　　　　　　　　　　45 747
　　财务费用　　　　　　　　　　　　　　　　　　　　　　 1 053
　　贷：应收票据　　　　　　　　　　　　　　　　　　　　46 800

[例2-24] 假定[例2-23]中企业收到的B公司的票据是商业承兑汇票,其他条件同[例2-23],则由于贴现的商业承兑汇票附追索权,因而本项贴现业务不符合金融资产终止确认的条件。应编制会计分录如下：

借：银行存款　　　　　　　　　　　　　　　　　　　　　　45 747
　　财务费用　　　　　　　　　　　　　　　　　　　　　　 1 053
　　贷：短期借款　　　　　　　　　　　　　　　　　　　　46 800

票据到期时,若B公司如数付款,则贴现申请人的连带责任解除,应编制会计分录

如下：

  借：短期借款   46 800
    贷：应收票据   46 800

票据到期时，若B公司无力付款，贴现申请人要负连带付款责任，应编制会计分录如下：

  借：短期借款   46 800
    贷：银行存款   46 800
  同时：
  借：应收账款   46 800
    贷：应收票据   46 800

三、其他应收款项

（一）预付账款

1. 预付账款的概念与计量

预付账款，是指企业按照购货合同或劳务合同规定，预先支付给供货方或提供劳务方的款项。预付账款按实际付出的金额入账。

企业生产经营所需的各种材料物资，有些可以根据需要随时购买取得现货，有些则因市场供应和产品生产周期等因素的限制而需要预先订购。有些材料物资尽管也有现货随时供应，但其价格受市场供求关系的影响波动较大，企业为了避免价格风险，把未来所需材料物资的成本控制在目前的水平上，也采用预先订购的方式。但是订购材料物资，购货单位一般需要预付一定比例的货款。对于供货单位而言，预收一部分货款一方面可以在一定程度上减轻流动资金的压力，另一方面可以减少因购货单位违约而带来的损失。因为有些材料物资是为特定购货单位专制的，如果购货单位违约，这些专制的材料物资是难以转售给其他单位的。在购货单位预付一部分货款的情况下，如果购货单位违约，供应单位除可以根据有关法律向购货单位提出索赔外，还可以根据合同没收预付货款。

预付账款属于企业的短期性债权，企业必须加强对预付账款的管理，严格遵守国家有关结算制度，控制预付账款的范围、比例和期限，减少资金占用，加速资金周转。

2. 预付账款的会计处理

为了核算和监督预付账款的支出和结算情况，企业应设置"预付账款"科目进行总分类核算。其借方登记企业向供应单位预付的货款，贷方登记企业收到所购材料物资应结转的预付货款，期末借方余额反映企业已向供货单位预付的货款。

为了核算和监督企业向各个不同供应单位预付货款的具体结算情况，企业还应按照供应单位名称设置明细科目进行明细分类核算。

企业按购货合同的规定预付货款时,按预付金额借记"预付账款"科目,贷记"银行存款"科目。企业收到预定的货物时,应根据发票账单等列明的应计入购入货物成本的金额,借记"原材料"等科目,按专用发票上注明的增值税,借记"应交税费——应交增值税(进项税额)"科目,按应付的金额,贷记"预付账款"科目;补付货款时,借记"预付账款"科目,贷记"银行存款"科目。退回多付的款项,借记"银行存款"科目,贷记"预付账款"科目。

[例 2-25] 红星企业预付给购货单位的材料款 28 000 元,应编制会计分录如下:

借:预付账款 28 000
　　贷:银行存款 28 000

收到材料和专用发票时,材料价款为 30 000 元,增值税额 5 100 元,应补付 7 100 元。Y 应编制会计分录如下:

借:原材料 30 000
　　应交税费——应交增值税(进项税额) 5 100
　　贷:预付账款 35 100

补付货款时,应编制会计分录如下:

借:预付账款 7 100
　　贷:银行存款 7 100

如果上例中收到材料和专用发票时,材料价款为 20 000 元,增值税额 3 400 元,应退回 4 600 元。应编制会计分录如下:

借:原材料 20 000
　　应交税费——应交增值税(进项税额) 3 400
　　贷:预付账款 23 400

退回多付的货款时,应编制会计分录如下:

借:银行存款 4 600
　　贷:预付账款 4 600

预付账款情况不多的企业,也可以将预付的货款直接记入"应付账款"科目的借方。预付货款时,借记"应付账款"科目,贷记"银行存款"科目,收到材料或商品时再予以转销。

通过"应付账款"科目登记预付货款业务,会使应付账款的某些明细科目出现借方余额,在期末编制资产负债表时,"应付账款"所属明细科目有借方余额的,应将这部分借方余额在资产负债表的资产方列示。

(二)其他应收款

1. 其他应收款的概念与计量

其他应收款是指除应收票据、应收账款和预付账款以外的,企业应收、暂付其他单位和个人的各种款项。其他应收款应按实际发生额计价入账。其内容主要包括:

(1) 预付给企业内部单位或个人的备用金；

(2) 应收保险公司或其他单位和个人的各种赔款；

(3) 应收的各种罚款；

(4) 应收出租包装物的租金；

(5) 存出的保证金；

(6) 应向职工收取的各种垫付款项；

(7) 应收、暂付上级单位或所属单位的款项；

(8) 其他不属于上述各项的其他应收款项。

其他应收款属于企业发生的非购销活动的应收债权。对于这类应收项目,通常应与应收账款和预付账款分开核算。将这类应收项目单独核算,以便会计报表的使用者把这些项目与由于购销业务而发生的应收项目识别清楚。

2. 其他应收款的会计处理

为了反映和监督其他应收款的增减变动和结算情况,企业应设置"其他应收款"科目进行总分类核算。其借方登记企业发生的各项其他应收款,贷方登记企业收到和结转的其他应收款,期末借方余额表示企业应收未收的各项其他应收款。企业还应对其他应收款的项目进行分类,并按不同的债务人设置明细科目进行明细分类核算。

企业发生其他应收款时,按应收金额借记"其他应收款"科目,贷记有关科目。收回各种款项时,借记有关科目,贷记"其他应收款"科目。

[例2-26] 某企业材料物资因火灾被毁损,保险公司已确认赔偿30 000元。应编制会计分录如下：

借：其他应收款——保险公司　　　　　　　　　　　　30 000
　　贷：待处理财产损溢——待处理流动资产损溢　　　　　　30 000

收到应收的保险公司赔款时,应编制会计分录如下：

借：银行存款　　　　　　　　　　　　　　　　　　30 000
　　贷：其他应收款——保险公司　　　　　　　　　　　　30 000

另外,为了满足内部有关职能部门或个人日常零星开支、零星采购或小额差旅费用等小额零星支出的需要,并简化核算手续,对企业内部使用备用金的部门或个人实行定额备用金制度。

定额备用金制度主要包括以下内容：

(1) 由会计部门根据实际情况核定、拨出一笔固定数额的现金,并规定使用范围；

(2) 必须设立专人经管定额备用金；

(3) 支付零用现金时,必须由指定的负责人签字同意；

(4) 备用金经管人员必须妥善保存支付备用金的发票、收据以及各种报销凭证,并设置备用金登记簿,记录各项零星支出；

(5) 经管人员按规定的间隔日期或在备用金不够周转时,凭有关凭证向会计部门报销,补足到备用金的规定金额。

企业的备用金,一般通过"其他应收款"科目进行会计处理,也可设立"备用金"科目予以登记。实行定额备用金制度的企业,在拨出一笔固定数额的现金,建立备用金时,应借记"其他应收款"科目,贷记"库存现金""银行存款"科目;报销和补足备用金数额时,不再通过"其他应收款"科目核算,借记有关科目,贷记"库存现金""银行存款"科目;当使用备用金的部门或个人,由于业务需要不再使用备用金时,应及时收回,借记"库存现金"科目,贷记"其他应收款"科目。

[例2-27] 某企业会计部门对厂行政科实行定额备用金制度。会计部门拨付定额备用金,签发一张现金支票3 000元。应编制会计分录如下:

借:其他应收款——备用金　　　　　　　　　　　　　　3 000
　　贷:银行存款　　　　　　　　　　　　　　　　　　　3 000

行政科持购买办公用品的发票、收据2 800元,到会计部门报销。报销和补足备用金时应编制会计分录如下:

借:管理费用　　　　　　　　　　　　　　　　　　　　2 800
　　贷:库存现金　　　　　　　　　　　　　　　　　　　2 800

如果企业认为该部门的备用金没有继续设置的必要予以取消,该部门应在报销的同时交回剩余的备用金。如在上例中,行政科在报销2 800元时,取消行政科的定额备用金制度。应编制会计分录如下:

借:管理费用　　　　　　　　　　　　　　　　　　　　2 800
　　库存现金　　　　　　　　　　　　　　　　　　　　　200
　　贷:其他应收款——备用金　　　　　　　　　　　　　3 000

四、应收款项发生减值

(一)应收款项发生减值的判断

应收款项是企业拥有的金融资产。根据金融工具确认和计量的要求,企业应当在资产负债表日对包括应收款项在内的除了以公允价值计量且其变动计入损益的金融资产以外的金融资产的账面价值进行检查,有客观证据表明该金融资产发生减值的,应当计提减值准备。根据上述要求,考虑到应收款项的具体特点,企业应当在资产负债表日对应收款项的账面价值进行检查,根据本单位的实际情况分为单项金额重大和非重大的应收款项,分别进行减值测试,计算确定减值损失,计提坏账准备。

对于单项金额重大的应收款项,应当单独进行减值测试,有客观证据表明该应收款项发生减值的,应当根据其未来现金流量现值低于账面价值的差额,确认减值损失,计提坏账准备。不过短期应收款项的预计未来现金流量与其现值相差很小的,在确定相关减值损失时,可不对其预计未来现金流量进行折现。

对于单项金额非重大的应收款项，以及单独测试后未发生减值的单项金额重大的应收款项，应当采用组合方式进行减值测试，分析判断是否发生减值。通常情况下，可以将这些应收款项按类似信用风险特征划分为若干组合，再按这些应收款项组合在资产负债表日余额的一定比例，计算确定减值损失，计提坏账准备。企业应当根据以前年度与之相同或相类似的、具有类似信用风险特征的应收款项组合的实际损失率为基础，结合现时情况确定本期各项组合计提坏账准备的比例。

（二）应收款项减值的会计处理

为了核算企业应收款项减值的情况，应设置"坏账准备"科目。该科目属于资产备抵科目，贷方登记按期估计的坏账准备数额，借方登记已确认为坏账损失应予转销的应收款项数额。余额通常在贷方，表示已经预提但尚未转销的坏账准备数，在期末资产负债表上列作各项应收款项的减项。

应收款项减值的有关会计处理主要包括三个方面的内容：一是期末按一定方法确定应收款项的减值损失，计提坏账准备，借记"资产减值损失——计提的坏账准备"科目，贷记"坏账准备"科目；二是实际发生坏账时注销坏账，借记"坏账准备"科目，贷记"应收账款""其他应收款"等科目；三是已确认的坏账又收回，根据收回的数额，借记"应收账款""其他应收款"等科目，贷记"坏账准备"科目，同时借记"银行存款"科目，贷记"应收账款""其他应收款"等科目，或者直接借记"银行存款"科目，贷记"坏账准备"科目。

以下仅以单项金额非重大的应收款项，采用应收账款余额百分比法和账龄分析法为例，对应收款项减值的核算进行说明。

1. 应收款项余额百分比法

应收款项余额百分比法是根据会计期末应收款项的余额和估计的坏账率，估计坏账损失，计提坏账准备的方法。通常情况下，应收款项余额越大，可能发生的坏账也越多。因此，坏账损失的估计可以以期末应收款项的余额为基础。

[例2-28] 甲企业从20×7年开始计提坏账准备。20×7年12月31日对应收账款进行减值测试。应收账款余额合计为800 000元，根据对方资信情况确定按5‰计提坏账准备。则应计提的坏账准备金额=800 000×5‰=4 000（元），应编制会计分录如下：

借：资产减值损失——计提的坏账准备　　　　　　　　4 000
　　贷：坏账准备　　　　　　　　　　　　　　　　　　4 000

20×8年10月20日，企业发现有1 000元的应收账款确实无法收回，按有关规定确认为坏账损失。应编制会计分录如下：

借：坏账准备　　　　　　　　　　　　　　　　　　　1 000
　　贷：应收账款　　　　　　　　　　　　　　　　　　1 000

20×8年12月31日，该企业应收账款余额为900 000元。经减值测试决定仍按

5‰计提坏账准备。按本年年末应收账款余额应保持的坏账准备金额(即坏账准备的余额)为:900 000×5‰=4 500(元)

年末计提坏账准备前,"坏账准备"科目的贷方余额为 4 000−1 000=3 000(元)

本年度应补提的坏账准备金额为 4 500−3 000=1 500(元)

应编制会计分录如下:

借:资产减值损失——计提的坏账准备　　　　　　　　　　1 500
　　贷:坏账准备　　　　　　　　　　　　　　　　　　　　　　1 500

20×9 年 6 月 25 日,接银行通知,企业上年度已冲销的 1 000 元坏账又收回,款项已存入银行。应编制会计分录如下:

借:应收账款　　　　　　　　　　　　　　　　　　　　　　1 000
　　贷:坏账准备　　　　　　　　　　　　　　　　　　　　　　1 000
同时,借:银行存款　　　　　　　　　　　　　　　　　　　1 000
　　　　贷:应收账款　　　　　　　　　　　　　　　　　　　　1 000

20×9 年 12 月 31 日,企业应收账款余额为 600 000 元。经减值测试决定仍按 5‰计提坏账准备。

本年末坏账准备余额应为 600 000×5‰=3 000(元)

年末计提坏账准备前,"坏账准备"科目的贷方余额为 4 500+1 000=5 500(元)

本年度应冲销多提的坏账准备金额为 5 500−3 000=2 500(元)

应编制会计分录如下:

借:坏账准备　　　　　　　　　　　　　　　　　　　　　　2 500
　　贷:资产减值损失——计提的坏账准备　　　　　　　　　　　2 500

2. 账龄分析法

账龄分析法是根据应收款项入账时间的长短来估计坏账损失的方法。虽然应收款项能否收回以及收回多少,不一定完全取决于应收款项时间的长短,但一般来说,拖欠的时间越长,产生坏账的可能性就越大。

账龄分析法的具体做法是:

(1) 首先对客户所欠款项按赊欠时间的长短进行分组。例如,未到期、过期 1 年内、过期 2 年内、过期 3 年内等。

(2) 编制应收款项账龄分析表。通过该表,在对每个客户所欠的应收款项进行分组的基础上,计算出各组的应收款项总额。

(3) 拟定各组应收款项的估计坏账百分比。一般情况下,赊欠时间越长,估计坏账百分比就越大。

(4) 编制坏账损失估计表。

[例 2-29] 甲公司将 20×7 年 12 月 31 日应收账款余额根据赊欠时间的长短进行分组,编制应收账款账龄分析表如表 2-2 所示。

表 2-2　应收账款账龄分析表

20×7 年 12 月 31 日　　　　　　　　　　　　　　　　　　　　　　　　单位：元

客　户	账面余额	未过期	已过期		
			1 年内	2 年内	3 年内
A 公司	200 000	200 000			
B 公司	80 000		50 000		30 000
C 公司	60 000			60 000	
D 公司	40 000			40 000	
E 公司	120 000		90 000		30 000
F 公司	80 000	40 000		20 000	20 000
G 公司	220 000	120 000	100 000		
总　额	800 000	360 000	240 000	120 000	80 000
占总额的%	100	45	30	15	10

根据应收账款账龄分析表，按照拟定的应收账款估计坏账百分比，编制坏账损失估计表如表 2-3 所示。

表 2-3　坏账损失估计表

20×7 年 12 月 31 日　　　　　　　　　　　　　　　　　　　　　　　　单位：元

账　龄	账面余额	估计坏账百分比(%)	估计坏账损失
未过期	360 000	5	18 000
过期 1 年内	240 000	10	24 000
过期 2 年内	120 000	50	60 000
过期 3 年内	80 000	100	80 000
总　额	800 000	—	182 000

如表 2-3 所示，企业 20×7 年 12 月 31 日"坏账准备"科目的账面余额应为 182 000 元，企业需要根据前期"坏账准备"科目的账面余额，计算本期应入账的金额，编制调整会计分录，予以入账。由于调整会计分录的入账金额受调整前期账面余额的影响，将会出现两种情况：

第一，假设调整前"坏账准备"科目的账面余额为贷方 85 000 元，则本期调整分录的金额应为 182 000－85 000＝97 000 元。调整分录为

　　借：资产减值损失——计提的坏账准备　　　　　　　　　　　　　　97 000
　　　　贷：坏账准备　　　　　　　　　　　　　　　　　　　　　　　　　　97 000

第二，假设调整前"坏账准备"科目的账面余额为借方 85 000 元，则本期调整分录的金额应为 182 000＋85 000＝267 000 元。调整分录为

　　借：资产减值损失——计提的坏账准备　　　　　　　　　　　　　　267 000
　　　　贷：坏账准备　　　　　　　　　　　　　　　　　　　　　　　　　　267 000

第三节 货币资金和应收款项在财务报告中的披露

一、货币资金和应收款项在财务报表中的列示

在资产负债表中,与货币资金和应收款项相关的项目主要有五个。

(1)"货币资金"项目,反映企业库存现金、银行结算户存款、外埠存款、银行汇票存款、银行本票存款、信用卡存款、信用证保证金存款等的合计数。

(2)"应收票据"项目,反映企业收到的未到期收款的应收票据,包括商业承兑汇票和银行承兑汇票。

(3)"应收账款"项目,反映企业因销售商品、产品和提供劳务等应向购买单位收取的各种款项,减去已计提的坏账准备后的净额。

(4)"预付账款"项目,反映企业预付给供应单位的款项。

(5)"其他应收款"项目,反映企业除应收票据、应收账款、预付账款、应收利息、应收股利等经营活动以外的其他各种应收和暂付的款项。

二、货币资金和应收款项在附注中的披露

企业应当将应收款项的账龄结构和客户类别以及期初、期末账面余额等信息在附注中加以披露。

(一)应收账款按账龄结构披露的格式

账龄结构	期末账面余额	年初账面余额
1年以内(含1年)		
1—2年(含2年)		
2—3年(含3年)		
3年以上		
合计		

注:应收票据、预付账款、其他应收款的披露,比照应收账款进行。

(二)应收账款按客户类别披露的格式

客户类别	期末账面余额	年初账面余额
客户1		
……		
其他客户		
合计		

注:应收票据、预付账款、其他应收款的披露,比照应收账款进行。

本章小结

货币资金是企业在生产经营过程中以货币形态存在的资产,是流动性最强的资产,同时也是流动资产的重要组成部分,按其存放地点及用途不同,分为现金、银行存款和其他货币资金。为了加强对货币资金的管理,企业应建立健全适合本单位业务特点和管理要求的货币资金内部控制制度,以防止会计差错和舞弊行为。

应收款项是指在活跃市场上没有报价、回收金额固定或可确定的非衍生金融资产。主要包括应收账款、应收票据、预付账款、其他应收款等。应收账款是指企业在日常的生产经营活动中,因销售商品、提供劳务等业务,应向购货单位或个人收取的款项,通常应按实际发生额计价入账。应收票据是指企业持有的还没有到期、尚未兑现的票据。按承兑人不同,可分为商业承兑汇票和银行承兑汇票;按是否计息,可分为不带息商业汇票和带息商业汇票。预付账款,是指企业按照购货合同或劳务合同规定,预先支付给供货方或提供劳务方的款项,通常按实际付出的金额入账。其他应收款是指除应收票据、应收账款和预付账款以外的企业应收、暂付其他单位和个人的各种款项,应按实际发生额计价入账。

企业应当在资产负债表日对应收款项的账面价值进行检查,有客观证据表明该应收款项发生减值的,应当将该应收款项的账面价值减记至预计未来现金流量现值,减记的金额确认为减值损失,计提减值准备。货币资金和应收款项应在资产负债表和附注中加以相应披露。

名词中英对照

库存现金	cash on hand
银行存款	cash in bank
其他货币资金	other monetary funds
应收票据	notes receivable
应收票据贴现	discounted notes receivable
应收账款	accounts receivable
预付账款	advances to suppliers/prepayments
其他应付款	other receivables
坏账	bad debts/uncollectible accounts
坏账损失	loss from bad debts
坏账准备	allowance for doubtful accounts/provision for bad debts

案例分析

W集团股份有限公司在苏州市经营百货、餐饮服务、旅游等产业。公司20×9年度实现主营业务收入92 847.95万元,实现利润7 256.3万元,坏账准备按应收款项(包括应收账款和其他应收款)余额的5‰计提。其20×9年年末应收账款总额为33 621 670元,根据报表附注,其应收账款的账龄构成如表2-4所示。

表2-4

账龄结构	期末账面余额	年初账面余额
1年以内(含1年)	2 996 263	3 041 010
1—2年(含2年)	95 403	1 039 597
2—3年(含3年)		17 577 619
3年以上	30 530 004	16 481 421
合　计	33 621 670	38 139 647

要求:从应收账款期初数和期末数的对比中,分析应收账款的质量,评价坏账损失核算方法是否合理。

 复习思考题

1. 现金管理有哪些方面的规定?
2. 银行汇票结算方式与商业汇票结算方式有什么不同?
3. 应收票据的利息和到期日如何确认?
4. 商业折扣和现金折扣有什么不同?
5. 其他应收款包括哪些内容?应如何进行核算?

 练习题

1. 资料:甲公司20×6年8月有关业务如下:
(1) 3日,出纳员签发现金支票一张,提取现金5 000元。
(2) 8日,厂办人员唐丰出差借款3 000元,财务部门为其签发一张现金支票。
(3) 10日,财务部门分别以现金拨付给一车间和二车间备用金各2 000元,实行定额管理。
(4) 18日,唐丰报销差旅费2 800元,多余现金如数交回。
(5) 25日,一车间报销费用,共支付市内差旅费520元,其他办公费用200元,用现金补足其备用金。

要求：根据上述资料，编制甲公司相关会计分录。

2. 长江企业属于增值税一般纳税人，20×6年2月发生如下经济业务：

（1）委托银行开出银行汇票50 000元，有关手续已办妥，采购员李红持汇票到A市采购材料。

（2）派采购员张择到B市采购材料，委托银行汇款100 000元到B市开立采购专户。

（3）李红在A市采购结束，取得的增值税专用发票上注明的甲材料款为45 000元，增值税税额7 650元，款项共52 650元。企业已用银行汇票支付50 000元，差额2 650元即采用汇兑结算方式补付，材料已验收入库。

（4）张择在B市的采购结束，取得的增值税专用发票上注明的乙材料价款为80 000元，增值税税额13 600元，款项共93 600元，材料已验收入库。同时接到银行多余款收账通知，退回余款6 400元。

（5）企业委托银行开出银行本票20 000元，有关手续已办妥。

（6）企业购买办公用品2 300元，用信用卡付款。收到银行转来的信用卡存款的付款凭证及所附账单，经审核无误。

要求：根据以上经济业务，编制会计分录。

3. 甲企业20×6年11月1日销售一批商品给乙企业，销售收入为50 000元，增值税为8 500元，商品已经发出。乙企业交来一张期限为6个月、票面利率为10%的商业承兑汇票。

要求：编制甲企业收到票据、年终计提票据利息和收回货款的会计分录。

4. 20×6年2月18日，甲公司收到A公司出具的一张不带息商业承兑汇票，面值20 000元，期限5个月，假设企业在持有票据三个月时将票据到银行办理了贴现，贴现率为9%。

要求：（1）计算贴现所得。
　　　（2）编制下列业务会计分录。
　　　　　① 贴现的商业承兑汇票不附追索权。
　　　　　② 贴现的商业承兑汇票附追索权。

5. 乙公司为一般纳税人，适用的增值税率为17%。20×6年发生经济业务如下：

（1）4月20日向B公司赊销商品一批，该批商品不含税价合计为50 000元，增值税8 500元。销售成本为40 000元。现金折扣条件为：2/10，n/30。销售时用银行存款代垫运杂费500元。

(2) 5月20日，B公司用银行存款支付上述代垫运杂费500元，并开出一张面值为58 500元、票面利率为6‰、期限为4个月的带息商业汇票偿付上述货款和增值税。

要求：编制上述经济业务的会计分录。

6. A公司为一般纳税人，适用的增值税率为17％。20×6年发生如下经济业务：

(1) A公司用银行存款向甲公司预付材料款10 000元。

(2) A公司收到甲公司发来的材料，材料价款为20 000元，增值税为3 400元。A公司对材料采用实际成本法核算。

(3) 开出转账支票补付甲公司不足材料款。

(4) A公司某生产车间核对的备用金定额为3 000元，以现金拨付。

要求：编制上述经济业务的会计分录。

7. 资料：某企业采用应收款项余额百分比法计提坏账准备。

第一年年末应收账款余额为1 000 000元；

第二年年末发生坏账损失10 000元，其中A企业6 000元，B企业4 000元，年末应收账款余额为900 000元；

第三年已冲销的上年B企业应收账款4 000元又收回，年末应收账款余额为1 400 000元。

假定该企业每年年末经减值测试，均按5‰的比率计提坏账准备。

要求：根据上述经济业务，编制每年的会计分录。

第三章 存　　货

■ 本章概要 ■

存货是企业一项重要的流动资产。存货区别于固定资产等非流动资产的最基本的特征是，企业持有存货的最终目的是为了出售，不论是可供直接出售，如企业的产成品、商品等，还是须进一步加工后才能出售，如原材料等。存货的核算包括存货取得、发出及期末计量，存货的具体账务处理等。本章首先阐述了存货的概念、分类，然后重点介绍存货取得、发出及期末结存的确认和计量，并以原材料、库存商品和周转材料为例，对存货的具体核算方法进行了较为详细的阐述。

■ 学习目的与要求 ■

通过本章学习，应当能够了解并掌握：
1. 存货的概念和分类；
2. 存货取得、发出价值的确定；
3. 按实际成本法和按计划成本法对原材料的核算方法；
4. 按毛利率法和售价金额核算法对流通业商品存货的核算方法；
5. 周转材料的内容及其核算方法；
6. 存货的期末计量原则和核算方法。

第一节　存货的确认及初始计量

一、存货的概念及内容

存货是指企业在日常活动中持有以备出售的产成品或商品、处在加工过程中在产品、在生产过程中或提供劳务过程中耗用的材料物资等。

企业的存货通常包括以下六项内容。

（1）原材料，指企业在生产过程中经过加工改变其形态或性质并构成产成品主要实体的各种材料及主要材料、辅助材料、外购半成品（外购件）、修理用备件（备品备件）、包装材料、燃料等。为建造固定资产等各项工程而储备的各种材料，虽然同属于材料，但是由于用于建造固定资产等各项工程，不符合存货的定义，因此不能作为企业存货进行核算。

（2）在产品，指企业正在制造尚未完工的产品，包括正在各个生产工序加工的产品、已加工完毕但尚未检验或已检验但尚未办理入库手续的产品。

（3）半成品，指经过一定生产过程并已检验合格交付半成品仓库保管，但尚未制造完工成为产成品，仍须进一步加工的中间产品。

（4）产成品，指工业企业已经完成全部生产过程并验收入库，可以按照合同规定的条件送交订货单位，或者可以作为商品对外销售的产品。企业接受外来原材料加工制造的代制品和为外单位加工修理的代修品，制造和修理完成验收入库后，应视同企业的产成品。

（5）商品，指商品流通企业外购或委托加工完成验收入库用于销售的各种商品。

（6）周转材料，是指企业能够多次使用、逐渐转移其价值但仍保持原有形态不确认为固定资产的材料，如包装物和低值易耗品。其中，包装物指为了包装本企业商品而储备的各种包装容器，如桶、箱、瓶、坛、袋等，其主要作用是盛装、装潢产品或商品。低值易耗品，指不符合固定资产确认条件的各种用具物品，如工具、管理用具、玻璃器皿、劳动保护用品，以及在经营过程中周转使用的容器等。

二、存货的确认条件

某一资产项目，如果要作为存货加以确认，在必须符合存货定义的前提下，同时满足下列两个条件，才能予以确认。

（一）与该存货有关的经济利益很可能流入企业

资产最重要的特征是预期会给企业带来经济利益。如果某一项目预期不能给企业带来经济利益，就不能确认为企业的资产。存货是企业的一项重要的流动资产，因此，对存货的确认关键是判断是否很可能给企业带来经济利益或所包含的经济利益是否很可能流入企业。

（二）该存货的成本能够可靠地计量

成本或价值能够可靠地计量是资产确认的一项基本条件，存货作为企业资产的组成部分，要予以确认也必须能够对其成本进行可靠的计量，如果存货成本不能可靠地计量，则不能确认为一项存货。

三、存货的初始计量

企业取得存货应当按照成本进行计量。存货成本包括采购成本、加工成本和其他成本三个组成部分。企业存货的取得主要通过外购和自制两个途径，不同来源的存货其成本的构成内容是不一样的。

(一) 外购的存货

企业外购存货(如原材料、商品等)的成本由采购成本构成,指物资从采购到入库前发生的全部支出,包括购买价款、相关税费、运输费、装卸费、保险费以及其他可归属于存货采购成本的费用。

(1) 购买价款,是指企业购入的材料或商品的发票账单上列明的价款,但不包括按规定可以抵扣的增值税额。

(2) 相关税费,是指企业购买、自制或委托加工存货发生的进口关税、消费税、资源税和不能从销项税额中抵扣的增值税进项税额等。

(3) 其他可归属于存货采购成本的费用,即采购成本中除上述各项以外的可归属于存货采购成本的费用,如在存货采购过程中发生的仓储费、包装费、运输途中的合理损耗、入库前的挑选整理费用等。这些费用能分清负担对象的,应直接计入存货的采购成本;不能分清负担对象的,应选择合理的分配方法,分配计入有关存货的采购成本。分配方法通常包括按所购存货的重量或采购价格比例进行分配。

但是,对于采购过程中发生的物资毁损、短缺等,除合理的损途耗应当作为存货的"其他可归属于存货采购成本的费用"计入采购成本外,应区别不同情况进行会计处理:(1) 应向供应单位、外部运输机构等收回的物资短缺或其他赔款,应冲减物资的采购成本;(2) 因遭受意外灾害发生的损失和尚待查明原因的途中损耗,不得增加物资的采购成本,应暂作为待处理财产损溢进行核算,查明原因后再作处理。

商品流通企业在采购商品过程中发生的运输费、装卸费、保险费以及其他可归属于存货采购成本的费用等进货费用,应当计入所购商品成本。在实务中,企业也可以将发生的运输费、装卸费、保险费以及其他可归属于存货采购成本的费用等进货费用先进行归集,期末,按照所购商品的存销情况分别进行分摊。对于已售商品的进货费用,计入主营业务成本;对于未售商品的进货费用,计入期末存货成本。企业采购商品的进货费用金额较小的,也可在发生时直接计入当期销售费用。

(二) 加工取得的存货

企业通过进一步加工而取得的存货(如产成品、在产品、半成品、委托加工物资等),其成本由采购成本、加工成本和为使存货达到目前场所和状态所发生的其他成本构成。

(1) 采购成本,是指加工存货所使用或消耗的原材料的采购成本。

(2) 存货的加工成本,由直接人工和制造费用构成。

直接人工费用,是指企业在生产产品过程中,直接从事产品生产人员的职工薪酬。直接人工和间接人工的划分依据是生产工人是否与所生产的产品直接相关(即可否直接确定其服务的产品对象)。

制造费用,是指企业为生产产品和提供劳务而发生的各项间接费用,制造费用是一种间接生产成本,包括企业生产部门(如生产车间)管理人员的职工薪酬工、折旧费、办公费、水电费、机物料消耗、劳动保护费、季节性和修理期间的停工损失等。

在同一生产过程中,同时生产两种或两种以上的产品,并且每种产品的加工成本不能直接区分的,其加工成本应当按照合理的方法在各种产品之间进行分配。企业在存货加工过程中发生的直接人工和制造费用,如果能够直接计入有关的成本核算对象,则应直接计入。否则,应按照一定方法分配计入有关成本核算对象。分配方法一经确定,不得随意变更。存货加工成本在在产品和完工产品之间的成本分配应通过成本核算方法进行计算确定。

(3) 存货的其他成本,是指除采购成本、加工成本以外的,使存货达到目前场所和状态所发生的其他支出,如可直接认定的产品设计费用等。

在确定存货成本过程中,下列三类费用应当在发生时确认为当期损益,不计入存货成本。

(1) 非正常消耗的直接材料、直接人工和制造费用。如由自然灾害而发生的直接材料、直接人工及制造费用,由于这些费用的发生无助于使该存货达到目前场所和状态,不应计入存货成本,而应确认为当期费用。

(2) 仓储费用(不包括在生产过程中为达到下一个生产阶段所必需的费用)。企业在采购入库后发生的储存费用,应计入当期损益。但是,在生产过程中为达到下一个生产阶段所必需的仓储费用则应计入存货成本。例如,某种酒类产品生产企业为使生产的酒达到规定的产品质量标准,而必须发生的仓储费用,就应计入酒的成本,而不是计入当期费用。

(3) 不能归属于使存货达到目前场所和状态的其他支出。

(三) 其他方式取得的存货

(1) 投资者投入的存货的成本,应当按照投资合同或协议约定的价值确定,但合同或协议约定价值不公允的除外。

(2) 企业通过非货币性资产交换、债务重组、企业合并等方式取得的存货的成本,应当分别按照《企业会计准则第 7 号——非货币性资产交换》、《企业会计准则第 12 号——债务重组》和《企业会计准则第 20 号——企业合并》等的规定确定。

(3) 盘盈存货的成本,应按其重置成本作为入账价值。

第二节　发出存货的计量

一、存货成本流转假设

存货是企业重要的流动资产项目之一,在持续经营条件下,存货通常处于不断的收入、发出的变动状态。从物理形态上看,存货的收入发出表明存货的实体进入或离开库存,这被称为存货的实物流动。从价值形态上看,存货的收入或发出表明存货的成本流入或流出库存,这被称为存货的成本流动。由于会计提供是以货币表示的企业价值信息,因此会计人员关注的是存货实物流动中所蕴含的价值流动,而非存货实物流动本身。但是,由于存在以下原因使存货成本流动具有一定的复杂性:(1) 企业处于持续经营状态下,本期可供使用的存货在期末并不会完全发出,企业通常应保持一定的期末库存;(2) 由于市场价格的不确定性,各批次进入企业的存货价格可能存在差异。这就产生了一个问题:在存货不断流入流出的状态下,如何确定发出存货和期末库存存货的成本?

在理论上,存货的成本流转与其实物流转应当一致,即购置存货时所确定的成本应当随着该项存货的销售或耗用而结转。例如,某商品购进成本,第一批 100 件,单价 15 元;第二批 50 件,单价 10 元;第三批 80 件,单价 11 元。本期销售的情况为:共售出 120 件,其中有 80 件来自第一批,有 30 件来自第二批,有 10 件来自第三批,这样本期销售商品的成本为:$80 \times 15 + 30 \times 10 + 10 \times 11 = 1\,610$(元),销售后库存商品实物为第一批有 20 件,第二批有 20 件,第三批有 70 件。

以上商品的成本流转和实物流转是一致的,但在实际工作中,这种一致的情况非常少见。因为企业的存货进出量很大,存货的品种繁多,存货的单位成本多变,要使各种存货成本流转和实物流转完全一致几乎是不可能的。比较可行的做法是,对存货的成本流动做出某种合理的假设,采用一定的方法将存货成本在发出存货和期末存货之间进行分配,这就是所谓的存货成本流转假设。

如何对存货成本流转进行假设依赖于对存货发出计价目标的定位,存货发出计价的目标主要有:(1) 应尽量保持企业资产计价的准确性;(2) 应尽量保持企业收益计量的准确性;(3) 应尽量保持存货成本流动和实物流动的一致性;(4) 存货计价方法的选择应有助于降低企业的税收和增加现金流量。由于这些目标具有一定的内在矛盾性,因此产生了不同的成本流转假设,这些成本流转假设通常只能侧重于某一目标,而不可能实现所有的目标。根据某种存货成本流转的假设,在期末存货与发出存货之间分配成本,就产生了不同的确定发出存货成本的方法,主要有个别认定法、先进先出法、后进先出法、加权平均法等。

二、发出存货的计价方法

企业应当根据各类存货的实物流转方式、企业管理的要求、存货的性质等实际情况,合理地选择发出存货成本的计算方法,以合理确定当期发出存货的实际成本。对于不能替代使用的存货、为特定项目专门购入或制造的存货以及提供劳务的成本,通常采用个别计价法确定发出存货的成本。对于性质和用途相似的存货,应当采用相同的成本计算方法确定发出存货的成本。我国《企业会计准则第 1 号——存货》中规定,企业在确定发出存货的成本时,可以采用个别计价法、先进先出法、月末一次加权平均法和移动加权平均法四种方法。

(一) 个别计价法

个别计价法,亦称个别认定法、具体辨认法、分批实际法,其特征是注重所发出存货具体项目的实物流转与成本流转之间的联系,逐一辨认各批发出存货和期末存货所属的购进批别或生产批别,分别按其购入或生产时所确定的单位成本作为计算各批发出存货和期末存货的成本,即按每一种存货的实际成本作为计算发出存货成本和期末存货成本的基础。

[例3-1] 甲公司20×6年10月A材料的收入、发出和结存情况如表3-1所示。

表3-1 A材料明细账　　　　　　　　　　　　　金额单位：元

20×6 月	日	摘要	收入 数量	单价	金额	发出 数量	单价	金额	结存 数量	单价	金额
10	1	初期余额							400	10	4 000
	5	购入	200	12	2 400				600		
	11	发出				400			200		
	16	购入	300	13	3 900				500		
	20	发出				300			200		
	23	购入	200	14	2 800				400		
	27	发出				300			100		
	30	本期合计	700		9 100	1 000			100		

设经过具体辨认，本期发出存货资料如下：

10月11日共发出存货400件——200件是期初结存存货
　　　　　　　　　　　　——200件是5日购入存货
10月20日共发出存货300件——300件均是16日购入存货
10月27日共发出存货300件——100件是期初结存存货
　　　　　　　　　　　　——200件是23日购入存货

采用个别认定法，甲公司10月份A材料收入、发出和结存情况如表3-2所示。

表3-2 A材料明细账(个别认定法)　　　　　　　金额单位：元

20×6 月	日	摘要	收入 数量	单价	金额	发出 数量	单价	金额	结存 数量	单价	金额
10	1	期初余额							400	10	4 000
	5	购入	200	12	2 400				400 200	10 12	4 000 2 400
	11	发出				200 200	10 12	2 000 2 400	200	10	2 000
	16	购入	300	13	3 900				200 300	10 13	2 000 3 900
	20	发出				300	13	3 900	200	10	2 000
	23	购入	200	14	2 800				200 200	10 14	2 000 2 800
	27	发出				100 200	10 14	1 000 2 800	100	10	1 000
	30	本期合计	700		9 100	1 000		12 100	100	100	1 000

个别认定法保持了存货的实物流转和成本流转的完全一致性,计算发出存货的成本和期末存货的成本相对比较合理、准确。但这种方法下,存货核算手续相当繁琐,需要对发出和结存存货的批次进行具体认定,尤其是在存货品种繁多的情况下,需要对每一种存货保持详细记录,工作量相当大。此外,如果各批次存货具有相似性,企业管理当局可以通过操纵存货发出计价来调节利润。

个别计价法适用于一般不能替代使用的存货以及为特定项目专门购入或制造的存货,如珠宝、名画等贵重物品。

(二) 先进先出法

先进先出法是以先购入的存货应先发出(销售或耗用)这样一种存货实物流动假设为前提,对发出存货进行计价。根据对存货实物流动的这一假设,先耗用或销售的存货按先入库存货的单位成本计价,后耗用或销售的存货按后入库存货的单位成本计价。先进先出法在定期盘存制和永续盘存制下均可使用。

沿用表3-1资料,在永续盘存制下采用先进先出法时,A材料的收入、发出和结存情况如表3-3所示。

表3-3 A材料明细账(先进先出法)　　　　　金额单位:元

20×6		摘要	收入			发出			结存		
月	日		数量	单价	金额	数量	单价	金额	数量	单价	金额
10	1	期初余额							400	10	4 000
	5	购入	200	12	2 400				400 200	10 12	4 000 2 400
	11	发出				400	10	4 000	200	12	2 400
	16	购入	300	13	3 900				200 300	12 13	2 400 3 900
	20	发出				200 100	12 13	2 400 1 300	200	13	2 600
	23	购入	200	14	2 800				200 200	13 14	2 600 2 800
	27	发出				200 100	13 14	2 600 1 400	100	14	1 400
	30	本期合计	700		9 100	1 000		11 700	100	14	1 400

在定期盘存制下,根据表3-1资料A材料的结存成本和发出成本可计算如下:

10月初结存材料(400件,单价10元)　　　　　　　　　　　　4 000
加:10月份购入材料(700件,如表3-1)　　　　　　　　　　　9 100
　　　　　　　　　　　　　　　　　　　　　　　　　　　　13 100
减:10月末结存材料成本(期末实物盘点100件):100×14　　　1 400
　　(单价14元为最近购进材料成本——10月23日)
10月份发出材料成本　　　　　　　　　　　　　　　　　　　11 700

从以上计算可知,采用先进先出法当期发出存货成本和期末结存存货成本,无论是在永续盘存制下还是在定期盘存制下都是一样的。

先进先出法的存货成本流动比较接近存货的实物流动,尤其是在存货容易陈旧变质时更是如此。这种计价方法的优点是使企业不能任意选择存货计价来操纵当期利润。此外,该法由于库存存货是按最近的购货确定的,因而期末存货的实际成本与该种存货的现行成本较为接近,这使资产负债表中的存货成本能较接近现行市场价值。这种计价方法的缺点是工作量较大,特别是存货的进出量大并且较为频繁的企业更是如此。而且,当物价波动较大时,该方法的选择对企业本期的利润会产生较大的影响。由于成本是按先购入的先发出,当物价上涨时,会高估企业当期利润;反之,则有低估当期利润的可能。

(三) 月末一次加权平均法

月末一次加权平均法,是指以当月全部进货数量加上月初存货数量作为权数,去除当月全部进货成本加上月初存货成本,计算出存货的加权平均单位成本,以此为基础计算当月发出存货成本和期末存货成本的一种方法。

计算存货的加权平均单位成本的公式如下:

$$\text{月末加权平均单价} = \left(\text{月初库存存货的实际成本} + \text{本月各批进货的实际单位成本} \times \text{本月各批进货的数量}\right) \Big/ \left(\text{月初库存存货数量} + \text{本月各批进货数量之和}\right)$$

$$\text{本月发出存货的成本} = \text{本月发出存货的数量} \times \text{月末加权平均单价}$$

$$\text{本月月末库存存货成本} = \text{月末库存存货的数量} \times \text{月末加权平均单价}$$

考虑到计算出来的加权平均单价不一定是整数,往往要小数点后四舍五入,本期发出存货的成本一般采用倒轧法,即

$$\text{期末结存存货成本} = \text{期末结存存货数量} \times \text{月末加权平均单价}$$

$$\text{本期发出存货成本} = \text{期初结存存货成本} + \text{本期收入存货成本} - \text{期末结存存货成本}$$

沿用表3-1资料,在定期盘存制下采用加权平均法计算A材料的收入、发出和结存情况如表3-4所示。

表3-4 A材料明细账(月末一次加权平均法) 金额单位:元

20×6		摘要	收入			发出			结存		
月	日		数量	单价	金额	数量	单价	金额	数量	单价	金额
10	1	期初余额							400	10	4 000
	5	购入	200	12	2 400				600		
	11	发出				400			200		
	16	购入	300	13	3 900				500		
	20	发出				300			200		
	23	购入	200	14	2 800				400		
	27	发出				300			100		
	30	本期合计	700		9 100	1 000	11.9	11 909	100	11.91	1 191

月末加权平均单价=(4 000+9 100)÷(400+700)=11.91(元)

月末结存存货成本=100×11.91=1 191(元)

本月发出存货成本=4 000+9 100-1 191=11 909(元)

加权平均法的优点是平时发出存货时不计算发出存货的成本,待期末计算加权平均单价后作为本期发出存货的计价,平时工作量小。缺点是存货明细账的记录不完整,发出存货不能随时计算出成本,不利于加强对发出存货成本的控制。这种方法一般适用于存货收发比较频繁、次数多、业务量大的企业。

(四)移动加权平均法

移动加权平均法,是指以每次进货的成本加上原有库存存货的成本,除以每次进货数量与原有库存存货的数量之和,据以计算加权平均单位成本,作为下次进货前计算各次发出存货成本的依据。

计算存货平均单位成本的公式如下:

$$存货单位成本=\left(\begin{array}{c}原有库存存货\\的实际成本\end{array}+\begin{array}{c}本次进货的\\实际成本\end{array}\right)\bigg/\left(\begin{array}{c}原有库存存\\货的数量\end{array}+\begin{array}{c}本次进货\\的数量\end{array}\right)$$

本次发出存货的成本=本次发出存货的数量×本次发出存货前存货的单位成本

本月月末库存存货成本=月末库存存货的数量×本月月末存货单位成本

沿用表3-1资料,在永续盘存制下采用移动平均法计算A材料的收入、发出和结存情况如表3-5所示。

表3-5 A材料明细账(移动加权平均法)　　　金额单位:元

20×6		摘要	收入			发出			结存		
月	日		数量	单价	金额	数量	单价	金额	数量	单价	金额
10	1	期初余额							400	10	4 000
	5	购入	200	12	2 400				600	10.7	6 400
	11	发出				400	10.67	4 268	200	10.7	2 132
	16	购入	300	13	3 900				500	12.1	6 032
	20	发出				300	12.06	3 618	200	12.1	2 414
	23	购入	200	14	2 800				400	13	5 214
	27	发出				300	13.04	3 912	100	13	1 302
	30	本期合计	700		9 100	1 000		11 798	100	13	1 302

10月5日购入存货后的平均单位成本=(4 000+2 400)/(400+200)
=10.67(元)

10月16日购入存货后的平均单位成本=(2 132+3 900)/(200+300)
=12.06(元)

10月23日购入存货后的平均单位成本=(2 412+2 800)/(200+200)
=13.04(元)

移动加权平均法的优点是每购入一批存货能够随时计算出加权平均单价,从而作为发出存货的计价,使存货的明细账保持一个完整的记录,也有利于加强对存货发出成本的控制。缺点是每购入一批存货就要计算一次加权平均单价,工作量较大。一般适用于存货收入次数比较少的企业采用。

第三节 原 材 料

企业的原材料按其经济内容可分为六大类:(1)原料及主要材料;(2)辅助材料;(3)外购半成品(外购件);(4)修理用备件(备品备件);(5)包装材料;(6)燃料。原材料的日常核算可以按实际成本计价核算,也可以按计划成本计价核算,具体采用哪一种方法,由企业根据具体情况自行决定。

一、原材料按实际成本计价的核算

原材料按实际成本计价方法核算的特点是:从收发凭证到明细分类账和总分类账的登记全部按实际成本计价。对于材料收发业务频繁的企业,材料计价的工作量是极为繁重的,因此它一般适合材料收发业务较少的企业。

(一)实际成本计价下取得原材料的核算

在按实际成本计价核算原材料时,应设置"原材料"和"在途物资"等科目,以便总括反映企业材料资金增减和占用情况。

"原材料"科目用来核算企业库存的各种材料,该科目的借方登记验收入库材料的实际成本,贷方登记发出材料的实际成本,余额在借方表示月末库存材料的实际成本。本科目可按材料的保管地点(仓库)、材料的类别、品种和规格等进行明细核算。

"在途物资"科目用来核算企业采用实际成本(或进价)进行材料、商品等物资的日常核算、货款已付尚未验收入库的在途物资的采购成本。该科目的借方登记已支付或已开出承兑商业汇票但尚未验收入库在途物资的实际成本,贷方登记已验收入库材料物资的实际成本,余额在借方表示已支付或已开出承兑商业汇票但尚未验收入库材料的在途物资的实际成本。该科目可按供应单位和物资品种进行明细核算。

1. 外购的原材料

企业外购材料时,由于结算方式和采购地点的不同,材料入库和货款的支付在时间上不一定完全同步,相应地其账务处理也有所不同。

(1)对于发票账单与材料同时到达的采购业务,企业在支付货款或开出、承兑商业汇票,材料验收入库后,应根据发票账单等结算凭证确定的材料成本,借记"原材料"科目,根据取得的增值税专用发票上注明的(不计入材料采购成本的)税额,借记"应交税费——应交增值税(进项税额)"科目(一般纳税人,下同),按照实际支付的款项或应付金额,贷"银行存款""应付账款""应付票据"等科目。

[例3-2] 甲企业经有关部门核定为一般纳税人,某日该企业购入原材料一批,取得的增值税专用发票上注明的原材料价款为30 000元,增值税税额为5 100元,发票等结算凭证已经收到,货款已通过银行转账支付。甲企业应编制会计分录如下:

借:原材料 30 000
　　应交税费——应交增值税(进项税额) 5 100
　　贷:银行存款 35 100

(2) 对于已经付款或已开出、承兑商业汇票,但材料尚未到达或尚未验收入库的采购业务,应根据发票账单等结算凭证,借记"在途物资""应交税费——应交增值税(进项税额)"等科目,贷记"银行存款""应付账款""应付票据"等科目;待材料到达、验收入库后,再根据收料单,借记"原材料"科目,贷记"在途物资"科目。

[例3-3] 沿用[例3-2]的资料,并假设购入材料业务的发票等结算凭证已到,货款已经支付,但材料尚未运到。甲企业应于收到发票等结算凭证时,应编制会计分录如下:

借:在途物资 30 000
　　应交税费——应交增值税(进项税额) 5 100
　　贷:银行存款 35 100

上述材料到达入库时,再作如下会计分录:

借:原材料 30 000
　　贷:在途物资 30 000

(3) 对于材料已到达并已验收入库,但发票账单等结算凭证未到,货款尚未支付的采购业务,应于月末,按材料的暂估价值,借记"原材料"科目,贷记"应付账款——暂估应付账款"科目。下月初做相反分录予以冲回,以便下月收到发票账单后,按正常程序,借记"原材料""应交税费——应交增值税(进项税额)"科目,贷记"银行存款""应付账款""应付票据"等科目。

[例3-4] 假设[例3-2]中购入材料业务的材料已经运到,并验收入库,但发票等结算凭证尚未收到,货款尚未支付。月末,按照暂估价入账,假设其暂估价为28 000元。应编制会计分录如下:

借:原材料 28 000
　　贷:应付账款——暂估应付账款 28 000

下月初做相反分录将上述分录冲回:

借:应付账款——暂估应付账款 28 000
　　贷:原材料 28 000

收到有关结算凭证,并支付货款时:

借：原材料 30 000
　　应交税费——应交增值税（进项税额） 5 100
　　贷：银行存款 35 100

另外，还存在一种情况是材料已到、发票账单也已到，但由于企业银行存款不足而暂未付款。在这种情况下，企业因购入材料而占用了供应单位的资金，形成了应付而未付供应单位的款项，即应付账款。

[例3-5] 假设[例3-2]中购入材料业务的材料已经运到，已验收入库，并且发票账单已到，但由于该企业款项暂时不足，尚未支付。有关分录如下：

借：原材料 30 000
　　应交税费——应交增值税（进项税额） 5 100
　　贷：应付账款 35 100

(4) 采用预付账款的方式采购材料，应在预付材料款时，按照实际预付金额，借记"预付账款"科目，贷记"银行存款"科目；已经预付货款的材料验收入库，根据发票账单等所列的价款、税额等，借记"原材料"科目和"应交税费——应交增值税（进项税额）"科目，贷记"预付账款"科目；预付款项不足，补付货款，按补付金额，借记"预付账款"科目，贷记"银行存款"科目；退回多付的款项，借记"银行存款"科目，贷记"预付账款"科目。

[例3-6] 某企业为一般纳税人，7月20日通过银行存款预付给甲公司购买A材料的定金400 000元。8月5日收到甲公司发来的A材料及增值税专用发票，发票上注明的买价为800 000元，增值税136 000元，价税合计936 000元，材料已验收入库。9月2日，用银行存款支付上述材料的余款536 000元。

应编制会计分录如下：

7月20日预付货款时：

借：预付账款——甲公司 400 000
　　贷：银行存款 400 000

8月5日收到材料时：

借：原材料 800 000
　　应交税费——应交增值税（进项税额） 136 000
　　贷：预付账款——甲公司 936 000

9月2日补付货款时：

借：预付账款——甲公司 536 000
　　贷：银行存款 536 000

(5) 材料短缺和毁损的处理。

对于采购过程中发生的物资毁损、短缺等，除合理的损耗应当作为存货的其他可归属于存货采购成本的费用计入采购成本外，应区别不同情况进行会计处理：

应向供应单位、外部运输机构等收回的物资短缺或其他赔款，应冲减物资的采购成本，从"在途物资"等科目转入"应付账款""其他应收款"等科目。

因遭受意外灾害发生的损失和尚待查明原因的途中损耗,不得增加物资的采购成本,应从"在途物资"等科目转入"待处理财产损溢"进行核算,查明原因后再作处理。属于应由供应单位、运输机构、保险公司或其他过失人负责赔偿的损失,借记"应付账款""其他应收款"等科目,贷记"待处理财产损溢"科目;属于自然灾害等非常原因造成的损失,应将扣除残料价值和过失人、保险公司赔款后的净损失,借记"营业外支出——盘亏毁损损失"科目,贷记"待处理财产损溢";属于无法收回的其他损失,报经批准后,借记"管理费用"科目,贷记"待处理财产损溢"。

2. 自制的原材料

自制并已验收入库的原材料,按照实际成本,借记"原材料"科目,贷记"生产成本"科目。

3. 投资者投入的原材料

投资者投入的原材料,按照投资合同或协议约定的价值,借记"原材料"科目,按照专用发票上注明的增值税额,借记"应交税费——应交增值税(进项税额)",按照确定的出资额贷记"实收资本"科目或"股本"科目,按照其差额,计入"资本公积"科目。

[例3-7] 20×6年12月20日,甲、乙、丙、丁四方共同投资设立了新新股份有限公司。甲以其生产的产品作为投资(新新公司作为原材料管理和核算),投资合同确认该批原材料的价值为400 000元。新新公司取得的增值税专用发票上注明的不含税价款为400 000元,增值税额为68 000元。同时,假定新新公司的股本总额为3 000 000元,甲在新新公司享有的份额为10%。新新公司为一般纳税人,采用实际成本法核算存货。

应编制会计分录如下:

借:原材料   400 000
  应交税费——应交增值税(进项税额) 68 000
  贷:股本——甲   300 000
    资本公积——股本溢价   168 000

(二)实际成本计价下发出原材料的核算

采用实际成本计价时,由于企业的各种材料是分批购进的,而每次购进的材料单价又往往不同,因此在每次发料时,就存在这样一个问题,到底按哪一批的单价计价。企业可根据不同情况,选择先进先出法、月末一次加权平均法、移动加权平均法和个别认定法进行计价。计价方法一经确定,不得随意变更。月末,企业将各种发料凭证,按领料部门和用途进行归类汇总,编制"发料凭证汇总表",据以进行材料发出的总分类核算。

企业生产经营领用原材料,按照实际成本,借记"生产成本""制造费用""销售费用""管理费用"等科目,贷记"原材料"科目;企业发出委托外单位加工的原材料,借记"委托加工物资"科目,贷记"原材料"科目。

基建工程等部门领用的原材料,按照实际成本加上不予抵扣的增值税额等,借记

"在建工程"等科目,按照实际成本,贷记"原材料"科目,按不予抵扣的增值税额,贷记"应交税费——应交增值税(进项税额转出)"科目。

对于出售的原材料,企业应当按照已收或应收到价款,借记"银行存款"或"应收账款"等科目,按照实现的营业收入,贷记"其他业务收入"等科目,按照应交的增值税额,贷记"应交税费——应交增值税(销项税额)"科目;月度终了,按照出售原材料的实际成本,借记"其他业务成本"科目,贷记"原材料"科目。

二、原材料按计划成本计价的核算

(一)计划成本法概述

计划成本法是指存货的收入、发出和结存都按企业预先制订的计划成本计价,同时将实际成本与计划成本之间的差额,单独设置"材料成本差异"("产品成本差异",下同)科目反映,期末将发出存货和期末存货,由计划成本调整为实际成本。一般适用于存货品种繁多、收发频繁的企业,如大中型企业中的各种原材料、低值易耗品等。如果企业的自制半成品、产成品品种繁多的,或者在管理上需要分别核算其计划成本和成本差异的,也可以采用计划成本核算。

企业采用计划成本法核算存货时,首先应当为每一品种规格的存货制定科学合理的计划单位成本。企业存货计划成本所包括的组成内容应与存货实际成本的内容相一致。企业应根据正常的供需条件,结合各种存货近期的市场价格水平和技术状况,按供应单位所在地的远近等因素确定可直接归属于存货采购的运杂费(包括运输费、装卸费、保险费、包装费等),以及合理的途中损耗率,制订计划成本。存货的计划成本,一般应列入存货目录中,以便有关人员在日常工作中使用,并且所制定的存货的计划成本应当尽可能地接近实际。

采用计划成本进行日常核算的企业,其基本的核算程序如下。

(1)企业应先制定各种存货的计划成本目录,规定存货的分类、各种存货的名称、规格、编号、计量单位和计划单位成本。除一些特殊情况外,计划单位成本在年度内一般不作调整。

(2)平时收到存货时,应按照计划单位成本计算出收入存货的计划成本填入收料单中,并按照实际成本与计划成本的差额,作为"材料成本差异"分类登记。

(3)平时领用、发出的存货,都按照计划成本计算,月份终了再将本月发出存货应负担的成本差异进行分摊,随同本月发出存货的计划成本记入有关账户,将发出存货的计划成本调整为实际成本。发出存货应负担的成本差异,必须按月分摊,不得在季末或年末一次分摊。

原材料按计划成本计价核算的特点是:从收发凭证到明细分类账到总分类账全部按计划成本登记,材料的实际成本与计划成本的差异,通过"材料成本差异"科目进行核算。

（二）计划成本法下取得原材料的核算

在计划成本法下，企业应设置"原材料""材料采购""材料成本差异"总分类科目。

"材料采购"科目核算企业按计划成本进行日常核算而购入材料的采购成本，借方登记已经付款的购入材料的实际成本以及结转的实际成本小于计划成本的节约差异额，贷方登记已经验收入库的材料的计划成本以及结转的实际成本大于计划成本的超支差异额，月末借方余额表示已经付款但尚未验收入库在途材料的实际成本。本科目可按供应单位和材料品种进行明细核算。

"材料成本差异"科目核算企业采用计划成本进行日常核算的材料计划成本与实际成本的差额，借方登记实际成本大于计划成本的超支差异额以及分配的发出材料应负担的节约差异额，贷方登记实际成本小于计划成本的节约差异额以及分配的发出材料应负担的超支差异额。期末借方余额表示企业库存材料的实际成本大于计划成本的超支差异额，贷方余额表示企业库存材料的实际称本小于计划成本的节约差异额。

"原材料"科目核算企业原材料收、发、存的计划成本。借方登记验收入库材料的计划成本，贷方登记发出材料的计划成本，余额在借方表示库存材料的计划成本。

企业取得的材料，其实际成本体现在"材料采购"科目中。如果该批材料的实际成本大于计划成本，这一差额称为超支额；如果该批存货的实际成本小于计划成本，这一差额称为节约额。材料成本差异的计算公式为

材料成本差异＝该批材料的实际成本－该批材料的计划成本

在实际工作中，通常应在验收入库时记录材料成本差异。

1. 外购原材料的核算

企业外购的原材料，因货款结算方式、采购地点、收款和付款时间等情况不痛，账务处理同样存在四种情况。

（1）货款付清，同时收料。企业在办理货款结算，同时办理材料验收手续后，财会部门应根据银行结算凭证、发票账单等，按采购的实际成本借记"材料采购"科目，贷记"银行存款""应付票据"等科目；同时，根据收料单按计划成本计价，计入有关材料科目的借方和"材料采购"科目的贷方。

[例3-8] 甲公司为一般纳税人，20×6年4月2日购入材料一批，取得的增值税专用发票上注明的价款为50 000元，增值税额为8 500元，发票等结算凭证已经收到，货款已通过银行转账支付。材料已验收入库，该批材料的计划成本为51 000元。应编制会计分录如下：

① 付款时：

借：材料采购　　　　　　　　　　　　　　　　　　　　　　50 000
　　应交税费——应交增值税(进项税额)　　　　　　　　　　　8 500
　　贷：银行存款　　　　　　　　　　　　　　　　　　　　　　58 500

② 材料入库时：

借：原材料　　　　　　　　　　　　　　　　　　　　　　　51 000
　　贷：材料采购　　　　　　　　　　　　　　　　　　　　　　51 000

③ 结转差异时：

借：材料采购　　　　　　　　　　　　　　　　　　　　　　　1 000
　　贷：材料成本差异　　　　　　　　　　　　　　　　　　　　1 000

(2) 付款在前，收料在后。当货款已经支付或已开出承兑商业汇票，虽然材料未到，也应记入"材料采购"科目的借方。当材料到达验收入库后，再根据收料单所列的计划成本，从"材料采购"科目的贷方转入有关材料科目的借方。

[例 3-9]　甲公司为一般纳税人，20×6 年 5 月 15 日从乙公司采购 B 材料一批，买价 100 000 元，增值税 17 000 元，款项已用银行存款付清，材料尚未入库。应编制会计分录如下：

借：材料采购——B 材料　　　　　　　　　　　　　　　　　100 000
　　应交税费——应交增值税(进项税额)　　　　　　　　　　　17 000
　　贷：银行存款　　　　　　　　　　　　　　　　　　　　　117 000

假设上述 B 材料于 20 日验收入库，按收料单所列计划成本 98 000 元，作如下会计分录：

借：原材料——B 材料　　　　　　　　　　　　　　　　　　98 000
　　贷：材料采购——B 材料　　　　　　　　　　　　　　　　98 000

同时结转材料成本差异：

借：材料成本差异　　　　　　　　　　　　　　　　　　　　2 000
　　贷：材料采购——B 材料　　　　　　　　　　　　　　　　2 000

如上述 B 材料到月底仍未入库，其实际成本则保留在"材料采购"科目，成为在途材料。

(3) 收料在前，付款在后。这类业务包括两种情况：一是发票账单已经到达，企业尚未付款或尚未开出承兑商业汇票；二是发票账单尚未到达，因而货款未付。

对于发票账单已到，但尚未付款或尚未开出承兑商业汇票的，应根据材料凭证，按实际成本借记"材料采购"科目，贷记"应付账款"，按计划成本借记"原材料"科目，贷记"材料采购"，并按规定结转材料成本差异。

[例 3-10]　甲公司 8 月 10 日购入材料一批，取得的增值税专用发票上注明的价款为 10 000 元，增值税额为 1 700 元，材料已验收入库，货款尚未支付。该批材料的计划成本为 9 500 元。应编制会计分录如下：

借：材料采购　　　　　　　　　　　　　　　　　　　　　　10 000
　　应交税费——应交增值税(进项税额)　　　　　　　　　　　1 700
　　贷：应付账款　　　　　　　　　　　　　　　　　　　　　11 700

借：原材料　　　　　　　　　　　　　　　　　　　　　　　 9 500
　　贷：材料采购　　　　　　　　　　　　　　　　　　　　　 9 500

借：材料成本差异　　　　　　　　　　　　　　　　　　　　　　500
　　贷：材料采购　　　　　　　　　　　　　　　　　　　　　　　　500

对于发票账单未到的，月终根据收料凭证，按计划成本暂估入账，借记"原材料"科目，贷记"应付账款"科目，下月初作相反分录，予以冲回。下月待发票账单到达，付款或开出承兑商业汇票后，按正常程序通过"材料采购"科目核算。

（4）短缺和毁损的处理。材料验收入库时发现的短缺、毁损，属于运输途中的合理损耗，应计入验收入库材料的实际成本之中；属于供应单位和运输单位的责任，应由供应单位和运输单位负责赔偿，通过"应付账款"和"其他应收款"科目进行核算，其核算方法是：根据有关索赔凭证，借记"应付账款"或"其他应收款"科目，贷记"材料采购"科目。对于运输途中因遭受意外灾害发生的损失和尚待查明原因的途中损耗，应作如下处理。

① 因遭受意外灾害发生的损失和尚待查明原因的途中损耗：
借：待处理财产损溢——待处理流动资产损溢
　　贷：材料采购（实际成本）
　　　　应交税费——应交增值税（进项税额转出）

② 查明原因报经批准后，应分别情况作如下会计分录：
借：其他应收款（应由供应单位、运输机构、保险公司或其他过失人负责赔偿的部分）
　　营业外支出（扣除赔偿后的净损失）
　　贷：待处理财产损溢——待处理流动资产损溢

2. 自制原材料的账务处理

工业企业基本生产车间和辅助生产车间自制原材料完工入库，应于月末根据材料交库单所列的计划成本和有关成本计算资料确定的实际成本作如下分录：

借：原材料（计划成本）
　　材料成本差异（超支差异）
　　贷：生产成本（实际成本）
　　　　材料成本差异（节约差异）

（三）计划成本法下发出原材料的核算

企业在采用计划成本作为存货入账价值的情况下，发出存货的成本也应按计划成本来确定。企业应在月末结转发出材料应负担的成本差异，发出材料应负担的成本差异应当按期（月）分摊，不得在季末或年末一次计算。由于材料成本差异随存货入库而形成，所以，材料成本差异也应随着存货的发出而转出，即随存货计划成本转入有关会计科目。

期初和当期形成的材料成本差异应当在当期发出存货和期末库存存货之间加以分配，属于发出存货应负担的成本差异从"材料成本差异"科目转入有关会计科目；属于期末库存存货应负担的成本差异，应仍留在"材料成本差异"科目，作为存货的调整项目，以期末库存存货的计划成本加上或减去成本差异，即为期末库存存货的实际成本。

企业应在月度终了计算材料成本差异率，据以分配当月形成的材料成本差异，材料成本差异率的计算公式如下：

$$\text{本月材料成本差异率} = \left(\text{月初结存材料的成本差异} + \text{本月验收入库材料的成本差异} \right) / \left(\text{月初结存材料的计划成本} + \text{本月验收入库材料的计划成本} \right) \times 100\%$$

其中,超支额用正号("+")表示,节约额用负号("-")表示,并且本月收入存货的计划成本中不包括暂估入账的存货的计划成本。

发出材料应负担的成本差异＝发出存货的计划成本×材料成本差异率

期末结存材料应负担的成本差异＝期末结存材料的计划成本×材料成本差异率

发出材料的实际成本＝发出材料的计划成本＋发出材料应负担的成本差异

期末结存材料的实际成本＝期末结存材料的计划成本＋期末结存材料应负担的成本差异

发出存货应负担的成本差异,除委托外部加工发出材料可按月初的材料成本差异率计算外,一般都应当使用当月的材料成本差异率。月初材料成本差异率与本月材料成本差异率相差不大的,也可以月初材料成本差异率计算。

月初材料成本差异率的计算公式如下:

月初材料成本差异率＝月初结存材料的成本差异/月初结存材料的计划成本×100%

需要说明的是,材料成本差异率的计算方法一经确定,不得随意变更。如需变更,应在会计报表附注中予以说明。

[例3-11] 甲公司20×6年2月初"原材料"科目的月初余额为400 000元,"材料成本差异"科目月初贷方余额为14 000元。本月购入原材料的计划成本500 000元,实际成本为532 000元,月末根据领料单按领用部门和用途进行归类汇总数据如下:

生产部门为生产产品领用原材料,计划成本100 000元;

生产部门一般消耗领用原材料,计划成本10 000元;

管理部门领用原材料,计划成本40 000元。

应编制会计分录如下:

(1) 发出材料时:

借:生产成本	100 000
制造费用	10 000
管理费用	40 000
贷:原材料	150 000

(2) 本月材料成本差异率＝(-14 000+32 000)/(400 000+500 000)×100%＝2%

本月领用材料负担的成本差异＝150 000×2%＝3 000(元)

借:生产成本	2 000
制造费用	200
管理费用	800
贷:材料成本差异	3 000

将上述会计分录过入"原材料"和"材料成本差异"账户,并结出余额如下:

原材料		材料成本差异	
月初余额 400 000			月初余额 14 000
当月入库 500 000	当月领用 150 000	当月入库材料成本差异 32 000	当月转出超支差异 3 000
月末余额 750 000		月末余额 15 000	

这样在月末编制资产负债表时,根据以上两个账户的月末余额计算:

月末该结存原材料实际成本＝750 000＋15 000＝765 000(元)

采用计划成本法,可以简化存货的日常会计处理工作;此外通过设置合理的计划成本,有利于对采购部门进行考核,促使采购成本的降低。

第四节 周转材料和委托加工物资

一、周转材料

周转材料是指企业能够多次使用、逐渐转移其价值但仍保持原有形态不确认为固定资产的材料,包括包装物、低值易耗品以及企业(建筑承包商)的钢模板、木模板、脚手架等。

企业应设置"周转材料"科目,核算周转材料的计划成本或实际成本,借方登记验收入库周转材料的实际成本或计划成本,贷方登记领用周转材料的实际成本或计划成本以及周转材料的摊销数,期末借方余额反映企业在库周转材料的计划成本或实际成本以及在用周转材料的摊余价值。"周转材料"科目可按周转材料的种类,分别"在库""在用""摊销"进行明细核算,对于企业的包装物、低值易耗品,也可以单独设置"包装物""低值易耗品"科目。

(一)包装物

1. 包装物的范围

包装物是为包装本企业产品而储备的各种包装容器,如桶、箱、瓶、坛、袋等。其范围包括:

(1)生产经营过程中用于包装产品并作为产品组成部分的包装物;

(2)随同产品出售而不单独计价的包装物;

(3)随同产品出售单独计价的包装物;

(4)出租或出借给购买单位使用的包装物。

但是,下列各项在会计上不作为包装物进行核算:

(1)各种包装材料,如纸、绳、铁丝等,这类一次性使用的包装材料作为材料进行核算;

(2) 用于储存和保管产品、材料而不对外出售的包装物,这类包装物应按其价值大小和使用年限的长短,分别作为固定资产或低值易耗品进行核算;

(3) 计划上单独列作企业商品的自制包装物,这类包装物应作为库存商品进行核算。

2. 包装物的核算

包装物同原材料一样,可以采用实际成本计价或计划成本计价对日常收发进行核算。为了核算包装物的计划成本或实际成本,应设置"周转材料——包装物"账户或"包装物"账户(以下以"周转材料——包装物"账户为例说明)。包装物的主要账务处理包括五个方面。

(1) 包装物入库。

购入、自制、委托外单位加工完成等入库包装物,应当比照原材料入库的核算方法进行。

(2) 包装物的价值摊销。

包装物在使用过程中,价值逐渐减少直至消失,其价值的转移过程称为摊销。包装物的价值摊销方法一般有以下三种。

① 一次转销法。即将包装物的成本一次全部摊销。采用这种方法,会计核算手续简单,一般适用于价值量较小、使用期限较短且各期领用比较均衡的包装物。

② 分次摊销法。即按包装物的预计使用期限分次摊销包装物的成本,适用于可供多次反复使用的包装物。在分次摊销法中,最有代表性的是五五摊销法。五五摊销法,是在领用包装物时摊销其成本的50%,在包装物报废时再摊销其成本的另外50%。这种方法适用于经常领用且使用较为均衡的包装物。

包装物的价值摊销采用一次转销法的,领用时应按其账面价值,借记"生产成本""销售费用"等账户,贷记"周转材料——包装物"账户。

采用分次摊销方法的,应在"周转材料——包装物"账户下设置"在库""在用""摊销"等明细账户进行明细核算,领用时按包装物的账面价值,借记"周转材料——包装物(在用)"账户,贷记"周转材料——包装物(在库)"账户;摊销时再按摊销额,借记"生产成本""销售费用"等账户,贷记"周转材料——包装物(摊销)"账户;包装物报废时,一方面应补提摊销额,另一方面,还要转销全部已提摊销额,借记"周转材料——包装物(摊销)"账户,贷记"周转材料——包装物(在用)"账户。

(3) 生产领用包装物。

生产领用包装物的核算与生产领用原材料的核算方法相同。应根据生产领用包装物的成本借记"生产成本"账户,贷记"包装物"账户。

(4) 随同商品出售包装物。

在出售商品时,随同商品一并出售的包装物在会计核算上分为两种情况:一是出售的包装物单独计价,二是出售的包装物不单独计价。

包装物随同商品出售并单独计价时,实际上就是包装物的出售。在会计核算上,包装物出售同原材料出售的账务处理相同,将出售包装物的收入(不含税收入)记入"其他业务收入"账户。出售包装物后,按出售包装物的成本借记"其他业务成本"账户,贷记"周转材料——包装物"账户。

包装物随商品出售不单独计价时,随商品发出包装物主要是为了确保销售商品的质量或提供较为良好的销售服务。因此,应将这部分包装物的成本作为企业发生的销售费用,借记"销售费用"账户,贷记"周转材料——包装物"账户。

(5) 出租、出借包装物。

对于企业可以周转使用的包装物,可以采用出租或出借方式向客户提供必要的配套服务。以出租方式提供包装物时,要求客户支付包装物的租金,租金收入应当作为其他业务收入,同时,包装物的成本或价值摊销应作为其他业务成本;以出借方式提供包装物时,只要求客户将完好的包装物按期归还,实际上是无偿使用,此时,包装物的成本或价值摊销应作为企业的销售费用。

需要指出的是,包装物不多的企业,一般采用实际成本对包装物进行核算。如果企业条件具备,也可以采用计划成本核算。在采用计划成本核算时,"材料成本差异"账户中应将包装物的成本差异同原材料等成本差异分别反映。月份终了,应结转生产领用、出售及出租、出借所领用新包装物应分摊的成本差异。

[例 3-12]　甲公司生产领用包装物一批,计划成本 5 000 元,假设该批包装物应分摊的超支差异为 200 元。应编制会计分录如下:

借:生产成本　　　　　　　　　　　　　　　　　　　　　　　　5 200
　　贷:周转材料　　　　　　　　　　　　　　　　　　　　　　　　5 000
　　　　材料成本差异　　　　　　　　　　　　　　　　　　　　　　200

[例 3-13]　甲公司销售产品时,领用包装物一批,实际成本 10 000 元。应编制会计分录如下:

借:销售费用　　　　　　　　　　　　　　　　　　　　　　　　10 000
　　贷:周转材料　　　　　　　　　　　　　　　　　　　　　　　10 000

[例 3-14]　甲公司出租全新包装物一批,实际成本为 100 000 元,租金每月 3 000 元,租期 12 个月,收取押金 80 000 元。该包装物价值采用五五摊销法。应编制会计分录如下:

(1) 出租包装物时:

借:周转材料——包装物(在用)　　　　　　　　　　　　　　　100 000
　　贷:周转材料——包装物(在库)　　　　　　　　　　　　　　100 000

同时摊销出租包装物价值的一半:

借:其他业务成本　　　　　　　　　　　　　　　　　　　　　　50 000
　　贷:周转材料——包装物(摊销)　　　　　　　　　　　　　　50 000

(2) 收取包装物押金时:

借:银行存款　　　　　　　　　　　　　　　　　　　　　　　　80 000
　　贷:其他应付款　　　　　　　　　　　　　　　　　　　　　　80 000

(3) 每月收取租金时：

借：银行存款　　　　　　　　　　　　　　　　　　　　　　3 000
　　贷：其他业务收入　　　　　　　　　　　　　　　　　　　　3 000

(4) 假设12个月期满，收回包装物：

借：周转材料——包装物(在库)　　　　　　　　　　　　　100 000
　　贷：周转材料——包装物(在用)　　　　　　　　　　　　　100 000

同时退还押金：

借：其他应付款　　　　　　　　　　　　　　　　　　　　80 000
　　贷：银行存款　　　　　　　　　　　　　　　　　　　　　80 000

(5) 假设12个月期满，未能收回包装物：

① 视同包装物报废，摊销报废包装物价值的另一半：

借：其他业务成本　　　　　　　　　　　　　　　　　　　50 000
　　贷：周转材料——包装物(摊销)　　　　　　　　　　　　　50 000

② 注销包装物：

借：周转材料——包装物(摊销)　　　　　　　　　　　　　100 000
　　贷：周转材料——包装物(在用)　　　　　　　　　　　　　100 000

③ 没收押金，假设不考虑相关税金：

借：其他应付款　　　　　　　　　　　　　　　　　　　　80 000
　　贷：其他业务收入　　　　　　　　　　　　　　　　　　　80 000

(二) 低值易耗品

1. 低值易耗品的范围

低值易耗品是指不能作为固定资产的各种用具物品，如工具、管理用具、玻璃器皿、劳动保护用品及在经营过程中周转使用的包装容器等。这些用品在经营过程中可以多次使用，其价值随其磨损程度逐渐转移到有关的成本或费用中去。

低值易耗品和固定资产一样均属于企业的劳动资料，两者有许多相同的性质。例如，都可以多次使用而不改变其原有的实物形态，在使用过程中需要进行维修，报废时有一定的残值等。但两者又有一定的不同。从划分标准看，低值易耗品多是些价值较低、使用年限较短、容易损坏的物品、设备；而固定资产则是价值较高、使用年限较长的物品、设备。从价值损耗的补偿看，固定资产以提取折旧的形式补偿其价值，提取折旧的时间也较长；低值易耗品的价值损耗则是以摊销的形式计入成本、费用，摊销的期限较短，有的甚至是一次性摊销。基于这些特点，会计上将低值易耗品作为存货进行核算和管理。

为了便于核算和管理，通常将低值易耗品作一定的分类。一般按低值易耗品的用途分成以下六类：

(1) 一般工具，指生产中常用的工具，如刀具、量具、夹具、装配工具等；

(2) 专用工具，指专用于制造某一特定产品，或在某一特定工序上使用的工具，如

专用模具等;

(3) 替换设备,指容易磨损或为制造不同产品需要替换使用的各种设备,如轧钢用轧辊等;

(4) 管理用具,指管理工作中使用的各种家具,如办公用具等;

(5) 劳动保护用品,指为了安全生产而发给工人作为劳动保护用的工作服、工作鞋和各种防护用品等;

(6) 其他用具,指不属于以上各类的低值易耗品。

2. 低值易耗品的核算

为了反映和监督低值易耗品的增减变化及其结存情况,企业应当设置"周转材料——低值易耗品"账户或"低值易耗品"账户,该账户借方登记低值易耗品的增加,贷方登记低值易耗品的减少和摊销,期末余额在借方,反映企业期末库存低值易耗品的金额。

低值易耗品核算的内容主要包括低值易耗品的购入或形成及低值易耗品的摊销两大部分。低值易耗品的摊销方法有一次摊销法、分次摊销法等。低值易耗品也可以采用实际成本计价或计划成本计价对日常收发进行核算。采用计划成本核算时,"材料成本差异"账户中应将低值易耗品的成本差异同原材料、包装物等成本差异分别反映,月末终了,应当结转领用低值易耗品分摊的成本差异。

[例3-15] 甲公司基本生产车间领用专用工具一批,实际成本为100 000元,不符合固定资产定义,采用分次摊销法进行摊销。该专用工具的估计使用次数为两次。应编制会计分录如下:

(1) 领用专用工具时:

借:周转材料——低值易耗品(在用)   100 000
  贷:周转材料——低值易耗品(在库)   100 000

(2) 第一次领用时摊销其价值的一半:

借:制造费用   50 000
  贷:周转材料——低值易耗品(摊销)   50 000

(3) 第二次领用时摊销其价值的一半:

借:制造费用   50 000
  贷:周转材料——低值易耗品(摊销)   50 000

同时:

借:周转材料——低值易耗品(摊销)   100 000
  贷:周转材料——低值易耗品(在用)   100 000

二、委托加工物资

委托外单位加工完成的存货,以实际耗用的原材料或者半成品、加工费、运输费、装卸费等费用以及按照规定应计入成本的税金,作为实际成本。委托加工业务在会计处理上主要包括拨付加工物资、支付加工费用和税金、收回加工物资和剩余物资等几个环节,委托加工物资应设置"委托加工物资"科目核算,其借方登记发出委托加工物资的成本、支付的加工费、往返运杂费和相关税金等,贷方登记收回委托加工物资应结转的成本,如有余额在借方,表示尚未完成的委托加工物资的成本。

(一)拨付委托加工物资

企业发给外单位加工的物资,按实际成本借记"委托加工物资"科目,贷记"原材料"或"库存商品"等科目。按计划成本或售价核算的,还应同时结转材料成本差异或商品进销差价。

(二)支付加工费、运杂费等

企业支付的加工费、应负担的运杂费、增值税等,借记"委托加工物资"科目、"应交税费——应交增值税(进项税额)"等科目,贷记"银行存款"等科目。如委托方属于小规模纳税人,其支付的增值税不能抵扣,应计入委托加工物资的成本。

(三)缴纳的消费税

需要缴纳消费税的委托加工物资,其由受托方代收代交的消费税,应分别以下情况处理:

(1)委托加工的物资收回后直接用于销售的,委托方应将受托方代收代交的消费税计入委托加工物资的成本,借记"委托加工物资"科目,贷记"银行存款""应付账款"等科目。

(2)委托加工的物资收回后用于连续生产应税消费品的,委托方应按准予抵扣的受托方代收代交的消费税额,借记"应交税费——应交消费税"科目,贷记"银行存款""应付账款"等科目。

(四)加工完成后收回加工物资

加工完成验收入库的物资和剩余物资,按照加工收回物资的实际成本和剩余物资的实际成本,借记"库存商品""原材料"等科目,贷记"委托加工物资"科目。

采用计划成本或售价核算的,按计划成本或售价借记"原材料"或"库存商品"科目,按实际成本贷记"委托加工物资"科目,按实际成本与计划成本之间的差额借记或贷记"材料成本差异"或贷记"商品进销差价"科目。

[例3-16] 甲公司委托乙企业加工材料一批(属于应税消费品),原材料成本为100 000元,支付的加工费为8 000元(不含增值税),消费税税率为10%,材料加工完成验收入库,加工费用等已经支付。双方适用的增值税税率为17%。甲公司按照实际成本对原材料进行日常核算,应编制会计分录如下:

(1)发出委托加工材料。

借:委托加工物资　　　　　　　　　　　　　　　　100 000
　　贷:原材料　　　　　　　　　　　　　　　　　　　　100 000

(2)支付加工费用。

$$消费税组成计税价格=(发出材料成本+加工费)\div(1-消费税率)$$
$$=(100\,000+8\,000)\div(1-10\%)$$
$$=120\,000(元)$$

(受托方)代收代交的消费税＝计税价格×消费税率
$$=120\,000\times10\%$$
$$=12\,000(元)$$

应交增值税＝8 000×17％
$$=1\,360(元)$$

① 甲公司收回后用于连续生产应税消费品时：

借：委托加工物资	8 000
应交税费——应交增值税(进项税额)	1 360
——应交消费税	12 000
贷：银行存款	21 360

② 甲公司收回后直接用于销售时：

借：委托加工物资	20 000
应交税费——应交增值税(进项税额)	1 360
贷：银行存款	21 360

(3) 加工完成后收回委托加工材料。

① 甲公司收回后用于连续生产应税消费品时：

借：原材料	108 000
贷：委托加工物资	108 000

② 甲公司收回后直接用于销售时：

借：库存商品	120 000
贷：委托加工物资	120 000

第五节　自制半成品和库存商品

一、自制半成品

自制半成品是指经过一定生产过程并已检验合格交付半成品仓库保管，但尚未制造完工成为产成品，仍需进一步加工的中间产品。

企业自制、委托外单位加工完成验收入库的自制半成品，通过"库存商品"科目核算，核算方法比照原材料。

二、库存商品

(一)库存商品核算的范围

1. 产成品

产成品是指工业企业已经完成全部生产过程并已验收入库，可以按合同规定的条件交订货单位,或者可以作为商品对外销售的产品。企业接受外来原材料加工制造的代制品和为外单位加工修理的代修品,制造和修理完成验收入库后,也视同企业的产成品。

2. 商品

商品是指商品流通企业外购或委托加工完成验收入库用于销售的各种商品。

另外,房地产开发企业的开发产品,可在"开发商品"科目中核算;农业企业收获的农产品可在"农产品"科目中核算。

(二) 库存商品的核算

企业应设置"库存商品"科目,核算各种商品的实际成本(或进价)或计划成本(或售价),借方登记验收入库商品的实际成本(或进价)或计划成本(或售价),贷方登记发出商品的实际成本(或进价)或计划成本(或售价),期末借方余额,反映企业库存商品的实际成本(或进价)或计划成本(或售价)。

1. 工业企业产成品的核算

(1) 产成品入库的核算。

工业企业生产的产成品一般按实际成本核算。制造完工并验收入库的产成品,应于月末根据入库凭证和成本计算资料编制"产成品入库汇总表",按实际成本借记"库存商品"科目,贷记"生产成本"。产成品种类较多的,也可按计划成本进行日常核算,其实际成本与计划成本的差异,可以单独设置"产品成本差异"科目,比照"材料成本差异"科目核算。

(2) 发出产成品的核算。

对外发出产成品,按实际成本进行日常核算的,发出产成品的成本,可以采用先进先出法、加权平均法或个别认定法计算确定。对外销售产成品(包括采用分期收款方式销售产成品),结转销售成本时,借记"主营业务成本"科目,贷记"库存商品"科目。采用计划成本核算,发出产成品时,还应结转产品成本差异,将发出产成品的计划成本调整为实际成本。

2. 商品流通企业商品的核算

商品流通企业对库存商品的核算,可以采用进价核算,也可以采用售价核算,其账务处理有所不同,有时也采用毛利率法。企业应根据具体情况,选择一种适合于本企业的核算方法。

(1) 库存商品采用进价核算。

库存商品采用进价核算的企业,购入的商品,在商品到达验收入库后,按商品的进价,借"库存商品"科目,贷记"银行存款"或"在途物资"等科目;企业委托外单位加工收回的商品,按商品进价,借记"库存商品"科目,贷记"委托加工物资"科目。

企业销售发出的商品,结转销售成本时,可按先进先出法、加权平均法或个别认定法计算已销售商品的销售成本。企业结转发出商品的成本,应借记"主营业务成本"科目,贷记"库存商品"科目。

（2）库存商品采用售价核算。

库存商品采用售价核算，即通常所说的售价金额核算法，也称"售价记账，实物负责制"，是在实物负责制的基础上，以售价金额核算实物负责人经管商品的进、销、存情况的一种核算方法。

采用售价金额核算法，平时对商品的购进、储存、销售均按售价记账，售价与进价的差额通过"商品进销差价"科目核算，期末计算进销差价率，从而计算本期已销商品应分摊的进销差价，并据以调整本期销售成本。

销售商品应分摊的进销差价，按下列公式计算：

$$商品进销差价率 = \left(\frac{期初库存商品进销差价 + 本期购入商品进销差价}{期初库存商品售价 + 本期购入商品售价}\right) \times 100\%$$

本月销售商品应分摊的商品进销差价＝本期商品销售收入×商品进销差价率

本期销售商品的实际成本＝本期商品销售收入－本期销售商品应分摊的商品进销差价

企业的商品进销差价率各月之间比较均衡的，也可以采用上月商品进销差价率计算分摊本月销售商品应分摊的进销差价。企业无论采用当月商品进销差价率还是上月商品进销差价率计算分摊商品进销差价，均应在年度终了，对商品进销差价进行核实调整。

[例3-17] 甲公司20×6年1月份的期初存货成本为300 000元，售价总额为360 000元；当期购货成本为500 000元，售价总额为640 000元；当期销售收入800 000元。假设不考虑相关税费，采用售价金额核算法核算存货。应编制会计分录如下：

① 当月购入存货时：

借：在途物资   500 000
　　贷：银行存款   500 000
借：库存商品   640 000
　　贷：在途物资   500 000
　　　　商品进销差价   140 000

② 当月实现销售收入时：

借：银行存款   800 000
　　贷：主营业务收入   800 000

③ 结转商品销售成本时：

借：主营业务成本   800 000
　　贷：库存商品   800 000

④ 计算本月已销商品应分摊的进销差价：

商品进销差价率＝(60 000＋140 000)/(200 000＋800 000)×100%＝20%

已销商品应分摊的进销差价＝800 000×20%＝160 000(元)

根据已销商品应分摊的进销差价结转商品销售成本：

借：商品进销差价　　　　　　　　　　　　　　　　　　　160 000
　　贷：主营业务成本　　　　　　　　　　　　　　　　　　　160 000

经过转账，当月商品销售成本调整为实际成本 640 000 元(800 000－160 000)。

将上述业务过账后，"库存商品"和"商品进销差价"账户的账面记录如下：

库存商品		商品进销差价	
月初余额 360 000			月初余额 60 000
当月购货 640 000	当月销售 800 000	当月结转 160 000	当月增加 140 000
月末余额 200 000			月末余额 40 000

售价金额核算法主要适用于商业零售业务的企业(如百货公司、超市等)，由于经营商品的种类、品种、规格等繁多，而且要求按商品零售价格标价，采用其他成本计算结算方法均较困难，因此广泛采用这一方法。

(3) 毛利率法。

对于商品流通批发企业，毛利率法是常用的计算本期商品销售成本和期末库存商品成本的方法。商业批发企业，若按照每种商品计算并结转销售成本，工作量较为繁重，而且商品批发企业的同类商品毛利率大致相同，采用这种存货计价方法也比较接近实际。

毛利率法是根据本期销售净额乘以上期实际(或本期计划)毛利率匡算本期销售毛利，并计算当期发出存货成本和期末存货成本的一种方法。

其计算公式如下：

销售净额＝商品销售收入－销售退回与折让

毛利率＝销售毛利÷销售净额×100%

销售毛利＝销售净额×毛利率

销售成本＝销售净额－销售毛利

期末存货成本＝期初存货成本＋本期购货成本－本期销售成本

[例 3-18] 甲公司月初某种商品成本为 150 000 元，本月购货 850 000 元，销货 1 210 000 元，销售退回与折让合计 10 000 元，上季度该种商品毛利率为 25%。该商品当月销售成本估算如下：

本月销售净额＝1 210 000－10 000＝1 200 000(元)

当月估计的销售毛利＝1 200 000×25%＝300 000(元)

当月销售成本＝1 200 000－300 000＝900 000(元)

月末存货成本＝150 000＋850 000－900 000＝1 450 000(元)

采用这种方法,商品销售成本按照商品大类销售额计算,在大类商品账上结转成本,计算手续简便。商品明细账平时只记数量,不计金额,每季末的最后一个月再根据月末结存数量,按照最后进价法等计价方法,先计算月末存货成本,然后再计算该季度的商品销售成本,用该季度的商品销售成本减去前两个月已经结转的成本,计算第三个月应结转的销售成本,从而对前两个月用毛利率计算的成本进行调整。

毛利率法只是对存货价值的近似估计,无法替代对存货的实地盘点和实际成本计价,因此一般不能适用于年度财务报告。

第六节 存货的清查和期末计量

一、存货的清查

(一)存货数量的盘存方法

企业存货数量需要通过盘存来确定,常用的数量盘存方法主要有定期盘存制和永续盘存制。

1. 定期盘存制

定期盘存制也称实地盘存制,指会计期末通过对全部存货进行实地盘点,以确定期末存货的结存数量,然后分别乘以各项存货的单价,计算出期末存货的总金额,记入各有关存货科目,倒轧出本期已耗用或已销售存货的成本。采用这种方法,平时对有关存货科目只记借方,不记贷方,每一期期末,通过实地盘点确定存货数量,据以计算期末存货成本,然后计算出当期耗用或销货成本,记入有关存货科目的贷方。这一方法通常也称为"以存计耗"或"以存计销"。

定期盘存制所依据的基本等式为

$$期初存货+本期购货=本期耗用(或销货)+期末存货$$

如果存货采用历史成本计价,上式中可改为

$$本期耗用(或销货)成本=期初存货成本+本期购货成本-期末存货成本$$

上式中,期初存货成本+本期购货成本可从账簿记录中取得,待通过实地盘存确定期末存货成本,便可以计算出本期耗用(或销货)成本。

2. 永续盘存制

永续盘存制也称账面盘存制,是指通过设置详细的存货明细账,逐笔或逐日记录存货收入、发出的数量和金额,以随时结出结余存货的数量和金额的一种存货盘存方法。采用该方法时,要求对企业的存货分别品名、规格等设置详细的明细账,逐笔逐日登记存货收入、发出的数量和金额,并结出结余存货的数量和金额。采用这一方法时,为了核对存货账面记录,加强对存货的管理,企业应视具体情况对其存货进行定期的盘存,每年至少应全面盘存一次。

(二)存货的清查

存货清查通常采用实地盘点的方法,即通过盘点确定各种存货的实际库存数,并与账面结存数相核对。盘点结果如果与账面记录不符,应于期末前查明原因,并根据企业的管理权限,经股东大会或董事会,或经理(厂长)会议或类似机构批准后,在期末结账前处理完毕。

1. 存货盘盈

盘盈的存货,按盘盈存货的计划成本和估计成本借记"原材料""库存商品"等科目,贷记"待处理财产损溢"科目。存货的盘盈按管理权限报经批准后处理时,一般冲减管理费用。

2. 存货盘亏

企业发生的存货毁损,应当将处置收入扣除账面价值和相关税费后的金额计入当期损益。存货的账面价值是存货成本扣减累计跌价准备后的金额。存货盘亏造成的损失,应当计入当期损益。

盘亏、毁损的存货,按其成本借记"待处理财产损溢——待处理流动资产损溢"科目,贷记"原材料""库存商品""应交税费——应交增值税(进项税额转出)"等科目。材料、库存商品采用计划成本(或售价)核算的,还应同时结转成本差异(或商品进销差价)。

盘亏、毁损的存货,按管理权限报经批准后处理时,应先按残料价值、可以收回的保险赔偿和过失人的赔偿,借记"原材料""其他应收款"等科目,贷记"待处理财产损溢"科目。剩余净损失,属于一般经营损失的部分,借记"管理费用"科目,属于非正常损失的部分,借记"营业外支出"。

二、存货的期末计价

(一)存货期末计价的原则

《企业会计准则第1号——存货》规定,资产负债表日,存货应当按成本与可变现净值孰低计量。成本与可变现净值孰低,是指对期末存货按照成本与可变现净值两者中较低者进行计价的方法。也就是说,当成本低于可变现净值时,存货按成本计量;当成本高于可变现净值时,存货按可变现净值计量,同时按成本高于可变现净值的差额计提存货跌价准备,计入当期损益。

成本与可变现净值孰低计量的理论依据主要是使存货符合资产的定义,体现了谨慎性的要求。当存货的可变现净值下跌至成本以下时,表明该存货会给企业带来的未来经济利益低于其账面成本,因而应将这部分损失从资产价值中扣除,计入当期损益。否则,存货的可变现净值低于成本时,如果仍然以其成本计量,就会出现虚计资产的现象。

（二）可变现净值的含义

"成本与可变现净值孰低"中的成本是指期末存货的历史成本，即按照前面所介绍的以历史成本为基础的存货计价方法计算的期末存货的实际成本。如果企业在存货日常核算中采用计划成本法、售价金额核算法等简化核算方法，则成本应为调整后的实际成本。

可变现净值，是指在日常活动中，存货的估计售价减去至完工时估计将要发生的成本、估计的销售费用以及相关税费后的金额。存货的可变现净值由存货的估计售价、至完工时将要发生的成本、估计的销售费用和估计的相关税费等内容构成。

1. 可变现净值的基本特征

（1）确定存货可变现净值的前提是企业在进行日常活动。如果存货不是在进行正常的生产经营活动，比如企业处于清算过程，那么不能比照存货准则的规定确定存货的可变现净值。

（2）可变现净值为存货的预计未来净现金流量，而不是指存货的售价或合同价。企业预计的销售存货现金流量，并不完全等于存货的可变现净值。存货在销售过程中可能发生销售费用和相关税费，以及为达到预定可销售状态还可能发生进一步的加工成本等相关支出，这些都构成了存货销售产生的现金流入的抵减项目，只有在扣除抵减项目后，才能确定存货的可变现净值。

（3）不同存货可变现净值的构成不同。产成品、商品和用于出售的材料等直接用于出售的商品存货，在正常经营过程中，应当以该存货的估计售价减去估计销售费用和相关税费后的金额，确定其可变现净值；需要经过加工的材料存货，在正常生产经营过程中，应当以所生产的产成品的估计售价减去至完工时估计将要发生的成本、估计的销售费用和相关税费后的金额，确定其可变现净值。

2. 确定存货的可变现净值时应考虑的因素

企业在确定存货的可变现净值时，应当以取得的确凿证据为基础，并且考虑持有存货的目的、资产负债表日后事项的影响等因素。

（1）确定存货的可变现净值应当以取得确凿证据为基础。

确定存货的可变现净值必须建立在取得确凿证据的基础上。这里所讲的"确凿证据"是指对确定存货的可变现净值和成本有直接影响的客观证明。

① 存货成本的确凿证据。存货的采购成本、加工成本和其他成本及以其他方式取得的存货的成本，应当以取得的外来原始凭证、生产成本账簿记录等作为确凿证据。

② 存货可变现净值的确凿证据。存货的可变现净值的确凿证据，是指对确定存货的可变现净值有直接影响的确凿证明，如产成品或商品的市场销售价格、与产成品或商品相同或类似商品的市场销售价格、销货方提供的有关资料和生产成本资料。

（2）确定存货的可变现净值应当考虑持有存货的目的。

由于企业持有存货的目的不同，确定存货可变现净值的计算方法也不同。如用于出售的存货和用于继续加工的存货，其可变现净值的计算就不相同。因此，企业在确定

存货的可变现净值时,应当考虑持有存货的目的。企业持有存货的目的,通常可以分为:

① 持有以备出售,如商品、产成品,其中又分为有合同约定的存货和没有合同约定的存货;

② 将在生产过程或提供劳务过程中耗用,如材料等。

(3) 确定存货的可变现净值应当考虑资产负债表日后事项等的影响。

资产负债表日后事项应当能够确定资产负债表日存货的存在状况,即在确定资产负债表日存货的可变现净值时,不仅要考虑资产负债表日与该存货相关的价格与成本波动,而且还应考虑未来的相关事项。也就是说,不仅限于财务报告批准报出日之前发生的相关价格与成本波动,还应考虑以后期间发生的相关事项。

(三) 存货可变现净值确定的具体方法

1. 存货估计售价的确定

对于企业持有的各类存货,在确定其可变现净值时,最关键的问题是确定存货的估计售价。企业应当区别以下五种情况确定存货的估计售价。

(1) 为执行销售合同或者劳务合同而持有的存货,通常应当以产成品或商品的合同价格作为其可变现净值的计量基础。

如果企业与购买方签订了销售合同(或劳务合同,下同),并且销售合同订购的数量大于或等于企业持有的存货数量,在这种情况下,在确定与该项销售合同直接相关存货的可变现净值时,应当以销售合同价格作为其可变现净值的计量基础。也就是说,如果企业就其产成品或商品签订了销售合同,则该批产成品或商品的可变现净值应当以合同价格作为计量基础;如果企业销售合同所规定的标的物还没有生产出来,但持有专门用于该标的物生产的原材料,其可变现净值也应当以合同价格作为计量基础。

[例 3-19] 20×7 年 9 月 7 日,甲公司与乙公司签订了一份不可撤销的销售合同,双方约定,20×8 年 1 月 17 日,甲公司应按每台 32 000 元的价格(假设本节中所称销售价格和成本均不含增值税)向乙公司提供 Q1 型机器 10 台。

20×7 年 12 月 31 日,甲公司 Q1 型机器的账面价值(成本)为 280 000 元,数量为 10 台,单位成本为 28 000 元。

20×7 年 12 月 31 日,Q1 型机器的市场销售价格为 31 000 元/台。假设不考虑相关税费和相关费用。

根据甲公司与乙公司签订的销售合同规定,该批 Q1 型机器的销售价格已由销售合同约定,并且其库存数量等于销售合同约定的数量,因此,在这种情况下,计算 Q1 型机器的可变现净值应以销售合同约定的价格 320 000 元(32 000×10)作为计量基础。

(2) 如果企业持有存货的数量多于销售合同定购数量,超出部分的存货的可变现净值应当以产成品或商品的一般销售价格(即市场销售价格)作为计算基础。

[例 3-20] 20×6 年 12 月 26 日,甲公司与丙公司签订了一份不可撤销的销售合同,双方约定,20×7 年 3 月 20 日,甲公司应按每台 12 万元的价格向丙公司提供 Q2 型

机器100台。

20×6年12月31日,甲公司Q2型机器的成本为1 320万元,数量为120台,单位成本11万元/台。

根据甲公司销售部门提供的资料表明,向丙公司销售的Q2型机器的平均运杂费等销售费用为0.11万元/台;向其他客户销售Q2型机器的平均运杂费等销售费用为0.1万元/台。

20×6年12月31日,Q2型机器的市场销售价格为13万元/台。

本例中,能够证明Q2型机器的可变现净值的确凿证据是甲公司与丙公司签订的有关Q2型机器的销售合同、市场销售价格资料、账簿记录和公司销售部门提供的有关销售费用的资料等。

根据该销售合同规定,库存的Q2型机器中的100台的销售价格已由销售合同约定,其余20台并没有销售合同约定。因此,在这种情况下,对于销售合同约定的数量(100台)的Q2型机器的可变现净值应当以销售合同约定价格12万元/台作为计算基础,而对于超出部分(20台)的Q2型机器的可变现净值应以市场销售价格13万元/台为计算基础。

有销售合同的Q2型机器的可变现净值=12×100−0.11×100=1 189(万元)

无销售合同的Q2型机器的可变现净值=13×20−0.1×20=258(万元)

(3) 如果企业持有的存货数量小于销售合同订购数量,实际持有与该销售合同有关的存货应以销售合同所规定的价格作为可变现净值的计算基础。如果该合同为亏损合同,还应同时按《企业会计准则第13号——或有事项》的规定处理。

(4) 没有销售合同约定的存货(不包括用于出售的材料),其可变现净值应当以产成品或商品一般销售价格(即市场销售价格)作为计算基础。

[例3-21] 20×6年12月31日,甲公司Q3型机器的账面价值(成本)为300万元,数量为10台,单位成本为30万元/台。

20×6年12月31日,Q3型机器的市场销售价格为34万元/台。预计发生的相关税费和销售费用合计为2万元/台。

甲公司没有签订有关Q3型机器的销售合同。

由于甲公司没有就Q3型机器签订销售合同,因此,在这种情况下,计算Q3型机器的可变现净值应以一般销售价格总额320万元[(34−2)×10]作为计量基础。

(5) 用于出售的材料等,通常应当以市场价格作为其可变现净值的计量基础。这里的市场价格是指材料等的市场销售价格。如果用于出售的材料存在销售合同约定,应按合同价格作为可变现净值的计算基础。

[例3-22] 20×7年,甲公司根据市场需求的变化,决定停止生产Q4型机器。为减少不必要的损失,决定将原材料中专门用于生产Q4型机器的外购原材料——A材料全部出售,20×7年12月31日其账面价值(成本)为400万元,数量为10吨。据市

场调查,A 材料的市场销售价格为 28 万元/吨,同时可能发生销售费用及相关税费 4 万元。

在这种情况下,由于企业已决定不再生产 Q4 型机器,因此,该批 A 材料的可变现净值不能再以 Q4 型机器的销售价格作为其计量基础,而应按其出售的市场销售价格作为计量基础。即

$$该批 A 材料的可变现净值 = 28 \times 10 - 4 = 276(万元)$$

2. 材料存货的期末计量

对于材料存货应当区分以下两种情况确定其期末价值。

(1) 对于为生产而持有的材料等,如果用其生产的产成品的可变现净值高于成本的,该材料仍然应当按照成本计量。

这里的"材料"指原材料、在产品、委托加工材料等。"可变现净值高于成本"中的成本是指产成品的生产成本。

[例 3-23] 20×6 年 12 月 31 日,甲公司库存原材料——B 材料的账面价值(成本)为 300 万元,市场购买价格总额为 280 万元,假设不发生其他购买费用;用 B 材料生产的产成品——Q5 型机器的可变现净值高于成本。

试确定 20×6 年 12 月 31 日 B 材料的价值。

分析:根据上述资料可知,20×6 年 12 月 31 日,B 材料的账面价值(成本)高于其市场价格,但是由于用其生产的产成品——Q5 型机器的可变现净值高于成本,也就是用该原材料生产的最终产品,此时并没有发生价值减损,因而,在这种情况下,B 材料即使其账面价值(成本)已高于市场价格,也不应计提存货跌价准备,仍应按 300 万元,列示在 20×6 年 12 月 31 日的资产负债表的存货项目之中。

(2) 如果材料价格的下降表明产成品的可变现净值低于成本,则该材料应当按可变现净值计量。

[例 3-24] 20×6 年 12 月 31 日,甲公司库存原材料——C 材料的账面价值(成本)为 12 万元,市场价格总额为 11 万元,假设不发生其他购买费用;由于 C 材料市场销售价格下降,市场上用 C 材料生产的 Q6 型机器的市场销售价格也发生了相应下降,下降了 10%。由此造成甲公司 Q6 型机器的市场销售价格总额由 30 万元降为 27 万元,但生产成本仍为 28 万元,将 C 材料加工成 Q6 型机器尚需投入 16 万元,估计销售费用及相关税费为 1 万元。

试确定 20×6 年 12 月 31 日 C 材料的价值。

根据上述资料,可按照以下步骤进行确定:

第一步,计算用该原材料所生产的产成品的可变现净值。

$$Q6 型机器的可变现净值 = Q6 型机器估计售价 - 估计销售费用及相关税费$$
$$= 27 - 1 = 26(万元)$$

第二步,将用该原材料所生产的产成品的可变现净值与其成本进行比较。

Q6型机器的可变现净值26万元小于其成本28万元,即C材料价格的下降表明Q6型机器的可变现净值低于成本,因此C材料应当按可变现净值计量。

第三步,计算该原材料的可变现净值,并确定其期末价值。

C材料的可变现净值 = Q6型机器的售价总额 − 将C材料加工成Q6型机器尚需投入的成本 − 估计销售费用及相关税费
= 27 − 16 − 1 = 10(万元)

C材料的可变现净值10万元小于其成本12万元,因此C材料的期末价值应为其可变现净值10万元,即C材料应按10万元列示在20×6年12月31日的资产负债表的存货项目之中。

(四)计提存货跌价准备的账务处理

1. 计提存货跌价准备的方法

(1)企业通常应当按照单个存货项目计提存货跌价准备。

企业在计提存货跌价准备时通常应当以单个存货项目为基础。在这种方式下,企业应当将每个存货项目的成本与其可变现净值逐一进行比较,按较低者计量存货,并且按成本高于可变现净值的差额,计提存货跌价准备。这就要求企业应当根据管理的要求及存货的特点,明确规定存货项目的确定标准。比如,将某一型号和规格的材料作为一个存货项目、将某一品牌和规格的商品作为一个存货项目,等等。

(2)对于数量繁多、单价较低的存货,可以按存货类别计提存货跌价准备。

如果某一类存货的数量繁多并且单价较低,可以按照存货类别计量成本与可变现净值,即按存货类别的成本的总额与可变现净值的总额进行比较,每个存货类别均取较低者确定存货价值。

(3)与在同一地区生产和销售的产品系列相关、具有相同或类似最终用途或目的,且难以将其与该产品系列的其他项目区别开来进行估价的存货,可以合并计提存货跌价准备。

存货具有类似目的或最终用途,并在同一地区生产和销售,意味着所处的经济环境、法律环境、市场环境等相同,具有相同的风险和报酬。因此,在这种情况下,可以对存货进行合并计提存货跌价准备。比如某服装制造公司根据季节的变化、消费者偏好的改变决定进行季节大清货,所有各种款式的服装均按200元/3件出售。在这种情况下,就需将这些服装合并起来确定其可变现净值。如果可变现净值低于成本,则应计提存货跌价准备。

存在下列情形之一的通常表明存货的可变现净值低于成本:

(1)该存货的市场价格持续下跌,并且在可预见的未来无回升的希望;

(2)企业使用该项原材料生产的产品的成本大于产品的销售价格;

(3)企业因产品更新换代,原有库存原材料已不适应新产品的需要,而该原材料的市场价格又低于账面成本;

(4) 企业所提供的商品或劳务过时或消费者偏好改变而使市场的需求发生变化,导致市场价格逐渐下跌;

(5) 其他足以证明该项存货实质上已发生减值的情形。

存在下列情形之一的,通常表明存货的可变现净值为零:

(1) 已霉烂变质的存货;

(2) 已过期且无转让价值的存货;

(3) 生产中已不再需要,并且已无使用价值和转让价值的存货;

(4) 其他足以证明已无使用价值和转让价值的存货。

2. 存货跌价准备的账务处理程序

采用成本与可变现净值孰低原则确定了期末存货的价值以后,应视具体情况进行相关的账务处理。如果期末存货的成本低于可变现净值,不需要作账务处理,资产负债表中的存货仍按账面价值列示;如果期末存货的可变现净值低于成本,则应当确认当期存货跌价损失,进行相应的账务处理。其具体程序如下。

(1) 设置"存货跌价准备"科目,该科目作为存货的备抵科目。

(2) 在资产负债表日,首先比较成本与可变现净值,算出应计提的存货跌价准备,然后与"存货跌价准备"科目的余额进行比较,如果应提数大于已提数,应予以补提;反之,应冲销部分已提数。当提取和补提存货跌价准备时,借记"资产减值损失"科目,贷记"存货跌价准备"科目。已计提跌价准备的存货价值以后又得以恢复,应在原已计提的存货跌价准备金额内,按恢复增加的金额,借记"存货跌价准备"科目,贷记"资产减值损失"科目,即应以存货跌价准备账户的余额冲减至零为限。

需要注意的是,以前减记的存货价值的转回要以"以前减记存货价值的影响因素已经消失"为前提,否则不得转回。

(3) 发出存货结转存货跌价准备的,借记"存货跌价准备"科目,贷记"主营业务成本""其他业务成本"等科目。

(4) 期末,存货项目应以净额在资产负债表中列示。

[例 3-25] 20×6 年 12 月 31 日,甲公司 X 库存商品账面金额为 20 000 元,由于市场价格下跌,预计可变现净值为 18 000 元,由此计提的存货跌价准备为 2 000 元。

20×6 年 12 月 31 日,计提存货跌价准备时,应编制会计分录如下:

借:资产减值损失　　　　　　　　　　　　　　　　　　　　2 000
　　贷:存货跌价准备　　　　　　　　　　　　　　　　　　　　　　2 000

假设 20×7 年 6 月 30 日,X 库存商品的账面金额为 20 000 元,预计可变现净值为 16 000 元,应补提存货跌价准备 2 000 元,应编制会计分录如下:

借:资产减值损失　　　　　　　　　　　　　　　　　　　　2 000
　　贷:存货跌价准备　　　　　　　　　　　　　　　　　　　　　　2 000

假设 20×7 年 12 月 31 日该库存商品的账面成本不变,由于市场价格有所上升,使得 X 库存商品的预计可变现净值为 19 500 元。

分析：由于市场价格有所上升，X库存商品的可变现净值有所恢复，应计提的存货跌价准备为500元（20 000—19 500），小于已计提的存货跌价准备（4 000元），则当期应冲减已计提的存货跌价准备3 500元（4 000—500），因此应转回的存货跌价准备为3 500元。

应编制会计分录如下：

借：存货跌价准备　　　　　　　　　　　　　　　　　　　　3 500
　　贷：资产减值损失　　　　　　　　　　　　　　　　　　　　3 500

假设20×8年6月30日，X库存商品的账面成本为20 000元，由于市场价格进一步上升，预计可变现净值为20 500元。

分析：此时，X库存商品的可变现净值恢复为20 500元，应大于该库存商品的成本，应将对X库存商品已计提的存货跌价准备为500元全额冲销（即将对X库存商品已计提的"存货跌价准备"余额冲减至零为限）。

应编制会计分录如下：

借：存货跌价准备　　　　　　　　　　　　　　　　　　　　　500
　　贷：资产减值损失　　　　　　　　　　　　　　　　　　　　　500

第七节　存货项目在财务报告中的披露

一、存货在财务报表中的列示

资产负债表中的"存货"项目反映期末在库、在途和在加工中的各种存货的账面价值存货包括各种材料、商品、在产品、半成品、包装物、低值易耗品、委托代销商品等。

二、存货在附注中的披露

企业应当在附注中披露与存货有关的下列信息。

（一）存货的披露格式

存货种类	年初账面余额	本期增加额	本期减少额	期末账面余额
1. 原材料				
2. 在产品				
3. 库存商品				
4. 转转材料				
……				
……				
合　计				

（二）存货跌价准备的披露格式

存货种类	年初账面余额	本期计提额	本期减少额		期末账面余额
			转回	转销	
1. 原材料					
2. 在产品					
3. 库存商品					
4. 周转材料					
……					
合　计					

■ 本章小结 ■

存货是指企业在日常活动中持有以备出售的产成品或商品、处在生产过程中的在产品、在生产过程或提供劳务过程中耗用的材料和物料等。确认存货应以法定的所有权为标准，而不能以存货的存放地点为标准。

存货初始取得时按成本计量，发出存货可按个别计价法、先进先出法、加权平均法计价。原材料的日常核算可以按照实际成本法，也可按计划成本法计价核算。原材料按实际成本计价核算时，材料的收、发、存均按实际成本计价；原材料按计划成本核算时，原材料的收、发、存均按计划成本计价核算，月末通过对材料成本差异的分摊调整，将发出材料的计划成本调整为实际成本。

企业的周转材料包括包装物和低值易耗品，取得周转材料的核算可以比照原材料，发出周转材料时，其成本摊销方法有一次转销法和分次摊销法。委托加工物资的核算包括拨付委托加工物资、支付加工费及相关税费，以及加工完成收回加工物资等。

库存商品包括工业企业的产成品和商品流通企业商品，产成品的日常核算可以按计划成本，也可以按计划成本。商品流通企业商品的核算可以采用进价金额核算法，也可以采用售价金额核算法，对于商品流通批发企业，也可以采用毛利率法。

存货的期末盘存方法有定期盘存制和永续盘存制，存货的期末计价采用成本与可变现净值孰低法，当存货的可变现净值低于成本时，应计提相应的存货减值损失。

 名词中英对照

存货	inventory
初始计量	initial measurement

直接人工	direct labor
制造费用	manufacturing expense
期末存货	ending inventory
先进先出法	first-in, first-out (FIFO) method
加权平均法	weighted-average method
移动平均法	moving-average method
个别计价法	specific identification method
永续盘存制	perpetual inventory system
实地盘存制	physical inventory system
材料采购	materials purchased
在途物资	materials in transit
原材料	raw materials
库存商品	goods on hand/finished goods
包装物及低值易耗品	packaging materials and low-valued consumables
存货跌价准备	provision for inventory write-down

 案例分析

据《中国证券报》信息数据中心统计,截至 20×4 年 7 月 31 日,披露半年报的 632 家上市公司 20×4 年 6 月末存货账面余额为 2 302.17 亿元,比 20×4 年年初增长了 17.28%,其中,458 家存货出现增长,95 家上市公司存货净额增幅超过了 50%。其中,A 股份、B 股份、C 股份半年报期末存货与期初相比分别增长了 557.71%、478.94%、356.55%。上市公司存货的大幅增长已影响了部分公司的盈利水平。

统计显示,632 家上市公司 20×4 年 6 月末存货跌价准备累计余额为 45.115 亿元,占利润总额的 6.92%。其中,有 216 家公司提取或冲回了存货跌价准备,其中 118 家上市公司累计提取存货跌价准备 4.3 亿元。另有 170 家公司共冲回存货跌价准备 3.32 亿元,累计净提取 6 917 万元。某 ST 公司 20×4 年上半年针对相关产品的市场价格变动情况,预提了 781.16 万元的存货跌价准备,而同期公司亏损 459.96 万元,存货跌价准备无疑是公司亏损的重要原因之一。

分析人士指出,部分上市公司虽存货数量较大但没有计提跌价准备。在当前宏观调控措施的影响下,一旦原材料、产品等价格向下波动,相关公司的存货价值将随之出现缩水并有可能为上市公司未来业绩埋下隐患。

要求:根据案例分析存货跌价准备的多提和少提对当期利润会产生什么样的影响?

复习思考题

1. 不同来源的存货是如何进行初始计量的?
2. 发出存货的计价方法有哪些?各种方法的优缺点是什么?
3. 存货的可变现净值是怎样确定的?
4. 确定发出周转材料的成本有哪几种方法?

 练习题

1. 甲公司对存货采用永续盘存制并按实际成本计价,20×7 年 6 月份 A 商品的收发变动资料如下表所示。

项　　目	数量(千克)	实际单位成本(元)
月初结存	100	10
6月3日购货	300	12
6月10日销货	200	
6月12日购货	500	10.5
6月15日销货	400	
6月22日购货	150	11
6月28日销货	200	

要求:根据上表资料分别采用先进先出法、月末一次加权平均法、移动加权平均法计算该月发出商品成本和月末库存商品成本。

2. 某企业原材料按实际成本计价,20×7 年 12 月发生以下经济业务:

(1)购进甲种原材料一批,增值税专用发票上注明价款 2 万元,增值税税额 0.34 万元,共计 2.34 万元,以银行存款支付,材料尚未运到。

(2)购进乙种原材料一批,增值税专用发票上注明价款 2.5 万元,增值税税额 4 250 元,共计 2.925 万元,材料验收入库,款项以银行存款支付。

(3)购进甲种原材料运到并验收入库。(参见业务1)

(4)购进丙种原材料一批,合同价 4 万元,材料验收入库。月末结算凭证尚未到达,按暂估价 4 万元入账。

(5)下月初购进丙种原材料的结算凭证到达,增值税专用发票上注明价款 4 万元,增值税税额 0.68 万元,共计 4.68 万元,以银行存款支付。

(6) 根据乙种材料"发料凭证汇总表"所列,生产车间领用 1.5 万元,管理部门领用 0.4 万元。

要求:根据以上经济业务,编制会计分录。

3. 甲公司为增值税一般纳税人,适用的增值税率为 17%,采用计划成本法进行材料的日常核算。20×7 年 12 月,月初结存 A 材料的计划成本为 201 100 元,月初"材料成本差异"科目贷方余额为 4 600 元。A 材料的单位计划成本为 305 元/千克。12 月甲公司发生的经济业务如下:

(1) 12 月 4 日,购入原材料 1 000 千克,价款 300 000 元,增值税 51 000 元,另发生运杂费等 2 000 元(不考虑与运费有关的税金问题)。各种款项已经支付,材料尚未运达。

(2) 12 月 8 日,所购材料到达且验收入库的实际数量为 980 千克,短缺 20 千克,经查属于合理损耗。

(3) 12 月 18 日,发出 A 材料 600 千克用于产品生产。

要求:编制甲公司材料采购、入库、领用的会计分录。

4. 甲企业 20×7 年 12 月发生下列业务:

(1) 出租全新包装物一批,实际成本为 1 000 元,租金每月 300 元,租期 2 个月,收取押金 800 元。该包装物价值采用一次摊销法。

(2) 低值易耗品采用一次摊销法进行摊销,企业管理部门本月初领用新的低值易耗品 200 件,单位实际成本 10 元;月末报废时有残值 20 元收回入库。

要求:(1) 编制出租包装物时、收取包装物押金时、每月收取租金的会计分录;
（2) 编制低值易耗品领用时、报废时的会计分录。

5. 甲企业委托乙企业加工一批原材料(属应税消费品),原材料成本 50 000 元,支付加工费 4 000 元(不含增值税),消费税率为 10%,甲、乙企业均为一般纳税人,增值税率为 17%。材料加工完成验收入库,加工费等已经支付。甲企业按实际成本对原材料进行日常核算。

要求:分别作出甲企业加工收回材料后继续生产应税消费品和直接用于销售两种情况下相关的账务处理。

6. 某批发企业 20×4 年 7 月 1 日 A 库存商品期初结存 30 万元,本月购进该种商品 60 万元,本月该种商品销售收入 80 万元,发生销售折让 5 000 元,上月该种商品毛利率为 15%。

要求:采用毛利率法计算 7 月份已销商品成本和库存商品成本。

7. 某股份有限公司20×7年年末甲种存货的实际成本80 000元,可变现净值为78 000元;假定甲种存货的实际成本不变,20×8年6月30日,该存货的预计可变现净值为74 000元;20×8年12月31日该存货的预计可变现净值为77 500元;20×9年6月30日,该存货的预计可变现净值为80 500元。

要求:计算各期末应提取的存货跌价准备,并进行相应的账务处理。

第四章 金融工具投资

■ 本章概要 ■

投资是企业为了获得收益或实现资本增值向被投资单位投放资金的经济行为。本章介绍了因金融工具形成的投资。金融工具是指形成一个企业的金融资产,并形成其他单位的金融负债或权益性工具的合同。由金融工具形成的金融资产属于企业资产的重要组成部分,主要包括库存现金、银行存款、应收账款、应收票据、其他应收款、股权投资、债权投资、衍生工具形成的资产等。其中货币资金和应收款项的会计处理见第二章"货币资金和应收款项",本章将其余的金融资产按企业持有的目的不同,分为以公允价值计量且其变动计入当期损益的金融资产、可供出售金融资产、持有至到期投资,以及长期股权投资。

■ 学习目的与要求 ■

通过本章学习,应当能够了解并掌握:
1. 以公允价值计量且其变动计入当期损益的金融资产的核算方法;
2. 持有至到期投资的核算方法;
3. 可供出售金融资产的核算方法;
4. 长期股权投资成本法和权益法的核算方法;
5. 长期股权投资核算法的转换及处置。

第一节 以公允价值计量且其变动计入当期损益的金融资产

一、以公允价值计量且其变动计入当期损益的金融资产概述

以公允价值计量且其变动计入当期损益的金融资产,可以进一步分为交易性金融

资产和直接指定为以公允价值计量且其变动计入当期损益的金融资产。

（一）交易性金融资产

金融资产满足下列条件之一的，应当划分为交易性金融资产：

（1）取得该金融资产的目的，主要是为了近期内出售，比如企业以赚取差价为目的从二级市场购入的股票、债券、基金等；

（2）属于进行集中管理的可辨认金融工具组合的一部分，且有客观证据表明企业近期采用短期获利方式对该组合进行管理；

（3）不属于有效套期的衍生工具。

（二）指定为以公允价值计量且其变动计入当期损益的金融资产

企业将某项金融资产指定为以公允价值计量且其变动计入当期损益的金融资产，通常是指该金融资产不满足确认为交易性金融资产条件的，企业仍可在符合某些特定条件时将其按公允价值计量，并将其公允价值变动计入当期损益。

通常情况下，只有符合下列条件之一的金融资产，才可以在初始确认时指定为以公允价值计量且其变动计入当期损益的金融资产：

（1）该指定可以消除或明显减少由于该金融资产的计量基础不同所导致的相关利得或损失在确认或计量方面不一致的情况；

（2）企业风险管理或投资策略的正式书面文件已载明，该金融资产组合或该金融资产和金融负债组合，以公允价值为基础进行管理、评价，并向关键管理人员报告。

某项金融资产划分为以公允价值计量且其变动计入当期损益的金融资产后，不能再重分类为其他类别的金融资产；其他类别的金融资产也不能再重分类为以公允价值计量且其变动计入当期损益的金融资产。

二、以公允价值计量且其变动计入当期损益的金融资产的计量

以公允价值计量且其变动计入当期损益的金融资产的计量包括初始计量和后续计量。

（一）以公允价值计量且其变动计入当期损益的金融资产的初始计量

以公允价值计量且其变动计入当期损益的金融资产初始确认时，应按公允价值计量，相关交易费用应当直接计入当期损益。

其中，交易费用是指可直接归属于购买、发行或处置金融工具新增的外部费用。所谓新增的外部费用，是指企业不购买、发行或处置金融工具就不会发生的费用。交易费用包括支付给代理机构、咨询公司、券商等的手续费和佣金及其他必要支出，不包括债券溢价、折价、融资费用、内部管理成本及其他与交易不直接相关的费用。企业为购买金融工具所发生的差旅费等，不属于此处所讲的交易费用。

企业在取得以公允价值计量且其变动计入当期损益的金融资产所支付的价款中包含已宣告但尚未发放的现金股利或已到付息期但尚未领取的债券利息，应当单独确认为应收项目，不构成以公允价值计量且其变动计入当期损益的金融资产的初始投资成本。

（二）交易性金融资产投资的后续计量

以公允价值计量且其变动计入当期损益的金融资产的后续计量包括两方面的内容：一是持有期间获得的现金股利或债券利息的计量；二是资产负债表日公允价值变动的计量。

1. 资产持有期间获得的现金股利或债券利息的计量

企业持有以公允价值计量且其变动计入当期损益的交易性金融资产，在持有期间应当按合同规定计算确定应获得的债券利息或现金股利，确认为投资收益。

2. 资产负债表日公允价值变动的计量

在资产负债表日，企业应当对以公允价值计量且其变动计入当期损益的金融资产按照资产负债表日的公允价值进行再计量，将资产负债表日公允价值与其原账面余额的差额直接计入当期损益。

需要注意的是，由于以公允价值计量且其变动计入当期损益的金融资产的价值变动计入当期损益，所以不存在期末资产减值的计量问题。

三、以公允价值计量且其变动计入当期损益的金融资产的会计处理

以公允价值计量且其变动计入当期损益的金融资产的会计处理，着重于该金融资产与金融市场的紧密结合性，反映该类金融资产相关市场变量变化对其价值的影响，进而对企业财务状况和经营成果产生影响。

（一）科目设置

以公允价值计量且其变动计入当期损益的金融资产的核算，一般需要设置以下科目。

1."交易性金融资产"科目

该科目核算因交易目的而持有的债券投资、股票投资、基金投资等以公允价值计量且其变动计入当期损益的金融资产。属资产类科目，分别设置"成本""公允价值变动"进行明细核算。本科目期末借方余额，反映企业持有的交易性金融资产的公允价值。

2."公允价值变动损益"科目

该科目属损益类科目，核算以公允价值计量且其变动计入当期损益的金融资产等因公允价值变动形成的应计入当期损益的利得和损失，期末余额应转入"本年利润"科目，结转后无余额。

3."投资收益"账户

该科目属损益类科目，核算企业对外投资所获得的收益或发生的损失。借方登记投资所发生的损失，贷方登记投资所发生的收益，期末余额应转入"本年利润"科目，结转后无余额。

（二）相关的账务处理

企业取得交易性金融资产，按其公允价值，借记"交易性金融资产——成本"科目，

按发生的交易费用,借记"投资收益"科目,按已到付息期但尚未领取的利息或已宣告但尚未发放的现金股利,借记"应收利息"或"应收股利"科目,按实际支付的金额,贷记"银行存款"等科目。

交易性金融资产持有期间被投资单位宣告发放的现金股利,或在资产负债表日按分期付息、一次还本债券投资的票面利率计算的利息,借记"应收股利"或"应收利息"科目,贷记"投资收益"科目。

资产负债表日,交易性金融资产的公允价值高于其账面余额的差额,借记"交易性金融资产——公允价值变动"科目,贷记"公允价值变动损益"科目;公允价值低于其账面余额的差额作相反的会计分录。

出售交易性金融资产,应按实际收到的金额,借记"银行存款"等科目,按该金融资产的账面余额,贷记"交易性金融资产"科目,按其差额,贷记或借记"投资收益"科目。同时,将原计入该金融资产的公允价值变动转出,借记或贷记"公允价值变动损益"科目,贷记或借记"投资收益"科目。

[例4-1] 甲公司在20×7年1月3日购入乙公司每股面值1元的普通股股票10 000股,每股价格为12元,另付相关交易费600元,一并以银行存款支付。甲公司应编制会计分录如下:

借:交易性金融资产——乙公司股票(成本)　　　　　　　　　120 000
　　投资收益　　　　　　　　　　　　　　　　　　　　　　　　600
　　贷:银行存款　　　　　　　　　　　　　　　　　　　　　　　　　120 600

[例4-2] 假设[例4-1]中的乙公司已在20×6年12月25日宣告分派现金股利,每10股派现金1元,并定于20×7年1月10日起按20×7年1月5日的股东名册支付股利。甲公司在乙公司已宣告分派现金股利后的20×7年1月3日购入乙公司每股面值1元的普通股股票10 000股,每股价格12元,另付相关交易费用600元,一并以银行存款支付。则应编制会计分录如下:

借:交易性金融资产——乙公司股票(成本)　　　　　　　　　119 000
　　应收股利　　　　　　　　　　　　　　　　　　　　　　　1 000
　　投资收益　　　　　　　　　　　　　　　　　　　　　　　　600
　　贷:银行存款　　　　　　　　　　　　　　　　　　　　　　　　　120 600

甲公司收到上述股利时,应借记"银行存款"科目,贷记"应收股利"科目,而不应贷记"投资收益"科目。

购入时若发行公司已宣告分派股票股利的,投资公司于实际收到股票股利时只作备查登记,不作分录。

[例4-3] 丙公司在20×8年1月3日以111 250元的价格购入丁公司在20×7年1月1日发行的3年期、年利率为9%的债券,债券利息按年收取,到期一次还本。该债券的面值为100 000元。购入时,丁公司20×7年的利息尚未支付(设税费为零)。

丙公司实际支付的价款中包含20×7年已到期尚未支付的利息9 000元(100 000×

9‰×12/12)。应编制会计分录如下:

借:交易性金融资产——丁公司债券(成本) 102 250
　　应收利息 9 000
　　贷:银行存款 111 250

当丙公司收到20×7年的利息时,再冲转"应收利息"科目。

[**例4-4**] 甲公司在20×7年1月3日购买乙公司股票10 000股,每股价格为11元,另支付相关税费1 100元,一并以银行存款支付。乙公司在20×7年4月1日宣告分派20×6年度现金股利,每10股2元,共计2 000元(10 000/10×2)。甲公司在购买乙公司股票时,应编制会计分录如下:

借:交易性金融资产——乙公司股票(成本) 110 000
　　投资收益 1 100
　　贷:银行存款 111 100

甲公司在乙公司宣告分派20×6年现金股利时,应编制会计分录如下:

借:应收股利 2 000
　　贷:投资收益 2 000

[**例4-5**] 假设[例4-4]中的乙公司股票,在20×7年12月31日的公允价值为12元。甲公司应编制会计分录如下:

借:交易性金融资产——乙公司股票(公允价值变动) 10 000
　　贷:公允价值变动损益 10 000

[**例4-6**] 假设[例4-5]中甲公司在20×8年5月16日将持有的乙公司股票出售其中5 000股,每股市价为13元(假设不考虑税费)。甲公司在20×8年5月16日应编制会计分录如下:

借:银行存款 65 000
　　公允价值变动损益 5 000
　　贷:交易性金融资产——乙公司股票(成本) 55 000
　　　　交易性金融资产——乙公司股票(公允价值变动) 5 000
　　　　投资收益 10 000

第二节　持有至到期投资

一、持有至到期投资的概述

持有至到期投资,是指到期日固定、回收金额固定或可确定,且企业有明确意图和能力持有至到期的非衍生金融资产。通常情况下,能够划分为持有至到期投资的金融资产,主要是债权性投资,比如从二级市场上购入的固定利率国债、浮动利率金融债券等。股权投资因其没有固定的到期日,因而不能划分为持有至到期投资。持有至到期投资通常具有长期性质,但期限较短(1年以内)的债券投资,符合持有至到期投资条件的,也可将其划分为持有至到期投资。

应当说明的是,企业管理层一旦决定将某项金融资产持有至到期,则在该项金融资产到期前不能随意改变最初的意图。也就是说,企业在取得投资时意图应当是明确的,除非遇到不可控制或不可预计的事件,否则就应将该投资持有至到期。

二、持有至到期投资的计量

(一) 持有至到期投资的初始计量

持有至到期投资初始确认时,应当按照公允价值计量和相关交易费用之和作为初始入账金额。实际支付的价款中包括的已到付息期但尚未领取的债券利息,应单独确认为应收项目。

持有至到期投资初始确认时,应当计算确定其实际利率,并在该持有至到期投资预期存续期间或适用的更短期间内保持不变。

实际利率,是指将金融资产或金融负债在预期存续期间或适用的更短期间内的未来现金流量,折现为该金融资产或金融负债当前账面价值所使用的利率。企业在确定实际利率时,应当在考虑金融资产或金融负债所有合同条款(包括提前还款权、看涨期权、类似期权等)的基础上预计未来现金流量,但不应考虑未来信用损失。

金融资产合同各方之间支付或收取的、属于实际利率组成部分的各项收费、交易费用及溢价或折价等,应当在确定实际利率时予以考虑。金融资产的未来现金流量或存续期间无法可靠预计时,应当采用该金融资产在整个合同期内的合同现金流量。

(二) 持有至到期投资的后续计量

企业应当采用实际利率法,按摊余成本对持有至到期投资进行后续计量。其中,实际利率法,是指按照金融资产或金融负债(含一组金融资产或金融负债)的实际利率计算其摊余成本及各期利息收入或利息费用的方法。摊余成本,是指该金融资产的初始确认金额经下列调整后的结果:(1)扣除已偿还的本金;(2)加上或减去采用实际利率法将该初始确认金额与到期日金额之间的差额进行摊销形成的累计摊销额;(3)扣除已发生的减值损失。

企业应在持有至到期投资持有期间,采用实际利率法,按照摊余成本和实际利率计算确认利息收入,计入投资收益。实际利率应当在取得持有至到期投资时确定,实际利率与票面利率差别较小的,也可按票面利率计算利息收入,计入投资收益。

处置持有至到期投资时,应将所取得价款与持有至到期投资账面价值之间的差额,计入当期损益。

(三）持有至到期投资的期末计量

资产负债表日，持有至到期投资的账面价值高于预计未来现金流量现值的，企业应当将该持有至到期投资的账面价值减记至预计未来现金流量现值，将减记的金额作为资产减值损失进行会计处理，计入当期损益，同时计提相应的资产减值准备。

已计提减值准备的持有至到期投资价值以后又得以恢复的，应当在原已计提的减值准备金额内予以转回，转回的金额计入当期损益。

预计未来现金流量现值，应当按照该项投资的原实际利率折现确定。

三、持有至到期投资的会计处理

持有至到期投资的会计处理，着重于该金融资产的持有者打算"持有至到期"，未到期前通常不会出售或重分类。因此，持有至到期投资的会计处理主要应解决该金融资产实际利率的计算、摊余成本的确定、持有期间的收益确认及将其处置时损益的处理。

（一）科目设置

持有至到期投资的核算，一般需要设置以下两个科目。

"持有至到期投资"科目：核算企业持有至到期投资的价值，该科目属于资产类科目，本科目可按持有至到期投资的类别和品种，分别"成本""利息调整""应计利息"等进行明细核算。

"持有至到期投资减值准备"科目，核算持有至到期投资计提的减值准备，期末贷方余额反映企业已计提但尚未转销的持有至到期投资减值准备。

（二）相关的账务处理

(1) 企业取得的持有至到期投资，应按该投资的面值，借记"持有至到期投资——成本"科目，按支付的价款中包含的已到付息期但尚未领取的利息，借记"应收利息"科目，按实际支付的金额，贷记"银行存款"等科目，按其差额，借记或贷记"持有至到期投资——利息调整"科目。

(2) 资产负债表日，持有至到期投资为分期付息、一次还本债券投资的，应按票面利率计算确定的应收未收利息，借记"应收利息"科目，按持有至到期投资摊余成本和实际利率计算确定的利息收入，贷记"投资收益"科目，按其差额，借记或贷记"持有至到期投资——利息调整"科目。

持有至到期投资为一次还本付息债券投资的，应于资产负债表日按票面利率计算确定的应收未收利息，借记"持有至到期投资——应计利息"科目，按持有至到期投资摊余成本和实际利率计算确定的利息收入，贷记"投资收益"科目，按其差额，借记或贷记"持有至到期投资——利息调整"科目。

(3) 在资产负债表日，如果企业对持有至到期投资测试的结果表明该项投资发生了减值企业按确认的持有至到期投资的减值损失，借记"资产减值损失"科目，贷记"持有至到期投资减值准备"科目。如有客观证据表明该项投资的价值已得到恢复，转回原确认的减值损失,借记"持有至到期投资减值准备"科目,贷记"资产减值损失"科目。

(4) 将持有至到期投资重分类为可供出售金融资产的,应在重分类日按其公允价值,借记"可供出售金融资产"科目,按其账面余额,贷记"持有至到期投资——成本、利息调整、应计利息"科目,按其差额,贷记或借记"其他综合收益"科目。已计提减值准备的,还应同时结转减值准备。

(5) 出售持有至到期投资,应按实际收到的金额,借记"银行存款"等科目,按其账面余额,贷记"持有至到期投资——成本、利息调整、应计利息"科目,按其差额,贷记或借记"投资收益"科目。已计提减值准备的,还应同时结转减值准备。

[例4-7] 20×7年1月1日,甲公司支付价款1 500元(含交易费用)从活跃市场上购入乙公司5年期债券,面值1 875元,票面利率4.72%,按年支付利息(即每年88.5元),本金最后一次支付。甲公司将购入的该公司债券划分为持有至到期投资,且不考虑所得税、减值损失等因素。

假设,甲公司在初始确认时计算确定该债券的实际利率为10%,由此可编制表4-1。

表4-1   金额单位:元

年 份	期初摊余成本(a)	实际利息(b) (按10%计算)	现金流入(c)	期末摊余成本 (d=a+b-c)
20×7年	1 500	150	88.5	1 561.5
20×8年	1 561.5	156.15	88.5	1 629.15
20×9年	1 629.15	162.92	88.5	1 703.57
2×10年	1 703.57	170.36	88.5	1 785.43
2×11年	1 785.43	178.07*	1 963.5	0

* 考虑了计算过程中出现的尾差。

根据上述数据,甲公司应编制会计分录如下:

(1) 20×7年1月1日,购入债券:

借:持有至到期投资——乙公司债券(成本)　　　　　　　1 875
　　贷:银行存款　　　　　　　　　　　　　　　　　　　1 500
　　　　持有至到期投资——乙公司债券(利息调整)　　　　375

(2) 20×7年12月31日,确认实际利息收入、收到票面利息等:

借:应收利息　　　　　　　　　　　　　　　　　　　　88.5
　　持有至到期投资——乙公司债券(利息调整)　　　　　61.5
　　贷:投资收益　　　　　　　　　　　　　　　　　　　150
借:银行存款　　　　　　　　　　　　　　　　　　　　88.5
　　贷:应收利息　　　　　　　　　　　　　　　　　　　88.5

(3) 20×8 年 12 月 31 日,确认实际利息收入、收到票面利息等:

借:应收利息　　　　　　　　　　　　　　　　　　　　88.5
　　持有至到期投资——乙公司债券(利息调整)　　　　67.65
　　　贷:投资收益　　　　　　　　　　　　　　　　　156.15
借:银行存款　　　　　　　　　　　　　　　　　　　　88.5
　　贷:应收利息　　　　　　　　　　　　　　　　　　88.5

(4) 20×9 年 12 月 31 日,确认实际利息收入、收到票面利息等:

借:应收利息　　　　　　　　　　　　　　　　　　　　88.5
　　持有至到期投资——乙公司债券(利息调整)　　　　74.42
　　　贷:投资收益　　　　　　　　　　　　　　　　　162.92
借:银行存款　　　　　　　　　　　　　　　　　　　　88.5
　　贷:应收利息　　　　　　　　　　　　　　　　　　88.5

(5) 2×10 年 12 月 31 日,确认实际利息收入、收到票面利息等:

借:应收利息　　　　　　　　　　　　　　　　　　　　88.5
　　持有至到期投资——乙公司债券(利息调整)　　　　81.86
　　　贷:投资收益　　　　　　　　　　　　　　　　　170.36
借:银行存款　　　　　　　　　　　　　　　　　　　　88.5
　　贷:应收利息　　　　　　　　　　　　　　　　　　88.5

(6) 2×11 年 12 月 31 日,确认实际利息收入、收到票面利息和本金等:

借:应收利息　　　　　　　　　　　　　　　　　　　　88.5
　　持有至到期投资——乙公司债券(利息调整)　　　　89.57
　　　贷:投资收益　　　　　　　　　　　　　　　　　178.07
借:银行存款　　　　　　　　　　　　　　　　　　　　88.5
　　贷:应收利息　　　　　　　　　　　　　　　　　　88.5
借:银行存款等　　　　　　　　　　　　　　　　　　　1 875
　　贷:持有至到期投资——乙公司债券(成本)　　　　1 875

[例 4-8] 20×7 年 1 月 1 日,甲公司支付价款 1 500 元(含交易费用)从活跃市场上购入乙公司 5 年期债券,面值 1 875 元,票面利率 4.72%,到期一次支付利息和本金,且利息不是以复利计算。甲公司将购入的该公司债券划分为持有至到期投资,且不考虑所得税、减值损失等因素。

甲公司购买的债券实际利率计算如下:

$(88.5+88.5+88.5+88.5+88.5+1\,875)/(1+r)(1+r)(1+r)(1+r)(1+r)=1\,500$

$r=9.05\%$

由此可编制表 4-2。

表 4-2　　　　　　　　　　　　　　　　　　　　　金额单位：元

年　份	期初摊余成本(a)	实际利息(b) (按 9.05%计算)	现金流入(c)	期末摊余成本 (d = a + b − c)
20×7 年	1 500	135.75	0	1 635.75
20×8 年	1 635.75	148.04	0	1 783.79
20×9 年	1 783.79	161.43	0	1 945.22
2×10 年	1 945.22	176.04	0	2 121.26
2×11 年	2 121.26	196.24	2 317.5	0

* 考虑了计算过程中出现的尾差。

根据上述数据，甲公司应编制会计分录如下：

(1) 20×7 年 1 月 1 日，购入债券：

借：持有至到期投资——乙公司债券(成本)　　　　　　　　1 875
　　贷：银行存款　　　　　　　　　　　　　　　　　　　1 500
　　　　持有至到期投资——乙公司债券(利息调整)　　　　　375

(2) 20×7 年 12 月 31 日，确认实际利息收入、收到票面利息等：

借：持有至到期投资——乙公司债券(应计利息)　　　　　　88.5
　　持有至到期投资——乙公司债券(利息调整)　　　　　　47.25
　　贷：投资收益　　　　　　　　　　　　　　　　　　　135.75

(3) 20×8 年 12 月 31 日，确认实际利息收入、收到票面利息等：

借：持有至到期投资——乙公司债券(应计利息)　　　　　　88.5
　　持有至到期投资——乙公司债券(利息调整)　　　　　　59.05
　　贷：投资收益　　　　　　　　　　　　　　　　　　　148.05

(4) 20×9 年 12 月 31 日，确认实际利息收入、收到票面利息等：

借：持有至到期投资——乙公司债券(应计利息)　　　　　　88.5
　　持有至到期投资——乙公司债券(利息调整)　　　　　　72.93
　　贷：投资收益　　　　　　　　　　　　　　　　　　　161.43

(5) 2×10 年 12 月 31 日，确认实际利息收入、收到票面利息等：

借：持有至到期投资——乙公司债券(应计利息)　　　　　　88.5
　　持有至到期投资——乙公司债券(利息调整)　　　　　　87.54
　　贷：投资收益　　　　　　　　　　　　　　　　　　　176.04

(6) 2×11 年 12 月 31 日，确认实际利息收入、收到票面利息和本金等：

借：持有至到期投资——乙公司债券(应计利息)　　　　　　88.5
　　持有至到期投资——乙公司债券(利息调整)　　　　　　107.74
　　贷：投资收益　　　　　　　　　　　　　　　　　　　196.24

借：银行存款	2 317.5	
贷：持有至到期投资——乙公司债券（成本）		1 875
持有至到期投资——乙公司债券（应计利息）		442.5

第三节 可供出售金融资产

一、可供出售金融资产概述

可供出售金融资产，是指初始确认时即被指定为可供出售的非衍生金融资产，以及除下列各类资产以外的金融资产：(1) 贷款和应收款项；(2) 持有至到期投资；(3) 以公允价值计量且其变动计入当期损益的金融资产。例如，企业购入的在活跃市场上有报价的股票、债券和基金等，没有划分为以公允价值计量且其变动计入当期损益的金融资产或持有至到期投资等金融资产的，可归为此类。

二、可供出售金融资产的计量

（一）可供出售金融资产的初始计量

企业在取得可供出售金融资产时，应当按照取得该项资产时的公允价值和相关交易费用之和作为初始确认金额。企业在取得可供出售金融资产时所支付的价款中包含已宣告但尚未发放的现金股利或已到付息期但尚未领取的债券利息，应当单独确认为应收项目，不构成可供出售金融资产的初始投资成本。

（二）可供出售金融资产的后续计量

企业应当按照公允价值对可供出售金融资产投资进行后续计量。可供出售金融资产的后续计量包括两方面的内容：一是投资持有期间获得的现金股利或债券利息的计量；二是资产负债表日公允价值变动的计量。

1. 投资持有期间获得的现金股利或债券利息的计量

企业在持有可供出售金融资产的期间取得的现金股利或债券利息，应当作为投资收益进行会计处理。

2. 资产负债表日公允价值变动的计量

在资产负债表日，可供出售金融资产应当按照公允价值计量，可供出售金融资产的公允价值变动应当作为其他综合收益，计入所有者权益，不构成当期利润。

（三）可供出售金融资产的期末计量

企业应当在资产负债表日对可供出售金融资产进行检查，有客观证据表明该投资发生减值的，应当确认减值损失，计提减值准备。

分析判断可供出售金融资产是否发生减值，应当注重该金融资产公允价值是否持续下降。通常情况下，如果可供出售金融资产的公允价值发生较大幅度下降，或在综合考虑各种相关因素后,预期这种下降趋势属于非暂时性的,可以认定该可供出售金融资产已发生减值,应当确认减值损失。

可供出售金融资产发生减值的,在确认减值损失时,应当将原直接计入所有者权益的公允价值下降形成的累计损失一并转出,计入减值损失。该转出的累计损失,为可供出售金融资产的初始取得成本扣除已收回本金和已摊销金额、当前公允价值和原已计入损益的减值损失后的余额。

对于已确认减值损失的可供出售金融资产,在随后会计期间内公允价值已回升且客观上与确认原减值损失事项有关的,应将原确认的减值损失转回,计入当期损益,但是,可供出售权益工具投资发生的减值损失,不得通过损益转回。然而,在活跃市场中没有报价且其公允价值不能可靠计量的权益工具投资,或与该权益工具挂钩并须通过交付该权益工具结算的衍生金融资产发生的减值损失,不得转回。

三、可供出售金融资产的会计处理

(一)科目设置

可供出售金融资产的核算,一般须设置以下科目:

"可供出售金融资产"科目,核算可供出售金融资产的公允价值,该科目属于资产类科目。企业应当按照可供出售金融资产的类别和品种,分别设置"成本""利息调整""应计利息""公允价值变动"等明细科目进行核算。

"其他综合收益"科目,核算企业可供出售金融资产公允价值变动而形成的应计入所有者权益的利得或损失等。借方登记资产负债表日企业持有的可供出售金融资产的公允价值低于账面余额的差额等;贷方登记资产负债表日企业持有的可供出售金融资产的公允价值高于账面余额的差额等。

可供出售金融资产发生减值的,也可以单独设置"可供出售金融资产减值准备"科目。

(二)相关的账务处理

(1)企业取得可供出售金融资产,应按其公允价值与交易费用之和,借记"可供出售金融资产——成本"科目,按支付的价款中包含的已宣告但尚未发放的现金股利,借记"应收股利"科目,按实际支付的金额,贷记"银行存款"等科目。

企业取得可供出售债券时,应按债券的面值借记"可供出售金融资产——成本",按支付的价款中包含的已到付息期但尚未领取的债券利息,借记"应收利息"科目,按实际支付的价款,贷记"银行存款"科目,按差额借记或贷记"可供出售金融资产——利息调整"科目。

(2)资产负债表日,可供出售债券为分期付息、一次还本债券投资的,应按票面利率计算确定的应收未收利息,借记"应收利息"科目,按实际利率法计算确定的利息收入,贷记"投资收益"科目,按其差额,借记或贷记"可供出售金融资产——利息调整"科目。

可供出售债券为到期一次还本付息债券投资的,应于资产负债表日按票面利率计算确定的应收未收利息,借记"可供出售金融资产——应计利息",按实际利率法计算确定的利息收入,贷记"投资收益"科目,按其差额,借记或贷记"可供出售金融资产——利息调整"科目。

在持有可供出售债券期间收到被投资单位发放的债券利息,借记"银行存款"科目,贷记"应收利息"科目。

(3) 资产负债表日,可供出售金融资产应当以公允价值计量,其公允价值高于其账面余额的差额,借记"可供出售金融资产——公允价值变动"科目,贷记"其他综合收益"科目;其公允价值低于其账面余额的差额作相反的会计分录。

(4) 出售可供出售金融资产时,应按实际收到的金额,借记"银行存款"科目,按其账面余额,贷记"可供出售金融资产"科目(成本、利息调整、应计利息),按应从所有者权益中转出的公允价值累计变动额,借记或贷记"其他综合收益"科目,按其差额,贷记或借记"投资收益"科目。

(5) 确定可供出售金融资产发生减值的,按应减记的金额,借记"资产减值损失"科目,按应从所有者权益中转出原计入其他综合收益的累计损失金额,贷记"其他综合收益"科目,按其差额贷记"可供出售金融资产——公允价值变动"科目。

对于已确认减值损失的可供出售金融资产,在随后会计期间内公允价值已上升且客观上与确认原减值损失事项有关的,应按原确认的减值损失,借记"可供出售金融资产——公允价值变动",贷记"资产减值损失"账户;但可供出售金融资产为股票等权益工具投资(不含在活跃市场中没有报价且其公允价值不能可靠计量的权益工具投资)的,借记"可供出售金融资产——公允价值变动"等科目,贷记"其他综合收益"科目。

[例4-9] 甲公司于20×7年8月15日从二级市场购入乙公司股票100 000股,每股市价20元,手续费3 000元;初始确认时,该股票划分为可供出售金融资产。

甲公司至20×7年12月31日仍持有该股票,该股票当时的市价为21元。

20×8年2月1日,甲公司将该股票售出,售价为每股21.5元,另支付交易费用2 000元。假定不考虑其他因素,甲公司应编制会计分录如下:

(1) 20×7年8月15日,购入股票:

借:可供出售金融资产——乙公司股票(成本)　　　　　　　2 003 000
　　贷:银行存款　　　　　　　　　　　　　　　　　　　　　2 003 000

(2) 20×7年12月31日,确认股票价格变动:

借:可供出售金融资产——乙公司股票(公允价值变动)　　　　97 000
　　贷:其他综合收益　　　　　　　　　　　　　　　　　　　　97 000

(3) 20×8年2月1日,出售股票:

借:银行存款　　　　　　　　　　　　　　　　　　　　　　2 148 000
　　其他综合收益　　　　　　　　　　　　　　　　　　　　　97 000
　　贷:可供出售金融资产——乙公司股票(成本)　　　　　　　2 003 000
　　　　　　　　　　——乙公司股票(公允价值变动)　　　　　 97 000
　　　　投资收益　　　　　　　　　　　　　　　　　　　　　 145 000

[例4-10] 20×7年1月1日甲保险公司支付价款514.122万元购入丙公司发行的3年期公司债券,该公司债券的票面总金额为500万元,票面利率4%,实际利率为3%,利息每年末支付,本金到期支付。甲保险公司将该公司债券划分为可供出售金融资产。20×7年12月31日,该债券的市场价格为500.047万元。假定无交易费用和其他因素的影响,甲保险公司应编制会计分录如下:

(1) 20×7年1月1日,购入债券:

借:可供出售金融资产——丙公司债券(成本)   5 000 000
          ——丙公司债券(利息调整)   141 220
  贷:银行存款   5 141 220

(2) 20×7年12月31日,收到债券利息、确认公允价值变动:

实际利息收入 $= 514.122 \times 3\% = 15.42366$(万元)

年末摊余成本 $= 514.122 + 15.42366 - 20 = 509.54566$(万元)

借:应收利息   200 000
  贷:投资收益   154 236.6
    可供出售金融资产——丙公司债券(利息调整)   45 763.4

借:银行存款   200 000
  贷:应收利息   200 000

借:其他综合收益   94 986.6
  贷:可供出售金融资产——丙公司债券(公允价值变动)   94 986.6

四、持有至到期投资转换为可供出售金融资产

企业将某金融资产划分为持有至到期投资后,可能会发生到期前将该金融资产予以处置或重分类的情况。这种情况的发生,通常表明企业违背了将投资持有至到期的最初意图。

企业将尚未到期的某项持有至到期投资在本会计年度内出售或重分类为可供出售金融资产的金额,相对于该类投资(即企业全部持有至到期投资)在出售或重分类前的总额较大时,则企业在处置或重分类后应立即将其剩余的持有至到期投资(即全部持有至到期投资扣除已处置或重分类的部分)重分类为可供出售金融资产,且在本会计年度及以后两个完整的会计年度内不得再将该金融资产划分为持有至到期投资。但是,下列情况除外:

(1) 出售日或重分类日距离该项投资到期日或赎回日较近(如到期前三个月内),市场利率变化对该项投资的公允价值没有显著影响。

(2) 根据合同约定的定期偿付或提前还款方式收回该投资几乎所有初始本金后,将剩余部分予以出售或重分类。

(3) 出售或重分类是由于企业无法控制、预期不会重复发生且难以合理预计的独

立事项所引起。此种情况主要包括：

① 因被投资单位信用状况严重恶化，将持有至到期投资予以出售；

② 因相关税收法规取消了持有至到期投资的利息税前可抵扣政策或显著减少了税前可抵扣金额，将持有至到期投资予以出售；

③ 因发生重大企业合并或重大处置，为保持现行利率风险头寸或维持现行信用风险政策，将持有至到期投资予以出售；

④ 因法律、行政法规对允许投资的范围或特定投资品种的投资限额作出重大调整，将持有至到期投资予以出售；

⑤ 因监管部门要求大幅度提高资产流动性，或大幅度提高持有至到期投资在计算资本充足率时的风险权重，将持有至到期投资予以出售。

企业因持有至到期投资部分出售或重分类的金额较大，且不属于企业会计准则所允许的例外情况，使该投资的剩余部分不再适合划分为持有至到期投资的，企业应当将该投资的剩余部分重分类为可供出售金融资产，并以公允价值进行后续计量。重分类日，该投资剩余部分的账面价值与其公允价值之间的差额计入所有者权益，在该可供出售金融资产发生减值或终止确认时转出，计入当期损益。

[例4-11] 20×8年1月1日，甲公司为解决资金紧张问题，将原持有的划分为持有至到期投资的乙公司债券对外出售，出售该持有至到期债券投资的10%，收取价款1 200 000元（即所出售债券的公允价值）。该债券面值为10 000 000元。

假定20×8年1月1日该债券出售前的账面余额（成本）为10 000 000元，不考虑债券出售等其他相关因素的影响，则甲公司应编制会计分录如下：

借：银行存款　　　　　　　　　　　　　　　　　　　1 200 000
　　贷：持有至到期投资——乙公司债券（成本）　　　　1 000 000
　　　　投资收益　　　　　　　　　　　　　　　　　　　200 000
借：可供出售金融资产——乙公司债券　　　　　　　　10 800 000
　　贷：持有至到期投资——乙公司债券（成本）　　　　9 000 000
　　　　其他综合收益　　　　　　　　　　　　　　　　1 800 000

假定20×8年4月23日，甲公司将该债券全部出售，收取价款10 700 000元。甲公司应编会计分录如下：

借：银行存款　　　　　　　　　　　　　　　　　　　10 700 000
　　投资收益　　　　　　　　　　　　　　　　　　　　100 000
　　贷：可供出售金融资产——乙公司债券　　　　　　10 800 000
借：其他综合收益　　　　　　　　　　　　　　　　　1 800 000
　　贷：投资收益　　　　　　　　　　　　　　　　　　1 800 000

第四节　长期股权投资

一、长期股权投资的概述

长期股权投资,是指投资企业对被投资单位实施控制、重大影响的权益性投资,以及对其合营企业的权益性投资。除此之外,其他权益性投资不作为长期股权投资进行核算,而应当按照《企业会计准则第 22 号——金融工具确认和计量》的规定进行会计核算。

企业能够对被投资单位实施控制的,被投资单位为本企业的子公司。控制,是指投资方拥有对被投资方的权力,通过参与被投资方的相关活动而享有可变回报,并且有能力运用对被投资方的权力影响其回报金额。

企业与其他方对被投资单位实施共同控制的,被投资单位为本企业的合营企业。共同控制,是指按照相关约定对某项安排所共有的控制,并且该安排的相关活动必须经过分享控制权的参与方一致同意后才能决策。

企业能够对被投资单位施加重大影响的,被投资单位为本企业的联营企业。重大影响是指对一个企业的财务和经营政策有参与决策的权力,但并不能够控制或者与其他方一起共同控制这些政策的制定。实务中,较为常见的重大影响体现为在被投资单位的董事会或类似权力机构中派有代表,通过在被投资单位财务和经营决策制定过程中的发言权实施重大影响。投资方直接或通过子公司间接持有被投资单位 20% 以上但低于 50% 的表决权时,一般认为对被投资单位具有重大影响,除非有明确的证据表明该种情况下不能参与被投资单位的生产经营决策,不形成重大影响。在确定能否对被投资单位施加重大影响时,一方面应考虑投资方直接或间接持有被投资单位的表决权股份,同时要考虑投资方及其他方持有的当期可执行潜在表决权在假定转换为对被投资单位的股权后产生的影响,如被投资单位发行的当期可转换的认股权证、股份期权及可转换公司债券等的影响。

企业对外进行长期股权投资,应根据不同情况,分别采用成本法或权益法核算。

为了总括地核算和监督企业长期股权投资的增减变动和结存情况,应设置"长期股权投资"科目。该科目属于资产类科目,其借方登记长期股权投资的增加额;贷方登记长期股权投资的减少额;期末余额在借方,表示企业期末长期股权投资的持有额。本科目应当按照被投资单位进行明细核算。

二、长期股权投资的初始计量

长期股权投资初始投资成本的计量,应当区分企业合并形成的长期股权投资和其他方式取得的长期股权投资两种情况。在企业合并形成的长期股权投资中,还应进一步区分同一控制下的企业合并和非同一控制下的企业合并两种方式。

（一）企业合并形成的长期股权投资

企业合并形成的长期股权投资，其初始投资成本的确定应当遵循企业合并会计准则的相关规定，区分同一控制下的企业合并与非同一控制下的企业合，并确定长期股权投资的成本。其中，企业合并是指将两个或者两个以上单独的企业合并形成一个报告主体的交易或事项。

1. 同一控制下的企业合并形成的长期股权投资

同一控制下的企业合并，是指参与合并的各方在合并前后均受同一方或相同的多方最终控制，且该控制并非暂时性的。同一方是指母公司或有关主管单位；相同的多方是根据投资者的合同或协议约定的投资各方。暂时性一般是指合并前后均在 1 年以内，非暂时性是指合并前后均应超过 1 年。对于同一控制下的企业合并，从能够对参与合并各方在合并前及合并后均实施最终控制的一方来看，最终控制方在企业合并前及合并后能够控制的资产并没有发生变化。合并方通过企业合并形成的对被合并方的长期股权投资，其成本代表的是在被合并方账面所有者权益中享有的份额。

（1）合并方以支付现金、转让非现金资产或承担债务方式作为合并对价的，应当在合并日按照所取得的被合并方在最终控制方合并财务报表中的净资产的账面价值的份额作为长期股权投资的初始投资成本。被合并方在合并日的净资产账面价值为负数的，长期股权投资成本按零确定，同时在备查簿中予以登记。如果被合并方在被合并以前，是最终控制方通过非同一控制下的企业合并所控制的，则合并方长期股权投资的初始投资成本还应包含相关的商誉金额。

长期股权投资初始投资成本与支付的现金、转让的非现金资产以及所承担债务账面价值之间的差额，应当调整资本公积（资本溢价或股本溢价）；资本公积（资本溢价或股本溢价）不足冲减的，调整留存收益。合并日是指取得被合并方控制权的日期。

［例 4-12］ 某企业集团内一子公司 A 公司以账面价值为 2 000 万元、公允价值为 3 200 万元的无形资产作为对价，取得同一集团内另外一家企业 B 公司 60% 的股权。合并日 B 公司在集团合并财务报表中的净资产账面价值为 3 000 万元。

A 公司在合并日应确认对 B 公司的长期股权投资，初始投资成本为应享有 B 公司在集团合并财务报表中的净资产账面价值的份额，应编制会计分录如下：

借：长期股权投资——B 公司　　　　　　　　　　18 000 000
　　资本公积——股本溢价　　　　　　　　　　　 2 000 000
　　贷：无形资产　　　　　　　　　　　　　　　20 000 000

若 A 公司资本公积不足冲减，则冲减其盈余公积和未分配利润。

（2）合并方以发行权益性工具作为对价的，应按所取得的被合并方在最终控制方合并财务报表中的净资产的账面价值的份额作为长期股权投资的初始投资成本，按照发行股份的面值总额作为股本。长期股权投资初始投资成本与所发行股份面值总额之间的差额调整资本公积（资本溢价或股本溢价），资本公积（资本溢价或股本溢价）不足冲减的，调整留存收益。

[例4-13] 甲公司和乙公司均属于A公司下的两个子公司,20×7年5月,甲公司发行600万股普通股(每股面值1元)作为对价从A公司取得乙公司60%的股权,合并日乙公司在集团合并财务报表中的净资产账面价值为1300万元。

甲公司应编制会计分录如下：

借：长期股权投资——乙公司　　　　　　　　　　　　7 800 000
　　贷：股本　　　　　　　　　　　　　　　　　　　　6 000 000
　　　　资本公积——股本溢价　　　　　　　　　　　　1 800 000

(3) 通过多次交易分步取得同一控制下被投资单位的股权,并最终形成企业合并的,应当判断多次交易是否属于"一揽子交易"。不属于"一揽子交易"的,在合并日,根据合并后应享有被合并方净资产在最终控制方合并财务报表中的账面价值的份额,确定长期股权投资的初始投资成本。合并日长期股权投资的初始投资成本,与达到合并前的长期股权投资账面价值加上合并日进一步取得股份新支付对价的账面价值之和的差额,调整资本公积(资本溢价或股本溢价),资本公积不足冲减的,冲减留存收益。

(4) 合并方为企业合并发生的审计、法律服务、评估咨询等中介费用以及其他相关管理费用,应于发生时计入当期损益。

2. 非同一控制下企业合并形成的长期股权投资

非同一控制下的企业合并是指参与合并的各方在合并前后不属于同一方或相同的多方最终控制的情况下进行的合并。该种合并是非关联的企业之间进行的,以市价为基础,交易作价相对公平合理。

(1) 购买方应当按照确定的企业合并成本作为长期股权投资的初始投资成本。企业合并成本包括购买方付出的资产、发生或承担的负债、发行的权益性证券的公允价值之和。付出资产公允价值与账面价值的差额计入合并当期损益。

(2) 企业通过多次交易分步实现非同一控制下企业合并的,在编制个别财务报表时,应当按照原持有的股权投资的账面价值加上新增投资成本之和,作为改按成本法核算的初始投资成本。

(3) 购买方为企业合并发生的审计、法律服务、评估咨询等中介费用以及其他相关管理费用,应于发生时计入当期损益。

[例4-14] 甲公司以所拥有的一栋房产作为对价,自乙企业的控股股东手中购入乙公司70%的股权,作为合并对价的房屋,其账面原值为9 000万元,已提折旧为2 000万元,其目前市场价格为12 000万元。另发生相关税费共计600万元(假设已全部用银行存款支付)。假设甲、乙在合并前不存在任何关联的关系。

分析：合并成本为购买方在购买日为取得对被购买方的控制权而付出的资产、发生或承担的负债以及发行的权益性证券的公允价值,因此本例中长期股权投资的初始成本为12 000万元。投出资产的公允价值与账面价值的差额计入营业外收支,因此计入营业外收入为5 000万元(12 000-(9 000-2 000)=5 000)。

甲公司应编制会计分录如下：

借：固定资产清理	70 000 000
累计折旧	20 000 000
贷：固定资产	90 000 000
借：长期股权投资——乙公司	120 000 000
管理费用	6 000 000
贷：固定资产清理	70 000 000
营业外收入	50 000 000
银行存款	6 000 000

（二）其他方式取得的长期股权投资

除企业合并形成的长期股权投资应遵循特定的会计处理原则外，其他方式取得的长期股权投资，取得时初始投资成本的确定应遵循以下规定。

1. 以支付现金取得的长期股权投资

以支付现金取得的长期股权投资应当按照实际支付的购买价款作为初始投资成本。初始投资成本包括与取得长期股权投资直接相关的费用、税金及其他必要支出，但实际支付的价款中包含的已宣告但尚未领取的现金股利，应作为应收项目单独核算。

[例4-15] 甲公司于20×9年2月10日自公开市场中买入乙公司20%的股份，实际支付价款80 000 000元。在购买过程中支付手续费等相关费用1 000 000元。甲公司取得该部分股权后能够对乙公司施加重大影响。假定甲公司取得该项投资时，乙公司已宣告但尚未发放现金股利，甲公司按其持股比例计算确定可分得300 000元。

甲公司按照实际支付的购买价款扣减应收未收的现金股利后的余额作为取得的长期股权投资的成本，甲公司应编制会计分录如下：

借：长期股权投资——乙公司（投资成本）	80 700 000
应收股利——乙公司	300 000
贷：银行存款	81 000 000

2. 以发行权益性证券取得的长期股权投资

以发行权益性证券取得的长期股权投资应当按照发行权益性证券的公允价值作为初始投资成本。但不包括应自被投资单位收取的已宣告但尚未发放的现金股利或利润。

为发行权益性证券支付给有关证券承销机构等的手续费、佣金等与权益性证券发行直接相关的费用，不构成取得长期股权投资的成本。该部分费用应自权益性证券的溢价发行收入中扣除，权益性证券的溢价收入不足冲减的，应冲减盈余公积和未分配利润。

[例4-16] 甲上市公司以增发股票1 000万股的方式取得X公司25%的股份，甲公司股票的发行价为每股4.5元，则取得X公司25%的长期股权投资的初始投资成

本为4 500万元(1 000×4.5)。为增发该部分股份,甲公司向证券承销机构等支付了40万元的佣金和手续费。应编制会计分录如下:

借:长期股权投资——X公司(投资成本)   45 000 000
    贷:股本   10 000 000
        资本公积——股本溢价   35 000 000

发行权益性证券过程中支付的佣金和手续费,应冲减权益性证券的溢价发行收入:

借:资本公积——股本溢价   400 000
    贷:银行存款   400 000

3. 投资者投入的长期股权投资

投资者投入的长期股权投资应当按照投资合同或协议约定的价值作为初始投资成本,但合同或协议约定价值不公允的除外。

投资者投入的长期股权投资,是指投资者以其持有的对第三方的投资作为出资投入企业,接受投资的企业原则上应当按照投资各方在投资合同或协议中约定的价值作为取得投资的初始投资成本。

[例4-17] A公司设立时其主要出资方之一甲公司以其持有的对B公司的长期股权投资作为出资投入A公司。投资各方在投资合同中约定,作为出资的该项长期股权投资作价6 000万元。该作价是按照B公司股票的市价经考虑相关调整因素后确定的。A公司注册资本为24 000万元,甲公司出资占A公司注册资本的20%。取得该项投资后,甲公司根据其持股比例,能够派人参与A公司的财务和生产经营决策。应编制会计分录如下:

A公司应进行的账务处理为

借:长期股权投资   60 000 000
    贷:实收资本   48 000 000
        资本公积——资本溢价   12 000 000

4. 通过非货币性资产交换和债务重组取得的长期股权投资

通过非货币性资产交换和债务重组取得的长期股权投资其初始投资成本应当按照《企业会计准则第7号——非货币性资产交换》和《企业会计准则第12号——债务重组》确定。

三、长期股权投资的后续计量

企业取得的长期股权投资,在确定其初始投资成本后,持续持有期间,视对被投资单位的影响程度等情况的不同,应分别采用成本法及权益法进行核算。

(一)长期股权投资的成本法

1. 成本法的定义及适用范围

成本法,是指投资按成本计价的方法。长期股权投资的成本法适用于用于企业持有的、能够对被投资单位实施控制的长期股权投资。

2. 成本法的核算

采用成本法核算的长期股权投资,核算方法如下:

(1) 初始投资或追加投资时,按照初始投资或追加投资时的成本增加长期股权投资的账面价值。

(2) 被投资单位宣告分派的现金股利或利润中,投资企业按应享有的部分,确认为当期投资收益。

投资企业在确认自被投资单位应分得的现金股利或利润后,应当考虑长期股权投资是否发生减值。在判断该类长期股权投资是否存在减值迹象时,应当关注长期股权投资的账面价值是否大于享有被投资单位净资产(包括相关商誉)账面价值的份额等情况。出现类似情况时,企业应当按照《企业会计准则第8号——资产减值》的规定对长期股权投资进行减值测试,可收回金额低于长期股权投资账面价值的,应当计提减值准备。

(3) 子公司将未分配利润或盈余公积直接转增股本(实收资本),且未向投资方提供等值现金股利或利润的选择权时,投资方并没有获得收取现金股利或者利润的权力,这通常属于子公司自身权益结构的重分类,投资方不应确认相关的投资收益。

[例4-18] 甲公司于20×8年4月10日自非关联方处取得乙公司60%股权,成本为12 000 000元,相关手续于当日完成,并能够对乙公司实施控制。20×9年3月6日,乙公司宣告分派现金股利,甲公司按照持股比例可取得100 000元。乙公司于20×9年3月12日实际分派现金股利。不考虑相关税费等其他因素的影响。

甲公司应编制会计分录如下:

借:长期股权投资——乙公司　　　　　　　　　　12 000 000
　　贷:银行存款　　　　　　　　　　　　　　　　　　12 000 000
借:应收股利　　　　　　　　　　　　　　　　　　100 000
　　贷:投资收益　　　　　　　　　　　　　　　　　　100 000
借:银行存款　　　　　　　　　　　　　　　　　　100 000
　　贷:应收股利　　　　　　　　　　　　　　　　　　100 000

进行上述处理后,如相关长期股权投资存在减值迹象的,应当进行减值测试。

(二) 长期股权投资的权益法

1. 权益法的定义及其适用范围

权益法,是指投资以初始投资成本计量后,在投资持有期间根据投资企业享有被投资单位所有者权益的份额的变动对投资的账面价值进行调整的方法。

投资企业对被投资单位具有共同控制或重大影响的长期股权投资,即对合营企业投资及对联营企业投资,应当采用权益法核算。

2. 权益法的核算程序

长期股权投资核算采用权益法的,应当分别"投资成本""损益调整""其他综合收益""其他权益变动"进行明细核算。

采用权益法核算的长期股权投资,会计处理主要包括以下两个方面。

一是初始投资或追加投资时,首先按照初始投资或追加投资时的成本增加长期股权投资的账面价值。然后比较长期股权投资的初始投资成本与投资时应享有的被投资单位可辨认净资产公允价值的份额,前者大于后者的,不调整长期股权投资账面价值;前者小于后者的,应当按照两者之间的差额调增长期股权投资的账面价值,同时计入取得投资当期损益(营业外收入)。

二是持有投资期间,随着被投资单位所有者权益的变动相应调整增加或减少长期股权投资的账面价值,并分别以下情况处理:对于因被投资单位实现净损益和其他综合收益而产生的所有者权益的变动,投资方应当按照应享有的份额,增加或减少长期股权投资的账面价值,同时确认投资损益和其他综合收益;对于被投资单位宣告分派的利润或现金股利计算应分得的部分,相应减少长期股权投资的账面价值;对于被投资单位除净损益、其他综合收益以及利润分配以外的因素导致的其他所有者权益变动,相应调整长期股权投资的账面价值,同时确认资本公积(其他资本公积)。

(1) 初始投资成本的调整。

投资企业取得对联营企业或合营企业的投资以后,对于取得投资时投资成本与应享有被投资单位可辨认净资产公允价值份额之间的差额,应区别情况分别处理。

① 初始投资成本大于取得投资时应享有被投资单位可辨认净资产公允价值份额的,该部分差额是投资方在取得投资过程中通过作价体现出的与所取得股权份额相对应的商誉价值,这种情况下不要求对长期股权投资的成本进行调整。

② 初始投资成本小于取得投资时应享有被投资单位可辨认净资产公允价值份额的,两者之间的差额体现为双方在交易作价过程中转让方的让步,该部分经济利益流入应作为收益处理,计入取得投资当期的营业外收入,同时调整增加长期股权投资的账面价值。

[例 4-19] A 公司以 2 000 万元取得 B 公司 30% 的股权,取得投资时被投资单位可辨认净资产的公允价值为 6 000 万元。如 A 公司能够对 B 公司施加重大影响,则 A 公司应采用权益法核算。

本例 A 公司在 B 公司可辨认净资产中所享有的份额为 1 800 万元(6 000 万元×30%),长期股权投资的入账价值仍为 2 000 万元,应编制会计分录如下:

借:长期股权投资——B公司(投资成本)　　　　　　20 000 000
　　贷:银行存款等　　　　　　　　　　　　　　　　20 000 000

如投资时 B 公司可辨认净资产的公允价值为 7 000 万元,A 公司在 B 公司可辨认净资产中所享有的份额为 2 100 万元(7 000 万元×30%),长期股权投资的入账价值应为 2 100 万元,应编制会计分录如下:

借:长期股权投资——B公司(投资成本)　　　　　　20 000 000
　　贷:银行存款　　　　　　　　　　　　　　　　　20 000 000

```
借：长期股权投资——B公司（投资成本）        1 000 000
    贷：营业外收入                                  1 000 000
```

(2) 投资损益的确认。

投资企业取得长期股权投资后，应当根据应享有或应承担被投资单位实现的净利润或发生的净亏损的份额（法规或章程规定不属于投资企业的净损益除外），调整长期股权投资的账面价值，并确认为当期投资损益。如为应享有收益的份额，应编制会计分录如下：

```
借：长期股权投资——××单位（损益调整）
    贷：投资收益
```

如为应承担的亏损份额，则作相反的会计分录。

在确认应享有或应承担被投资单位实现的净利润或发生的净亏损时，在被投资单位账面净利润的基础上，应考虑以下三个因素的影响进行适当调整。

一是被投资单位采用的会计政策及会计期间与投资企业不一致的，应按投资企业的会计政策及会计期间对被投资单位的财务报表进行调整，在此基础上确定被投资单位的损益。

二是以取得投资时被投资单位固定资产、无形资产的公允价值为基础计提的折旧额或摊销额，以及以投资企业取得投资时的公允价值为基础计算确定的资产减值准备金额等对被投资单位净利润的影响。

被投资单位个别利润表中的净利润是以其持有的资产、负债账面价值为基础持续计算的，而投资企业在取得投资时，是以被投资单位有关资产、负债的公允价值为基础确定投资成本，长期股权投资的投资收益所代表的是被投资单位资产、负债在公允价值计量的情况下在未来期间通过经营产生的损益中归属于投资企业的部分。取得投资时有关资产、负债的公允价值与其账面价值不同的，未来期间，在计算归属于投资企业应享有的净利润或应承担的净亏损时，应以投资时被投资单位有关资产对投资企业的成本即取得投资时的公允价值为基础计算确定，从而产生了需要对被投资单位账面净利润进行调整的情况。

投资方在对被投资单位的净利润进行调整时，应考虑重要性原则，不具有重要性的项目可不予调整。投资企业无法合理确定取得投资时被投资单位各项可辨认资产、负债等公允价值的，或者投资时被投资单位可辨认资产、负债的公允价值与账面价值之间的差额不具有重要性的，或是其他原因导致无法取得对被投资单位净利润进行调整所需资料的，可以按照被投资单位的账面净利润为基础，经调整未实现内部交易损益后，计算确认投资收益。

[例4-20] 甲公司于20×7年1月10日购入乙公司30%的股份，购买价款为4 950万元。并自取得投资之日起派人参与乙公司的生产经营决策。取得投资当日，乙公司可辨认净资产公允价值为13 500万元。除表4-3所列项目外，乙公司其他资产、负债的公允价值与账面价值相同。

表 4-3　　　　　　　　　　　　　　　　　　　　　　　金额单位：万元

项　目	账面原价	已提折旧或摊销	公允价值	乙公司预计使用年限	甲公司取得投资后剩余使用年限
存　货	1 125		1 575		
固定资产	2 700	450	3 600	20	16
无形资产	1 575	315	1 800	10	8
合　计	5 400	765	6 975		

假定乙公司于20×7年实现净利润1 000.5万元，其中在甲公司取得投资时的账面存货有80%对外出售。甲公司与乙公司的会计年度及采用的会计政策相同。固定资产、无形资产均按直线法提取折旧或摊销，预计净残值均为0。

甲公司在确定其应享有的投资收益时，应在乙公司实现净利润的基础上，根据取得投资时乙公司有关资产的账面价值与其公允价值差额的影响进行调整（假定不考虑所得税影响）：

存货账面价值与公允价值的差额应调减的利润＝(1 575－1 125)×80%＝360(万元)
固定资产账面价值与公允价值的差额应调减的利润＝3 600÷16－2 700÷20＝90(万元)
无形资产账面价值与公允价值的差额应调减的利润＝1 800÷8－1 575÷10＝67.5(万元)
调整后的净利润＝1 000.5－360－90－67.5＝483(万元)
甲公司应享有份额＝483×30%＝144.9(万元)

甲公司确认投资收益，应编制会计分录如下：
借：长期股权投资——乙公司（损益调整）　　　　　　1 449 000
　　贷：投资收益　　　　　　　　　　　　　　　　　　　　1 449 000

三是对于投资方或纳入投资方合并财务报表范围的子公司与其联营企业及合营企业之间发生的未实现内部交易损益应予抵销。也就是说，投资方与联营企业及合营企业之间发生的未实现内部交易损益，按照应享有的比例计算归属于投资方的部分，应当予以抵销，在此基础上确认投资损益。投资方与被投资单位发生的内部交易损失，按照资产减值准则等规定属于资产减值损失的，应当全额确认。

未实现内部交易损益的抵销，应当分别顺流交易和逆流交易进行会计处理。顺流交易是指投资方向其联营企业或合营企业投出或出售资产。逆流交易是指联营企业或合营企业向投资方出售资产。未实现内部交易损益体现在投资方或其联营企业、合营企业持有的资产账面价值中的，在计算确认投资损益时应予抵销。

① 对于投资方向联营企业或合营企业投出或出售资产的顺流交易，在该交易存在未实现内部交易损益的情况下（即有关资产未对外部独立第三方出售或未被消耗），投资方在采用权益法计算确认应享有联营企业或合营企业的投资损益时，应抵销该未实现内部交易损益的影响，同时调整对联营企业或合营企业长期股权投资的账面价值。

投资方因投出或出售资产给其联营企业或合营企业而产生的损益中,应仅限于确认归属于联营企业或合营企业其他投资方的部分。

[例4-21] 甲公司持有乙公司20%有表决权的股份,能够对乙公司施加重大影响。20×9年9月,甲公司将其账面价值为8 000 000元的商品以12 000 000元的价格出售给乙公司,乙公司将取得的商品作为管理用固定资产,预计使用寿命为10年,净残值为0。假定甲公司取得该项投资时,乙公司各项可辨认资产、负债的公允价值与其账面价值相同,两者在以前期间未发生过内部交易。乙公司20×9年实现净利润为20 000 000元。不考虑相关税费等其他因素影响。

甲公司在该项交易中实现利润4 000 000元,其中的800 000元(4 000 000×20%)是针对本公司持有的对联营企业的权益份额,在采用权益法计算确认投资损益时应予抵销,同时应考虑相关固定资产折旧对损益的影响,即甲公司应编制会计分录如下:

借:长期股权投资——乙公司(损益调整)　　　　　3 220 000*
　　贷:投资收益　　　　　　　　　　　　　　　　　　3 220 000

② 对于联营企业或合营企业向投资方投出或出售资产的逆流交易,比照上述顺流交易处理。

[例4-22] 甲公司持有乙公司20%有表决权股份,能够对乙公司施加重大影响。20×9年8月,乙公司将其成本为9 000 000元的某商品以15 000 000元的价格出售给甲公司,甲公司将取得的商品作为存货。至20×9年12月31日,甲公司仍未对外出售该存货。乙公司20×9年实现净利润48 000 000元。假定甲公司取得该项投资时,乙公司各项可辨认资产、负债的公允价值与其账面价值相同,两者在以前期间未发生过内部交易。假定不考虑相关税费等其他因素影响。

甲公司在按照权益法确认应享有乙公司20×9年净损益时,应编制会计分录如下:

借:长期股权投资——乙公司(损益调整)　　　　　8 400 000**
　　贷:投资收益　　　　　　　　　　　　　　　　　　8 400 000

应当说明的是,投资方与其联营企业及合营企业之间发生的无论是顺流交易还是逆流交易产生的未实现内部交易损失,其中属于所转让资产发生减值损失的,有关未实现内部交易损失不应予以抵销。

应当注意的是,投资方与联营、合营企业之间发生投出或出售资产的交易,该资产构成业务的,应当按照《企业会计准则第20号——企业合并》、《企业会计准则第33号——合并财务报表》的有关规定进行会计处理。

(3) 超额亏损的确认。

长期股权投资准则规定,投资企业确认应分担被投资单位发生的损失,原则上应以长期股权投资及其他实质上构成对被投资单位净投资的长期权益减记至零为限,投资

---

* (20 000 000－4 000 000＋4 000 000÷10÷4)×20%。

** (48 000 000－6 000 000)×20%。

企业负有承担额外损失义务的除外。

投资企业在确认应分担被投资单位发生的亏损时,具体应按照以下顺序处理：

首先,减记长期股权投资的账面价值。

其次,在长期股权投资的账面价值减记至零的情况下,对于未确认的投资损失,考虑除长期股权投资以外,账面上是否有其他实质上构成对被投资单位净投资的长期权益项目,如果有则应以其他长期权益的账面价值为限,继续确认投资损失,冲减长期应收项目等的账面价值。这里所讲"其他实质上构成对被投资单位净投资的长期权益"通常是指长期应收项目。比如,企业对被投资单位的长期债权,该债权没有明确的清收计划且在可预见的未来期间不准备收回的,实质上构成对被投资单位的净投资,但不包括投资企业与被投资单位之间因销售商品、提供劳务等日常活动所产生的长期债权。

最后,经过上述处理,按照投资合同或协议约定,投资企业仍需要承担额外损失弥补等义务的,应按预计将承担的义务金额确认预计负债,计入当期投资损失。

企业在实务操作过程中,在发生投资损失时,应借记"投资收益"科目,贷记"长期股权投资——损益调整"科目。在长期股权投资的账面价值减记至零以后,考虑其他实质上构成对被投资单位净投资的长期权益,继续确认的投资损失,应借记"投资收益"科目,贷记"长期应收款"科目；因投资合同或协议约定导致投资企业需要承担额外义务的,按照或有事项准则的规定,对于符合确认条件的义务,应确认为当期损失。同时确认预计负债,借记"投资收益"科目,贷记"预计负债"科目。除上述情况仍未确认的应分担被投资单位的损失,应在账外备查登记。

在确认了有关的投资损失以后,被投资单位于以后期间实现盈利的,应按以上相反顺序分别减记账外备查登记的金额、已确认的预计负债、恢复其他长期权益及长期股权投资的账面价值,同时确认投资收益,即应当按顺序分别借记"预计负债""长期应收款""长期股权投资"科目,贷记"投资收益"科目。

[例 4 - 23] 甲公司持有乙公司 40% 的股权,能够对乙公司施加重大影响。20×6 年 12 月 31 日投资的账面价值为 2 000 万元。假定取得投资时点被投资单位各资产公允价值等于账面价值,双方采用的会计政策、会计期间相同。乙公司 20×7 年度的亏损额为 6 000 万元,当年度甲公司应分担损失 2 400 万元,甲公司账上仍有应收乙公司的长期应收款 800 万元,该款项从目前情况看,没有明确的清偿计划(并非产生于商品购销等日常活动),甲公司应编制会计分录如下：

借：投资收益　　　　　　　　　　　　　　　　　　　20 000 000
　　贷：长期股权投资——乙公司(损益调整)　　　　　　　20 000 000
借：投资收益　　　　　　　　　　　　　　　　　　　　4 000 000
　　贷：长期应收款——乙公司　　　　　　　　　　　　　4 000 000

[例 4 - 24] 接[例 4 - 23],乙公司 20×8 年实现净利润 4 000 万元。

分析：乙公司 20×8 年实现净利润 4 000 万元,甲公司应享有的 1 600 万元,首先弥补上年度进一步确认的投资损失 400 万元,其余 1 200 万元确认投资收益,因此当年记入"投资收益"科目的金额为1 600万元。

甲公司应编制会计分录如下：

借：长期应收款——乙公司　　　　　　　　　　　　　　4 000 000
　　贷：投资收益　　　　　　　　　　　　　　　　　　　4 000 000
借：长期股权投资——乙公司（损益调整）　　　　　　　12 000 000
　　贷：投资收益　　　　　　　　　　　　　　　　　　12 000 000

(4) 取得现金股利或利润的处理。

按照权益法核算的长期股权投资，投资企业自被投资单位取得的现金股利或利润，应抵减长期股权投资的账面价值。在被投资单位宣告分派现金股利或利润时，借记"应收股利"科目，贷记"长期股权投资(损益调整)"科目。

[例4-25]　20×7年初，甲公司对乙公司投资占乙公司表决权资本的40%，对乙公司财务和经营能够产生重大影响，采用权益法核算长期股权投资。20×7年乙公司实现净利润160万元，甲公司按照投资时被投资单位可辨认资产的公允价值为基础，对被投资单位的净利润进行调整后的净利润为150万元，20×8年5月10日乙公司宣告分配20×7年现金股利30万元，20×8年5月26日，甲公司收到乙公司现金股利12万元。

分析：20×8年5月10日乙公司宣告分配20×7年现金股利30万元，甲公司按应享有的股利，确认"应收股利"12万元，同时相应冲减"长期股权投资——××公司(损益调整)"科目12万元。

甲公司应编制会计分录如下：

20×7年乙公司实现净利润：

借：长期股权投资——乙公司（损益调整）　　　　　　　　600 000
　　贷：投资收益　　　　　　　　　　　　　　　　　　　　600 000

20×8年5月10日：

借：应收股利——乙公司　　　　　　　　　　　　　　　　120 000
　　贷：长期股权投资——乙公司（损益调整）　　　　　　　120 000

20×8年5月26日：

借：银行存款　　　　　　　　　　　　　　　　　　　　　120 000
　　贷：应收股利——乙公司　　　　　　　　　　　　　　　120 000

(5) 被投资单位其他综合收益变动的处理。

被投资单位其他综合收益发生变动的，投资方应当按照归属于本企业的部分，相应调整长期股权投资的账面价值，同时增加或减少其他综合收益。

[例4-26]　甲公司持有乙公司30%的股份，能够对乙公司施加重大影响。当期乙公司因持有的可供出售金融资产公允价值的变动计入其他综合收益的金额为20 000 000元，除该事项外，B企业当期实现的净利润为80 000 000元。假定甲公司与乙公司适用的会计政策、会计期间相同，两者在当期及以前期间未发生任何内部交易，

投资时乙公司各项可辨认资产、负债的公允价值与其账面价值相同。不考虑相关税费等其他因素影响。

甲公司应编制会计分录如下：

借：长期股权投资——乙公司（损益调整）　　　　　　　24 000 000
　　　　　　　　——乙公司（其他综合收益）　　　　　　6 000 000
　　贷：投资收益　　　　　　　　　　　　　　　　　　24 000 000
　　　　其他综合收益　　　　　　　　　　　　　　　　　6 000 000

（6）被投资单位除净损益、其他综合收益以及利润分配以外的所有者权益的其他变动。

采用权益法核算时，投资企业对于被投资单位除净损益、其他综合收益以及利润分配以外所有者权益的其他变动，应按照持股比例与被投资单位所有者权益的其他变动计算的归属于本企业的部分，相应调整长期股权投资的账面价值，同时增加或减少资本公积（其他资本公积）。被投资单位除净损益、其他综合收益以及利润分配以外的所有者权的其他变动，主要包括被投资单位接受其他股东的资本性投入、被投资单位发行可分离交易的可转换公司债券中包含的权益成分、以权益结算的股份支付等。

[例4-27] A企业持有B企业30%的股份，能够对B企业施加重大影响。B企业为上市公司，当期B企业的母公司给予B公司捐赠2 000万元，该捐赠实质上属于资本性投入，B公司将其计入资本公积（股本溢价）。不考虑其他因素，A企业应编制会计分录如下：

A企业在确认应享有被投资单位所有者权益的其他变动＝2 000×30%＝600(万元)

借：长期股权投资——B企业（其他权益变动）　　　　　6 000 000
　　贷：资本公积——其他资本公积　　　　　　　　　　6 000 000

（7）股票股利的处理。

被投资单位分派的股票股利，投资企业不作账务处理，但应于除权日注明所增加的股数，以反映股份的变化情况。

四、长期股权投资的减值

长期股权投资在按照规定进行核算确定其账面价值的基础上，如果存在减值迹象的，应当按照《企业会计准则第8号——资产减值》的规定确定其可收回金额及应予计提的减值准备，长期股权投资的减值准备在提取以后，不允许转回。

第五节　长期股权投资核算法的转换及处置

一、长期股权投资核算方法的转换

长期股权投资在持有期间，因各方面情况的变化，可能导致其核算需要由一种方法转换为另外一种方法。

(一) 成本法转换为权益法

因处置投资等原因导致对被投资单位由能够实施控制转为具有重大影响或者与其他投资方一起实施共同控制的,首先应按处置投资的比例结转应终止确认的长期股权投资成本。

然后,比较剩余长期股权投资的成本与按照剩余持股比例计算原投资时应享有被投资单位可辨认净资产公允价值的份额,前者大于后者的,不调整长期股权投资的账面价值;前者小于后者的,在调整长期股权投资成本的同时,调整留存收益。

对于原取得投资时至处置投资时(转为权益法核算)之间被投资单位实现净损益中投资方应享有的份额,应调整长期股权投资的账面价值,同时,对于原取得投资时至处置投资当期期初被投资单位实现的净损益(扣除已宣告发放的现金股利和利润)中应享有的份额,调整留存收益,对于处置投资当期期初至处置投资之日被投资单位实现的净损益中享有的份额,调整当期损益;对于被投资单位其他综合收益变动中应享有的份额,在调整长期股权投资账面价值的同时,应当计入其他综合收益;除净损益、其他综合收益和利润分配外的其他原因导致被投资单位其他所有者权益变动中应享有的份额,在调整长期股权投资账面价值的同时,应当计入资本公积(其他资本公积)。

[例4-28] 甲公司原持有乙公司60%的股权,能够对乙公司实施控制。2×12年11月6日,甲公司对乙公司的长期股权投资账面价值为15 000 000元,未计提减值准备,甲公司将其持有的对乙公司长期股权投资中的1/3出售给非关联方,取得价款9 000 000元,当日被投资单位可辨认净资产公允价值总额为40 000 000元。相关手续于当日完成,甲公司不再对乙公司实施控制,但具有重大影响。甲公司原取得乙公司60%股权时,乙公司可辨认净资产公允价值总额为22 500 000元(假定公允价值与账面价值相同),自甲公司取得对乙公司长期股权投资后至部分处置投资前,乙公司实现净利润12 500 000元。其中,自甲公司取得投资日至2×12年年初实现净利润10 000 000元。假定乙公司一直未进行利润分配,也未发生其他计入资本公积的交易或事项。甲公司按净利润的10%提取法定盈余公积。不考虑相关税费等其他因素影响。

甲公司应编制会计分录如下:

(1) 确认长期股权投资处置损益。

借:银行存款　　　　　　　　　　　　　　　　　　　　9 000 000
　　贷:长期股权投资——乙公司　　　　　　　　　　　5 000 000
　　　　投资收益　　　　　　　　　　　　　　　　　　4 000 000

(2) 调整长期股权投资账面价值。

剩余长期股权投资的账面价值为10 000 000元,与原投资时应享有被投资单位可辨认净资产公允价值份额之间的差额1 000 000元(10 000 000−22 500 000×40%)为商誉,该部分商誉的价值不需要对长期股权投资的成本进行调整。处置投资以后按照持股比例计算享有被投资单位自购买日至处置投资当期期初之间实现的净损益为

4 000 000元(10 000 000×40%),应调整增加长期股权投资的账面价值,同时调整留存收益;处置期初至处置日之间实现的净损益1 000 000元,应调整增加长期股权投资的账面价值,同时计入当期投资收益。

  借：长期股权投资——乙公司(损益调整)　　　　　5 000 000
    贷：盈余公积——法定盈余公积　　　　　　　　　　　400 000
     利润分配——未分配利润　　　　　　　　　　　3 600 000
     投资收益　　　　　　　　　　　　　　　　　　1 000 000

(二) 公允价值计量或权益法转换为成本法

因追加投资原因导致原持有的分类为以公允价值计量且其变动计入当期损益的金融资产,或分类为可供出售金融资产,以及对联营企业或合营企业的投资转变为对子公司投资的,长期股权投资账面价值的调整应当按照本节关于长期股权投资初始计量的有关规定处理。

(三) 公允价值计量转为权益法核算

投资企业对原持有的被投资单位的股权不具有控制、共同控制或重大影响,按照金融工具确认和计量准则进行会计处理的,因追加投资等原因导致持股比例增加,使其能够对被投资单位实施共同控制或重大影响而转按权益法核算的,应在转换日,按照原股权的公允价值加上为取得新增投资而应支付对价的公允价值,作为改按权益法核算的初始投资成本;原股权投资于转换日的公允价值与账面价值之间的差额,以及原计入其他综合收益的累计公允价值变动转入改按权益法核算的当期损益。在此基础上,比较初始投资成本与获得被投资单位共同控制或重大影响时应享有被投资单位可辨认净资产公允价值份额之间的差额,前者大于后者的,不调整长期股权投资的账面价值;前者小于后者的,差额调整长期股权投资的账面价值,并计入当期营业外收入。

[例4-29] 20×9年2月,甲公司以4 500 000元现金自非关联方处取得乙公司10%的股权。甲公司根据金融工具确认和计量准则将其作为可供出售金融资产。2×11年1月2日,甲公司又以9 000 000元的现金自另一非关联方处取得乙公司15%的股权,相关手续于当日完成。当日,乙公司可辨认净资产公允价值总额为60 000 000元,甲公司对乙公司的可供出售金融资产的公允价值7 500 000元,计入其他综合收益的累计公允价值变动为3 000 000元。取得该部分股权后,甲公司能够对乙公司施加重大影响,对该项股权投资转为采用权益法核算。不考虑相关税费等其他因素影响。

分析：

甲公司原持有10%股权的公允价值为7 500 000元,为取得新增投资而支付对价的公允价值为9 000 000元,因此甲公司对乙公司25%股权的初始投资成本为16 500 000元。

甲公司对乙公司新持股比例为25%,应享有乙公司可辨认净资产公允价值的份额为15 000 000元(60 000 000×25%)。由于初始投资成本(16 500 000元)大于应享有乙公司可辨认净资产公允价值的份额(15 000 000元),因此,甲公司无须调整长期股权投资的成本。

2×11年1月2日，甲公司应编制会计分录如下：

借：长期股权投资——乙公司（投资成本）	16 500 000
其他综合收益	3 000 000
贷：可供出售金融资产	7 500 000
银行存款	9 000 000
投资收益	3 000 000

（四）权益法核算转公允价值计量

原持有的对被投资单位具有共同控制或重大影响的长期股权投资，因部分处置等原因导致持股比例下降，不能再对被投资单位实施共同控制或重大影响的，应改按金融工具确认和计量准则对剩余股权投资进行会计处理，其在丧失共同控制或重大影响之日的公允价值与账面价值之间的差额计入当期损益。原采用权益法核算的相关其他综合收益应当在终止采用权益法核算时，采用与被投资单位直接处置相关资产或负债相同的基础进行会计处理，因被投资方除净损益、其他综合收益和利润分配以外的其他所有者权益变动而确认的所有者权益，应当在终止采用权益法核算时全部转入当期损益。

（五）成本法转公允价值计量

投资企业原持有被投资单位的股份达到控制，其后因部分处置等原因导致持股比例下降，不能再对被投资单位实施控制的，应将剩余股权改按金融工具确认和计量准则的要求进行会计处理，并于丧失控制权日将剩余股权按公允价值重新计量，公允价值与其账面价值的差额计入当期损益。

[例4-30] 甲公司持有乙公司60%股权并能控制乙公司，投资成本为600万元，按成本法核算。20×8年5月12日，甲公司出售所持乙公司股权的90%给非关联方，所得价款为900万元，剩余6%股权于丧失控制权日的公允价值为100万元，甲公司将其分类为以公允价值计量且其变动计入当期损益的金融资产中的交易性金融资产。假定不考虑其他因素，甲公司于丧失控制权日的应编制会计分录如下：

(1) 出售股权。

借：银行存款	9 000 000
贷：长期股权投资	5 400 000
投资收益	3 600 000

(2) 剩余股权的处理。

借：交易性金融资产	1 000 000
贷：长期股权投资	600 000
投资收益	400 000

二、长期股权投资的处置

企业处置长期股权投资时，应相应结转与所售股权相对应的长期股权投资的账面价值,出售所得价款与处置长期股权投资账面价值之间的差额,应确认为处置损益。

采用权益法核算的长期股权投资,原计入其他综合收益(不能结转损益的除外)或资本公积(其他资本公积)中的金额,在处置时亦应进行结转,将与所出售股权相对应的部分在处置时自其他综合收益或资本公积转入当期损益。

[例4-31] A企业原持有B企业40%的股权,20×6年12月20日,A企业决定出售10%的B企业股权,出售时A企业账面上对B企业长期股权投资的构成为:投资成本1 800万元,损益调整480万元,可转入损益的其他综合收益100万元,其他权益变动200万元。出售取得价款705万元。

A企业应编制会计分录如下:
(1) A企业确认处置损益
借:银行存款　　　　　　　　　　　　　　　　　　7 050 000
　　贷:长期股权投资　　　　　　　　　　　　　　　　6 450 000*
　　　　投资收益　　　　　　　　　　　　　　　　　　　600 000
(2) 将原计入其他综合收益或资本公积的部分按比例转入当期损益。
借:资本公积——其他资本公积　　　　　　　　　　　500 000
　　其他综合收益　　　　　　　　　　　　　　　　　　250 000
　　贷:投资收益　　　　　　　　　　　　　　　　　　　750 000

第六节　金融工具投资项目在财务报告中的披露

一、金融工具投资在财务报表中的列示

在资产负债表中,与金融工具投资相关的项目主要有以下四项。

第一,"以公允价值计量且其变动计入当期损益的金融资产"项目,反映企业因交易目的而持有的债券投资、股票投资、基金投资等以公允价值计量且其变动计入当期损益的金融资产的公允价值。

第二,"可供出售金融资产"项目,反映企业持有的以公允价值计量的可供出售的股票投资、债券投资等金融资产。

第三,"持有至到期投资"项目,反映企业持有的以摊余成本计量的持有至到期投资。

第四,"长期股权投资"项目,反映企业持有的对子公司、联营企业和合营企业的长期股权投资。

---

* (1 800+480+100+200)÷40%×10%。

二、在会计报表附注中的披露

(一)以公允价值计量且其变动计入当期损益的金融资产的披露格式

项　　目	期末公允价值	年初公允价值
1. 交易性债券投资		
2. 交易性权益工具投资		
3. 指定为以公允价值计量且其变动计入当期损益的金融资产		
4. 衍生金融资产		
5. 其他		
合　　计		

(二)可供出售金融资产的披露格式

项　　目	期末公允价值	年初公允价值
1. 可供出售债券		
2. 可供出售权益工具		
3. 其他		
合　　计		

(三)持有至到期投资的披露格式

项　　目	期末账面余额	年初账面余额
1.		
……		
合　　计		

(四)长期股权投资

1. 长期股权投资的披露格式

被 投 资 单 位	期末账面余额	年初账面余额
1.		
……		
合　　计		

2. 被投资单位由于所在国家或地区及其他方面的影响,其向投资企业转移资金的能力受到限制的,应当披露受限制的具体情况。

3. 当期及累计未确认的投资损失金额。

本章小结

本章所讨论的金融工具投资按企业持有的目的不同,分为以公允价值计量且其变动计入当期损益的金融资产、可供出售金融资产、持有至到期投资、长期股权投资。

以公允价值计量且其变动计入当期损益的金融资产,可以进一步分为交易性金融资产和直接指定为以公允价值计量且其变动计入当期损益的金融资产。

持有至到期投资,是指到期日固定、回收金额固定或可以确定,且企业有明确意图和能力持有至到期的非衍生金融资产。一项投资是否划分为持有至到期投资,主要取决于企业管理层是否有明确的意图和财务能力。企业管理层一旦决定将某项金融资产持有至到期,则在该项金融资产到期前不能随意改变最初的意图,除非遇到不可控制或不可预计的事件。

可供出售的金融资产,是指企业没有划分以为交易性金融资产、持有至到期投资、贷款和应收款项的金融资产。例如,企业购入的在活跃市场上有报价的股票、债券和基金等。

长期股权投资包括企业持有的对其子公司、合营公司和联营公司的权益性投资。长期股权投资的核算方法有成本法和权益法两种方法。在成本法下,长期股权投资以取得股权时的成本计价,投资后所获得的被投资单位净利润的分配额确认投资收益。权益法,指投资最初以投资成本计价,以后根据投资企业享有被投资单位所有者权益份额的变动对投资的账面价值进行调整的方法。我国企业会计准则规定,投资企业对子公司投资,采用成本法核算。对被投资单位具有共同控制或重大影响的长期股权投资采用权益法核算。

名词中英对照

投资	investment
交易性金融资产	held for trading financial assets
持有至到期投资	held-to-maturity investments
可供出售的金融资产	available-for-sale financial assets
长期股权投资	long-term equity investment
共同控制	joint control
重大影响	significant influence
成本法	cost method

权益法	equity method
持有至到期投资减值准备	provision for impairment of held-to-maturity investments
长期股权投资减值准备	provision for impairment of long-term equity investments
公允价值变动损益	gain or loss on remeasurement of fair value
投资收益	investment income

案例分析

东吴股份有限公司（简称东吴公司）是一家大型的有色金属制造公司，公司于20×0年3月在证交所挂牌上市。20×3年10月，东吴公司在媒体上发表公告：东吴公司已与A公司的股东签订协议，东吴公司拟以2.56亿元的价格受让A公司15 200万股股权，占A公司股权的21.375%，收购完成后公司成为A公司的第二大股东。东吴公司于20×4年1月7日完成上述股权收购。A公司的第一大股东南方公司拥有其55%股权，对A公司具有绝对的控制权。此外，东吴公司还拥有B公司18.10%的股权。

20×4年1月10日，B公司董事会决定增补东吴公司的副总裁刘方为B公司董事，并选举刘方为B公司董事长。

20×4年12月3日，东吴公司发布公告：A公司拟进行增资扩股，东吴公司放弃部分增资权，待增资扩股完成后东吴公司对A公司的累计投资为3.45亿元，持股比例下降为20%。

20×4年年末，A、B两家公司的年报显示：A公司当年实现净利润2 060万元；B公司发生亏损820万元。

20×4年，A公司宣告派发现金股利500万元；B公司宣告当年不进行股利分配。

东吴公司对取得A公司股权投资确认为长期股权投资并采用权益法核算；对取得B公司股权投资确认为可供出售金融资产。东吴公司在两家被投资企业公布年报和宣告股利分配时，按规定进行了账务处理。

注册会计师在对东吴公司的财务报表进行审计时，要求其调整对B公司的投资核算方法，对B公司的股权投资确认为长期股权投资并采用权益法核算。

要求：

1. 请就东吴公司在对A、B两家被投资企业的股权投资所采用的核算方法发表意见，说明其理由；并且按照会计核算的一般原则说明注册会计师确定投资核算方法的理论依据。

2. 请进一步分析东吴公司选择股权投资核算方法可能的意图是什么？

复习思考题

1. 以公允价值计量且其变动计入当期损益的金融资产核算时应设置哪些科目？如何进行核算？
2. 持有至到期投资的特点是什么？如何进行核算？
3. 如何确定长期股权投资的初始成本？
4. 何谓长期股权投资的成本法和权益法？两者在核算上有何不同？
5. 可供出售金融资产与交易性金融资产在核算上有何不同？

 练习题

1. 大海股份有限公司20×7年发生了如下有关金融资产业务：

20×7年3月1日，购入丁上市公司股票100万股，每股5元，总价款500万元；此外，支付了相关税费1万元。

20×7年5月10日，丁公司宣告分配现金股利，每股0.5元；20×7年6月3日收到现金股利50万元。

20×7年6月30日，该股票收盘价为4.8元。

20×7年9月30日，大海公司出售丁公司股票20万股，收到价款160万元。

20×7年12月31日，每股收盘价为6元。

要求：

(1) 假设大海公司将上述股票作为交易性金融资产，请对20×7年该交易性金融资产进行账务处理(假设每半年末对股票按公允价值计量)。

(2) 假设大海公司将上述股票作为可供出售金融资产，请对20×7年该可供出售金融资产进行账务处理(假设每半年末对股票按公允价值计量)。

2. A公司于20×7年1月2日从证券市场上购入B公司于20×6年1月1日发行的债券，该债券5年期、票面年利率为5%、每年1月5日支付上年度的利息，到期日为2×11年1月1日，到期日一次归还本金和最后一次利息。A公司购入债券的面值为2 000万元，实际支付价款为2 010.7万元，另支付相关费用20万元。A公司购入后将其划分为持有至到期投资。购入债券的实际利率为6%。假定按年计提利息。20×9年1月2日，A公司将该持有至到期投资重分类为可出售金融资产，其公允价值为1 980万元。

要求：编制A公司从20×7年1月1日至20×9年1月2日上述有关业务的会计分录。

3. A公司于20×7年1月1日以7 500万元购入B公司60%的股份。当日，B公司的股东权益账面价值总额为11 700万元,其中股本为6 000万元,资本公积为2 000万元,盈余公积为2 500万元,未分配利润为1 200万元,其中包括20×6年实现的净利润1 000万元中未分配的股利。假定A、B公司采用一致的会计政策,B公司股东权益账面价值等于其可辨认净资产的公允价值。其他有关资料如下:

20×7年度:

(1) 20×7年3月20日,B公司董事会提出20×6年度利润分配方案为:① 按当年度实现净利润的10%提取法定盈余公积;② 分配现金股利150万元。

(2) 20×7年4月30日,B公司股东大会通过20×6年度利润分配方案,并于当日对外宣告分派现金股利100万元。20×7年5月15日,B公司发放现金股利100万元。

(3) 20×7年度B公司实现净利润2 400万元。

20×8年度:

(1) 20×8年3月20日,B公司董事会提出20×7年度利润分配方案为:① 按当年度实现净利润的10%提取法定盈余公积;② 分配现金股利200万元。

(2) 20×8年4月30日,B公司股东大会通过20×7年度利润分配方案,并于当日对外宣告分派现金股利250万元。20×8年5月15日,B公司发放现金股利250万元。

(3) 20×8年度B公司可供出售金融资产的价值净增值1 200万元。

(4) 20×8年度B公司实现净利润2 000万元。

要求:分别同一控制和非同一控制企业合并两种情况编制A公司有关投资分录。

4. 资料:

(1) 甲公司2×11年3月1日从证券市场上购入丙公司发行在外30%的股份准备长期持有,从而对丙公司能够施加重大影响,实际支付款项2 000万元(含已宣告但尚未发放的现金股利60万元),另支付相关税费10万元。

2×11年3月1日,丙公司可辨认净资产公允价值为6 600万元,除一台管理用设备外,其他资产的公允价值与账面价值相等。该设备2×11年3月1日的账面价值为400万元,公允价值为520万元,采用年限平均法计提折旧,预计尚可使用年限为10年。

(2) 2×11年3月20日收到现金股利。

(3) 2×11年12月31日丙公司可出售金融资产的公允价值上升200万元。

(4) 2×11年丙公司实现净利润510万元,其中1月份和2月份共实现净利润100万元。

(5) 2×12年3月10日,丙公司宣告分派现金股利100万元。

(6) 2×12年3月25日,收到现金股利。

(7) 2×12年丙公司实现净利润612万元,除此之外,所有者权益未发生其他变动。

(8) 2×13年1月5日,甲公司将持有的丙公司5%的股份对外转让,收到款项390万元存入银行。转让后持有丙公司25%的股份,对丙公司仍具有重大影响。

假设不考虑所得税等其他因素。

要求:根据资料编制的相关会计分录。

第五章 固定资产

■ 本章概要 ■

固定资产是企业一项重要资产,是企业重要的劳动手段,代表着企业的生产能力。固定资产核算是否正确,不仅影响到资产负债表所反映信息的真实性,而且还关系到利润表所反映信息的质量,进而影响到会计信息使用者作出恰当的经济决策。固定资产核算涉及确认、初始计量、折旧、后续支出、处置和期末计价等问题。本章首先介绍了固定资产的概念、性质和分类,并在此基础上介绍了不同取得方式下固定资产入账价值的构成;其次,介绍了固定资产折旧和后续支出的核算;最后介绍了固定资产处置。

■ 学习目的与要求 ■

通过本章的学习,应当能够了解并掌握:
1. 固定资产的概念、性质和分类;
2. 不同取得方式下固定资产入账价值的构成;
3. 固定资产折旧的性质、影响因素和计算方法;
4. 固定资产后续支出的核算方法;
5. 固定资产的处置。

第一节 固定资产的确认和初始计量

一、固定资产的定义与确认

(一)固定资产的定义

固定资产是指同时具有下列特征的有形资产:(1)为生产商品提供劳务、出租或经营管理而持有的;(2)使用寿命超过一个会计年度。

从固定资产的定义看,固定资产具有以下三个特征。

1. 固定资产是为生产商品、提供劳务、出租或经营管理而持有的

企业持有固定资产的目的意味着这些资产是企业的劳动工具或手段,而不是直接用于出售的产品。其中,"出租"的固定资产,是指用以出租的机器设备类固定资产,不包括以经营租赁方式出租的建筑物,后者属于企业的投资性房地产,不属于固定资产。

2. 固定资产使用寿命超过一个会计年度

固定资产的使用寿命,是指企业使用固定资产的预计期间,或者该固定资产所能生产产品或提供劳务的数量。例如,自用房屋建筑物的使用寿命表现为其预计使用年限;发电设备则可以按其预计发电量估计其使用寿命;汽车或飞机等可按其预计行驶里程估计其使用寿命。

3. 固定资产为有形资产

固定资产具有实物特征,这一特征将固定资产与无形资产区别开来。有些无形资产可能同时符合固定资产的其他特征,如企业为生产商品、提供劳务而持有专利权,其使用寿命也超过一个会计年度,但是由于其没有实物形态,所以不属于固定资产。

(二)固定资产的确认

某项资产要确认为固定资产,首先要符合固定资产定义,其次应当同时满足以下两个条件才能加以确认:(1)与该固定资产有关的经济利益很可能流入企业;(2)该固定资产的成本能可靠地计量。

企业在判断时,除了要看是否满足固定资产定义和确认条件,还应当考虑重要性和成本效益原则等。

例如,工业企业所持有的工具、用具、备品备件、维修设备等资产,施工企业所持有的模板、挡板、架料等周转材料,以及地质勘探企业所持有的管材等,这些资产也满足固定资产定义和确认条件,但通常数量多、单价低,因此考虑到重要性和成本效益原则,在实务中通常确认为存货。企业(民用航空运输)的高价周转件等,应当确认为固定资产。

对于构成固定资产的各组成部分,如果各自具有不同使用寿命或者以不同方式为企业提供经济利益,适用不同折旧率或折旧方法的,各组成部分实际上是以独立的方式为企业提供经济利益时,企业就应当分别将各组成部分确认为单项固定资产。例如,飞机的引擎,如果其与飞机机身具有不同的使用寿命,适用不同折旧率或折旧方法,则企业应当将其确认为单项固定资产。

(三)固定资产的分类

企业固定资产种类繁多、规格不一,为了加强对固定资产的管理,合理组织会计核算,有必要对固定资产进行适当分类。企业的固定资产根据不同的管理需要和核算要求以及不同的分类标准,可以进行不同的分类,主要有以下四种分类方法。

1. 按固定资产经济用途分类

按固定资产的经济用途分类,可分为生产经营用固定资产和非生产经营用固定资产。

（1）生产经营用固定资产，是指直接服务于企业生产、经营过程的各种固定资产，如生产经营用的房屋、建筑物、机器、设备、器具、工具等。

（2）非生产经营用固定资产，是指不直接服务于生产、经营过程的各种固定资产，如职工宿舍、食堂、浴室、理发室等使用的房屋、设备和其他固定资产等。

按照固定资产的经济用途分类，可以归类反映和监督企业生产经营用固定资产和非生产经营用固定资产之间，以及生产经营用各类固定资产之间的组成和变化情况，借以考核和分析企业固定资产的利用情况，促使企业合理地配备固定资产，充分发挥其效用。

2. 按固定资产使用情况分类

按固定资产使用情况分类，可分为使用中固定资产、未使用固定资产和不需用固定资产。

（1）使用中固定资产，是指正在使用中的经营性和非经营性固定资产。由于季节性经营或大修理等原因，暂时停止使用的固定资产仍属于企业使用中的固定资产。企业出租（指经营性租赁）给其他单位使用的固定资产和内部替换使用的固定资产也属于使用中的固定资产。

（2）未使用固定资产，指已完工或已购建的尚未正式使用的新增固定资产以及因进行改建、扩建等原因暂停使用的固定资产，如企业购建的尚未正式使用的固定资产、经营任务变更停止使用的固定资产以及主要的备用设备等。

（3）不需用固定资产，是指本企业多余或不适用的各种固定资产。

这种分类有利于反映企业固定资产的使用情况及其比例关系，便于分析固定资产的利用效率，同时也便于对固定资产提取折旧。

3. 按固定资产所有权分类

按固定资产的所有权分类，可分为自有固定资产和租入固定资产。

（1）自有固定资产，指企业拥有的可供企业自由地支配使用的固定资产。

（2）租入固定资产，指企业采用租赁的方式从其他单位租入的固定资产。企业对租入固定资产依照租赁合同拥有使用权，同时负有支付租金的义务，但资产的所有权属于出租单位。租入固定资产可分为经营性租入固定资产和融资租入固定资产。

4. 按固定资产的经济用途和使用情况综合分类

采用这一分类方法，可把企业的固定资产分为七大类：

（1）生产经营用固定资产。

（2）非生产经营用固定资产。

（3）租出固定资产，指在经营性租赁方式下出租给外单位使用的固定资产。

（4）不需用固定资产。

（5）未使用固定资产。

（6）土地，指过去已经估价单独入账的土地。因征地而支付的补偿费，应计入与土地有关的房屋、建筑物的价值内，不单独作为土地价值入账。企业取得的土地使用权不能作为固定资产而应作为无形资产入账。

（7）融资租入固定资产。企业以融资租赁方式租入的固定资产，在租赁期内，应视同自有固定资产进行管理。

由于企业的经营性质不同，经营规模各异，对固定资产的分类不可能完全一致，也没有必要强求统一，企业可根据各自的具体情况和经营管理、会计核算的需要进行必要的分类。

企业制定的固定资产目录、分类方法、每类或每项固定资产的预计使用年限、预计净残值、折旧方法等，应当编制成册，并按照管理权限，经股东大会或董事会，或经理（厂长）会议或类似机构批准，按照法律、行政法规的规定报送有关各方备案，同时备置于企业所在地，以供投资者等有关各方查询。企业已经确定并对外报送，或备置于企业所在地的有关固定资产目录、分类方法、估计净残值、预计使用年限、折旧方法等，一经确定不得随意变更，如需变更，仍然应当按照上述程序，经批准后报送有关各方备案，并在会计报表附注中予以说明。

二、固定资产的初始计量

固定资产应按照成本进行初始计量。其成本应包括企业为购建某项固定资产达到预定可使用状态前所发生的一切合理的、必要的支出。这些支出既有直接发生的，如购置固定资产的价款、运杂费、包装费和安装成本等；也有间接发生的，如应分摊的借款利息、外币借款折算差额以及应分摊的其他间接费用等。由于固定资产的来源渠道不同，其价值构成的具体内容也有所不同。

为了反映企业固定资产增减变动情况，在固定资产总分类核算中，应设置"固定资产"科目和"在建工程"科目。除应进行总分类核算外，企业还应设置"固定资产登记簿"和"固定资产卡片"，按固定资产类别、使用部门和每项固定资产进行明细核算。

"固定资产"属于资产类科目，用来核算企业所拥有的资产的原价。其借方登记企业增加的固定资产原价，贷方登记企业减少的固定资产原价，期末借方余额反映企业结存的固定资产原价。

"在建工程"属于资产类科目，用来核算企业基建、更新改造等在建工程发生的各种支出。其借方反映企业发生的各种在建工程的支出，贷方反映企业已达到预定可使用状态的在建工程成本，期末借方余额，反映企业尚未达到预定可使用状态的在建工程的成本。

（一）外购固定资产

企业外购固定资产的成本，包括购买价款、相关税费、使固定资产达到预定可使用状态前所发生的可归属于该项资产的运输费、装卸费、安装费和专业人员服务费等。企业收到税务机关退还的与所购买固定资产相关的增值税款，应当冲减固定资产的成本。

外购固定资产是否达到预定可使用状态，应当根据具体情况进行分析判断。如果购入后不需安装调试就可使用，则应认为购入后即可达到预定可使用状态；如果购入后只有在安装调试达到设计要求或合同规定的标准,该项固定资产才可使用,那么这时才意味着该固定资产达到预定可使用状态。

1. 企业购入不需安装的固定资产

企业购入不需安装的固定资产,即不需要安装就可以直接交付使用,其会计处理较为简单,按实际支付的买价、包装费、运杂费、保险费、相关税费等,作为购入的固定资产取得成本入账,借记"固定资产"科目,贷记"银行存款""其他应付款""应付票据"等科目。

[例 5-1] 甲公司为增值税一般纳税人,购入一台设备,增值税专用发票注明价款 2 000 000 元,增值税税额为 340 000 元,另支付 50 000 元包装费、保险费,所有款项已用银行存款付清。该设备不需要安装就可使用。应编制会计分录如下:

借:固定资产　　　　　　　　　　　　　　　　　　　　　　2 050 000
　　应交税费——应交增值税(进项税额)　　　　　　　　　　　340 000
　贷:银行存款　　　　　　　　　　　　　　　　　　　　　　2 390 000

2. 企业购入需安装的固定资产

企业购入需安装的固定资产,即需要经过安装后才能交付使用,其购入成本以及之后发生的安装调试费用等均先通过"在建工程"科目核算,待安装完毕交付使用时,由"在建工程"科目转入"固定资产"科目。

[例 5-2] 甲公司用银行存款购入一台需要安装的设备,增值税专用发票上注明的价款为 200 000 元,增值税税额为 34 000 元,应支付人员薪酬 40 000 元,甲公司为增值税一般纳税人,增值税进项税额可以在销项税额中抵扣,不纳入固定资产成本核算。应编制会计分录如下:

(1) 购入进行安装时:

借:在建工程　　　　　　　　　　　　　　　　　　　　　　　200 000
　　应交税费——应交增值税(进项税额)　　　　　　　　　　　 34 000
　贷:银行存款　　　　　　　　　　　　　　　　　　　　　　　234 000

(2) 支付安装费时:

借:在建工程　　　　　　　　　　　　　　　　　　　　　　　 40 000
　贷:应付职工薪酬　　　　　　　　　　　　　　　　　　　　　 40 000

(3) 设备安装完毕交付使用时:

$$该设备的成本 = 200\,000 + 40\,000 = 240\,000(元)$$

借:固定资产　　　　　　　　　　　　　　　　　　　　　　　240 000
　贷:在建工程　　　　　　　　　　　　　　　　　　　　　　　240 000

3. 企业购入没有单独标价的资产

在实际工作中,企业有时以一笔款项购入多项没有单独标价的资产。如果这些资产均符合固定资产的定义,并满足固定资产的确认条件,则应将各项资产单独确认为固定资产,并按各项固定资产公允价值的比例对总成本进行分配,分别确定各项固定资产的成本。如果以一笔款项购入的多项资产中还包括固定资产以外的其他资产,也应按类似的方法予以处理。

[例 5-3] 甲公司购入一幢建筑物连带相关土地,价款总额为 2 550 000 元,已通过银行转账支付。取得时该地上建筑物和土地使用权各自的公允价值及成本分配如表5-1所示。

表 5-1　　　　　　　　　　　　　　　　单位:元

	公允价值	所占公允价值比例	应分配的成本
建筑物	1 800 000	66.67%	1 700 000
土地使用权	900 000	33.33%	850 000
合　计	2 700 000	100%	2 550 000

应编制会计分录如下:
借:固定资产　　　　　　　　　　　　　　　　　1 700 000
　　无形资产——土地使用权　　　　　　　　　　　850 000
　　贷:银行存款　　　　　　　　　　　　　　　　　　2 550 000

在上例中涉及的两项资产均有公允价值,但如果上例中只有一项资产的公允价值是可以确定的,如建筑物,那该如何确定各自的取得成本呢?这时可以先按照公允价值确定建筑物的取得成本为 1 800 000 元,剩余价款 7 500 000 元则作为土地使用权的取得成本。

4. 购买固定资产的价款超过正常信用条件延期支付的处理

企业购买固定资产通常在正常信用条件期限内付款,但也会发生超过正常信用条件购买固定资产的情况,如采用分期付款方式购买固定资产,且合同中规定的付款期限比较长,超过正常信用条件。在这种情况下,该类购货合同实质上具有融资租赁性质,购入资产的成本不能按照应付价款确定,必须考虑货币时间价值,选择恰当的折现率进行折现,以应付价款的现值确定其初始成本。

现值与应付价款之间的差额作为未确认的融资费用,并在付款期间内按照实际利率法进行摊销,符合借款费用资本化条件的,应当计入固定资产成本,其余部分应当在付款期间内确认为财务费用,计入当期损益。

选用折现率时,应当考虑当前市场货币时间价值和延期付款债务的特定风险,该折现率实质上是销售企业的必要报酬率。

购入固定资产时,按应付价款的现值,借记"固定资产"或"在建工程"科目;按应支付的金额,贷记"长期应付款"科目;按其差额,借记"未确认融资费用"科目。

"未确认融资费用"科目是"长期应付款"科目的备抵科目,借方反映未确认融资费用的形成金额,贷方反映未确认融资费用的分期摊销金额,期末余额在借方,表示企业未确认融资费用的摊余价值。

[例 5-4] 20×8年1月1日,甲公司与西屋公司签订一项购货合同,甲公司从西屋公司购入一台需要安装的大型设备。合同约定,甲公司采用分期付款方式支付价款。该设备价款共计 600 000 元,款项在 20×8 年至 2×10 年的 3 年期间平均支付,每年的付款日期为当年 12 月 31 日。

20×8 年 1 月 1 日,设备如期运抵甲公司并开始安装。20×8 年 12 月 31 日,设备达到预定可使用状态,发生安装费 50 000 元,已用银行存款付讫。

甲公司按照合同约定用银行存款如期支付了上述款项。假定折现率为 8%。

甲公司应编制会计分录如下:

(1) 20×8 年 1 月 1 日应付价款的现值为

$(600\,000/3) \times (P/A, 8\%, 3) = 200\,000 \times 2.577\,1 = 515\,420(元)$

未确认融资费用 = 600 000 − 515 420 = 84 580(元)

借:在建工程	515 420
未确认融资费用	84 580
贷:长期应付款	600 000

(2) 确定付款期间未确认融资费用的分摊额:

第一年应确认的融资费用 = (600 000 − 84 580) × 8% = 515 420 × 8% = 41 233.6(元)

第二年应确认的融资费用 = (515 420 + 41 233.6 − 200 000) × 8% = 28 532.29(元)

第三年应确认的融资费用 = 84 580 − 41 233.6 − 28 532.29 = 14 814.11(元)

(3) 20×8 年 1 月 1 日至 20×8 年 12 月 31 日为设备的安装期间,未确认融资费用的分摊额符合资本化条件,计入固定资产成本。

20×8 年 12 月 31 日:

借:在建工程	41 233.6
贷:未确认融资费用	41 233.6
借:长期应付款	200 000
贷:银行存款	200 000
借:在建工程	50 000
贷:银行存款	50 000

固定资产的完工成本为:515 420 + 41 233.6 + 50 000 = 606 653.6(元)

借:固定资产	606 653.6
贷:在建工程	606 653.6

(4) 20×9 年 1 月 1 日至 2×10 年 12 月 31 日,设备已经达到预定可使用状态,未确认融资费用的分摊额不再符合资本化条件,应计入当期损益。

20×9年12月31日：
借：财务费用　　　　　　　　　　　　　　28 532.29
　　贷：未确认融资费用　　　　　　　　　　　　　　28 532.29
借：长期应付款　　　　　　　　　　　　　200 000
　　贷：银行存款　　　　　　　　　　　　　　　　　200 000
2×10年12月31日：
借：财务费用　　　　　　　　　　　　　　14 814.11
　　贷：未确认融资费用　　　　　　　　　　　　　　14 814.11
借：长期应付款　　　　　　　　　　　　　200 000
　　贷：银行存款　　　　　　　　　　　　　　　　　200 000

（二）自行建造固定资产

自行建造固定资产的成本，由建造该项资产达到预定可使用状态前所发生的一切必要支出所构成，包括工程用物资成本、人工成本、交纳的相关税费、应予资本化的借款费用以及应分摊的间接费用等。

企业自行建造固定资产包括自营建造和出包建造两种方式。无论采用何种方式，所建工程都应当按照实际发生的支出确定其工程成本并单独核算。

企业自行建造的固定资产已达到预定可使用状态，但尚未办理竣工决算的，应当自达到预定可使用状态之日起，根据工程预算、造价或者工程实际成本等，按估计价值转入固定资产，待以后办理了竣工决算手续后再作调整。

1. 自营方式建造固定资产

企业以自营方式建造固定资产，企业需要自行组织工程物资采购、自行组织施工人员从事工程施工。在我国随着市场化不断深入，企业较少采用自营方式建造固定资产，且多为小型土木建筑工程。企业以自营方式建造固定资产，其成本应当按照直接材料、直接人工、直接机械施工费等计量。

企业为建造固定资产准备的各种物资应当按照实际支付的买价、不能抵扣的增值税税额、运输费、保险费等相关税费作为实际成本，并按照各种专项物资的种类进行明细核算。工程完工后，剩余的工程物资转为本企业存货的，按其实际成本或计划成本进行结转。

建设期间发生的工程物资盘亏、报废及毁损，减去残料价值以及保险公司、过失人等赔款后的净损失，计入所建工程项目的成本；盘盈的工程物资或处置净收益，冲减所建工程项目的成本。如为非常原因造成的报废或毁损，或在建工程项目全部报废或毁损，应将其净损失直接计入当期营业外支出。工程完工后发生的工程物资盘盈、盘亏、报废、毁损，计入当期营业外收支。

建造固定资产领用工程物资、原材料或库存商品，应按其实际成本转入所建工程成本。自营方式建造固定资产应负担的职工薪酬、辅助生产部门为之提供的水、电、修理、运输等劳务，以及其他必要支出等也应计入所建工程项目的成本。

符合资本化条件，应计入所建造固定资产成本的借款费用按照借款费用资本化的有关规定处理。

企业以自营方式建造固定资产,发生的工程成本应通过"在建工程"科目核算,工程完工达到预定可使用状态时,从"在建工程"科目转入"固定资产"科目。

[例 5-5] 20×8 年 1 月 1 日,甲公司准备自行建造一座生产车间。假设自行建造生产车间的增值税金不能抵扣。其他有关资料如下:

(1) 20×8 年 1 月 6 日购入工程物资一批,价款为 400 000 元,支付的增值税进项税额为 68 000 元,款项以银行存款支付。

(2) 20×8 年 2 月 6 日领用生产用原材料一批,价值为 30 000 元,购进该批原材料时支付的增值税进项税额为 5 100 元。

(3) 20×8 年 1 月 10 日至 20×8 年 6 月 30 日,工程先后领用工程物资 468 000 元(含增值税进项税额)。

(4) 工程建设期间辅助生产车间为工程提供有关的劳务支出为 32 000 元。

(5) 工程建设期间发生工程人员职工薪酬 60 800 元。

(6) 6 月 30 日,完工并交付使用。

应编制会计分录如下:

(1) 购入工程物资:

借:工程物资	468 000
贷:银行存款	468 000

(2) 领用原材料:

借:在建工程——仓库	35 100
贷:原材料	30 000
应交税费——应交增值税(进项税额转出)	5 100

(3) 领用工程物资:

借:在建工程——生产车间	468 000
贷:工程物资	468 000

(4) 辅助生产车间为工程提供劳务支出:

借:在建工程——生产车间	32 000
贷:生产成本——辅助生产成本	32 000

(5) 计提工程人员职工薪酬:

借:在建工程——生产车间	60 800
贷:应付职工薪酬	60 800

(6) 工程完工交付:

固定资产的取得成本=468 000+35 100+32 000+60 800=595 900(元)

借:固定资产——生产车间	595 900
贷:在建工程——生产车间	595 900

2. 出包方式建造固定资产

企业的新建、改建、扩建等建设项目,通常均采用出包方式。在出包方式下,企业通过招标方式将工程项目发包给建造承包商,企业要与建造承包商签订建造合同,企业负责筹集资金和组织管理工程建设;建造承包商(即施工企业)则负责具体的建筑安装工程施工任务。

以出包方式建造的固定资产,其成本由建造该项固定资产达到预定可使用状态前所发生的必要支出构成,包括以下两个方面。

(1) 建筑工程、安装工程支出。这些支出是构成在建工程成本的重要内容。在出包方式下各工程的具体支出,如人工费、材料费、机械使用费等都由建造承包商核算,对于发包企业而言,只需要按照合同将与建造承包商结算的工程价款计入在建工程成本即可。

(2) 待摊支出。待摊支出是指在建设期间发生的,不能直接计入某项固定资产价值、而应由所建造固定资产共同负担的相关费用,主要包括为建造工程发生的管理费、征地费、可行性研究费、临时设施费、公证费、监理费、应负担的税费、符合资本化条件的借款费用、建设期间发生的工程物资盘亏、报废及毁损净损失,以及负荷联合试车费等。待摊支出在发生时先归集,当在建工程达到预定可使用状态时,再按照一定标准分配到相关工程的成本中。

在建工程项目在达到预定可使用状态前,进行负荷联合试车,在这过程中形成的、能够对外销售的产品,其发生的成本,计入在建工程成本,销售或转为库存商品时,按其实际销售收入或预计售价冲减在建工程成本。

出包方式下建造固定资产在达到预定可使用状态前:

(1) 企业应按合理估计的工程进度和合同规定结算的进度款,借记"在建工程——建筑工程(××工程)""在建工程——安装工程(××工程)"科目,贷记"银行存款""预付账款"等科目。工程完成时,按合同规定补付的工程款,借记"在建工程"科目,贷记"银行存款"等科目。

(2) 企业将需安装设备运抵现场安装时,借记"在建工程——在安装设备(××设备)"科目,贷记"工程物资——××设备"科目。

(3) 企业为建造固定资产发生的待摊支出,借记"在建工程——待摊支出"科目,贷记"银行存款""应付职工薪酬""长期借款"等科目。

出包方式下建造固定资产达到预定可使用状态时:

(1) 计算分配待摊支出,待摊支出的分配率可按下列公式计算:

$$\text{待摊支出分配率} = \frac{\text{累计发生的待摊支出}}{\left(\text{建筑工程支出} + \text{安装工程支出} + \text{在安装设备支出}\right)} \times 100\%$$

$$\text{某项工程应分配的待摊支出} = \left(\text{该项工程的建筑工程支出} + \text{安装工程支出} + \text{在安装设备支出}\right) \times \text{分配率}$$

(2) 计算确定已完工的固定资产成本：

房屋、建筑物等固定资产成本＝建筑工程支出＋应分摊的待摊支出

需要安装的设备成本＝设备成本＋为设备安装发生的基础、支座等建筑工程支出＋安装工程支出＋应分摊的待摊支出

(3) 根据以上相关数据，进行相应会计处理。借记"固定资产"科目，贷记"在建工程——建筑工程""在建工程——安装工程""在建工程——待摊支出"等科目。

[例5-6] 甲公司经当地有关部门批准，新建一个污水处理车间。该污水处理车间主要由2个单项工程组成，包括建造污水排放池、安装污水处理设备。20×8年3月1日，甲公司与南屋公司签订合同，将该项目出包给南屋公司承建。根据双方签订的合同，建造污水排放池的价款为80 000元，安装污水处理设备需支付安装费用30 000元。建造期间(20×8年)发生的有关事项如下：

(1) 3月10日，甲公司按合同约定向南屋公司预付10%价款8 000元。

(2) 5月9日，建造污水排放池的工程进度达到50%，甲公司与南屋公司办理工程价款结算40 000元。甲公司抵扣了预付备料款后，将余款用银行存款付讫。

(3) 6月8日，甲公司购入需安装的污水处理设备，增值税专用发票注明价款290 000元，增值税税额49 300元，已用银行存款付讫。

(4) 7月10日，污水排放池已完工，甲公司与南屋公司办理工程价款结算40 000元。甲公司向南屋公司开具了一张期限3个月的商业票据。

(5) 8月1日，甲公司将污水处理设备运抵现场，交南屋公司安装。

(6) 9月10日，污水处理设备安装到位，甲公司与南屋公司办理设备安装价款结算30 000元，款项已支付。

(7) 工程项目发生管理费、可行性研究费、公证费、监理费共计50 000元，已用银行存款付讫。

(8) 9月20日完成调试，各项指标达到设计要求。

甲公司应编制会计分录如下：

(1) 3月10日，预付备料款：

借：预付账款	8 000
贷：银行存款	8 000

(2) 5月9日，办理建筑工程价款结算：

借：在建工程——建筑工程(污水排放池)	40 000
贷：银行存款	32 000
预付账款	8 000

(3) 6月8日，购入污水处理设备：

借：工程物资——污水处理设备	290 000
应交税费——应交增值税(进项税额)	49 300
贷：银行存款	339 300

(4) 7月10日,办理建筑工程价款结算:
借:在建工程——建筑工程(污水排放池) 40 000
　　贷:应付票据 40 000
(5) 8月1日,将污水处理设备交南屋公司安装:
借:在建工程——在安装设备(污水处理设备) 290 000
　　贷:工程物资——污水处理设备 290 000
(6) 9月10日,办理安装工程价款结算:
借:在建工程——安装工程(污水处理设备) 30 000
　　贷:银行存款 30 000
(7) 支付工程发生的管理费、可行性研究费、公证费、监理费:
借:在建工程——待摊支出 50 000
　　贷:银行存款 50 000
(8) 结转在建工程成本:
① 计算分配待摊支出:

待摊支出分配率=50 000÷(80 000+30 000+290 000)
×100%=50 000÷400 000×100%=12.5%

污水排放池应分配的待摊支出=80 000×12.5%=10 000(元)

污水处理设备应分配的待摊支出=(30 000+290 000)×12.5%=40 000(元)

借:在建工程——建筑工程(污水排放池) 10 000
　　在建工程——安装工程(污水处理设备) 3 750
　　在建工程——在安装设备(污水处理设备) 36 250
　　贷:在建工程——待摊支出 50 000
② 计算已完工的固定资产的成本:

污水排放池的成本=80 000+10 000=90 000(元)

污水处理设备的成本=30 000+290 000+40 000=360 000(元)

借:固定资产——污水排放池 90 000
　　贷:在建工程——建筑工程(污水排放池) 80 000
　　　　在建工程——待摊支出 10 000
借:固定资产——污水处理设备 360 000
　　贷:在建工程——安装工程(污水处理设备) 33 750
　　　　在建工程——在安装设备(污水处理设备) 326 250

(三) 投资者投入的固定资产

对于接受固定资产投资的企业,在办理了固定资产移交手续之后,应按投资合同或协议约定的价值加上应支付的相关税费作为固定资产的入账价值,但合同或协议约定价值不公允的除外。

[例 5-7] 甲公司收到北吴公司投入的固定资产一台,北吴公司记录的该固定资产的账面原价为 200 000 元,已提折旧 20 000 元,甲公司接受投资时,双方同意按该固定资产的评估价值 170 000 元确认投资额。

应编制会计分录如下:

借:固定资产   170 000
    贷:实收资本   170 000

投资合同或协议约定的价值超过其在注册资本中所占份额的部分,应当计入资本公积。

(四)租入的固定资产

企业在生产经营过程中,由于生产经营的临时性或季节性需要,或出于融资等方面的考虑,对于生产经营所需的固定资产可以采用租赁的方式取得。租赁是指在约定的期间内,出租人将资产使用权让与承租人以获取租金的协议,按其性质和形式的不同可分为经营租赁和融资租赁两种。

企业经营性租入固定资产,只在租赁期限内拥有资产的使用权,不拥有所有权,租赁期满,企业将资产退还给出租人。在这种租赁方式下,与租赁资产相关的风险和报酬仍然归属于出租人,因而不能作为企业自有的固定资产入账核算,只在辅助账簿中作备查登记。经营性租入的固定资产由出租人计提折旧,承租人不提折旧。承租人按合同支付的租金直接计入有关成本费用账户。

融资租赁,是指企业向经国家有关部门批准专门从事经营融资租赁业务的公司租入固定资产。在这种租赁方式下,与租赁资产所有权相关的主要风险和报酬实质上转移给了承租方,因此根据实质重于形式的要求,融资租入的固定资产应作为固定资产增加进行核算。为了区别融资租入固定资产和企业自有固定资产,企业应对融资租入的固定资产单设"融资租入固定资产"明细科目核算。企业应在租赁开始日,按当日租赁资产的公允价值与最低租赁付款额的现值两者中较低者加上在租赁谈判和签订租赁合同过程中发生的、可直接归属于租赁项目的手续费、律师费、差旅费、印花税等初始直接费用,作为租入资产的入账价值,借记"固定资产"或"在建工程"科目,按最低租赁付款额,贷记"长期应付款"科目,按发生的初始直接费用,贷记"银行存款"等科目,按其差额,借记"未确认融资费用"科目。租赁期届满,如合同规定将租赁资产所有权转承租企业的,企业应进行转账,将固定资产从"融资租入固定资产"明细科目转入有关明细科目。

(五)盘盈的固定资产

盘盈的固定资产,作为前期会计差错处理。经查明属于企业所有的,在按照管理权限报经批准处理前,应先通过"以前年度损益调整"科目核算。

(六)其他方式取得的固定资产

例如,非货币性资产交换、债务重组、企业合并取得的固定资产,应当分别按照《企业会计准则第 7 号——非货币性资产交换》《企业会计准则第 12 号——债务重组》、

《企业会计准则第 20 号——企业合并》确定其初始成本及核算。

（七）存在弃置义务的固定资产

对于特殊行业的特定固定资产，确定其初始入账成本时，还应考虑弃置费用。弃置费用通常是指根据国家法律和行政法规、国际公约等规定，企业承担的环境保护和生态恢复等义务所确定的支出，如核电站核设施等的弃置和恢复环境义务。这种由于环境污染整治等所形成的弃置义务是企业在购建该类固定资产时就可以预见到的，如果其义务的履行很可能导致经济利益流出企业，并且其金额能够可靠计量，那么就要确认该弃置义务所形成的预计负债，而不是在弃置费用实际发生时才反映该义务。

由于弃置费用的实际发生与固定资产的取得通常间隔时间较长，因此需要考虑货币时间价值，企业应当将弃置费用按照现值计算计入固定资产成本，同时确定相应的预计负债。其后在固定资产的使用寿命内按照实际利率法，即按照预计负债的摊余成本和实际利率计算利息，计入当期财务费用。

要注意的是，一般企业的固定资产发生的报废清理费用不属于弃置费用，应当在实际发生时作为固定资产处置费用处理。

[例 5-8] 经国家审批，甲公司计划建造一个核电站，其主体设备核反应堆将会对当地的生态环境产生一定的影响。根据法律规定，企业应在该项设备使用期满后将其拆除，并对造成的污染进行整治。20×8 年 1 月 1 日，该项设备建造完成并交付使用，建造成本共 150 000 000 元。预计使用寿命 10 年，预计弃置费用为 3 000 000 元。假定折现率（即为实际利率）为 8%。应编制会计分录如下：

(1) 计算已完工的固定资产的成本。

核反应堆属于特殊行业的特定固定资产，确定其成本时应考虑弃置费用。

$$2008 \text{ 年 } 1 \text{ 月 } 1 \text{ 日，弃置费用的现值} = 3\,000\,000 \times (P/F, 8\%, 10)$$
$$= 3\,000\,000 \times 0.463\,2$$
$$= 1\,389\,600（元）$$

固定资产入账价值 = 150 000 000 + 1 389 600 = 151 389 600（元）

借：固定资产	151 389 600
贷：在建工程	150 000 000
预计负债	1 389 600

(2) 计算第 1 年应负担的利息 = 1 389 600 × 8% = 111 168（元）

借：财务费用	111 168
贷：预计负债	111 168

(3) 计算第 2 年应负担的利息 = (1 389 600 + 111 168) × 8% = 120 061.44（元）

借：财务费用	120 061.44
贷：预计负债	120 061.44

以后年度的会计处理略。

第二节 固定资产的折旧

固定资产的后续计量主要包括固定资产折旧的计提、减值损失的确定,以及后续支出的计量。其中,固定资产的减值应当按照《企业会计准则第8号——资产减值》处理。本节主要讲解固定资产折旧的计提。

一、固定资产折旧的性质

企业固定资产能够长期参加生产经营而仍保持其原有的实物形态,但其价值将随着固定资产使用而逐渐转移到生产的产品成本中去,或构成了企业的费用。固定资产折旧从性质上看,是对固定资产由于磨损和损耗而转移到产品成本或构成企业费用的那一部分价值的补偿。固定资产损耗分为有形损耗和无形损耗两种。有形损耗是指固定资产在使用过程中由于使用和自然力的影响而引起的使用价值和价值的损失;无形损耗是指由于科学技术的进步等引起的固定资产价值上的损失。为了将固定资产的成本分配到各个受益期,实现收入和费用的正确配比,企业必须在固定资产的有效使用年限内计提一定数额的折旧费。

固定资产折旧是指在固定资产预计使用寿命内,按照一定的方法对应计提折旧总额进行的系统合理分摊。其中,应计提折旧总额指应当计提折旧的固定资产原价扣除其预计净残值后的余额,如果已对固定资产计提减值准备,还应当扣除已计提的固定资产减值准备累计金额。

从本质上讲,折旧也是一种费用,只不过这一费用没有在计提期间付出实实在在的货币资金,但这种费用是前期已经发生的支出,而这种支出的收益在资产投入使用后的有效使用期内实现。正确计算计提折旧,是正确计算产品成本、费用的一个前提条件,也是保证固定资产再生产正常进行的必要措施。

二、计提固定资产折旧的范围

确定固定资产折旧的范围:一是要从空间范围上确定哪些固定资产应当提取折旧,哪些固定资产不应当提取折旧;二是要从时间范围上确定应提折旧的固定资产什么时间开始提取折旧,什么时间停止提取折旧。

企业应对所有固定资产计提折旧,但下列情况例外:
(1) 已提足折旧仍继续使用的固定资产;
(2) 按规定单独计价作为固定资产入账的土地。

已达到预定可使用状态的固定资产,如果尚未办理竣工决算的,应当按照估计价值暂估入账,并计提折旧;待办理了竣工决算手续后,再按照实际成本调整原来的暂估价值,但不需要调整原已计提的折旧额。

从计提固定资产折旧的时间范围来看,企业一般应当按月计提折旧,当月增加的固定资产,当月不提折旧,从下月起计提折旧;当月减少的固定资产,当月照提折旧,从下月起不提折旧。固定资产提足折旧后,不管能否继续使用,均不再提取折旧;提前报废的固定资产,也不再补提折旧。所谓提足折旧是指已经提足该项固定资产的应计提折旧额。

三、计提固定资产折旧应考虑的因素

（一）固定资产原价

计算固定资产折旧的基数一般为取得固定资产的原始成本,即固定资产的账面原价。

（二）固定资产的预计净残值

固定资产的预计净残值是指假定固定资产预计使用寿命已满并处于使用寿命终了时的预期状态,企业目前从该项资产处置中获得的扣除预计处置费用后的净额。固定资产预计净残值与固定资产原价的比率称为固定资产的预计净残值率。

（三）固定资产减值准备

如果已对固定资产计提减值准备,还应当扣除已计提的固定资产减值准备累计金额。固定资产计提减值准备后,应当在剩余使用寿命内根据调整后的固定资产账面价值（固定资产账面余额扣减累计折旧和累计减值准备后的金额）和预计净残值,重新计算确定折旧率和折旧额。

（四）固定资产的使用寿命

使用寿命是指固定资产预期使用的期限,有些固定资产的使用寿命也可以用该资产所能生产的产品或提供的服务的数量来表示。企业在确定固定资产的使用寿命时,主要应当考虑下列三个因素。

(1) 该资产的预计生产能力或实物产量。

(2) 该资产的预计有形损耗和无形损耗,固定资产的有形损耗,指设备使用中发生磨损,房屋建筑物发生自然侵蚀等;固定资产的无形损耗,指因新技术的出现而使现有的资产技术水平相对陈旧、市场需求变化使产品过时等。

(3) 法律或者类似规定对资产使用的限制。如对于融资租入的固定资产,能够合理确定租赁期满时将会取得该资产的所有权的,应当在该资产使用寿命内计提折旧;如果无法合理确定租赁期满时将会取得该资产的所有权的,应当在租赁期与该资产使用寿命两者中取较短者确定折旧期间。

固定资产使用寿命的长短,直接影响各期应提折旧额的计算,为了避免企业人为地延长或缩短折旧年限,企业应在考虑上述因素的基础上,结合不同固定资产的性质、消耗方式、所处环境等因素,作出职业判断。在相同环境条件下,对于同样的固定资产的预计使用寿命应具有相同的预期。

固定资产的使用寿命、预计净残值一经确定,不得随意变更。

四、固定资产折旧的方法

企业选用不同的固定资产折旧方法,将影响固定资产使用寿命期间内不同期间折旧费用的多少,因此从收入与费用的配比角度,企业应当根据与固定资产有关的经济利益的预期实现方式,合理选择折旧方法确定各期间的折旧费用。可选用的折旧方法包括年限平均法、工作量法、双倍余额递减法和年数总和法等。固定资产的折旧方法一经确定,不得随意变更。

(一) 年限平均法

年限平均法是指将固定资产应计提折旧总额均衡地分摊到固定资产预计使用寿命内的一种方法。采用这种方法计算的折旧额在各个使用年份和月份都是相等的,因此在坐标轴上每期的折旧额连线表现为一条直线,故又称直线法。其计算公式如下:

固定资产年折旧额＝(固定资产原价－预计净残值)/预计使用寿命

固定资产月折旧额＝年折旧额÷12

在实际工作中,为了便于计算折旧,每月应计提的折旧额一般是根据固定资产原值乘以月折旧率计算确定的,固定资产折旧率是一定时期内固定资产应计提折旧额与固定资产原价之比,其计算公式如下:

固定资产年折旧率＝(1－预计净残值率)/预计使用寿命(年)×100%

固定资产月折旧率＝年折旧率÷12

固定资产月折旧额＝固定资产原值×月折旧率

[例 5-9] 某项固定资产原价为 400 000 元,预计可使用 15 年,预计净残值率 5%。则:

年折旧率＝(1－5%)/15×100%＝6.3%

月折旧率＝6.3%÷12＝0.53%

月折旧额＝400 000×0.53%＝2 120(元)

上述计算的折旧率是按个别固定资产单独计算的,称为个别折旧率,即某项固定资产在一定期间的折旧额与该项固定资产原价的比率。此外,还可采用分类折旧率。

分类折旧率是指固定资产分类折旧额与该类固定资产原价的比率。采用这种方法,应先把性质、结构和使用年限相近的固定资产归为一类,再按类计算平均折旧率,用该类折旧率对该类固定资产计提折旧。如将房屋建筑物划分为一类,将机械设备划分为一类等。采用分类折旧率计算,方法简单,但准确性不如个别折旧率。

分类折旧率的计算公式如下:

某类固定资产年分类折旧率＝该类固定资产年折旧额之和/该类固定资产原价之和×100%

采用年限平均法计算固定资产折旧虽然比较简便,但它也存在一些明显的局限性。首先,当固定资产各期提供的经济利益相似,各期应分摊相同的折旧费用,这时采用年限平均法计算折旧是合理的。但是,如果固定资产提供的经济利益在各年限不同,采用年限平均法则不能反映固定资产的实际使用情况,提取的折旧额与固定资产的损耗程度也会不相符。其次,固定资产在不同的使用年限发生的维修费用也不一样。固定资产的维修费用将随着其使用时间的延长而不断增大,而年限平均法也没有考虑这一因素。

(二) 工作量法

工作量法是指按固定资产所完成的实际工作数量平均计算折旧的一种方法(一般适用于客、货运汽车和企业的大型设备)。这种方法弥补平均年限法只重使用时间,不考虑使用强度的缺点,其计算公式如下:

单位工作量应提折旧额＝固定资产原价×(1－预计净残值率)/预计总工作量

某项固定资产月折旧额＝该项固定资产当月完成的工作量×单位工作量应提折旧额

[例5-10] 某运输卡车的原价为90 000元,预计总行驶里程为600 000公里,其报废时的残值率为5%,本月行驶6 000公里。该运输卡车的月折旧额计算如下:

$$单位里程折旧额＝90\,000×(1-5\%)/600\,000＝0.142\,5(元/公里)$$

$$本月应提折旧额＝6\,000×0.142\,5＝855(元)$$

(三) 加速折旧法

加速折旧法也称为快速折旧法或递减折旧法,其特点是在固定资产预计使用寿命的前期多提折旧,后期则少提折旧,从而相对加快折旧的速度,以使固定资产成本在估计使用寿命期内加快得到补偿。

我国目前允许采用的加速折旧法主要包括双倍余额递减法和年数总和法两种。

1. 双倍余额递减法

双倍余额递减法,是指在不考虑固定资产预计净残值的情况下,根据每期期初固定资产原价减去累计折旧后的金额和双倍的直线法折旧率计算固定资产折旧的一种方法。计算公式如下:

$$年折旧率＝2÷预计使用寿命(年)×100\%$$

$$月折旧率＝年折旧率÷12$$

$$月折旧额＝(固定资产原价-累计折旧)×月折旧率$$

应用这种方法计算折旧额时,由于每年年初固定资产净值没有扣除预计净残值,因此,在应用这种方法时必须注意不能使固定资产的账面折余价值降低到它的预计净残值以下,即实行双倍余额递减法计提折旧的固定资产,应当在其折旧年限到期前两年内,将固定资产净值扣除预计净残值后的余额平均摊销。

[例5-11] 某项固定资产的原价为 20 000 元,预计使用年限为 5 年,预计净残值 200 元。按双倍余额递减法计算折旧,每年的折旧额计算如下:

双倍直线折旧率＝2/5×100％＝40％

第一年应提的折旧额＝20 000×40％＝8 000(元)

第二年应提的折旧额＝(20 000－8 000)×40％＝4 800(元)

第三年应提的折旧额＝(12 000－4 800)×40％＝2 880(元)

第四年、第五年的年折旧额＝(4 320－200)÷2＝2 060(元)

注：由于折旧年限为 5 年,按规定从第四年起开始改用直线法。

2. 年数总和法

年数总和法又称年限合计法,是将固定资产的原值减去净残值后的余额乘以一个逐年递减的分数计算每年的折旧额,这个分数的分子代表固定资产尚可使用的年数,分母代表预计使用年数的逐年数字总和。其计算公式如下：

年折旧率＝尚可使用年限÷预计使用寿命的年数总和×100％

月折旧率＝年折旧率÷12

月折旧额＝(固定资产原价－预计净残值)×月折旧率

[例5-12] 甲公司 20×8 年 9 月 15 日购置一台不需安装即可投入使用的固定资产。固定资产入账价值为 755 000 元,预计使用寿命为 5 年,预计净残值为 5 000 元。该企业采用年数总和法计提折旧。

每一使用年度应计提的折旧额如下：

第 1 年计提折旧金额：(755 000－5 000)×5/15＝250 000(元)

第 2 年计提折旧金额：(755 000－5 000)×4/15＝200 000(元)

第 3 年计提折旧金额：(755 000－5 000)×3/15＝150 000(元)

第 4 年计提折旧金额：(755 000－5 000)×2/15＝100 000(元)

第 5 年计提折旧金额：(755 000－5 000)×1/15＝50 000(元)

因此,每一会计年度内应计提的折旧额如下：

20×8 年 10 月至 12 月计提折旧金额为 250 000/12×3＝62 500(元)

20×9 年度计提折旧金额为 250 000/12×9＋200 000/12×3＝237 500(元)

20×0 年度计提折旧金额为 200 000/12×9＋150 000/12×3＝187 500(元)

20×1 年度计提折旧金额为 150 000/12×9＋100 000/12×3＝137 500(元)

20×2 年度计提折旧金额为 100 000/12×9＋50 000/12×3＝87 500(元)

20×3 年度计提折旧金额为 50 000/12×9＝37 500(元)

五、固定资产折旧的会计处理

企业固定资产累计提取的折旧额反映在"累计折旧"科目,该科目属于"固定资产"科目的备抵调整科目。贷方反映企业计提的折旧,借方反映企业出售、盘亏、毁损以及其他原因减少的固定资产折旧,期末贷方余额反映企业现有固定资产已提折旧的累计数。

企业按月计提固定资产折旧,并根据用途计入相关资产的成本或者当期损益。例如,企业自行建造固定资产过程中使用的固定资产,其计提的折旧应计入在建工程成本;基本生产车间所使用的固定资产,其计提的折旧应计入制造费用;管理部门所使用的固定资产,其计提的折旧应计入管理费用;销售部门所使用的固定资产,其计提的折旧应计入销售费用;经营租出的固定资产,其计提的折旧额应计入其他业务成本;未使用固定资产,其计提的折旧额应计入管理费用。

在实务中,各月计提折旧的工作一般通过编制"固定资产折旧计算表"来完成的。固定资产计提折旧时,应以月初可提取折旧的固定资产账面原值为依据,可以在上月计提折旧的基础上,对上月固定资产的增减情况进行调整后计算当月应计提的折旧额。当月固定资产应计提的折旧额=上月固定资产计提的折旧额+上月增加固定资产应计提的折旧额-上月减少固定资产应计提的折旧额。

[例5-13] 甲公司20×8年3月份固定资产折旧计算表如表5-2所示。

表5-2 甲公司固定资产折旧额计算表

20×8年3月　　　　　　　　　　　　　　　　　单位:元

使用部门	固定资产项目	上月计提折旧额	上月增加固定资产计提折旧额	上月减少固定资产计提折旧额	本月应提折旧额
基本生产车间	房屋	700			700
	机床	1 550	300		1 850
辅助生产车间	房屋	400			400
	机器	950		150	800
管理部门	房屋	300			300
	办公设备	6 000			6 000
合　计		9 900	300	150	10 050

根据上述固定资产折旧计算表,应编制会计分录如下:

借:制造费用——基本生产车间　　　　　　　　　　　2 550
　　　　　　——辅助生产车间　　　　　　　　　　　1 200
　　管理费用　　　　　　　　　　　　　　　　　　　6 300
　　贷:累计折旧　　　　　　　　　　　　　　　　　10 050

固定资产使用寿命、预计净残值和折旧方法一经确定,不得随意变更。但是在固定资产使用过程中,其所处的经济环境、技术环境以及其他环境有可能对固定资产使用寿命和预计净残值产生较大影响,或者也可能致使与固定资产有关的经济利益的预期实现方式发生重大改变。因此,企业至少应当于每年年度终了,对固定资产使用寿命、预计净残值和折旧方法进行复核。固定资产使用寿命、预计净残值和折旧方法的改变应作为会计估计变更,按照《企业会计准则第28号——会计政策、会计估计变更和差错更正》处理。

第三节 固定资产的后续支出

固定资产投入使用后,为了适应新技术发展的需要,或者为了维护和提高固定资产的使用效能,往往需要对现有固定资产进行维护、改建、扩建或者改良。固定资产的后续支出就是指固定资产在使用过程中发生的这些更新改造支出、修理费用等。

企业在发生这些支出时,需要确定这些支出应该费用化还是资本化,其确认等同于初始确认固定资产。因此,固定资产发生后续支出时,符合固定资产确认的两个条件(该固定资产包含的经济利益很可能流入企业、该固定资产的成本能够可靠地计量)的,应当计入固定资产成本;不符合固定资产确认条件的,应当于发生时计入当期损益。

一、费用化的后续支出

与固定资产有关的后续支出,如果不满足固定资产确认条件的,应当根据不同情况分别在发生时计入当期管理费用或销售费用。

一般情况下,固定资产投入使用之后,由于固定资产磨损、各组成部分耐用程度不同,可能导致固定资产的局部损坏,为了维护固定资产的正常运转和使用,充分发挥其使用效能,企业需要对固定资产进行必要的维护。固定资产的日常修理费用、大修理费用等支出只是确保固定资产的正常工作状况,一般不产生未来的经济利益。因此,通常不符合固定资产的确认条件,在发生时通常直接计入当期损益。

企业生产车间和行政管理部门等发生的固定资产修理费用等后续支出计入"管理费用";企业专设销售机构的,其发生的与专设销售机构相关的固定资产修理费用等后续支出,计入"销售费用"。对于处于修理、更新改造过程而停止使用的固定资产,如果其修理、更新改造支出不满足固定资产的确认条件,在发生时也应直接计入当期损益。

[例5-14] 甲公司7月份对生产设备进行日常修理,领用原材料400元,用银行存款支付其他费用500元。应编制会计分录如下:

借:管理费用　　　　　　　　　　　　　　　　　　900
　　贷:原材料　　　　　　　　　　　　　　　　　　400
　　　　银行存款　　　　　　　　　　　　　　　　　500

二、资本化的后续支出

与固定资产有关的后续支出,符合固定资产确认条件的,应当计入固定资产成本。

固定资产发生可资本化的后续支出时,企业一般应将该固定资产的原价、已计提的累计折旧和减值准备转销,将固定资产的账面价值转入在建工程,并停止计提折旧。发生的后续支出,通过"在建工程"科目核算。在固定资产更新改造完工并达到预定可使用状态时,再从在建工程转为固定资产,并按重新确定的使用寿命、预计净残值和折旧方法计提折旧。

[例5-15] 甲公司一项机器设备原价505 000元,采用年限平均法计提折旧,使用寿命为10年,预计净残值为5 000元。在第5年初公司对该固定资产的某一部件进行改良,共发生改良支出120 000元,符合固定资产的确认条件。应编制会计分录如下:

转入改良时:

借:在建工程 305 000
　　累计折旧 200 000
　　贷:固定资产 505 000

发生改良支出时:

借:在建工程 120 000
　　贷:银行存款等 120 000

改良完毕:

借:固定资产 425 000
　　贷:在建工程 425 000

企业发生的一些固定资产后续支出可能涉及替换原固定资产的某组成部分,当发生的后续支出符合固定资产确认条件时,应将其计入固定资产成本,同时将被替换部分的账面价值扣除。这样可以避免将替换部分的成本和被替换部分的成本同时计入固定资产成本,导致固定资产成本虚高。

对于以经营租赁方式租入的固定资产发生的改良支出,也应予资本化,作为长期待摊费用,并在剩余租赁期内进行摊销。经营租赁方式租入的固定资产发生了改良支出时,借记"长期待摊费用"科目,贷记"银行存款""原材料"等科目。摊销长期待摊费用时,借记"管理费用""销售费用"等科目,贷记"长期待摊费用"科目。

第四节　固定资产的处置

企业在生产经营过程中,对那些不适用或不需用的固定资产,可以出售转让。对那些由于使用而不断磨损直至最终报废,或由于技术进步等原因发生提前报废,或由于遭受自然灾害等非常损失发生毁损的固定资产应及时进行清理。企业因对外投资、债务重组、非货币性交易等而减少的固定资产,也属于固定资产的处置。

一、固定资产终止确认的条件

固定资产满足下列条件之一的,应当予以终止确认。

1. 该固定资产处于处置状态

固定资产处置包括固定资产的出售、转让、报废或毁损、对外投资、非货币性资产交换、债务重组等。处于处置状态的固定资产不再用于生产商品、提供劳务、出租或经营管理,因此不再符合固定资产的定义,应予终止确认。

2. 该固定资产预期通过使用或处置不能产生经济利益

固定资产的确认条件之一是"与该固定资产有关的经济利益很可能流入企业",如果一项固定资产预期通过使用或处置不能产生经济利益,那么它就不再符合固定资产的定义和确认条件,应予终止确认。

二、固定资产处置的会计处理

固定资产处置通过"固定资产清理"科目进行核算。该科目核算企业因出售、报废、毁损、对外投资、非货币性资产交换、债务重组等原因转出的固定资产价值以及在清理过程中发生的费用等,期末借方余额,反映企业尚未清理完毕的固定资产清理净损失。

企业处置固定资产,其会计处理一般经过以下五个步骤。

(1) 固定资产转入清理。固定资产转入清理时,按固定资产账面价值,借记"固定资产清理"科目,按已计提的累计折旧,借记"累计折旧"科目,按已计提的减值准备,借记"固定资产减值准备"科目,按固定资产账面余额,贷记"固定资产"科目。

(2) 发生的清理费用。固定资产清理过程中发生的有关费用以及应支付的相关税费,借记"固定资产清理"科目,贷记"银行存款""应交税费"等科目。

(3) 出售收入和残料等的处理。企业收回出售固定资产的价款、残料价值和变价收入等,应冲减清理费用。按实际收到的出售价款以及残料变价收入等,借记"银行存款""原材料"等科目,贷记"固定资产清理"科目。

(4) 保险赔偿的处理。企业计算或收到的应由保险公司或过失人赔偿的损失,应冲减清理费用,借记"其他应收款""银行存款"等科目,贷记"固定资产清理"科目。

(5) 清理净损益的处理。固定资产清理完成后的净损失,属于生产经营期间正常的处理损失,借记"营业外支出——处置非流动资产损失"科目,贷记"固定资产清理"科目;属于生产经营期间由于自然灾害等非正常原因造成的,借记"营业外支出——非常损失"科目,贷记"固定资产清理"科目。固定资产清理完成后的净收益,借记"固定资产清理"科目,贷记"营业外收入"科目。

[例 5-16] 甲公司出售一座建筑物,原价为 100 000 元,已提折旧 35 000 元,实际出售价格为 70 000 元,已通过银行收回价款。出售时,发生各种清理费用 4 000 元,已用银行存款支付。假设出售建筑物应交纳营业税,营业税的税率为 5%,尚未交纳有关

税金。假定该公司对该项固定资产并未计提减值准备。应编制会计分录如下：

(1) 注销固定资产的原价和已提折旧：

借：固定资产清理 65 000
　　累计折旧 35 000
　　贷：固定资产 100 000

(2) 收到出售价款：

借：银行存款 70 000
　　贷：固定资产清理 70 000

(3) 支付清理费用：

借：固定资产清理 4 000
　　贷：银行存款 4 000

(4) 计算并交纳营业税＝70 000×5％＝3 500(元)

借：固定资产清理 3 500
　　贷：应交税费——应交营业税 3 500

(5) 结转出售固定资产净损益：

借：营业外支出——处置非流动资产损失 2 500
　　贷：固定资产清理 2 500

[例5-17] 甲公司有一设备，原值550 000元，已提折旧545 000元，因使用期满经批准报废。在清理过程中，以银行存款支付清理费用12 000元，拆除的残料作价23 900元，由仓库收作维修材料。应编制会计分录如下：

(1) 注销固定资产原价和已提折旧：

借：固定资产清理 5 000
　　累计折旧 545 000
　　贷：固定资产 550 000

(2) 支付清理费用：

借：固定资产清理 12 000
　　贷：银行存款 12 000

(3) 材料入库并收到变价收入：

借：原材料 23 900
　　贷：固定资产清理 23 900

(4) 结转固定资产清理净损失：

借：固定资产清理 6 900
　　贷：营业外收入——处置非流动资产利得 6 900

三、持有待售的固定资产

同时满足下列条件的非流动资产(包括固定资产)应当划分为持有待售：一是企业

已经就处置该非流动资产作出决议;二是企业已经与受让方签订了不可撤销的转让协议;三是该项转让将在一年内完成。持有待售的非流动资产包括单项资产和处置组,处置组是指作为整体出售或其他方式一并处置的一组资产。处置组通常是一组资产组、一个资产组或某个资产组中的一部分。如果处置组是一个资产组并且按照《企业会计准则第8号——资产减值》的规定将企业合并中取得的商誉分摊至该资产组,或者该资产组是这种资产组中的一项经营,则该处置组应当包括企业合并中取得的商誉。

企业对于持有待售的固定资产,应当调整该项固定资产的预计净残值,使该项固定资产的预计净残值能够反映其公允价值减去处置费用后的金额,但不得超过符合持有待售条件时该项固定资产的原账面价值,原账面价值高于预计净残值的差额,应作为资产减值损失计入当期损益。持有待售的固定资产不计提折旧,按照账面价值与公允价值减去处置费用后的净额孰低进行计量。

企业应当在报表附注中披露特有待售的固定资产名称、账面价值、公允价值、预计处置费用和预计处置时间等。

四、固定资产的盘亏

固定资产是企业重要的资产之一,单位价值较高、使用期限较长,为了保证固定资产核算的真实性和完整性,企业应当健全制度并加强管理,定期或者至少于每年年末对固定资产进行清查盘点。如果清查中发现固定资产的损溢应及时查明原因,在期末结账前处理完毕。

企业在财产清查中盘亏的固定资产,通过"待处理财产损溢——待处理固定资产损溢"科目核算。

对于盘亏的固定资产,企业应及时办理固定资产注销手续,报经审批前,按盘亏固定资产的账面价值,借记"待处理财产损溢——待处理固定资产损溢"科目,按已提折旧,借记"累计折旧"科目,按该项固定资产已计提减值准备,借记"固定资产减值准备"科目,按固定资产的原价,贷记"固定资产"科目。盘亏的固定资产经批准转销时,借记"营业外支出——固定资产盘亏"科目,贷记"待处理财产损溢——待处理固定资产损溢"科目。

[例5-18] 甲公司在财产清查中,发现盘亏一台机器,其账面原价100 000元,累计折旧80 000元。应编制会计分录如下:

(1)发生盘亏时:

借:待处理财产损溢——待处理固定资产损溢	20 000
累计折旧	80 000
贷:固定资产	100 000

(2)经批准转销时:

借:营业外支出——固定资产盘亏	20 000
贷:待处理财产损溢——待处理固定资产损溢	20 000

第五节 固定资产在财务报告中的披露

一、固定资产在财务报表中的列示

在资产负债表中,与固定资产相关的项目主要有四个:
(1)"固定资产"项目,反映企业期末所拥有的固定资产的账面价值;
(2)"在建工程"项目,反映企业期末尚未达到预定可使用状态的在建工程的账面价值;
(3)"工程物资"项目,反映企业期末拥有的为在建工程准备的各种物资的账面价值;
(4)"固定资产清理"项目,反映企业期末尚未清理完毕的固定资产清理净损益。

二、固定资产在附注中的披露

在会计报表附注中,企业可以采用文字和数字描述相结合的方式,披露与固定资产有关的下列信息:
(1)固定资产的确认条件、分类、计量基础和折旧方法;
(2)各类固定资产的使用寿命、预计净残值和折旧率;
(3)各类固定资产的期初和期末原价、累计折旧额及固定资产的减值准备累计金额,其披露格式见表5-3;
(4)当期确认的折旧费用;
(5)对固定资产所有权的限制及金额和用于担保的固定资产账面价值;
(6)企业确有准备处置固定资产的,应当说明准备处置的固定资产名称、账面价值、公允价值、预计处置费用和预计处置时间等。

表5-3 固定资产的披露格式

项　　目	年初账面余额	本期增加额	本期减少额	期末账面余额
一、原价合计				
其中:房屋、建筑物				
机器设备				
运输工具				
……				
二、累计折旧合计				
其中:房屋、建筑物				

续 表

项　　目	年初账面余额	本期增加额	本期减少额	期末账面余额
机器设备				
运输工具				
……				
三、固定资产减值准备累计金额合计				
其中：房屋、建筑物				
机器设备				
运输工具				
……				
四、固定资产账面价值合计				
其中：房屋、建筑物				
机器设备				
运输工具				

本章小结

固定资产是企业生产经营过程中的重要劳动资料。一般来说，生产经营用的劳动资料，使用年限在1年以上，单位价值较高，就应列为固定资产；否则，应列为低值易耗品。

企业取得的固定资产，主要包括外购的固定资产、自行建造的固定资产等。企业购入的固定资产，有些不需要安装即可投入使用，有些则需要安装后才能使用。企业购入不需安装的固定资产，原始价值应根据实际支付的买价和包装运杂费确认；企业购入需要安装的固定资产，在安装过程中发生的实际安装费也应计入固定资产原值。

固定资产折旧，是指在固定资产使用寿命内，按照确定的方法对应计折旧额进行系统分摊。企业应当根据固定资产的性质和使用情况，合理确定固定资产的使用寿命和预计净残值，并根据与固定资产有关的经济利益的预期实现方式，确定固定资产的折旧范围，合理选择固定资产折旧方法，可选择的折旧方法包括年限平均法、工作量法、双倍余额递减法和年数总和法。固定资产折旧方法一经选定，不得随意变更。

固定资产的后续支出是指固定资产在使用过程中发生的更新改造支出、修理费用等。固定资产的后续支出的确认原则与初始确认固定资产的原则相同，满足固定资产确认条件的，应当计入固定资产成本；不满足固定资产确认条件的固定资产修理费用等，应当在发生时计入当期损益。

此外，企业由于出售、报废毁损、对外投资、债务重组、非货币性资产交换以及盘亏等原因减少固定资产，也应及时进行账务处理。企业因固定资产处置而减少的固定资产，除盘亏外均应通过"固定资产清理"科目进行核算。企业盘盈的固定资产，应作为以前年度损益调整处理。

名词中英对照

固定资产	fixed asset/property, plant and equipment
有形资产	tangible asset
延期支付	deferred payment plan
未确认融资费用	unrecognized financing expenses
在建工程	construction in progress
累计折旧	accumulated depreciation
经营租赁	operating lease
融资租赁	finance lease
直线法	straight-line method
工作量法	units-of-production method
双倍余额递减法	double-declining-balance method
年数总和法	sum-of-the-year's-digits method
工程物资	construction materials
固定资产清理	disposal of fixed assets

案例分析

0.78亿元、4.36亿元，这是厦门建发、南方航空对厦门航空（厦门建发与南方航空的合资企业）2002年净利润分别的描述。那么，厦门航空的真实会计数据到底如何呢？

南方航空与厦门建发（2003年5月份，厦门建发已将其持有厦门航空股权转让给大股东）分别持有厦门航空60％和40％的股权。在采访中记者得知，厦门航空自身经审计的会计报表中，飞机的折旧年限是10年。而按照10年的折旧期，厦门航空2002年净利润为0.78亿元。而厦门建发在编制自身会计报表时即认同了厦门航空的这一折旧年限。

国家有关部门对于民航飞机折旧年限问题，自2002年起有所调整，其中规定，小飞机从8年至15年延长到10年至15年，大飞机从10年至15年延长到10年至20年。这也就是说，对于飞机折旧年限存在一定的弹性空间。考虑到飞机折旧年限对于航空公司利润核算的重大影响,如果对航空公司飞机的折旧年限作出一定调整,其年度利润的差别会相当大。因此,南方航空在合并厦门航空经审计的会计报表时有可能不认同厦门航空的飞机折旧年限。

资料来源:http://finance.sina.com.cn 2004年05月21日06:13,上海证券报网络版。

要求:分析折旧年限和折旧政策对企业的费用有什么影响?是什么原因导致厦门建发、南方航空计算出的厦门航空2002年净利润的差异?

 复习思考题

1. 什么是固定资产?其具有哪些特征?
2. 如何确定固定资产的初始计量成本?
3. 影响固定资产折旧的因素有哪些?
4. 什么是固定资产的后续支出?如何处理?
5. 固定资产确认的条件是什么?终止确认的条件是什么?

 练习题

1. 甲公司为增值税一般纳税人,20×8年开始自制设备一台,当年发生如下业务:

(1) 购入为工程准备的各种物资,增值税专用发票价款 4 000 000 元,进项税额 680 000 元,该款项系用向银行借入长期借款支付的;

(2) 领用工程物资 3 500 000 元;

(3) 发生应付工程人员职工薪酬 136 800 元;

(4) 企业辅助生产车间为工程提供有关劳务支出 23 110 元;

(5) 支付与工程有关的其他费用 95 000 元;

(6) 剩余工程物资按实际成本转入企业原材料;

(7) 工程期间应付长期借款利息 370 000 元。

(8) 工程完工交付使用。

要求:根据上述业务,编制有关会计分录。

2. 乙公司 20×8 年 1 月 1 日从天空公司购入一台大型机器作为固定资产使用,该机器已收到并开始安装。购货合同约定,大型机器的总价款为 10 000 000 元,分 3 年支付,20×8 年 12 月 31 日支付 4 500 000 元,20×9 年 12 月 31 日支付 3 500 000 元,2×10 年 12 月 31 日支付 2 000 000 元。该机器于 20×9 年末安装完毕并投入使用。假定该公司 3 年期银行借款年利率为 6%。不考虑相关税费。

要求:根据上述业务,为乙公司编制有关会计分录。

3. 甲公司是一家化工企业,20×9年1月经批准启动硅酸钠项目建设工程,整个工程包括建造新厂房和冷却循环系统以及安装生产设备等3个单项工程。20×9年2月1日,甲公司与乙公司签订合同,将该项目出包给乙公司承建。根据双方签订的合同,建造新厂房的价款为6 000 000元,建造冷却循环系统的价款为4 000 000元,安装生产设备需支付安装费用500 000元。建造期间发生的有关经济业务如下:

(1) 20×9年2月10日,甲公司按合同约定向乙公司预付10%备料款1 000 000元,其中厂房600 000元,冷却循环系统400 000元。

(2) 20×9年8月2日,建造厂房和冷却循环系统的工程进度达到50%,甲公司与乙公司办理工程价款结算5 000 000元,其中厂房3 000 000元,冷却循环系统2 000 000元。甲公司抵扣了预付备料款后,将余款通过银行转账付讫。

(3) 20×9年10月8日,甲公司购入需安装的设备,取得的增值税专用发票上注明的价款为4 500 000元,增值税税额为765 000元,已通过银行转账支付。

(4) 2×10年3月10日,建筑工程主体已完工,甲公司与乙公司办理工程价款结算5 000 000元,其中,厂房3 000 000元,冷却循环系统2 000 000元,款项已通过银行转账支付。

(5) 2×10年4月1日,甲公司将生产设备运抵现场,交乙公司安装。

(6) 2×10年5月10日,生产设备安装到位,甲公司与乙公司办理设备安装价款结算500 000元,款项已通过银行转账支付。

(7) 整个工程项目发生管理费、可行性研究费、监理费共计300 000元,已通过银行转账支付。

(8) 2×10年6月1日,完成验收,各项指标达到设计要求。

假定不考虑其他相关税费。

要求:根据上述业务,为甲公司编制有关会计分录。

4. 丙公司20×8年6月10日购入一项固定资产,原价为600 000元,预计净残值为25 000元,预计使用年限5年。

要求:分别采用年限平均法、双倍余额递减法和年数总和法计算该项固定资产每年的折旧额。

5. 20×9年6月30日,甲公司一台生产用升降机械出现故障,经检修发现其中的电动机磨损严重,需要更换。该升降机械购买于20×5年6月30日,甲公司已将其整体作为一项固定资产进行了确认,原价400 000元(其中的电动机在20×5年6月30日的市场价格为85 000元),预计净残值为0,预计使用年限为10年,采用年限平均法计提折旧。为继续使用该升降机械并提高工作效率,甲公司决定对其进行改造,为此购买了一台更大功率的电动机替代原电动机。新购置电动机的价款为82 000元,增值税税额为13 940元,款项已通过银行转账支付;改造过程中,辅助生产车间发生了劳务支出

15 000 元。

假定原电动机磨损严重，没有任何价值，不考虑其他相关税费。

要求：为甲公司编制相应的会计分录。

6. 丁公司有一台设备，因使用期满经批准报废。该设备原价为 220 000 元，累计已提折旧 140 000，已计提减值准备为 2 200 元。在清理过程中，以银行存款支付清理费用 2 000 元，残料变卖所得 8 500 元已存入银行。不考虑相关税费。

要求：为该公司作出相应的账务处理。

第六章 无形资产

■ 本章概要 ■

> 无形资产是企业重要的非货币性资产。随着知识经济的发展,无形资产在企业资产中所占的比重越来越大,并作为企业的核心竞争力资产在企业经营中发挥着越来越重要的作用,所以加强对无形资产的会计核算和信息披露就显得非常重要。无形资产的会计问题主要涉及无形资产的定义、确认、计量、摊销、处置、报废等。本章首先介绍了无形资产的概念、内容及分类;其次,介绍了无形资产的初始确认和不同取得方式下无形资产的核算;最后,介绍了无形资产摊销和处置的核算。

■ 学习目的与要求 ■

通过本章学习,应当能够了解并掌握:
1. 无形资产的性质、内容及分类;
2. 无形资产的初始确认和取得的核算方法;
3. 无形资产摊销的核算方法;
4. 无形资产处置的核算方法。

第一节 无形资产的确认和初始计量

一、无形资产的定义及其基本特征

无形资产,是指企业拥有或者控制的没有实物形态的可辨认非货币性资产。相对于其他资产,无形资产具有以下三个特征。

(一) 无形资产不具有实物形态

无形资产通常表现为某种权利、某项技术或是某种获取超额利润的综合能力,通过其自身所具有的技术等优势为企业带来未来经济利益,它们看不见,摸不着,不具有实物形态。例如,土地使用权、非专利技术等。

应当注意的是,某些无形资产的存在有赖于实物载体。比如,计算机软件需要存储在磁盘中,但这并不改变无形资产本身不具有实物形态的特性。在确定一项包含无形和有形要素的资产是属于固定资产,还是属于无形资产时,需要通过判断来加以确定,通常以哪个要素更重要作为判断的依据。例如,计算机控制的机械工具没有特定计算机软件就不能运行时,说明该软件是构成相关硬件不可缺少的组成部分,则该软件应作为固定资产处理;如果计算机软件不是相关硬件正常运行不可缺少的组成部分,则该软件应作为无形资产核算。

(二)无形资产具有可辨认性

要作为无形资产进行核算,该资产必须是能够区别于其他资产可单独辨认的。符合以下条件之一的,则认为其具有可辨认性。

(1)能够从企业中分离或者划分出来,并能单独用于出售或转让等,而不需要同时处置在同一获利活动中的其他资产,则说明无形资产可以辨认。某些情况下无形资产可能需要与有关的合同一起用于出售、转让等,这种情况下也视为可辨认无形资产。

(2)产生于合同性权利或其他法定权利,无论这些权利是否可以从企业或其他权利和义务中转移或者分离。如一方通过与另一方签订特许权合同而获得的特许使用权,通过法律程序申请获得的商标权、专利权等。

通常企业拥有的专利权、商标权、土地使用权、著作权、特许权、非专利技术等都是可辨认的无形资产。那么,商誉呢?它不具有实物形态,也不属于货币性资产。但是,如果从可辨认性角度考虑,商誉通常是与企业整体价值联系在一起的,也就是商誉无法从企业中单独分离出来用于出售或转让,缺乏可辨认性,因此它不构成企业的无形资产。企业合并中形成的商誉由企业合并准则来规范。

(三)无形资产属于非货币性资产

货币性资产是指企业持有的货币资金和将以固定或可确定的金额收取的资产,否则就是非货币性资产。无形资产由于没有发达的交易市场,一般不容易转化成现金,在持有过程中为企业带来未来经济利益的情况不确定,不属于以固定或可确定的金额收取的资产,因此属于非货币性资产。

二、无形资产的内容

无形资产通常包括专利权、非专利技术、商标权、著作权、特许权、土地使用权等。

(一)专利权

专利权,是指国家专利主管机关依法授予发明创造专利申请人,对其发明创造在法定期限内所享有的专有权利,包括发明专利权、实用新型专利权和外观设计专利权。

发明,是指对产品、方法或者其改进所提出的新的技术方案。实用新型,是指对产品的形状、构造或者其结合所提出的适于实用的新的技术方案。外观设计,是指对产品的形状、图案或者其结合以及色彩与形状、图案的结合所作出的富有美感并适用于工业应用的新设计。发明专利权的期限为 20 年,实用新型专利权和外观设计专利权的期限为 10 年,均自申请日起计算。

（二）非专利技术

非专利技术,也称专有技术。它是指不为外界所知、在生产经营活动中已采用了的、不享有法律保护的、可以带来经济效益的各种技术和诀窍。非专利技术一般包括工业专有技术、商业贸易专有技术、管理专有技术等。

工业专有技术,是指在生产上已经采用,仅限于少数人知道,不享有专利权或发明权的生产、装配、修理、工艺或加工方法的技术知识,可以用蓝图、配方、技术记录、操作方法的说明等具体资料表现出来,也可以通过卖方派出技术人员进行指导,或接受买方人员进行技术实习等手段实现;商业贸易专有技术,指具有保密性质的市场情报、原材料价格情报以及用户、竞争对象的情况的有关知识;管理专有技术,指生产组织的经营方式、管理方法、培训职工方法等保密知识。非专利技术并不是专利法的保护对象,非专利技术用自我保密的方式来维持其独占性,具有经济性、机密性和动态性等特点。

（三）商标权

商标是用来辨认特定的商品或劳务的标记。商标权指专门在某类指定的商品或产品上使用特定的名称或图案的权利。根据我国商标法的规定,经商标局核准注册的商标为注册商标,包括商品商标、服务商标、集体商标和证明商标;商标注册人享有商标专用权,受法律保护。商标权包括独占使用权和禁止权两个方面。独占使用权是指商标享有人在商标的注册范围内独家使用其商标的权利;禁止权指商标权享有人排除和禁止他人对商标独占使用权进行侵犯的权利。我国商标法规定,注册商标的有效期限为 10 年,自核准注册之日起计算。注册商标有效期满,需要继续使用的,应当在期满前 6 个月内申请续展注册,每次续展注册的有效期为 10 年;在此期间未能提出申请的,可以给予 6 个月的宽展期。宽展期满仍未提出申请的,注销其注册商标。

（四）著作权

著作权又称版权,指作者对其创作的文学、科学和艺术作品依法享有的某些特殊权利。著作权包括作品署名权、发表权、修改权和保护作品完整权,还包括复制权、发行权、出租权、展览权、表演权、放映权、广播权、信息网络传播权、摄制权、改编权、翻译权、汇编权以及应当由著作权人享有的其他权利。

著作权属于作者,创作作品的公民是作者。由法人或者其他组织主持,代表法人或者其他组织意志创作,并由法人或者其他组织承担责任的作品,法人或者其他组织视为作者。作者的署名权、修改权、保护作品完整权的保护期不受限制。公民的作品,其发表权、复制权、发行权、出租权、展览权、表演权、放映权、广播权、信息网络传播权、摄制权、改编权、翻译权、汇编权以及应当由著作权人享有的其他权利的保护期为作者终生及其死亡后 50 年,截止于作者死亡后第 50 年的 12 月 31 日;如果是合作作品,截止于最后死亡的作者死亡后第50年的12月31日。法人或者其他组织的作品、著作权（署名权除外）由法人或者其他组织享有的职务作品，其发表权、复制权、发行权、出租权、展览权、表演权、放映权、广播权、信息网络传播权、摄制权、改编权、翻译权、汇编权以及应当由著作权人享有的其他权利的保护期为50年，截止于作品首次发表后第50年的12月31日，但作品自创作完成后50年内未发表的，不再受法律保护。

（五）特许权

特许权，又称经营特许权、专营权，指企业在某一地区经营或销售某种特定商品的权利或是一家企业接受另一家企业使用其商标、商号、技术秘密等的权利。通常有两种形式：一种是由政府机构授权，准许企业使用或在一定地区享有经营某种业务的特权，如水、电、邮电通信等专营权、烟草专卖权等；另一种指企业间依照签订的合同，有限期或无限期使用另一家企业的某些权利，如连锁店分店使用总店的名称等。

特许权业务涉及特许权转让人和受让人。通常在特许权转让合同中规定了特许权转让的期限、转让人和受让人的权利和义务。转让人一般要向受让人提供商标、商号等使用权，传授专有技术，并负责培训营业人员，提供经营所必需的设备和特殊原料。受让人则需要向转让人支付取得特许权的费用，开业后则要按照合同中规定的方法支付享用特许权的费用，还要为转让人保守商业秘密。

（六）土地使用权

土地使用权，指国家准许某企业在一定期间内对国有土地享有开发、利用、经营的权利。根据我国《土地管理法》的规定，我国土地实行公有制，任何单位和个人不得侵占、买卖或者以其他形式非法转让。企业取得土地使用权的方式大致有行政划拨取得、外购取得、投资者投资取得。

以缴纳土地出让金等方式外购、投资者投入等方式取得的土地使用权，作为无形资产核算；而作为投资性房地产或者作为固定资产核算的土地使用权，则按照投资性房地产和固定资产准则的要求核算。

三、无形资产的确认条件

某项资产要确认为无形资产，首先要符合无形资产定义，其次应当同时满足以下两个条件才能加以确认：(1) 与该无形资产有关的经济利益很可能流入企业；(2) 该无形资产的成本能可靠地计量。

企业在判断无形资产产生的经济利益是否很可能流入时，应当对无形资产在预计使用寿命内可能存在的各种经济因素作出合理而又稳健的估计，并且应当有明确证据支持。比如，企业是否有足够的人力资源、高素质的管理团队、相关的硬件设备、相关的原材料等来配合无形资产来为企业创造经济利益。同时还要关注一些外界因素的影响，如是否存在相关的新技术、新产品冲击等。

成本能够可靠计量是资产确认的一项基本条件。一些高科技领域的高科技人才，假定其与企业签订了服务合同，且合同规定其在一定期限内不能为其他企业提供服务。

在这种情况下,虽然这些高科技人才的知识在规定的期限内预期能够为企业创造经济利益,但由于这些高科技人才的知识难以准确或合理辨认,特别是为形成这些知识所发生的支出难以计量,从而不能作为企业的无形资产加以确认。

四、无形资产的初始计量

无形资产通常是按实际成本计量,即以取得无形资产并使之达到预定用途而发生的全部支出,作为无形资产的成本。对于不同来源取得的无形资产,其初始成本构成不尽相同。

为了核算企业无形资产增减变动情况,在无形资产总分类核算中,应设置"无形资产"科目核算,借方反映企业取得的无形资产成本,贷方反映无形资产因处置等而减少的无形资产成本,期末借方余额反映企业持有的无形资产成本,本科目可按无形资产项目进行明细核算。

(一)外购的无形资产

外购的无形资产,其成本包括购买价款、相关税费以及直接归属于使该项资产达到预定用途所发生的其他支出,包括使无形资产达到预定用途所发生的专业服务费用、测试无形资产是否能够正常发挥作用的费用等。

但要注意以下各项不包括在无形资产的初始成本中:

(1)为引入新产品进行宣传发生的广告费、管理费用及其他间接费用。

(2)在无形资产已经达到预定用途以后发生的费用。例如,在形成预定经济规模之前发生的初始运作损失,以及在无形资产达到预定用途之前发生的其他经营活动的支出,如该经营活动并非是无形资产达到预定用途必不可少的,则有关经营活动的损益应于发生时计入当期损益,而不构成无形资产的成本。

外购的无形资产应按照其取得时的成本进行初始计量。如果购买无形资产的价款超过正常信用条件延期支付,实际上具有融资性质的,即采用分期付款方式购买无形资产,则无形资产的初始成本应为购买价款的现值,其会计处理的基本原则与同样方式购买固定资产的处理相同。现值与应付价款之间的差额作为未确认的融资费用,并在付款期间内按照实际利率法确认为利息费用,计入当期损益。

[例6-1] 甲公司20×8年1月购入一项专利技术,发票价格为330 000元,款项已通过银行转账支付。不考虑相关的税费,应编制会计分录如下:

借:无形资产　　　　　　　　　　　　　　　　　　　　　330 000
　　贷:银行存款　　　　　　　　　　　　　　　　　　　　330 000

(二)投资者投入的无形资产

投资者投入的无形资产,应当按照投资合同或协议约定的价值确定,在投资合同或协议约定价值不公允的情况下,应按无形资产的公允价值入账。

[例6-2] 甲公司20×8年2月接受A投资者以其所拥有的非专利技术投资,双方约定的价值为550 000元,已办妥相关手续。应编制会计分录如下:

借：无形资产　　　　　　　　　　　　　　　　　　　　　　　550 000
　　贷：实收资本　　　　　　　　　　　　　　　　　　　　　　　550 000

（三）其他方式取得的无形资产

非货币性资产交换、债务重组、政府补助、企业合并取得的无形资产，应当分别按照《企业会计准则第7号——非货币性资产交换》《企业会计准则第12号——债务重组》《企业会计准则第16号——政府补助》和《企业会计准则第20号——企业合并》确定其初始成本及核算。

（四）土地使用权的处理

企业取得的土地使用权通常应按照取得时所支付的价款及相关税费确认为无形资产。以后将土地使用权用于自行开发建造厂房等地上建筑物时，土地使用权仍单独作为无形资产进行核算，与地上建筑物分别进行摊销和提取折旧。

但是，下列情况除外：

（1）房地产开发企业取得的土地使用权用于建造对外出售的房屋建筑物，相关的土地使用权应当计入所建造的房屋建筑物成本。

（2）企业外购的房屋建筑物，实际支付的价款中包括土地以及建筑物的价值，则应当对支付的价款按照合理的方法（如公允价值比例）在土地和地上建筑物之间进行分配；如果确实无法在地上建筑物与土地使用权之间进行合理分配的，应当全部作为固定资产核算。

企业以后如果改变土地使用权的用途，将其用于出租或其他增值目的时，应将其转为投资性房地产核算。

[例6-3] 甲公司20×8年3月支付1 200万元取得一块土地使用权，使用期限30年。应编制会计分录如下：

借：无形资产——土地使用权　　　　　　　　　　　　　　　12 000 000
　　贷：银行存款　　　　　　　　　　　　　　　　　　　　　　12 000 000

第二节　内部研究开发费用的确认和计量

通常情况下，企业内部产生的无形资产不确认为无形资产，如内部产生的品牌、报刊名等，主要是因为在形成品牌等的过程中，所发生的各项支出与支出所形成的结果之间不能形成一一对应的关系，有时支出的结果本身也具有很大的不确定性，比如企业进行内部研究开发所发生的各项支出。可能研究开发能够最终形成一项无形资产，给企业在未来带来经济利益，也可能毫无结果。因此，内部研究开发所发生的各项支出可以资本化，也可以费用化。基于以上考虑，对于内部研究开发所发生的各项支出无形资产准则没有全部费用化或者资本化，而是将企业的内部研发活动区分为研究阶段和开发阶段，并作具体分析判断是费用化还是资本化。

一、研究阶段和开发阶段的划分

（一）研究阶段

研究阶段是指为获取新的技术和知识等进行的有计划的调查，研究阶段是探索性的，为进一步开发活动进行资料及相关方面的准备，已进行的研究活动将来是否会转入开发、开发后是否会形成无形资产等均具有较大的不确定性。

比如，意在获取知识而进行的活动，研究成果或其他知识的应用研究、评价和最终选择，材料、设备、产品、工序、系统或服务替代品的研究，新的或经改进的材料、设备、产品、工序、系统或服务的可能替代品的配制、设计、评价和最终选择等，均属于研究活动。

由于研究能否在未来形成成果有很大的不确定性，企业也无法证明其研究活动一定能够形成带来未来经济利益的无形资产，因此研究阶段的有关支出在发生时应当费用化，计入当期损益。

（二）开发阶段

开发阶段是指在进行商业性生产或使用前，将研究成果或其他知识应用于某项计划或设计，以生产出新的或具有实质性改进的材料、装置、产品等。开发活动主要包括：生产前或使用前的原型和模型的设计、建造和测试；含新技术的工具、夹具、模具和冲模的设计；不具有商业性生产经济规模的试生产设施的设计、建造和运营；新的或改造的材料、设备、产品、工序、系统或服务所选定的替代品的设计、建造和测试等。

开发阶段相对于研究阶段而言，开发阶段应当是已完成研究阶段的工作，在很大程度上具备了形成一项新产品或新技术的基本条件。此时，如果企业能够证明满足无形资产的定义及相关确认条件，则所发生的开发支出可资本化，确认为无形资产的成本。

二、开发阶段相关支出资本化的条件

开发阶段的支出，同时满足下列条件的，才能确认为无形资产。

（一）完成该无形资产以使其能够使用或出售在技术上具有可行性

判断无形资产的开发在技术上是否具有可行性，应当以目前阶段的成果为基础，并提供相关证据和材料，证明企业进行开发所需的技术条件等已经具备，基本上不存在技术上的障碍或其他不确定性。比如，企业已经完成了全部计划、设计和测试活动，这些活动是使资产能够达到设计规划书中的功能、特征和技术所必需的活动或经过专家鉴定等。

（二）具有完成该无形资产并使用或出售的意图

企业的管理当局应能够说明其持有拟开发无形资产的目的，并具有完成该项无形资产开发且使其能够使用或出售的可能性。

（三）无形资产产生经济利益的方式

企业应能够证明运用该无形资产生产的产品存在市场或无形资产自身存在市场，无形资产将在内部使用的，应当证明其有用性。

（四）有足够的技术、财务资源和其他资源支持，以完成该无形资产的开发，并有能力使用或出售该无形资产

企业能够证明可以取得无形资产开发所需的技术、财务和其他资源，以及获得这些资源的相关计划。在企业自有资金不足以提供支持的情况下，是否存在外部其他方面的资金支持，如银行等机构愿意为该无形资产的开发提供所需资金的声明等来证实。企业也应证明有能力使用或出售该无形资产以取得收益。

（五）归属于该无形资产开发阶段的支出能够可靠计量

企业对于开发活动发生的支出应单独核算，如发生的开发人员的工资、材料费等，在企业同时从事多项开发活动的情况下，所发生的支出同时用于支持多项开发活动的，应按照一定的标准在各项开发活动之间进行分配，无法明确分配的，应予费用化计入当期损益，不计入开发活动的成本。

三、内部开发的无形资产的计量

内部开发活动形成的无形资产，其成本由可直接归属于该资产的创造、生产并使该资产能够以管理层预定的方式运作的所有必要支出组成。

可直接归属于该资产的成本包括开发该无形资产时耗费的材料、劳务成本、注册费、在开发该无形资产过程中使用的其他专利权和特许权的摊销，以及按照借款费用的处理原则可资本化的利息支出，以及为使该无形资产达到预定用途前所发生的其他费用。

在开发无形资产过程中发生的除上述可直接归属于无形资产开发活动的其他销售费用、管理费用等间接费用、无形资产达到预定用途前发生的可辨认的无效和初始运作损失、为运行该无形资产发生的培训支出等不构成无形资产的开发成本。

值得说明的是，内部开发无形资产的成本仅包括在满足资本化条件的时点至无形资产达到预定用途前发生的支出总和，对于同一项无形资产在开发过程中达到资本化条件之前已经费用化计入当期损益的支出不再进行调整。

四、内部研究开发费用的账务处理

（一）基本原则

企业内部研究和开发无形资产，其在研究阶段的支出全部费用化，计入当期损益（管理费用）；开发阶段的支出符合条件的才能资本化，不符合资本化条件的计入当期损益（管理费用）。如果确实无法区分研究阶段的支出和开发阶段的支出，应将其所发生的研发支出全部费用化，计入当期损益。

（二）账务处理

企业需要设置"研发支出"科目，该科目借方反映企业发生的各项研究开发支出，贷方反映应予资本化计入无形资产成本的支出及费用化计入当期损益的支出，期末借方余额反映企业正在进行无形资产研究开发项目满足资本化条件的支出。该科目应按研究开发项目，分别"费用化支出""资本化支出"进行明细核算。

(1) 企业自行开发无形资产发生的研发支出,未满足资本化条件的,借记"研发支出——费用化支出"科目,满足资本化条件的,借记"研发支出——资本化支出"科目,贷记"原材料""银行存款""应付职工薪酬"等科目。

(2) 企业购买正在进行中的研究开发项目,应按确定的金额,借记"研发支出——资本化支出"科目,贷记"银行存款"等科目。以后发生的研发支出,应当比照上述企业自行开发无形资产发生的研发支出的规定进行处理。

(3) 未满足资本化条件的研发支出,年末应从"研发支出——费用化支出"科目转入"管理费用"科目。

(4) 研究开发项目达到预定用途形成无形资产的,应按"研发支出——资本化支出"科目的余额,借记"无形资产"科目,贷记"研发支出——资本化支出"科目。

[例6-4] 甲公司20×8年1月4日自行研究开发一项新产品专利技术,在研究开发过程中发生材料费 8 000 000 元、人工工资 5 000 000 元,以及其他费用 3 000 000 元,总计 16 000 000 元,其中,符合资本化条件的支出为 11 000 000 元,到当年12月31日该专利技术尚未达到预定用途。20×9年该研发项目继续,共发生可资本化的支出为 12 000 000 元,其中用于材料为 5 000 000 元,用于人工为 6 000 000 元,其他为 1 000 000 元,并于该年7月10日达到预定用途。

应编制会计分录如下:

(1) 20×8年相关支出发生时:

借:研发支出——费用化支出　　　　　　　　　　5 000 000
　　　　　——资本化支出　　　　　　　　　　　11 000 000
　　贷:原材料　　　　　　　　　　　　　　　　8 000 000
　　　　应付职工薪酬　　　　　　　　　　　　　5 000 000
　　　　银行存款　　　　　　　　　　　　　　　3 000 000

(2) 20×8年年末:

借:管理费用　　　　　　　　　　　　　　　　　5 000 000
　　贷:研发支出——费用化支出　　　　　　　　　5 000 000

此时,在20×8年12月31日的资产负债表上,在资产方应列示"开发支出"期末余额为 11 000 000 元。

(3) 20×9年相关支出发生时:

借:研发支出——资本化支出　　　　　　　　　　12 000 000
　　贷:原材料　　　　　　　　　　　　　　　　5 000 000
　　　　应付职工薪酬　　　　　　　　　　　　　6 000 000
　　　　银行存款　　　　　　　　　　　　　　　1 000 000

(4) 20×9年7月10日:

借:无形资产　　　　　　　　　　　　　　　　　23 000 000
　　贷:研发支出——资本化支出　　　　　　　　　23 000 000

第三节 无形资产的后续计量

一、无形资产后续计量的原则

无形资产在初始确认和计量后,在其使用期间内,应以成本减去累计摊销额和累计减值损失后的余额计量。无形资产在使用过程中的累计摊销额的确定,基础是估计其使用寿命,只有使用寿命有限的无形资产才需要在估计的使用寿命内采用系统合理的方法进行摊销,对于使用寿命不确定的无形资产则不需要摊销。

(一)无形资产使用寿命的估计

企业应当于取得无形资产时分析判断其使用寿命。无形资产的使用寿命如为有限的,应当估计该使用寿命的年限或者构成使用寿命的产量等类似计量单位数量;无法预见无形资产为企业带来未来经济利益期限的,应当视为使用寿命不确定的无形资产。

无形资产的使用寿命包括法定寿命和经济寿命两个方面。有些无形资产的使用寿命受法律、规章或合同的限制,称为法定寿命,如我国法律规定发明专利权有效期为20年,商标权的有效期为10年。有些无形资产如永久性特许经营权、非专利技术等的寿命则不受法律或合同的限制。经济寿命是指无形资产可以为企业带来经济利益的年限。由于受技术进步、市场竞争等因素的影响,无形资产的经济寿命往往短于法定寿命,因此,在估计无形资产的使用寿命时,应当综合考虑各方面相关因素的影响,合理确定无形资产的使用寿命。

通常估计无形资产使用寿命应考虑的主要因素有:该资产通常的产品寿命周期,以及可获得的类似资产使用寿命的信息;技术、工艺等方面的现实情况及对未来发展的估计;以该资产生产的产品或服务的市场需求情况;现在或潜在的竞争者预期采取的行动;为维持该资产产生未来经济利益的能力预期的维护支出及企业预计支付有关支出的能力;对该资产的控制期限,对该资产使用的法律或类似限制,如特许使用期间、租赁期间等;与企业持有的其他资产使用寿命的关联性等。

(二)无形资产使用寿命的确定

源自合同性权利或其他法定权利取得的无形资产,其使用寿命不应超过合同性权利或其他法定权利的期限。如果企业使用无形资产的预期期限短于合同性权利或其他法定权利规定的期限的,则应当按照企业预期使用的期限确定其使用寿命。

例如,企业以支付土地出让金方式取得一块土地50年的使用权,如果企业准备持续持有,在50年期间内没有计划出售,该项土地使用权预期为企业带来未来经济利益的期间为50年。再如,企业取得一项专利技术,法律保护期间为20年,企业预计运用该专利生产的产品在未来 15 年内会为企业带来经济利益。就该项专利技术，第三方向企业承诺在 5 年内以其取得之日公允价值的 60％购买该专利权，从企业管理层目前的持有计划来看，准备在 5 年内将其出售给第三方，该专利技术应在企业持有其 5 年内摊销。

如果合同性权利或其他法定权利能够在到期时因续约等延续，当有证据表明企业续约不需要付出重大成本时，续约期才能够包括在使用寿命的估计中。例如，有证据表明合同性权利或法定权利将被重新延续，如果在延续之前需要第三方同意，则还需有第三方将会同意的证据；有证据表明为获得重新延续所必需的所有条件与企业的未来经济利益相比不具有重要性。如果企业在延续无形资产持有期间时付出的成本与预期流入企业的未来经济利益相比具有重要性，则从本质上来看应认为企业获得了一项新的无形资产。

没有明确的合同或法律规定的无形资产，企业应当综合各方面情况，如聘请相关专家进行论证或与同行业的情况进行比较以及企业的历史经验等，来确定无形资产为企业带来未来经济利益的期限，如果经过这些努力确实无法合理确定无形资产为企业带来经济利益期限，再将其作为使用寿命不确定的无形资产。如企业通过公开拍卖取得一项出租车运营许可，按照所在地规定，以现有出租运营许可为限，不再授予新的运营许可，而且在旧的出租车报废以后，其运营许可可用于新的出租车。企业估计在有限的未来，将持续经营出租车行业。对于该运营许可，其为企业带来未来经济利益的期限从目前情况看无法可靠估计，应视为使用寿命不确定的无形资产。

企业至少应当于每年年度终了，对无形资产的使用寿命进行复核，如果有证据表明无形资产的使用寿命不同于以前的估计，如由于合同的续约或无形资产应用条件的改善，延长了无形资产的使用寿命，对于使用寿命有限的无形资产应改变其摊销年限，并按照会计估计变更进行处理。

如企业使用的某项非专利技术，原预计使用寿命为 5 年，使用至第 2 年年末，该企业计划再使用 2 年即不再使用，因此企业应在第 2 年年末变更该项无形资产的使用寿命，并按照会计估计变更进行处理。

对于使用寿命不确定的无形资产，如果有证据表明其使用寿命是有限的，应当按照会计估计变更处理，应当估计其使用寿命并按照使用寿命有限的无形资产的处理原则进行处理。

二、使用寿命有限的无形资产

使用寿命有限的无形资产，应在其预计的使用寿命内采用系统合理的方法对应摊销金额进行摊销。其中应摊销金额是指无形资产的成本扣除预计残值后的金额。已计提减值准备的无形资产，还要扣除已计提的减值准备累计金额。

（一）摊销期和摊销方法

无形资产的摊销期自其可供使用时（即其达到预定用途）开始至终止确认时止。即无形资产摊销的起始和停止日期为：当月增加的无形资产，当月开始摊销；当月减少的无形资产，当月不再摊销。

无形资产的摊销方法包括直线法、生产总量法等。对某项无形资产摊销所使用的方法应依据从资产中获取的未来经济利益的预期实现方式来选择，并应一致地运用于不同会计期间。例如，受技术陈旧因素影响较大的专利权和专有技术等无形资产，可采用类似固定资产加速折旧的方法进行摊销；有特定产量限制的特许经营权或专利权，应采用产量法进行摊销。无法可靠确定相关经济利益预期实现方式的，应当采用直线法进行摊销。

（二）残值的确定

无形资产的残值一般为零，除非有第三方承诺在无形资产使用寿命结束时愿意以一定的价格购买该项无形资产，或者存在活跃的市场，通过市场可以得到无形资产使用寿命结束时的残值信息，并且从目前情况看，在无形资产使用寿命结束时，该市场还可能存在的情况下，可以预计无形资产的残值。

（三）摊销的账务处理

企业应设置"累计摊销"科目，核算对使用寿命有限的无形资产计提的摊销金额。该科目贷方反映企业按期（月）计提无形资产的摊销，借方反映企业处置无形资产时应结转的累计摊销额，期末贷方余额，反映企业无形资产的累计摊销额。

企业按月计提无形资产摊销，并根据使用状况计入相关资产的成本或者当期损益。例如，一项专门用于生产某种产品的专利技术，其摊销金额应构成所生产产品成本的一部分，计入制造该产品的制造费用。基本生产车间生产所使用的无形资产，其计提的摊销额应计入制造费用；经营租出的无形资产，其计提的摊销额应计入其他业务成本；其他无形资产，其计提的摊销额一般应计入管理费用。

[例6-5] 甲公司从外单位购得一项商标权，支付价款3 000 000元，款项已支付，该商标权的使用寿命为10年，不考虑残值的因素，以直线法摊销。应编制会计分录如下：

借：无形资产——商标权　　　　　　　　　　　　　　　　　3 000 000
　　贷：银行存款　　　　　　　　　　　　　　　　　　　　　3 000 000
借：管理费用　　　　　　　　　　　　　　　　　　　　　　　300 000
　　贷：累计摊销　　　　　　　　　　　　　　　　　　　　　　300 000

三、使用寿命不确定的无形资产

根据可获得的情况判断，有确凿证据表明无法合理估计其使用寿命的无形资产，才能作为使用寿命不确定的无形资产，不能随意判断使用寿命不确定的无形资产。对于使用寿命不确定的无形资产，在持有期间内不需要摊销，如果期末重新复核后仍为不确定的，则应当在每个会计期间进行减值测试。其减值测试的方法按照资产减值的原则进行处理，如表明已发生减值，则需要计提减值准备。其相关的账务处理为：借记"资产减值损失"科目，贷记"无形资产减值准备"科目。

第四节　无形资产的处置

无形资产的处置,主要是指无形资产出售、对外出租、对外捐赠,或者是无法为企业带来未来经济利益时,应予转销并终止确认。

一、无形资产出售

企业将无形资产出售,表明企业放弃无形资产的所有权。出售时,应将所取得的价款与该无形资产账面价值的差额计入当期损益。

企业出售无形资产不属于《企业会计准则第14号——收入》的规范范围,但处置无形资产利得的确认时点,应比照收入准则中的有关原则进行判断。

出售无形资产时,应按实际收到的金额,借记"银行存款"等科目;按已计提的累计摊销额,借记"累计摊销"科目;已计提减值准备的,借记"无形资产减值准备"科目;按应支付的相关税费,贷记"应交税费"等科目;按其账面余额,贷记"无形资产"科目,按其差额,贷记"营业外收入——处置非流动资产利得"科目或借记"营业外支出——处置非流动资产损失"科目。

[例6-6] 甲公司将拥有的一块土地使用权出售,取得收入120 000 000元,应交营业税为4 000 000元。该土地使用权的账面余额为90 000 000元,累计摊销额为25 000 000元。应编制会计分录如下:

借:银行存款　　　　　　　　　　　　　　　　　120 000 000
　　累计摊销　　　　　　　　　　　　　　　　　 25 000 000
　　贷:无形资产　　　　　　　　　　　　　　　　 90 000 000
　　　　应交税费——应交营业税　　　　　　　　　　4 000 000
　　　　营业外收入——处置非流动资产利得　　　　 51 000 000

二、无形资产的出租

企业将拥有的无形资产使用权让渡给他人,并收取租金,在满足收入准则规定的确认标准的情况下,应确认相关的收入及成本。

出租无形资产时,取得的租金收入,借记"银行存款"等科目,贷记"其他业务收入"等科目;摊销出租无形资产的成本并发生与转让有关的各种费用支出时,借记"其他业务成本"科目,贷记"累计摊销"等科目。

[例6-7] 丙公司将一项商标权出租给另外一个企业使用,该商标权账面余额为8 000 000元,摊销期限为10年,出租合同规定,承租方每销售一件印有该商标的产品,必须付给出租方5元商标使用费。假定承租方当年销售该产品20万件。假定不考虑其他相关税费。

出租方当年应编制会计分录如下:
借:银行存款　　　　　　　　　　　　　　　　　1 000 000
　　贷:其他业务收入　　　　　　　　　　　　　　　1 000 000
借:其他业务成本　　　　　　　　　　　　　　　　800 000
　　贷:累计摊销　　　　　　　　　　　　　　　　　　800 000

三、无形资产的报废

如果无形资产预期不能为企业带来未来经济利益,不再符合无形资产的定义,应将其转销。比如,该无形资产已被其他新技术所替代,不能为企业带来经济利益;再如,无形资产不再受到法律保护,且不能给企业带来经济利益等。

无形资产预期不能为企业带来经济利益的,应按已计提的累计摊销额,借记"累计摊销"科目;已计提减值准备的,借记"无形资产减值准备"科目;按其账面余额,贷记"无形资产"科目;按其差额,借记"营业外支出"科目。

[例6-8] 丁公司的某项专利技术,其账面余额为500 000元,摊销期限为10年,采用直线法进行摊销,已摊销了6年,假定该项专利权的残值为0,计提的减值准备为120 000元,今年用其生产的产品没有市场,应予转销。假定不考虑其他相关因素,应编制会计分录如下:

借:累计摊销　　　　　　　　　　　　　　　　　　300 000
　　无形资产减值准备　　　　　　　　　　　　　　120 000
　　营业外支出——处置无形资产损失　　　　　　　 80 000
　　贷:无形资产——专利权　　　　　　　　　　　　500 000

第五节　无形资产在财务报告中的披露

一、无形资产在财务报表中的列示

在资产负债表中,与无形资产相关的项目主要有两个:
(1)"无形资产"项目,反映企业期末所拥有的无形资产的账面价值;
(2)"开发支出"项目,反映企业期末尚未达到预定用途的应予资本化的研发支出。

二、无形资产在附注中的披露

在会计报表附注中,企业应当按照无形资产的类别,采用文字和数字描述相结合的方式披露与无形资产有关的下列信息:
(1)无形资产的期初和期末账面余额、累计摊销额及减值准备的金额。披露格式如表6-3所示。

(2) 使用寿命有限的无形资产,其使用寿命的估计情况;使用寿命不确定的无形资产,其使用寿命不确定的判断依据。

(3) 无形资产的摊销方法。

(4) 用于担保的无形资产账面价值、当期摊销额等情况。

(5) 计入当期损益和确认为无形资产的研究开发支出金额。

表 6-3 各类无形资产的披露格式

项目	年初账面余额	本期增加额	本期减少额	期末账面余额
一、原价合计				
1.				
……				
二、累计摊销额合计				
1.				
……				
三、无形资产减值准备累计金额合计				
1.				
……				
四、无形资产账面价值合计				
1.				
……				

本章小结

无形资产,是指企业拥有或者控制的没有实物形态的可辨认非货币性资产。企业的无形资产主要包括专利权、商标权、土地使用权、著作权、特许权和非专利技术等。

无形资产通常按实际成本计量,即以取得无形资产并使之达到预定用途而发生的全部支出作为无形资产的成本。

外购无形资产的成本包括购买价款、相关税费以及直接归属于使该项资产达到预定用途所发他支出。

企业可以通过自行进行研究开发取得无形资产,以其开发成本作为入账价值。对于企业自行进行的研究开发项目,应区分研究阶段与开发阶段分别进行核算。研究阶段的支出应当于发生时计入当期损益(管理费用)。开发阶段的支出满足资本化条件的,才能确认为无形资产。

无形资产的价值摊销应区分使用寿命有限的无形资产和使用寿命不确定的无形资

产。只有使用寿命有限的无形资产才需要在估计的使用寿命内采用系统合理的方法进行摊销,对于使用寿命不确定的无形资产则不需要摊销。

无形资产的处置主要是指无形资产出售、对外出租、报废等。出售无形资产时,应将所取得的价款与该无形资产账面价值的差额计入当期损益,同时注销无形资产的账面价值并确定资产处置利得或损失。出租无形资产转让的是使用权,收取的租金收入属于让渡资产使用权取得的收入,属于其他业务收入。

无形资产的报废是指无形资产无法为企业带来未来经济利益时,应予转销并终止确认。

 名词中英对照

无形资产	intangible asset
可辨认无形资产	identifiable intangible asset
不可辨认无形资产	non-identifiable intangible asset
专利权	patent
非专利技术	non-proprietary technology
商标权	brand name; trademark
著作权	copyright
土地使用权	land use right
特许权	franchise
累计摊销	accumulated amortization
研发支出	research and development expenditures

 案例分析

20×7年6月7日,在公布今年电子信息百强的同时,信产部公布了各企业的专利情况,其中,海尔、华为、联想列专利数前三,但在研发费用的排名上中兴通讯则超过联想,列第三。信产部的相关报告称,本届百强企业20×6年研发经费投入434亿元,比上届增长21.1%,研发投入强度(研发经费占营业收入比重)达到3.9%,比全行业平均水平(2.1%)高出1.8个百分点。

其中,海尔集团公司、华为技术有限公司、中兴通讯股份有限公司、联想控股有限公司研发经费分别达到67亿元、59亿元、28亿元和28亿元,均比20×5年有较大增长。

资料来源:央视国际,www.cctv.com。

要求:分析研发支出进行资本化处理对企业的影响。

复习思考题

1. 什么是无形资产？其具有哪些特征？
2. 不同来源取得的无形资产其初始成本是如何确定的？
3. 如何划分研究阶段和开发阶段？各阶段发生的支出应如何进行会计处理？
4. 使用寿命有限的无形资产应该如何进行摊销处理？
5. 无形资产处置应该如何进行会计处理？

 练习题

1. 甲企业 20×8 年发生如下业务：

(1) 20×8 年 1 月 4 日，该企业以银行存款 15 000 000 元购入一项土地使用权(不考虑相关税费)。该土地使用年限为 30 年。

(2) 20×9 年 5 月 8 日，该企业利用上述外购的土地使用权，自行开发建造仓库。仓库于 20×9 年 10 月达到预定可使用状态，累计所发生的必要支出 2 000 000 元(不包含土地使用权)。该仓库预计使用寿命为 5 年，预计净残值为 100 000 元，并采用双倍余额递减法计提折旧。

要求：(1) 编制该企业 20×8 年购入该项土地使用权的会计分录。

(2) 计算该企业 20×8 年 12 月 31 日该项土地使用权的账面价值。

(3) 分析上述土地使用权是否应转入该仓库的建造成本；并计算 2×10 年该企业自行开发建造的仓库应计提的折旧额。

2. 乙企业发生如下业务：

(1) 20×8 年 3 月，该企业研发部门准备研究开发一项专有技术。在研究阶段，企业为了研究成果的应用研究、评价等，以银行存款支付了相关费用 7 000 000 元。

(2) 20×8 年 8 月，上述专有技术研究成功，转入开发阶段。当年 8—10 月企业将研究成果应用于该项专有技术的设计，直接发生的研发人员工资、材料费，以及相关设备折旧费等分别为 12 000 000 元、8 000 000 元和 3 000 000 元，同时以银行存款支付了其他相关费用 1 100 000 元。以上开发支出均满足开发支出资本化的确认条件。

(3) 20×8 年 10 月，上述专有技术的研究开发项目达到预定用途，形成无形资产。该企业预计该专有技术的预计使用年限为 10 年，但企业无法可靠确定与该专有技术有关的经济利益的预期实现方式。

(4) 2×12 年 6 月，该专有技术预期不能为该企业带来经济利益，经批准将其予以转销。

要求：(1) 编制该企业 20×8 年研制开发专有技术的有关会计分录。

(2) 计算该企业研制开发的专有技术 20×8 年末累计摊销的金额。

(3) 编制该企业该项专有技术 2×12 年 6 月予以转销的会计分录。

3. 乙公司 20×8 年 1 月 4 日购入一项专利权,支付 270 000 元,该专利权的有效期限 10 年,买入 3 年后,将其使用权转让给另一企业,转让期 2 年,一次性收费 100 000 元,并提供后续服务;买入 5 年后,又将其所有权转让给第三个企业,收取价款 120 000 元。不考虑相关税费的影响,也未对无形资产计提减值准备。

要求:根据以上经济业务,分别编制购入专利权、按月摊销无形资产价值、转让使用权、转让所有权的会计分录。

第七章 投资性房地产及其他资产

■ 本章概要 ■

房地产是土地和房屋及其权属的总称。在我国,土地归国家或集体所有,企业只能取得土地使用权。随着我国社会主义市场经济的发展和完善,房地产市场日益活跃,企业持有的房地产除了用作自身管理、生产经营活动场所和对外出售外,出现了将房地产用于赚取租金或增值收益的活动。投资性地产一般金额大、周期长、流动与变现能力差,具有高收益和高风险并存的特点,所以,对于投资性房地产,如果将其作为一般固定资产看待并提取折旧,其净值往往不能反映投资性房地产的真实价值,需单独作为一类资产加以规范。本章主要介绍了投资性房地产的概念和范围,投资性房地产的确认条件,投资性房地产初始计量、后续计量、转换、处置的会计核算,也涉及长期待摊费用、商誉等其他资产项目。

■ 学习目的与要求 ■

通过本章学习,应当能够了解并掌握:
1. 投资性房地产的概念和范围;
2. 投资性房地产的确认条件;
3. 投资性房地产初始计量、后续计量;
4. 投资性房地产转换、处置的核算方法;
5. 长期待摊费用、商誉等其他资产项目的核算方法。

第一节 投资性房地产的概述

一、投资性房地产的概念及特征

投资性房地产是指为赚取租金或资本增值,或者两者兼有而持有的房地产。作为投资性房地产应具备以下特征：(1) 持有投资性房地产的目的是为赚取租金或资本增值，或两者兼有。投资性房地产产生的现金流量在很大程度上独立于企业的其他资产，因此会计核算应将其与自用房地产区分；(2) 能够单独计量和出售。

二、投资性房地产的范围

投资性房地产主要包括已出租的土地使用权、持有并准备增值后转让的土地使用权和已出租的建筑物。

（一）已出租的土地使用权

已出租的土地使用权是指企业通过出让和转让方式取得的、以经营租赁方式出租的土地使用权。企业取得的土地使用权通常包括在一级市场上以交纳土地出让金的方式取得的土地使用权，也包括在二级市场上接受其他单位转让的土地使用权。对于经营租赁方式租入的土地使用权再转租给其他单位的，不能确认为投资性房地产。

（二）已出租的建筑物

已出租的建筑物是指企业拥有产权、以经营租赁方式出租的建筑物，包括自行建造或开发活动完成后用于出租的建筑物。用于出租的建筑物是指企业拥有产权的建筑物，企业以经营租赁方式租入再转租的建筑物不属于投资性房地产。已出租的建筑物是企业已经与其他方签订了租赁协议，约定以经营租赁方式出租的建筑物。自租赁协议规定的租赁期开始日起，经营租出的建筑物才属于已出租的建筑物。租赁期开始日，是指承租人有权行使其使用租赁资产权利的日期。企业计划用于出租但尚未出租的建筑物，不属于已出租的建筑物。企业将建筑物出租，按租赁协议向承租人提供的相关辅助服务在整个协议中不重大的，应当将该建筑物确认为投资性房地产。比如，企业将办公楼出租并向承租人提供保安、维修等辅助服务。

已出租的投资性房地产租赁期届满，因暂时空置并将继续用于出租的，仍作为投资性房地产。

（三）持有并准备增值后转让的土地使用权

持有并准备增值后转让的土地使用权，是指企业取得的、准备增值后转让的土地使用权。例如，企业发生转产或厂址搬迁，部分土地使用权停止自用，管理层决定继续持有这部分土地使用权，待其增值后转让以赚取增值收益。这类土地使用权很可能给企业带来资本增值收益，符合投资性房地产的定义。企业依法取得土地使用权后，应当按照国有土地有偿使用合同或建设用地批准书规定的期限动工开发建设。土地使用者依法取得土地使用权后，未经原批准用地的人民政府同意，超过规定期限未动工开发建设的建设用地属于闲置土地。按照国家有关规定认定的闲置土地，不属于持有并准备增值的土地使用权，也就不属于投资性房地产。

此外，自用房地产和作为存货的房地产不属于投资性房地产项目。自用房地产指为生产商品、提供劳务或者经营管理而持有的房地产，如企业用于产品生产的厂房、用于经营管理的办公楼、营业用的土地使用权等，应分别列入企业的"固定资产"和"无形资产"科目核算。自用房地产的特征在于服务于企业自身的生产经营活动,其价值将随着房地产的使用而逐渐转移到企业的产品或服务中去,通过销售商品或提供服务为企业带来经济利益,在生产现金流量的过程中与企业持有的其他资产密切相关。例如,企业拥有并自行经营的旅馆饭店,其经营目的主要是通过提供客房服务赚取服务收入,则该旅馆饭店不确认为投资性房地产,而应当属于企业自用房地产。作为存货的房地产指房地产开发公司在正常经营过程中销售的或为销售而正在开发的商品房和土地。这部分房地产属于房地产开发企业的存货,其生产、销售构成企业的主营业务活动,产生的现金流量也与企业的其他资产密切相关。从事房地产开发的企业依法取得的,用于开发后出售的土地使用权,属于房地产开发企业的存货,即使房地产开发企业决定待增值后再转让其开发的土地,也不得将其确认为投资性房地产。在实务中,存在某项房地产部分自用或作为存货出售、部分用于赚取租金或资本增值的情形。如果某项投资性房地产不同用途部分能够单独计量和出售,应当分别确认为固定资产、无形资产、存货和投资性房地产。

第二节 投资性房地产的确认和初始计量

一、投资性房地产的确认条件

将某个项目确认为投资性房地产,首先应当符合投资性房地产的概念,其次要同时满足投资性房地产的两个确认条件:
(1) 与该投资性房地产相关的经济利益很可能流入企业;
(2) 该投资性房地产的成本能够可靠地计量。

对已出租的土地使用权、已出租的建筑物,其作为投资性房地产的确认时点为租赁期开始日,即土地使用权、建筑物进入出租状态、开始赚取租金的日期。

对持有并准备增值后转让的土地使用权,其作为投资性房地产的确认时点为企业将自用土地使用权停止自用,准备增值后转让的日期。

二、投资性房地产的初始计量

投资性房地产应当按照成本进行初始计量。投资性房地产的成本可参照本书"固定资产"和"无形资产"等章节相关要求确定。

企业应设置"投资性房地产"科目,本科目核算投资性房地产的价值,包括采用成本模式计量的投资性房地产和采用公允价值模式计量的投资性房地产。投资性房地产采用成本模式计量的,企业应当按照投资性房地产类别和项目进行明细核算;投资性房地产采用公允价值模式计量的,企业应当按照投资性房地产类别和项目并分别"成本"和"公允价值变动"进行明细核算。该科目为资产类科目,借方登记投资性房地产的增加,贷方登记投资性房地产的减少,期末余额为借方余额,如采用成本模式计量的反映企业投资性房地产成本,如采用公允价值模式计量的,反映企业投资性房地产的公允价值。

(一)外购方式取得的投资性房地产

外购的房地产,只有在购入的同时开始出租,才能作为投资性房地产加以确认,其成本包括购买价款、相关税费和可直接归属于该资产的其他支出。

[例7-1] 甲公司是一家商贸企业,为了拓展经营规模,20×7年3月1日以银行存款购得位于繁华商业区的一层商务用楼,并进行招租。该层商务楼的买价为600万元,相关税费为30万元。假设不考虑其他因素,甲公司采用成本模式进行后续计量。

该商务楼的入账成本=买价+相关税费=600+30=630(万元)

应编制会计分录如下:

借:投资性房地产——商务楼　　　　　　　　　　　　　　6 300 000
　　贷:银行存款　　　　　　　　　　　　　　　　　　　　　6 300 000

[例7-2] 沿用[例7-1],假设甲公司拥有的投资性房地产符合采用公允价值计量模式的条件,采用公允价值模式进行后续计量。

应编制会计分录如下:

借:投资性房地产——成本(商务楼)　　　　　　　　　　　6 300 000
　　贷:银行存款　　　　　　　　　　　　　　　　　　　　　6 300 000

(二)自行建造方式取得的投资性房地产

企业自行建造或开发活动完成后用于出租的房地产属于投资性房地产。只有在自行建造或开发活动完成的同时开始出租,才能将自行建造或开发完成的房地产确认为投资性房地产。自行建造的投资性房地产,其成本由建造该项资产达到预定可使用状态前发生的必要支出构成,包括土地开发费、建筑成本、安装成本、应予资本化的借款费用、支付的其他费用和分摊的间接费用等。建造过程中发生的非正常性损失,直接计入当期损益,不计入建造成本。

[例7-3] 乙公司是一家建筑公司,为了降低经营风险,于20×7年1月1日开始自行建造一幢办公楼,拟用于招租。工程于20×7年1月1日开工,20×8年2月达到预定可使用状态。建造工程发生人工费600万元,投入工程物资7 000万元,不考虑其他相关税费。假定乙公司采用成本计量模式。

该商务楼的入账成本=600+7 000=7 600(万元)

应编制会计分录如下:

(1)工程领用物资:

借:在建工程——办公楼　　　　　　　　　　　　　　　　70 000 000
　　贷:工程物资　　　　　　　　　　　　　　　　　　　　　70 000 000

(2) 分配工程人员工资：

借：在建工程——办公楼　　　　　　　　　　　　　　6 000 000
　　贷：应付职工薪酬　　　　　　　　　　　　　　　　　6 000 000

(3) 工程完工：

借：投资性房地产——办公楼　　　　　　　　　　　76 000 000
　　贷：在建工程　　　　　　　　　　　　　　　　　　76 000 000

上例中，如采用公允价值模式计量，应当按照确定的成本，借记"投资性房地产——成本(办公楼)"，贷记"在建工程"。

(三) 投资者投入方式取得的投资性房地产

对于接受股东以投资性房地产投资的企业，在办理了投资性房地产移交手续之后，应按投资合同或协议约定的价值加上应支付的相关税费作为投资性房地产的入账价值，但合同或协议约定价值不公允的除外。

[例7-4] 甲公司是一家商贸企业，20×7年4月1日接受丁公司以一项土地使用权进行投资，该土地使用权在丁公司的账面价值为4 000万元，双方协议以评估价为投入资产的入账价值。经评估，该土地使用权的公允价值为4 500万元。甲公司取得该土地使用权后，拟于适当时机转让。

该土地使用权的入账成本＝双方协议价＝4 500万元

应编制会计分录如下：

借：投资性房地产——土地使用权　　　　　　　　　45 000 000
　　贷：实收资本——丁公司　　　　　　　　　　　　　45 000 000

(四) 非投资性房地产转换为投资性房地产

非投资性房地产转换为投资性房地产，实质上是因房地产用途发生改变而对房地产进行的重新分类。房地产转换的计量将在本章第四节"投资性房地产的转换和处置"中进行介绍。

如果是债务重组、非货币性资产交换等方式取得的投资性房地产，应按照《企业会计准则第7号——非货币性资产交换》、《企业会计准则第12号——债务重组》准则的规定进行处理。

第三节　投资性房地产的后续计量

企业在资产负债表日对投资性房地产的后续计量模式有两种：成本模式和公允价值模式。企业通常应当采用成本模式对投资性房地产进行计量，如果有确凿证据表明投资性房地产的公允价值能够持续可靠地取得，也可以采用公允价值模式对投资性房地产进行后续计量。但是，同一企业只能采用一种模式对所有投资性房地产进行后续计量，不得同时采用两种计量模式。

一、采用成本模式计量的投资性房地产

在成本模式下,应当按照固定资产或无形资产的有关规定,对投资性房地产进行后续计量。因此,需要设置"投资性房地产累计折旧(摊销)"科目,反映按期(月)计提的折旧或进行的摊销。投资性房地产应按期(月)计提的折旧或进行的摊销,借记"其他业务成本"等科目,贷记"投资性房地产累计折旧(摊销)";取得的租金收入,借记"银行存款"等科目,贷记"其他业务收入"等科目。

投资性房地产存在减值迹象的,还应当按照资产减值的有关规定进行处理,需设置"投资性房地产减值准备"科目。投资性房地产经减值测试后确定发生减值的,应当计提减值准备,借记"资产减值损失"科目,贷记"投资性房地产减值准备"科目。已经计提减值准备的投资性房地产,其减值损失在以后的会计期间不得转回。

[例7-5] 甲公司20×7年7月1日接受B公司投入的一项土地使用权,双方协议价为5 000万元。甲公司取得该土地后,拟于适当时机转让。该土地使用权的法定有效期为50年,甲公司决定采用成本模式对该土地使用权进行后续计量。

根据投资性房地产准则,甲公司所接受的土地使用权符合投资性房地产的确认条件,应单独作为"投资性房地产"核算,其价值的摊销应参照《企业会计准则第6号——无形资产》的相关规定进行处理。

$$该投资性房地产的入账成本=双方协议价=5\,000(万元)$$

$$20×7年的摊销额=5\,000÷50×6/12=50(万元)$$

其摊销的应编制会计分录如下:

借:其他业务成本　　　　　　　　　　　　　　　　　　500 000
　　贷:投资性房地产累计折旧(摊销)　　　　　　　　　　500 000

[例7-6] 甲公司20×7年4月1日购入一幢写字楼,用于对外出租。该办公楼的买价为3 000万元,相关税费50万元,预计使用寿命20年,预计净残值为20万元,甲公司采用直线法提取折旧。该办公楼的年租金为400万元,于每年末收取。该写字楼于20×7年6月底达到可供出租状态,自20×7年7月1日开始出租,甲公司决定采用成本模式对该办公楼进行后续计量。

根据投资性房地产准则,甲公司所购写字楼符合投资性房地产的确认条件,应单独作为"投资性房地产"核算,其后续会计处理应按照固定资产准则的相关规定进行处理。

$$该投资性房地产的入账面成本=3\,000+50=3\,050(万元)$$

$$20×7年的折旧额=(3\,050-20)÷20×6/12=75.75(万元)$$

应编制会计分录如下：
20×7年末收取租金时：
借：银行存款　　　　　　　　　　　　　　　　　　　　2 000 000
　　贷：其他业务收入　　　　　　　　　　　　　　　　　　　2 000 000
20×7年提取折旧时：
借：其他业务成本　　　　　　　　　　　　　　　　　　　757 500
　　贷：投资性房地产累计折旧（摊销）　　　　　　　　　　757 500

二、采用公允价值模式计量的投资性房地产

我国企业会计准则规定投资性房地产后续计量通常应当采用成本模式，只有符合规定条件的，可以采用公允价值模式。企业只有存在确凿证据表明投资性房地产的公允价值能够持续可靠取得，才可以采用公允价值模式对投资性房地产进行后续计量。企业一旦选择采用公允价值计量模式就应当对其所有投资性房地产均采用公允价值模式进行后续计量。

（一）采用公允价值模式的前提条件

采用公允价值模式进行后续计量的投资性房地产应当同时满足下列两个条件。

（1）投资性房地产所在地有活跃的房地产交易市场。这里所讲的所在地，通常是指投资性房地产所在的城市，对于大中城市，应当具体化为投资性房地产所在的城区。

（2）企业能够从活跃的房地产交易市场上取得同类或类似房地产的市场价格及其他相关信息，从而对投资性房地产的公允价值作出合理的估计。

投资性房地产的公允价值是指市场参与者在计量日发生的有序交易中，出售一项资产所能收到或者转移一项负债所需支付的价格。确定投资性房地产的公允价值时，应当参照活跃市场上同类或类似房地产的现行市场价格（市场公开报价）；无法取得同类或类似房地产现行市场价格的，应当参照活跃市场上同类或类似房地产的最近交易价格，并考虑交易情况、交易日期、所在区域等因素，从而对投资性房地产的公允价值作出合理的估计；也可以基于预计未来获得的租金收益和相关现金流量的现值计量。"同类或类似"的房地产，对建筑物而言，是指所处地理位置和地理环境相同、性质相同、结构类型相同或近、新旧程度相同或相近、可使用状况相同或相近的建筑物；对土地使用权而言，是指同一位置区域、所处地理环境相同或相近、可使用状况相同或相近的土地。

（二）采用公允价值模式计量的会计处理

企业采用公允价值模式进行后续计量的，不对投资性房地产计提折旧或进行摊销，应当以资产负债表日投资性房地产的公允价值为基础调整其账面价值，公允价值与原账面价值之间的差额计入当期损益（公允价值变动损益）。资产负债表日，投资性房地产的公允价值高于其账面余额的差额，借记"投资性房地产——公允价值变动"科目，贷

记"公允价值变动损益"科目;投资性房地产的公允价值低于其账面余额的差额,作相反的账务处理。

[例7-7] 甲企业为从事房地产经营开发的企业。20×7年8月,甲企业与B公司签订租赁协议,约定将甲企业开发的一栋精装修的写字楼于开发完成的同时开始租赁给B公司使用,租赁期8年。当年10月1日,该写字楼开发完成并开始起租,写字楼的造价为8 000万元。20×7年12月31日,该写字楼的公允价值为8 200万元。甲企业采用公允价值计量模式。

甲企业应编制会计分录如下:

(1) 20×7年10月1日,甲企业开发完成写字楼并出租:

借:投资性房地产——成本　　　　　　　　　　　　　80 000 000
　　贷:开发成本　　　　　　　　　　　　　　　　　　80 000 000

(2) 20×7年12月31日,按公允价值调整账面价值:

借:投资性房地产——公允价值变动　　　　　　　　　2 000 000
　　贷:公允价值变动损益　　　　　　　　　　　　　　2 000 000

三、投资性房地产后续计量模式的变更

采用公允价值模式计量,期末投资性房地产的公允价值与其账面价值不一致,就会产生公允价值变动损益,企业会计准则规定因公允价值变动产生的损益要计入当期损益,这就有可能为个别企业进行盈余管理留下操纵的空间。为保证会计信息的可比性,企业对投资性房地产的计量模式一经确定,不得随意变更。已采用公允价值模式计量的投资性房地产,不得从公允价值模式转为成本模式。存在确凿证据表明投资性房地产的公允价值能够持续可靠取得,且能够满足采用公允价值模式条件的情况下,才允许企业对投资性房地产从成本模式计量变更为公允价值模式计量。从成本模式转为公允价值模式的,应当作为会计政策变更处理,将计量模式变更时公允价值与账面价值的差额,调整期初留存收益。

[例7-8] 20×7年,甲企业将一栋写字楼对外出租,采用成本模式进行后续计量。20×8年1月1日,假设甲企业持有的投资性房地产满足采用公允价值模式条件,甲企业决定采用公允价值模式对该写字楼进行后续计量。20×8年1月1日,该写字楼的原价为13 500万元,已提折旧405万元,账面价值为13 095万元,公允价值为14 500万元。甲企业按净利润的10%提取盈余公积,不考虑相关税费的影响。应编制会计分录如下:

借:投资性房地产——成本　　　　　　　　　　　　　145 000 000
　　累计折旧　　　　　　　　　　　　　　　　　　　　4 050 000
　　贷:投资性房地产　　　　　　　　　　　　　　　　135 000 000
　　　　利润分配——未分配利润　　　　　　　　　　　 12 645 000
　　　　盈余公积　　　　　　　　　　　　　　　　　　　1 405 000

第四节 投资性房地产的转换和处置

一、投资性房地产的转换

（一）投资性房地产的转换形式及转换日

房地产的转换，是因房地产用途发生改变而对房地产进行的重新分类。这里所说的房地产转换是针对房地产用途发生改变而言，而不是后续计量模式的转变。企业有确凿证据表明房地产的用途发生改变，且满足下列条件之一的，应当将投资性房地产转换为其他资产或者将其他资产转换为投资性房地产。

（1）投资性房地产开始自用，即将投资性房地产转为固定资产或无形资产。投资性房地产开始自用是指企业将原来用于赚取租金或资本增值的房地产改为用于生产商品、提供劳务或者经营管理。在此种情况下，转换日为房地产达到自用状态，企业开始将其用于生产商品、提供劳务或者经营管理的日期。

（2）作为存货的房地产改为出租，通常指房地产开发企业将其持有的开发产品以经营租赁的方式出租，存货相应地转换为投资性房地产。在此种情况下，转换日为房地产的租赁期开始日。租赁期开始日，是指承租人有权行使其使用租赁资产权利的日期。

（3）自用建筑物停止自用改为出租，即企业将原本用于生产商品、提供劳务或者经营管理的房地产改用于出租，固定资产相应地转换为投资性房地产。在此种情况下，转换日为租赁期开始日。

（4）自用土地使用权停止自用改用于赚取租金或资本增值，即企业将原本用于生产商品、提供劳务或者经营管理的土地使用权改用于赚取租金或资本增值，该土地使用权相应地由无形资产转换为投资性房地产。在此种情况下，转换日为企业停止将该项土地使用权用于生产商品、提供劳务或经营管理且管理当局作出房地产转换决议的日期。

（5）房地产企业将用于经营出租的房地产重新开发用于对外销售，从投资性房地产转为存货。在这种情况下，转换日为租赁期满，企业董事会或类似机构作出书面决议明确表明将其重新开发用于对外销售的日期。

（二）投资性房地产转换的会计处理

1. 成本模式计量下的投资性房地产转换

（1）非投资性房地产转换为投资性房地产。

非投资性房地产转换为投资性房地产主要包括作为存货的房地产改为出租、自用建筑物或土地使用权停止自用改为出租、自用土地使用权停止自用改用于资本增值等。

企业将作为存货的房地产转换为采用成本模式计量的投资性房地产，应当按该项存货在转换日的账面价值，借记"投资性房地产"科目，原已计提跌价准备的，借记"存货跌价准备"科目,按其账面余额,贷记"开发产品"等科目。

企业将自用土地使用权或建筑物转换为以成本模式计量的投资性房地产时,应当按该项建筑物或土地使用权在转换日的原价、累计折旧、减值准备等,分别转入"投资性房地产""投资性房地产累计折旧(摊销)""投资性房地产减值准备"科目;按其账面余额,借记"投资性房地产"科目,贷记"固定资产"或"无形资产"科目;按已计提的折旧或摊销,借记"累计折旧"或"累计摊销"科目,贷记"投资性房地产累计折旧(摊销)"科目;原已计提减值准备的,借记"固定资产减值准备"或"无形资产减值准备"科目,贷记"投资性房地产减值准备"科目。

[例 7-9] 甲企业是从事房地产开发业务的企业,20×7 年 3 月 10 日,甲企业与乙企业签订了租赁协议,将其开发的一栋写字楼出租给乙企业使用,租赁期开始日为 20×7 年 4 月 15 日。20×7 年 4 月 15 日,该写字楼的账面余额 55 000 万元,未计提存货跌价准备。

甲企业应编制会计分录如下:

借:投资性房地产——写字楼　　　　　　　　　　　　　550 000 000
　　贷:开发产品　　　　　　　　　　　　　　　　　　550 000 000

[例 7-10] 甲企业拥有一栋办公楼,用于本企业总部办公。20×7 年 3 月 10 日,甲企业与乙企业签订了经营租赁协议,将这栋办公楼集体出租给乙企业使用,租赁期开始日为 20×7 年 4 月 15 日,为期 5 年。20×7 年 4 月 15 日,这栋办公楼的账面余额 55 000 万元,已计提折旧 300 万元。

甲企业的应编制会计分录如下:

借:投资性房地产——写字楼　　　　　　　　　　　　　550 000 000
　　累计折旧　　　　　　　　　　　　　　　　　　　　　3 000 000
　　贷:固定资产　　　　　　　　　　　　　　　　　　550 000 000
　　　　投资性房地产累计折旧(摊销)　　　　　　　　　3 000 000

(2) 投资性房地产转换为非投资性房地产。

投资性房地产转换为非投资性房地产主要包括企业将投资性房地产转换为自用房地产、投资性房地产转换为存货。

企业将投资性房地产转换为自用房地产时,应当按该项投资性房地产在转换日的账面余额、累计折旧、减值准备等,分别转入"固定资产""累计折旧""固定资产减值准备"等科目;按投资性房地产的账面余额,借记"固定资产"或"无形资产"科目,贷记"投资性房地产"科目;按已计提的折旧或摊销,借记"投资性房地产累计折旧(摊销)"科目,贷记"累计折旧"或"累计摊销"科目;原已计提减值准备的,借记"投资性房地产减值准备"科目,贷记"固定资产减值准备"或"无形资产减值准备"科目。

企业将投资性房地产转换为存货时,应当按照该项房地产在转换日的账面价值,借记"开发产品"科目,按照已计提的折旧或摊销,借记"投资性房地产累计折旧(摊销)"科目,原已计提减值准备的,借记"投资性房地产减值准备"科目,按其账面余额,贷记"投资性房地产"科目。

[**例7-11**] 20×7年9月1日,甲企业将出租在外的厂房收回,开始用于本企业生产商品。该项房地产在转换前采用成本模式计量,其账面价值为2 800万元,其中,原价5 000万元,累计已提折旧2 200万元。

甲企业应编制会计分录如下:

借:固定资产	50 000 000
投资性房地产累计折旧(摊销)	22 000 000
贷:投资性房地产——厂房	50 000 000
累计折旧	22 000 000

2. 公允价值模式计量下的投资性房地产转换

(1) 非投资性房地产转换为投资性房地产。

非投资性房地产转换为投资性房地产主要包括作为存货的房地产改为出租、自用建筑物或土地使用权停止自用改为出租、自用土地使用权停止自用改用于资本增值等。

企业将作为存货的房地产转换为采用公允价值模式计量的投资性房地产,应当按该项房地产在转换日的公允价值,借记"投资性房地产——成本"科目,原已计提跌价准备的,借记"存货跌价准备"科目;按其账面余额,贷记"开发产品"等科目。同时,转换当日的公允价值小于原账面价值的,其差额借记当期损益(公允价值变动损益);转换当日的公允价值大于原账面价值的,其差额贷记"其他综合收益"科目,计入所有者权益。

企业将自用房地产转换为采用公允价值模式计量的投资性房地产,应当按该项土地使用权或建筑物在转换日的公允价值,借记"投资性房地产——成本"科目,原已计提的累计摊销或累计折旧,借记"累计摊销"或"累计折旧"科目;原已计提减值准备的,借记"无形资产减值准备""固定资产减值准备"科目;按其账面余额,贷记"固定资产"或"无形资产"等科目。同时,转换当日的公允价值小于原账面价值的,按其差额借记"公允价值变动损益";转换当日的公允价值大于原账面价值的,按其差额贷记"其他综合收益"科目。

当该项投资性房地产处置时,因转换计入其他综合收益的部分应转入当期损益。

[**例7-12**] 甲企业是从事房地产开发业务的企业,20×7年3月10日,甲企业与乙企业签订了租赁协议,将其开发的一栋写字楼出租给乙企业使用,租赁期开始日为20×7年4月15日。20×7年4月15日,该写字楼的账面余额45 000万元,公允价值为47 000万元。20×7年12月31日,该项投资性房地产的公允价值为48 000万元。

甲企业应编制会计分录如下:

20×7年4月15日:

借:投资性房地产——成本	470 000 000
贷:开发产品	450 000 000
其他综合收益	20 000 000

20×7年12月31日:

借：投资性房地产——公允价值变动　　　　　　　　　　　　10 000 000
　　贷：公允价值变动损益　　　　　　　　　　　　　　　　　　　10 000 000

[例7-13] 甲企业拥有一栋办公楼，用于本企业总部办公。由于原办公楼处于商业繁华地段，甲企业准备将其出租，以赚取租金收入。20×7年2月，甲企业完成搬迁工作，原办公楼停止自用。20×7年3月10日，甲企业与乙企业签订了经营租赁协议，将这栋办公楼集体出租给乙企业使用，租赁期开始日为20×7年4月15日，为期5年。20×7年4月15日，这栋办公楼的账面余额55 000万元，已计提折旧300万元，公允价值为50 000万元。

2007年4月15日，甲企业应编制会计分录如下：

借：投资性房地产——成本　　　　　　　　　　　　　　　500 000 000
　　公允价值变动损益　　　　　　　　　　　　　　　　　　47 000 000
　　累计折旧　　　　　　　　　　　　　　　　　　　　　　 3 000 000
　　贷：固定资产　　　　　　　　　　　　　　　　　　　　550 000 000

(2) 投资性房地产转为自用房地产。

投资性房地产转换为非投资性房地产主要包括企业将投资性房地产转换为自用房地产、投资性房地产转换为存货。

企业将采用公允价值模式计量的投资性房地产转换为自用房地产时，应当以其转换当日的公允价值作为自用房地产的账面价值，公允价值与原账面价值的差额计入当期损益(公允价值变动损益)。转换日，按该项投资性房地产的公允价值，借记"固定资产"或"无形资产"科目，按该项投资性房地产的成本，贷记"投资性房地产——成本"科目，按该项投资性房地产的累计公允价值变动，贷记或借记"投资性房地产——公允价值变动"科目，按其差额，贷记或借记"公允价值变动损益"科目。

企业将采用公允价值模式计量的投资性房地产转换为存货时，应当以其转换当日的公允价值作为存货的账面价值，公允价值与原账面价值的差额计入当期损益。转换日，按该项投资性房地产的公允价值，借记"开发产品"等科目，按该项投资性房地产的成本，贷记"投资性房地产——成本"科目；按该项投资性房地产的累计公允价值变动，贷记或借记"投资性房地产——公允价值变动"科目；按其差额，贷记或借记"公允价值变动损益"科目。

[例7-14] 20×7年9月1日，甲企业将出租在外的厂房收回，开始用于本企业生产商品，转换日公允价值为48 000万元。该项房地产在转换前采用公允价值模式计量，原账面价值为4 750万元，其中，成本为4 500万元，公允价值变动为增值250万元。

甲企业应编制会计分录如下：

借：固定资产　　　　　　　　　　　　　　　　　　　　　48 000 000
　　贷：投资性房地产——成本　　　　　　　　　　　　　　45 000 000
　　　　　　　　　　——公允价值变动　　　　　　　　　　 2 500 000
　　　　公允价值变动损益　　　　　　　　　　　　　　　　　 500 000

二、投资性房地产的处置

当投资性房地产被处置,或者永久退出使用且预计不能从其处置中取得经济利益时,应当终止确认该项投资性房地产。企业可通过对外出售或转让方式处置投资性房地产,对于那些由于使用而不断磨损直至最终报废,或者由于遭受自然灾害等非正常损失发生毁损的投资性房地产也应当及时进行清理。企业出售、转让、报废投资性房地产或者发生投资性房地产毁损时,应当将处置收入扣除其账面价值和相关税费后的金额计入当期损益(将实际收到的处置收入计入其他业务收入,所处置投资性房地产的账面价值计入其他业务成本)。

(一)采用成本模式计量的投资性房地产的处置

采用成本模式后续计量的投资性房地产,所计提的投资性房地产减值准备和累计折旧、累计摊销,在处置时应一并转销。处置按成本模式进行后续计量的投资性房地产时,应按实际收到的金额,借记"银行存款"等科目,贷记"其他业务收入"科目;按该项投资性房地产的账面价值,借记"其他业务成本"科目,按其账面余额,贷记"投资性房地产"科目;按照已计提的折旧或摊销,借记"投资性房地产累计折旧(摊销)"科目;原已计提减值准备的,借记"投资性房地产减值准备"科目。

[例7-15] 甲企业于20×7年12月31日以500万元的价格对外转让一处房产。该房产系甲企业于20×5年12月1日以400万元的价格购入,用于对外出租,采用成本计量模式进行后续计量,购入时该房产的预计使用年限为20年,假定无残值,甲企业采用直线法提取折旧,营业税税率按5%计算。

则甲企业处置该投资性房地产应编制会计分录如下:

该房地产已提折旧=(400-0)÷20×2=40(万元)

该房地产出售时的账面价值=400-40=360(万元)

该房地产出售收益=500-360-500×5%=115(万元)

处置时应编制会计分录如下:

借:银行存款	5 000 000
贷:其他业务收入	5 000 000
借:其他业务成本	3 600 000
投资性房地产累计折旧(摊销)	400 000
贷:投资性房地产	4 000 000
借:营业税金及附加	250 000
贷:应交税费——应交营业税	250 000

(二)采用公允价值模式计量的投资性房地产的处置

处置按公允价值模式计量的投资性房地产,应按实际收到的金额,借记"银行存款"等科目,贷记"其他业务收入"科目;按该项投资性房地产的账面余额,借记"其他业务成本"科目,按其成本,贷记"投资性房地产——成本"科目,按其累计公允价值变动,借记或贷记同时,按该项投资性房地产的公允价值变动,借记或贷记"投资性房地产——公允价值变动"科目。同时结转投资性房地产累计公允价值变动。若存在原转换日计入其他综合收益的金额,也一并结转。

[例7-16] 甲企业为一家房地产开发企业,20×7年3月10日,甲企业与乙企业签订了租赁协议,将其开发的一栋写字楼出租给乙企业使用,租赁期开始日为20×7年4月15日。20×7年4月15日,该写字楼的账面余额45 000万元,公允价值为47 000万元。20×7年12月31日,该项投资性房地产的公允价值为48 000万元,20×8年6月租赁期满,企业收回该项投资性房地产,并以55 000万元出售,出售款项已收讫。假设甲企业采用公允价值模式计量。

甲企业应编制会计分录如下:

20×7年4月15日,存货转为投资性房地产:

借:投资性房地产——成本	470 000 000
贷:开发产品	450 000 000
其他综合收益	20 000 000

20×7年12月31日,公允价值变动:

借:投资性房地产——公允价值变动	10 000 000
贷:公允价值变动损益	10 000 000

20×8年6月,收回并出售投资性房地产:

借:银行存款	550 000 000
贷:其他业务收入	550 000 000
借:其他业务成本	480 000 000
贷:投资性房地产——成本	470 000 000
——公允价值变动	10 000 000

同时,将投资性房地产累计公允价值变动损益转入其他业务成本:

借:公允价值变动损益	10 000 000
贷:其他业务成本	10 000 000

将转换时原计入其他综合收益的部分转入其他业务成本:

借:其他综合收益	20 000 000
贷:其他业务成本	20 000 000

第五节 其他资产

其他资产是指除流动资产、长期投资、固定资产、无形资产等以外的各项资产,主要包括长期性质的待摊费用、商誉和其他长期资产。

一、长期待摊费用

长期待摊费用是指企业已经发生但应由本期和以后各期负担的分摊期限在 1 年以上的各项费用,如以经营租赁方式租入的固定资产发生的改良支出。

企业发生的长期待摊费用,按实际发生的费用金额,借记"长期待摊费用"科目,贷记"银行存款""原材料"等科目。摊销时,借记"销售费用""制造费用""管理费用"等科目,贷记"长期待摊费用"科目。长期待摊费用的期末余额,反映企业尚未摊销的各项长期待摊费用的摊余价值。

[例 7-17] 某公司对经营租入的某生产设备进行改良,以银行存款等支付改良工程款共计 48 000 元,租赁期为 2 年。

应编制会计分录如下:

以银行存款支付改良工程款时:

借:长期待摊费用——租入固定资产改良支出　　　　　　48 000
　　贷:银行存款等　　　　　　　　　　　　　　　　　　48 000

在租赁期内每月摊销时:

每月摊销额 48 000÷2÷12＝2 000(元)

借:制造费用　　　　　　　　　　　　　　　　　　　　2 000
　　贷:长期待摊费用——租入固定资产改良支出　　　　　2 000

长期待摊费用应按费用的种类设置明细账,进行明细核算,并在会计报表附注中按照费用项目披露其摊余价值、摊销期限、摊销方式等。

二、商誉

随着我国市场经济体制的建立和完善,现代企业制度的建立以及证券市场的发展,采用企业合并来实现自身战略发展目标的企业越来越多。为此,财政部在借鉴国际会计准则基础上,制定了我国《企业会计准则——企业合并》。在本准则中,首次对企业合并处理时产生的商誉进行了规范。

(一)商誉的确认

企业合并,是指将两个或者两个以上单独的企业合并形成一个报告主体的交易或事项。企业合并分为同一控制下的企业合并和非同一控制下的企业合并。同一控制下的企业合并,是指参与合并的企业在合并前后均受同一方或相同的多方最终控制,且该控制并非暂时性的合并。从广义上讲,同属国家国有资产监督管理部门管理的国有企业之间的购并均属于同一控制下的企业合并。非同一控制下的企业合并,是指参与合并的各方在合并前后不受同一方或相同的多方最终控制的合并。其特点是:企业合并大多是出自企业自愿的行为;交易过程中各方处于自身利益的考虑会进行激烈的讨价还价,交易以公允价值为基础,作价相对公平合理。

企业对非同一控制下的企业合并应采用购买法进行账务处理。购买法将企业合并看成是一个企业购买另一个企业的交易行为,因此,被合并企业净资产入账时应采用公允价值。购买方对合并成本大于合并中取得的被购买方可辨认净资产公允价值份额的差额,应当确认为商誉。

《企业会计准则第20号——企业合并》规定购买方对合并成本小于合并中取得的被购买方可辨认净资产公允价值份额的差额,首先要对取得的被购买方各项可辨认资产、负债及或有负债的公允价值以及合并成本的计量进行复核,经过复核后合并成本仍小于合并中取得的被购买方可辨认净资产公允价值份额的,其差额应当计入当期损益。

(二) 商誉的计量

初始确认后的商誉,应当以其成本扣除累计减值后的金额计量。企业合并所形成的商誉,至少应当在每年年度终了进行减值测试。由于商誉难以独立于其他资产为企业单独产生现金流量,因此,应当自购买日起将商誉的账面价值分摊至相关的资产组,分摊时可按照该资产组公允价值占相关资产组公允价值总额的比例进行。

[例7-18] 甲企业以银行存款14 000元作为合并对价对乙企业进行吸收合并,购买日乙企业持有资产的情况如下:

	账面价值	公允价值
固定资产	6 000	8 000
无形资产	4 000	6 000
长期借款	3 000	3 000
净资产	7 000	11 000

应编制会计分录如下:

借:固定资产　　　　　　　　　　　　　　　8 000
　　无形资产　　　　　　　　　　　　　　　6 000
　　商誉　　　　　　　　　　　　　　　　　3 000
　贷:长期借款　　　　　　　　　　　　　　3 000
　　　银行存款　　　　　　　　　　　　　14 000

三、其他长期资产

其他长期资产一般包括国家批准储备的特种物资、银行冻结存款以及临时设施和涉及诉讼中的财产等。其他长期资产不是所有企业都具有的,只有一些特殊企业由于特殊情况才会发生相关的业务,一般企业很少发生,企业可以根据资产的性质和特点设置相关科目核算。

[例7-19] 乙公司由于与Y公司的经济纠纷被法院通知开户银行冻结一笔存款600 000元和冻结一批钢材,价值400 000元。2个月后,法院将600 000元冻结存款中的500 000元部分划给Y公司,另外没收了200 000元的钢材,其余的已经全部解冻。

乙公司应编制会计分录如下：
法院冻结存款和物资时：

借：银行冻结存款	600 000
冻结物资	400 000
贷：银行存款	600 000
原材料	400 000

法院通知银行划款给 A 公司和没收物资时：

借：应付账款	500 000
营业外支出	200 000
贷：银行冻结存款	500 000
冻结物资	200 000

法院将冻结存款与物资解冻时：

借：银行存款	100 000
原材料	200 000
贷：银行冻结存款	100 000
冻结物资	200 000

第六节　投资性房地产及其他资产在财务报告中的披露

一、投资性房地产及其他资产在财务报表中的列示

在资产负债表中，与投资性房地产及其他资产相关的项目主要有：
(1)"投资性房地产"项目，反映企业期末所拥有的投资性房地产的账面价值。
(2)"长期待摊费用"项目，反映企业期末尚未摊销的长期待摊费用。
(3)"商誉"项目，反映企业期末所拥有的商誉的账面价值。

二、投资性房地产及其他资产在附注中的披露

　　企业应当在财务报告附注中披露与投资性房地产有关的下列信息，包括投资性房地产的种类、金额和计量模式；企业采用成本模式对投资性房地产进行后续计量的，应披露投资性房地产的折旧或摊销以及减值准备的计提情况；采用公允价值模式的，公允价值的确定依据和方法以及公允价值变动对损益的影响；房地产转换情况、理由以及对损益或所有者权益的影响；当期处置的投资性房地产及其对损益的影响。
　　其中，企业采用成本模式进行后续计量的，具体信息披露方式可参见表 7-1。

表 7-1

项 目	年初账面余额	本期增加额	本期减少额	期末账面余额
一、原价合计				
1. 房屋、建筑物				
2. 土地使用权				
二、累计折旧和累计摊销合计				
1. 房屋、建筑物				
2. 土地使用权				
三、投资性房地产减值准备累计金额合计				
1. 房屋、建筑物				
2. 土地使用权				
四、投资性房地产账面价值合计				
1. 房屋、建筑物				
2. 土地使用权				

企业应当在财务报告附注中披露与商誉有关的下列信息包括商誉的形成来源、账面价值的增减变动情况。

本章小结

投资性房地产,是指为赚取租金或资本增值,或两者兼有而持有的房地产。投资性房地产主要包括已出租的土地使用权、持有并准备增值后转让的土地使用权、已出租的建筑物。

投资性房地产应当按照成本进行初始确认和计量。投资性房地产的后续计量有成本和公允价值两种计量模式,通常应当采用成本模式计量,满足特定条件的情况下也可以采用公允价值模式计量。但是,同一企业只能采用一种模式对所有投资性房地产进行后续计量,不得同时采用两种计量模式。企业投资性房地产的计量模式一经确定,不得随意变更。

采用成本模式计量的投资性房地产的核算与固定资产、无形资产基本相同;采用公允价值模式计量的投资性房地产的核算期末不计提折旧或进行摊销,而是在资产负债表日以投资性房地产的公允价值为基础调整其账面价值,新公允价值与原账面价值的差额记入"公允价值变动损益"账户。

投资性房地产的转换是指因房地产用途发生改变而对房地产进行重新分类。企业必须有确凿证据表明房地产用途发生改变,才能将房地产按用途进行转换。企业应根据不同的转换方式进行相关会计处理。

其他资产是指除流动资产、长期投资、固定资产、无形资产等以外的各项资产,主要包括长期性质的待摊费用、商誉和其他长期资产。

名词中英对照

投资性房地产	investment real estates
成本模式	cost model
公允价值模式	fair value model
商誉	goodwill
长期待摊费用	long-tern prepayments

案例分析

20×2年1月1日,甲公司外购一块土地使用权,实际支付的价款为500万元。20×3年8月1日,甲公司将该土地使用权出租给乙公司,该土地使用权的公允价值为490万元。20×3年12月31日该土地使用权的公允价值为540万元,20×4年12月31日,该土地使用权的公允价值为520万元。20×5年10月1日,甲公司将该土地使用权出售,获得价款600万元,营业税税率为5%(只考虑营业税)。

要求:分析甲公司在进行投资性房地产业务核算时,采用成本模式和公允价值会计模式进行相应的会计处理,对损益的影响。

复习思考题

1. 举例说明投资性房地产的范围。
2. 举例说明哪些房地产不属于投资性房地产。
3. 投资性房地产的初始计量应遵循什么原则?
4. 投资性房地产采用成本模式进行后续计量和采用公允价值进行后续计量有何不同?
5. 投资性房地产采用公允价值计量条件是什么?

练习题

1. 20×7年3月,甲企业从其他单位购入一块土地的使用权,并在该块土地上开始自行建造三栋厂房。20×7年6月,甲企业预计厂房即将完工,与乙公司签订了经营租赁合同,将其中的一栋厂房租赁给乙公司使用。租赁合同约定,该厂房于完工(达到预定可使用状态)时开始起租。20×7年7月5日,三栋厂房同时完工(达到预定可使用状态)。该块土地使用权的成本为600万元;三栋厂房的造价均为1 000万元,能够单独出售。假定甲公司对投资性房地产采用成本模式计量。

要求:为甲企业进行相关账务处理。

2. 20×7年6月,甲企业打算搬迁至新建办公楼,由于原办公楼处于商业繁华地段,甲企业准备将其出租,以赚取租金收入。20×7年10月,甲企业完成搬迁工作,原办公楼停止自用。20×7年12月,甲企业与乙企业签订了经营租赁协议,将这栋办公楼出租给乙企业使用,租赁期开始日为20×8年1月1日,为期5年。20×8年1月1日,这栋办公楼原价50 000万元,已计提折旧14 250万元,公允价值为35 000万元。甲企业采用公允价值模式计量。

要求:为甲企业进行相关账务处理。

3. 甲企业将其出租的一栋写字楼确认为投资性房地产,采用成本模式计量。租赁期届满后,甲企业将该栋写字楼出售给乙公司,合同价款30 000万元,乙公司已用银行存款付清。出售时,该栋写字楼的成本为28 000万元,已提折旧3 000万元。

要求:为甲企业进行相关的账务处理。

4. 甲公司将其出租的一栋写字楼确认为投资性房地产,采用公允价值模式计量。租赁期届满后,甲公司将该栋写字楼出售给乙公司,合同价款为150 000 000元,乙公司已用银行存款付清。出售时,该栋写字楼的成本为120 000 000元,公允价值变动为借方余额10 000 000元。假定不考虑营业税等相关税费的影响。

要求:为甲企业进行相关的账务处理。

第八章 资产减值

■ 本章概要 ■

资产是企业过去的交易或者事项形成的、由企业拥有或者控制的、预期会给企业带来经济利益的资源。资产的主要特征之一是它必须能够为企业带来经济利益的流入,如果资产不能够为企业带来经济利益或者带来的经济利益低于其账面价值,那么,该资产就不能再予确认,或者不能再以原账面价值予以确认,否则不符合资产的定义,也无法反映资产的实际价值,其结果会导致企业资产虚增和利润虚增。因此,当企业资产的可收回金额低于其账面价值时,即表明资产发生了减值,企业应当确认资产减值损失。本章首先介绍了资产可能发生减值迹象的认定,资产可收回金额的计量和资产减值损失的确定原则,然后介绍了资产组的认定方法及其减值的处理,最后介绍了商誉减值的核算方法。

■ 学习目的与要求 ■

通过本章学习,应当能够了解并掌握:
1. 资产可能发生减值迹象的认定;
2. 资产可收回金额的计量和资产减值损失的确定原则;
3. 资产组的认定方法及其减值的处理;
4. 商誉减值的核算方法。

第一节 资产减值的判断

一、资产减值的概念及其范围

资产减值是指资产的可收回金额低于其账面价值。资产包括单项资产和资产组。

企业所有资产在发生减值时,原则上都应当对发生的减值损失及时加以确认和计量。因此,资产减值包括所有资产的减值。但是,由于不同资产的特性不同,其减值会计处理有所不同,所适用的具体准则也有所不同,比如存货、建造合同形成的资产、采用公允价值后续计量的投资性房地产、由金融工具确认和计量准则所规范的金融资产的减值,分别适用存货、建造合同、投资性房地产、金融工具确认和计量等会计准则。资产减值准则主要规范了企业的非流动资产的减值会计问题,具体包括以下资产的减值:对子公司、联营企业和合营企业的长期股权投资;采用成本模式进行后续计量的投资性房地产;固定资产;生产性生物资产;无形资产;商誉以及探明石油天然气矿区权益和井及相关设施等。

本章不涉及下列资产减值的会计处理:存货、消耗性生物资产、以公允价值模式进行后续计量的投资性房地产、建造合同形成的资产、递延所得税资产、融资租赁中出租人未担保余值以及本书金融资产章节中所涉及的金融资产等。

二、资产减值的迹象

企业应当在资产负债表日判断资产是否存在可能发生减值的迹象。对于存在减值迹象的资产应当进行减值测试,计算可收回金额。可收回金额低于账面价值的,应当按照可收回金额低于账面价值的金额计提减值准备。判断资产是否存在可能发生减值的迹象,主要可从外部信息来源和内部信息来源两方面入手。

从企业外部信息来源来看,资产减值迹象包括:

(1) 资产的市价当期大幅度下跌,其跌幅明显高于因时间的推移或者正常使用而预计的下跌;

(2) 企业经营所处的经济、技术或者法律等环境以及资产所处的市场在当期或者将在近期发生重大变化,从而对企业产生不利影响;

(3) 市场利率或者其他市场投资报酬率在当期已经提高,从而影响企业计算资产预计未来现金流量现值的折现率,导致资产可收回金额大幅度降低。

从企业内部信息来源看,资产减值迹象包括:

(1) 有证据表明资产已经陈旧过时或者其实体已经损坏;

(2) 资产已经或者将被闲置终止使用或者计划提前处置;

(3) 企业内部报告的证据表明资产的经济绩效已经低于或者将低于预期,如资产所创造的净现金流量或者实现的营业利润(或者亏损)远远低于(或者高于)预计金额等,资产在建造或者收购时所需的现金支出远远高于最初的预算、资产在经营或维护中所需的现金支出远远高于最初的预算。

应当说明的是,上述列举的资产减值迹象并不能穷尽所有的减值迹象,企业应根据实际情况来认定资产可能发生减值的迹象。因企业合并所形成的商誉和使用寿命不确定的无形资产,无论是否存在减值迹象,每年都应当进行减值测试。

第二节 资产减值损失的确认和计量

资产存在可能发生减值迹象的,应当估计其可收回金额,然后将所估计的资产可收回金额与账面价值比较,以确定资产是否发生了减值,以及是否需要计提资产减值准备并确认相应的减值损失。

一、估计资产可收回金额的基本方法

在估计资产可收回金额时,原则上应当以单项资产为基础,如果企业难以对单项资产的可收回金额进行估计的,应当以该资产所属的资产组为基础确定资产组的可收回金额。资产的可收回金额应当根据资产的公允价值减去处置费用后的净额与资产预计未来现金流量的现值两者之间较高者确定。因此,要估计资产的可收回金额,通常需要同时估计该资产的公允价值减去处置费用后的净额和资产预计未来现金流量的现值,但在下列情况下,可以有例外或者作特殊考虑:

(1) 资产的公允价值减去处置费用后的净额与资产预计未来现金流量的现值,只要有一项超过了资产的账面价值,就表明资产没有发生减值,不需要再估计另一项金额;

(2) 没有确凿证据或者理由表明,资产预计未来现金流量现值显著高于其公允价值减去处置费用后的净额的,可以将资产的公允价值减去处置费用后的净额视为资产的可收回金额。企业持有待售的资产往往属于这种情况,即该资产在持有期间(处置之前)所产生的现金流量可能很少,其最终取得的未来现金流量往往就是资产的处置净收入,在这种情况下,以资产公允价值减去处置费用后的净额作为其可收回金额是适宜的,因为资产的未来现金流量现值不大会显著高于其公允价值减去处置费用后的净额;

(3) 资产的公允价值减去处置费用后的净额如果无法可靠估计的,应当以该资产预计未来现金流量的现值作为可收回金额。

二、资产的公允价值减去处置费用后净额的确定

资产的公允价值减去处置费用后的净额,通常反映的是资产如果被出售或者处置时可以收回的净现金收入。其中,资产的公允价值是指市场参与者在计量日发生的有序交易中,出售一项资产所能收到或者转移一项负债所需支付的价格;处置费用是指可以直接归属于资产处置的增量成本,包括与资产处置有关的法律费用、相关税费、搬运费以及为使资产达到可销售状态所发生的直接费用等,但是财务费用和所得税费用等不包括在内。

企业在估计资产的公允价值减去处置费用后的净额时,应当按照下列顺序进行:

首先,应当根据公平交易中资产的销售协议价格减去可直接归属于该资产处置费

用的金额确定资产的公允价值减去处置费用后的净额。这是估计资产的公允价值减去处置费用后的净额的最佳方法,企业应当优先采用这一方法。但是在实务中,企业的资产往往都是内部持续使用的,取得资产的销售协议价格并不容易,为此,需要采用其他方法估计资产的公允价值减去处置费用后的净额。

其次,在资产不存在销售协议但存在活跃市场的情况下,应当根据该资产的市场价格减去处置费用后的金额确定。资产的市场价格通常应当按照资产的买方出价确定。如果难以获得资产在估计日的买方出价的,企业可以以资产最近的交易价格作为其公允价值减去处置费用后的净额的估计基础,其前提是资产的交易日和估计日之间,有关经济、市场环境等没有发生重大变化。

最后,在既不存在资产销售协议又不存在资产活跃市场的情况下,企业应当以可获取的最佳信息为基础,根据在资产负债表日如果处置资产,熟悉情况的交易双方自愿进行公平交易愿意提供的交易价格减去资产处置费用后的金额,估计资产的公允价值减去处置费用后的净额。在实务中,该金额可以参考同行业类似资产的最近交易价格或者结果进行估计。

如果企业按照上述要求仍然无法可靠估计资产的公允价值减去处置费用后的净额的,应当以该资产预计未来现金流量的现值作为其可收回金额。

三、资产预计未来现金流量现值的确定

资产预计未来现金流量的现值,应当按照资产在持续使用过程中和最终处置时所产生的预计未来现金流量,选择恰当的折现率对其进行折现后的金额加以确定。预计资产未来现金流量的现值,主要应考虑以下三个方面的因素:(1)资产的预计未来现金流量;(2)资产的使用寿命;(3)折现率。其中,资产使用寿命的预计与固定资产、无形资产准则等规定的使用寿命预计方法相同。故而,此处重点阐述资产未来现金流量和折现率的预计方法。

(一)资产未来现金流量的预计

1. 预计资产未来现金流量的基础

为了预计资产未来现金流量,企业管理层应当在合理和有依据的基础上对资产剩余使用寿命内整个经济状况进行最佳估计,并将资产未来现金流量的预计建立在经企业管理层批准的最近财务预算或者预测数据之上。出于数据可靠性和便于操作等方面的考虑,建立在该预算或者预测基础上的预计现金流量最多涵盖五年,企业管理层如能证明更长的期间是合理的,可以涵盖更长的期间。

如果资产未来现金流量的预计还包括最近财务预算或者预测期之后的现金流量,企业应当以该预算或者预测期之后年份稳定的或者递减的增长率为基础进行估计。但是,企业管理层如能证明递增的增长率是合理的,可以以递增的增长率为基础进行估计,所使用的增长率除了企业能够证明更高的增长率是合理的之外,不应当超过企业经营的产品、市场、所处的行业或者所在国家或者地区的长期平均增长率,或者该资产所

处市场的长期平均增长率。在恰当、合理的情况下,该增长率可以是零或者负数。

在经济环境经常变化的情况下,资产的实际现金流量与预计数往往会有出入,而且预计资产未来现金流量时的假设也有可能发生变化,因此,企业管理层每次在预计资产未来现金流量时,应当首先分析以前期间现金流量预计数与现金流量实际数出现差异的情况,以评判当期现金流量预计所依据的假设的合理性。通常情况下,企业管理层应当确保当期现金流量预计所依据的假设与前期实际结果相一致。

2. 资产预计未来现金流量应当包括的内容

预计的资产未来现金流量应当包括下列三项内容。

(1) 各项资产持续使用过程中预计产生的现金流入。

(2) 为实现资产持续使用过程中产生的现金流入所必需的预计现金流出(包括为使资产达到预定可使用状态所发生的现金流出)。该现金流出应当是可直接归属于或者可通过合理和一致的基础分配到资产中的现金流出,后者通常是指那些与资产直接相关的间接费用。

对于在建工程、开发过程中的无形资产等,企业在预计其未来现金流量时,应当包括预期为使该类资产达到预定可使用(或者可销售状态)而发生的全部现金流出数。

(3) 资产使用寿命结束时,处置资产所收到或者支付的净现金流量。该现金流量应当是在公平交易中,熟悉情况的交易双方自愿进行交易时,企业预期可从资产的处置中获取或者支付的、减去预计处置费用后的金额。

3. 预计资产未来现金流量应当考虑的因素

(1) 以资产的当前状况为基础预计资产未来现金流量。

企业资产在使用过程中有时会因为改良、重组等原因而发生变化,因此,在预计资产未来现金流量时,企业应当以资产的当前状况为基础,不应当包括与将来可能会发生的、尚未作出承诺的重组事项或者与资产改良有关的预计未来现金流量。

(2) 预计资产未来现金流量不应当包括筹资活动和所得税收付产生的现金流量。

企业预计的资产未来现金流量,不应当包括筹资活动产生的现金流入或者流出以及与所得税收付有关的现金流量。现金流量的预计必须建立在税前基础上,这样可以有效避免在资产未来现金流量现值的计算过程中可能出现的重复计算问题,以保证现值计算的正确性。

(3) 对通货膨胀因素的考虑应当和折现率相一致。

在考虑通胀因素的问题上,资产预计未来现金流量的预计和折现率的预计,应保持一致。如果折现率考虑了因一般通货膨胀而导致的物价上涨影响因素,资产预计未来现金流量也应予以考虑;反之,如果折现率没有考虑因一般通货膨胀而导致的物价上涨影响因素,资产预计未来现金流量也应剔除这一影响因素。

(4) 涉及内部转移价格的需要作调整。

在一些企业集团中,出于集团整体战略发展的考虑,内部转移价格很可能与市场交易价格不同,在这种情况下,为了如实测算企业资产的价值,不应简单地以内部转移价格为基础预计资产未来现金流量,而应当采用在公平交易中企业管理层能够达成的最佳的未来价格估计数进行预计。

4. 资产未来现金流量预计的方法

预计资产未来现金流量,通常应当根据资产未来每期最有可能产生的现金流量进行预测。它使用的是单一的未来每期预计现金流量和单一的折现率计算资产未来现金流量的现值。如果影响资产未来现金流量的因素较多,不确定性较大,使用单一的现金流量可能并不能如实反映资产创造现金流量的实际情况。在这种情况下,采用期望现金流量法更为合理的,企业应当采用期望现金流量法预计资产未来现金流量。在期望现金流量法下,资产未来每期现金流量应当根据每期可能发生情况的概率及其相应的现金流量加总计算求得。

[例8-1] 甲企业拥有一固定资产,该固定资产剩余使用年限为3年。假定利用固定资产生产的产品受市场行情波动影响大,企业预计未来3年每年的现金流量情况如表8-1所示。

表8-1 各年现金流量概率分布及发生情况　　　　　　单位:万元

年　份	产品行情好 (30%的可能性)	产品行情一般 (60%的可能性)	产品行情差 (10%的可能性)
第1年	150	100	50
第2年	80	50	20
第3年	20	10	0

本例应采用期望现金流量法,企业在预计资产未来现金流量的现值时,如果资产未来现金流量的发生时间不确定,企业应当根据资产在每一种可能情况下的现值及发生概率直接加权计算资产未来现金流量的现值。

根据表8-1提供的情况,企业可计算资产每年的预计未来现金流量如下:

第一年的预计未来现金流量(期望现金流量):

$$150 \times 30\% + 100 \times 60\% + 50 \times 10\% = 110(万元)$$

第二年的预计未来现金流量(期望现金流量):

$$80 \times 30\% + 50 \times 60\% + 20 \times 10\% = 56(万元)$$

第三年的预计未来现金流量(期望现金流量):

$$20 \times 30\% + 10 \times 60\% + 0 \times 10\% = 12(万元)$$

(二)折现率的预计

为了达到资产减值测试的目的,计算资产未来现金流量现值时所使用的折现率应当是反映当前市场货币时间价值和资产特定风险的税前利率。该折现率是企业在购置或者投资资产时所要求的必要报酬率。如果企业在预计资产的未来现金流量时已经对资产特定风险的影响作了调整,折现率的估计不需要考虑这些特定风险。如果用于估计折现率的基础是税后,应当将其调整为税前的折现率,以便于与资产未来现金流量的估计基础相一致。

企业确定折现率,应当首先以该资产的市场利率为依据。如果该资产的市场利率无法从市场上获得,可以使用替代利率估计折现率。在估计替代利率时,企业应当充分考虑资产剩余使用寿命期间的货币时间价值和其他相关因素,如资产未来现金流量金额及其时间的预计离散程度、资产内在不确定性的定价等,如果资产预计未来现金流量已经对这些因素作了有关调整的,应当予以剔除。

替代利率可以根据企业加权平均资金成本、增量借款利率或者其他相关市场借款利率作适当调整后确定。调整时,应当考虑与资产预计现金流量有关的特定风险以及其他有关货币风险和价格风险等。

企业在估计资产未来现金流量现值时,通常应当使用单一的折现率。但是,如果资产未来现金流量的现值对未来不同期间的风险差异或者利率的期限结构反应敏感,企业应当在未来各不同期间采用不同的折现率。

(三)资产未来现金流量现值的预计

在预计资产的未来现金流量和折现率的基础上,企业将该资产的预计未来现金流量按照预计折现率在预计期限内予以折现后,即可确定该资产未来现金流量的现值。

资产未来现金流量的现值 $PV=\sum[$ 第 t 年预计资产未来现金流量 $NCF_t/(1+折现率 R)^t]$

[例 8-2] 甲公司 20×5 年年末对一艘远洋运输船只进行减值测试,该船舶账面价值 1.6 亿元,预计尚可使用年限 8 年。该船舶的公允价值减去处置费用后的净额难以确定,因此,企业需要通过计算其未来现金流量的现值确定资产的可收回金额。假定公司起初购置船舶所用资金为银行长期借款,借款年利率 15%,公司认为 15% 是该资产的最低必要报酬率,已考虑了与该资产有关的货币时间价值和特定风险。因此,在计算未来现金流量现值时,使用 15% 作为折现率(税前)。

根据资产减值准则的规定,在 20×5 年末预计资产未来现金流量时,应当以资产当时的状况为基础,不应考虑与该资产改良有关的预计未来现金流量。具体现金流量折现见表 8-2。

表 8-2 单位:万元

	预计未来现金流量 (不包括改良的影响金额)	以折现率为 15% 的 折现系数	预计未来现金 流量的现值
20×6	2 500	0.869 6	2 174
20×7	2 460	0.756 1	1 860
20×8	2 380	0.657 5	1 565
20×9	2 360	0.571 8	1 349

续　表

	预计未来现金流量 （不包括改良的影响金额）	以折现率为15%的 折现系数	预计未来现金 流量的现值
2×10	2 390	0.497 2	1 188
2×11	2 470	0.432 3	1 068
2×12	2 500	0.375 9	940
2×13	2 510	0.326 9	821
合　计	——	——	10 965

由于20×5年年末，船舶的账面价值为16 000万元，而其可收回金额为10 965万元，账面价值高于其可收回金额，因此，应确认减值损失，并计提相应的资产减值准备。此处，应确认减值损失为5 035万元。

四、资产减值损失的确定

（一）资产减值损失的确认

企业对资产进行减值测试并确定资产可收回金额后，如果可收回金额低于其账面价值，企业应当将资产的账面价值减记至可收回金额，减记的金额确认为资产减值损失，计入当期损益，同时计提相应的资产减值准备。这样，企业当期确认的减值损失应当反映在利润表中，而计提的资产减值准备应当作为相关资产的备抵项目，反映在资产负债表中，从而夯实企业资产价值，避免利润虚增，如实反映企业的财务状况和经营成果。

资产的账面价值是指资产成本扣减累计折旧或累计摊销和累计减值准备后的金额。资产减值损失确认后，减值资产的折旧或者摊销费用应当在未来期间作相应调整，以使该资产在剩余使用寿命内，系统地分摊调整后的资产账面价值（扣除预计净残值）。比如，固定资产计提了减值准备后，固定资产账面价值将根据计提的减值准备相应抵减，因此，固定资产在未来计提折旧时，应当按照新的固定资产账面价值为基础计提每期折旧。

考虑到固定资产、无形资产、商誉等资产发生减值后，一方面价值回升的可能性比较小，通常属于永久性减值；另一方面从会计信息谨慎性要求考虑，为了避免确认资产重估增值和操纵利润，资产减值损失一经确认，在以后会计期间不得转回。但是，遇到资产处置、出售、对外投资、以非货币性资产交换方式换出、在债务重组中抵偿债务等情况，同时符合资产终止确认条件的，企业应当将相关资产减值准备予以转销。

（二）资产减值损失的账务处理

为了正确核算企业确认的资产减值损失和计提的资产减值准备，企业应当设置"资产减值损失"科目，按照资产类别进行明细核算，反映各类资产在当期确认的资产减值核算金额；同时，应当根据不同的资产类别分别设置"固定资产减值准备""在建工程减值准备""投资性房地产减值准备""无形资产减值准备""商誉减值准备""长期股权投资减值准备""生物性生物资产减值准备"。当企业根据资产减值准则规定确定资产发生了减值的,应当根据所确认的资产减值金额,借记"资产减值损失"科目,贷记"固定资产减值准备""在建工程减值准备""投资性房地产减值准备""无形资产减值准备""商誉减值准备""长期股权投资减值准备""生物性生物资产减值准备"等科目。在期末,企业应当将"资产减值损失"科目余额转入"本年利润"科目,结转后该科目无余额。各资产减值准备科目累积每期计提的资产减值准备,直到相关资产被处置时才予以转出。

[例8-3] 20×5年12月31日,A公司发现20×2年12月31日购入一项利用专利技术设备,发现类似的专利技术在市场上已经出现,此项设备可能减值。如果该企业准备出售,市场上厂商愿意以2 200 000元的销售净价收购该设备;该设备尚可使用5年,未来5年的现金流量为500 000元、480 000元、460 000元、440 000元、420 000元,第6年现金流量及使用寿命结束时预计处置带来现金流量为380 000元;采用折现率5%。假设20×5年账面价值3 000 000元,已经计提折旧500 000元,以前年度已计提减值准备200 000元。

要求:对A企业进行减值测试和资产减值的会计处理。

第一,比较固定资产账面价值与可收回金额。

1. 账面价值=原值-折旧-已计提资产减值=3 000 000-500 000-200 000=2 300 000(元)

2. 确定可收回金额:

(1) 销售净价2 200 000元。

(2) 预计未来现金流量现值。

表8-3 预计未来现金流量现值计算表

年 份	预计未来现金流量	折现率	折现系数	现 值
20×6	500 000	5%	0.952 4	476 190
20×7	480 000	5%	0.907 0	435 374
20×8	460 000	5%	0.863 8	397 365
20×9	440 000	5%	0.822 7	361 989
2×10	20 000	5%	0.783 5	329 081
2×11	380 000	5%	0.746 2	283 562
合 计				2 283 561

(3) 可收回金额确定。

资产预计未来现金流量现值为2 283 561元,销售净价为2 200 000元,取两者较高者为资产可收回金额。

3. 确认资产减值损失＝账面价值－可收回金额＝2 300 000－2 283 561＝16 439(元)

第二,固定资产减值损失的会计处理。

借:资产减值损失——固定资产减值损失　　　　　　　　　　16 439
　　贷:固定资产减值准备　　　　　　　　　　　　　　　　　16 439

第三节　资产组和商誉减值的处理

资产减值准则规定,有迹象表明一项资产可能发生减值的,企业应当以单项资产为基础估计其可收回金额。但是,在企业难以对单项资产的可收回金额进行估计的,应当以该资产所属的资产组为基础确定资产组的可收回金额。资产组是指企业可以认定的最小资产组合,其产生的现金流入应当基本上独立于其他资产或资产组产生的现金流入。资产组应当由创造现金流入相关的资产组成。

一、资产组的认定

资产组的认定,应当以资产组产生的主要现金流入是否独立于其他资产或者资产组的现金流入为依据。因此,资产组能否独立产生现金流入是认定资产组的最关键因素。在认定资产组产生的现金流入是否基本上独立于其他资产组时,应当考虑企业管理层管理生产经营活动的方式(如是按照生产线、业务种类还是按照地区或者区域等)和对资产的持续使用或者处置的决策方式等。

企业的某一生产线、营业网点、业务部门等,如果能够独立于其他部门或者单位等创造收入、产生现金流量,或者其创造的收入和现金流入绝大部分独立于其他部门或者单位的,并且属于可认定的最小的资产组合的,通常应将该生产线、营业网点、业务部门等认定为一个资产组。

几项资产的组合生产的产品(或者其他产出)存在活跃市场的,无论这些产品或者其他产出是用于对外出售还是仅供企业内部使用,均表明这几项资产的组合能够独立创造现金流入,应当将这些资产的组合认定为资产组。

[例8-4]　某矿业公司拥有一个煤矿,与煤矿的生产和运输相配套,建有一条专用铁路。该铁路除非报废出售,其在持续使用中,难以脱离煤矿相关的其他资产而产生单独的现金流入,因此,企业难以对专用铁路的可收回金额进行单独估计,专用铁路和煤矿其他相关资产必须结合在一起,成为一个资产组,以估计该资产组的可收回金额。

资产组一经确定,各个会计期间应当保持一致,不得随意变更。如需变更,企业管理层应当证明该变更是合理的,并在附注中说明。

二、资产组可收回金额和账面价值的确定

资产组账面价值的确定基础应当与其可收回金额的确定方式相一致,否则若两者在不同的基础上进行估计和比较,就难以正确估算资产组的减值损失。

资产组的可收回金额应当按照该资产组的公允价值减去处置费用后的净额与其预计未来现金流量的现值两者之间较高者确定。资产组的账面价值包括可直接归属于资产组和可以合理和一致地分摊至资产组的资产账面价值,通常不应当包括已确认负债的账面价值,但如不考虑该负债金额就无法确认资产组可收回金额的除外。这是为了与资产组可收回金额的确定基础相一致。

资产组在处置时如要求购买者承担一项负债(如环境恢复负债等),该负债金额已经确认并计入相关资产账面价值,而且企业只能取得包括上述资产和负债在内的单一公允价值减去处置费用后的净额的,为了比较资产组的账面价值和可收回金额,在确定资产组的账面价值及其预计未来现金流量的现值时,应当将已确认的负债金额从中扣除。

[例8-5] ABC公司在某山区经营一座有色金属矿山,根据规定公司在矿山完成开采后应当将该地区恢复原貌。恢复费用主要为山体表层复原费用(比如恢复植被等),因为山体表层必须在矿山开发前挖走。因此,企业在山体表层挖走后,确认了一项预计负债,并计入矿山成本,假定其金额为500万元。20×7年12月31日,随着开采进展,公司发现矿山中的有色金属储量远低于预期,因此,公司对该矿山进行了减值测试。考虑到矿山的现金流量状况,整座矿山被认定为一个资产组。该资产组在20×7年年末的账面价值为1 000万元(包括确认的恢复山体原貌的预计负债)。矿山组如于20×7年12月31日对外出售,买方愿意出价820万元(包括恢复山体原貌成本,即已扣减这一成本因素),预计处置费用为20万元,因此该矿山的公允价值减去处置费用后的净额为800万元。矿山的预计未来现金流量的现值为1 200万元,不包括恢复费用。

该例中,资产组的公允价值减去处置费用后的净额为800万元,该金额已经考虑了恢复费用。资产组预计未来现金流量的现值在考虑了恢复费用后为700万元。因此,该资产组的可收回金额为800万元。资产组的账面价值在扣除了已确认的恢复原貌预计负债后的金额为500万元。这样,资产组的可收回金额大于其账面价值,所以,资产组没有发生减值,不必确认减值损失。

三、资产组减值损失的会计处理

资产组减值测试的原理和单项资产是一致的。根据减值测试的结果,资产组包括资产组组合的可收回金额如低于其账面价值的,应当确认相应的减值损失。减值损失金额应当按照下列顺序进行分摊:

(1) 抵减分摊至资产组中商誉的账面价值;
(2) 根据资产组中除商誉之外的其他各项资产的账面价值所占比重,按比例抵减

其他各项资产的账面价值。

以上资产账面价值的抵减,应当作为各单项资产(包括商誉)的减值损失处理,计入当期损益。抵减后的各资产的账面价值不得低于以下三者之中最高者:该资产的公允价值减去处置费用后的净额(如可确定的)、该资产预计未来现金流量的现值(如可确定的)和零。因此而导致的未能分摊的减值损失金额,应当按照相关资产组中其他各项资产的账面价值所占比重进行分摊。

[例8-6] 20×6年12月31日,甲公司在对资产进行减值测试时,某资产组很可能发生了减值。已知该资产组组合包括固定资产A、B和一项负债,其中固定资产A账面价值为200万元、固定资产B账面价值为300万元,负债账面价值为60万元,扣除负债后净资产账面价值为440万元。

甲公司经调研分析后确定该资产组的公允价值减去处置费用后的净额为400万元,未来现金流量现值为420万元,即该资产组的可收回金额为420万元。因资产组的账面价值440万元高于其可收回金额,应计提固定资产减值准备20万元。按照规定,应将减值损失按照该资产组内固定资产的账面价值所占比重,分摊到资产组内的固定资产。具体分摊过程见表8-6。

表8-6 资产减值损失分摊表　　　　　　　　　　　　　单位:万元

资产组合	分摊减值损失前账面价值	分摊比例	分摊的减值损失	分摊减值损失后账面价值
固定资产A	200	40%	(8)	192
固定资产B	300	60%	(12)	288
小 计	500	100%	(20)	480
负 债	(60)			(60)
合 计	440		(20)	420

根据上表分摊结果,应编制会计分录如下:
借:资产减值损失——固定资产A　　　　　　　　　　　　　　　80 000
　　　　　　　　——固定资产B　　　　　　　　　　　　　　　120 000
　贷:固定资产减值准备——固定资产A　　　　　　　　　　　　80 000
　　　　　　　　　　——固定资产B　　　　　　　　　　　　120 000

四、涉及总部资产的减值损失的会计处理

总部资产实质上是指本身不能单独产生现金流量(除非管理层决定将其处置),而只能与其他资产或资产组组合在一起,才能产生现金流量的资产。《企业会计准则第8号——资产减值》第20条明确指出,企业总部资产包括企业集团或其事业部的办公楼、电子数据处理设备等资产,总部资产的显著特征是难以脱离其他资产或者资产组产生

独立的现金流入,而且其账面价值难以完全归属于某一资产组。总部资产通常难以单独进行减值测试,从这一点上看,总部资产与商誉有点类似,需要结合其他相关资产组或者资产组组合进行减值测试。在资产负债表日,如果有迹象表明某项总部资产可能发生减值,企业应当计算确定该总部资产所归属的资产组或者资产组组合的可收回金额,然后将其与相应的账面价值相比较,据以判断是否需要确认减值损失。资产组组合是指由若干个资产组组成的最小资产组组合,包括资产组或者资产组组合,以及按合理方法分摊的总部资产部分。企业在对某一资产组进行减值测试时,应当先认定所有与该资产组相关的总部资产,再根据相关总部资产能否按照合理和一致的基础分摊至该资产组分别情况处理。

(1) 对于相关总部资产能够按照合理和一致的基础分摊至该资产组的部分,应当将该部分总部资产的账面价值分摊至该资产组,再据以比较该资产组的账面价值(包括已分摊的总部资产的账面价值部分)和可收回金额,并按照前述有关资产组的减值损失处理顺序和方法处理。

[例 8-7] 黄山公司在 A、B、C 三地拥有三家分公司,这三家分公司的经营活动由一个总部负责运作。由于 A、B、C 三家分公司均能产生独立于其他分公司的现金流入,所以该公司将这三家分公司确定为三个资产组。20×7 年 12 月 1 日,企业经营所处的技术环境发生了重大不利变化,出现减值迹象,需要进行减值测试。假设总部资产的账面价值为 200 万元,能够按照各资产组账面价值的比例进行合理分摊,A、B、C 分公司和总部资产的使用寿命均为 20 年。减值测试时,A、B、C 三个资产组的账面价值分别为 320 万元、160 万元和 320 万元。假定黄山公司计算确定 A 分公司资产的可收回金额为 420 万元,B 分公司资产的可收回金额为 160 万元,C 分公司资产的可收回金额为 380 万元。要求:对黄山公司进行资产减值测试并进行相关的会计处理。

第一步,将总部资产分配至各资产组。

由于各资产组的使用寿命相同,可直接按其账面价值分配总部资产,各资产组应分配总部资产金额=总部资产×该项资产组账面值/∑各资产组账面值之和。

总部资产应分配给 A 资产组的数额=200×320/800=80(万元)

总部资产应分配给 B 资产组的数额=200×160/800=40(万元)

总部资产应分配给 C 资产组的数额=200×320/800=80(万元)

第二步,分配后各资产组的账面价值如下:

A 资产组的账面价值=320+80=400(万元)

B 资产组的账面价值=160+40=200(万元)

C 资产组的账面价值=320+80=400(万元)

第三步,比较各资产组的账面价值和可收回金额,进行减值测试:

A 资产组的账面价值 400 万元,可收回金额 420 万元,没有发生减值;

B资产组的账面价值200万元,可收回金额160万元,发生减值40万元;
C资产组的账面价值400万元,可收回金额380万元,发生减值20万元。

第四步,将各资产组的减值额在总部资产和各资产组之间分配。

B资产组减值额40(万元):

分配给总部资产的部分为 $40 \times 40/200 = 8$(万元)

分配给B资产组本身的部分为 $40 \times 160/200 = 32$(万元)

C资产组减值额20万元:

分配给总部资产的部分为 $20 \times 80/400 = 8$(万元)

分配给B资产组本身的部分为 $20 \times 320/400 = 16$(万元)

综上,A资产组没有发生减值,B资产组发生减值32万元,C资产组发生减值16万元,总部资产发生减值16万元。应编制会计分录如下:

借:资产减值损失——B资产组资产	320 000
——C资产组资产	160 000
——总部资产	160 000
贷:固定资产、无形资产等减值准备——B资产组资产	320 000
固定资产、无形资产等减值准备——C资产组资产	160 000
总部有关资产科目	160 000

(2)对于相关总部资产难以按照合理和一致的基础分摊至该资产组的,应当按照下列步骤处理:

首先,在不考虑相关总部资产的情况下,估计和比较资产组的账面价值和可收回金额,并按照前述有关资产组减值损失处理顺序和方法处理;

其次,认定由若干个资产组组成的最小的资产组组合,该资产组组合应当包括所测试的资产组与可以按照合理和一致的基础将该总部资产的账面价值分摊其上的部分;

最后,比较所认定的资产组组合的账面价值(包括已分摊的总部资产的账面价值部分)和可收回金额,并按照前述有关资产组减值损失的处理顺序和方法处理。

五、商誉的减值测试及会计处理

我国《企业会计准则第8号——资产减值》规定企业合并形成的商誉,至少应当在每年年度终了进行减值测试。又由于商誉不能独立于其他资产产生现金流量,其减值测试必须结合相关的资产组或资产组组合,即能够从企业合并协同效应中受益的资产组或资产组组合,这就要求企业在合并日起应当将合并产生的商誉分摊至相关的资产组。商誉应当结合与其相关的资产组或者资产组组合进行减值测试。对于已经分摊商誉的资产组或资产组组合,不论是否存在资产组或资产组组合可能发生减值的迹象,每年都应当通过比较包含商誉的资产组或资产组组合的账面价值与可收回金额进行减值测试。在对包含商誉的相关资产组或者资产组组合进行减值测试时,如与商誉相关的资产组或者资产组组合存在减值迹象的,应当按照下列步骤处理。

首先,对不包含商誉的资产组或者资产组组合进行减值测试,计算可收回金额,并与相关账面价值相比较,确认相应的减值损失。

其次,再对包含商誉的资产组或者资产组组合进行减值测试,比较这些相关资产组或者资产组组合的账面价值(包括所分摊的商誉的账面价值部分)与其可收回金额,如相关资产组或者资产组组合的可收回金额低于其账面价值的,应当确认相应的减值损失。

减值损失金额应当先抵减分摊至资产组或者资产组组合中商誉的账面价值,再根据资产组或者资产组组合中除商誉之外的其他各项资产的账面价值所占比重,按比例抵减其他各项资产的账面价值。相关减值损失的处理顺序和方法与前述有关资产组减值损失的处理顺序和方法相一致。

[例8-8] 假定A公司在20×7年1月1日以2 500万元对非同一控制的B公司进行吸收合并。购买日B公司可辨认净资产的公允价值为2 000万元,A企业会计报表确认商誉500万元。假定合并取得的B公司的全部资产是产生未来现金流量的最小资产组组合。20×7年12月31日该资产组的账面价值为3 000万元,A公司确定该资产组的可收回金额为2 000万元。

分析:由于该资产组的可收回金额为2 000万元,包含了商誉的账面价值为3 500万元,发生资产减值1 500万元。首先应确认商誉减值损失500万元,余下的1 000万元分配给商誉可辨认资产。应编制会计分录如下:

借:资产减值损失　　　　　　　　　　　　　　　　15 000 000
　　贷:商誉减值准备　　　　　　　　　　　　　　　 5 000 000
　　　　相关资产减值准备　　　　　　　　　　　　　10 000 000

"相关资产减值准备"可以按照各项资产账面价值在可辨认资产账面价值中所占比例进行分配。

本章小结

资产减值主要指固定资产、无形资产、商誉等非流动资产的减值。除了商誉和使用寿命不确定的无形资产外,其他资产只有在出现资产可能发生减值迹象的情况下,才进行减值测试。企业应当根据资产公允价值减去处置费用后的净额和资产预计未来现金流量的现值两者孰高来确定资产可收回金额。在单项资产的可收回金额无法确定时,企业应当认定资产组,并以资产组为基础进行减值测试。涉及总部资产的,也要结合相关的资产组或者资产组组合进行减值测试。在涉及因企业合并而形成的商誉的情况下,企业应当认定与商誉相关的资产组或者资产组组合,并以此为基础进行减值测试。

名词中英对照

资产减值损失	impairment loss on assets
长期股权投资减值准备	provision for impairment of long-term equity investments
固定资产减值准备	provision for impairment of fixed assets
无形资产减值准备	provision for impairment of intangible assets

案例分析

江苏宏达新材料股份有限公司（以下简称"公司"）于2013年7月9日召开了第三届董事会第三十九次会议，会议审议通过了《关于计提资产减值准备的议案》。议案中指出，公司决定按照中介机构对利洪公司"7.5万吨有机硅单体设备资产组"资产评估结果计提资产减值准备，计提金额为8 375.60万元，计入2013年上半年度会计报表。本次计提资产减值准备将减少公司2013年年度上半年净利润8 375.60万元，合并报表归属于母公司所有者权益减少8 375.60万元。

资料来源：http://finance.ifeng.com。

要求：分析资产减值的会计处理对企业财务状况和经营成果到底会产生怎样的影响？

复习思考题

1. 资产发生减值的迹象主要包括哪些？企业应当如何进行判断？
2. 为什么要引入资产组的概念，并以此为基础来确认减值损失？
3. 资产组的认定应当遵循什么原则？企业应当如何认定资产组？
4. 企业以资产组为基础进行减值测试时，应当如何确认相关资产的减值损失？
5. 商誉的减值测试有何特殊之处？对于商誉应当如何进行减值测试？

练习题

1. 20×1年1月1日，甲公司外购XYZ无形资产，实际支付的价款为120万元。根据相关法律规定，XYZ无形资产的有效年限为10年，已使用1年。甲公司估计XYZ无形资产预计使用年限为6年，预计净残值为零。20×2年12月31日，由于与XYZ无形资产相关的经济因素发生不利变化，致使XYZ无形资产发生价值减损。甲公司据此估计其可收回金额为25万元。20×4年12月31日,甲公司发现,导致XYZ无形资产在20×2年发生减值损失的不利经济因素已全部消失,估计XYZ无形资产的可收回金额为40万元。假设不考虑所得税及其他相关税费的影响,无形资产的预计使用年限保持不变。

要求:作出各年相关会计分录。

2. 某公司在A、B、C三地拥有三家分公司,其中,C分公司是上年吸收合并的公司。由于A、B、C三家分公司均能产生独立于其他分公司的现金流入,所以该公司将这三家分公司确定为三个资产组。20×7年12月1日,企业经营所处的技术环境发生了重大不利变化,出现减值迹象,需要进行减值测试。减值测试时,C分公司资产组的账面价值为520万元(含合并商誉为20万元)。该公司计算C分公司资产的可收回金额为400万元。假定C分公司资产组中包括甲设备、乙设备和一项无形资产。其账面价值分别为250万元、150万元和100万元。假定C资产组中各项资产的预计使用寿命相同。

要求:计算商誉、甲设备、乙设备和无形资产应计提的减值准备并编制有关会计分录。

第九章 流动负债

本章概要

企业生产经营所需的资金,除了来自投资人之外,还需要通过举债来获得。负债按其流动性可分为流动负债和非流动负债。本章主要介绍流动负债的确认、计量,以及短期借款、应付款项、应付职工薪酬、应交税费等主要流动负债项目的核算。

学习目的与要求

通过本章学习,应当能够了解并掌握:
1. 流动负债的性质与分类;
2. 应付票据与应付账款的核算方法;
3. 职工薪酬的内容及应付职工薪酬的核算方法;
4. 应交增值税、应交消费税、应交营业税的核算方法;
5. 短期借款的取得、付息与偿还的账务处理;
6. 其他应付款、预收账款、应付利息、应付股利的核算方法。

第一节 流动负债概述

一、流动负债的概念

负债是指企业过去的交易或者事项形成的,预期会导致经济利益流出企业的现时义务。负债按其流动性进行分类,可分为流动负债和非流动负债。

流动负债是指企业预计在一个正常营业周期中清偿,或者主要为交易目的而持有,或者自资产负债表日起一年内(含一年)到期应予清偿,或者企业无权自主地将清偿推迟至资产负债表日后一年以上的负债。流动负债主要包括短期借款、应付票据、应付账款、预收账款、应付职工薪酬、应交税费、应付利息、应付股利、其他应付款等。

确认流动负债的目的,主要是将其与流动资产进行比较,反映企业的短期偿债能力。短期偿债能力是债权人非常关心的财务指标,在资产负债表上必须将流动负债与非流动负债分别列示。

二、流动负债的分类

流动负债按不同的标准可分为不同的类别,以满足不同的需要。

(一) 按照产生原因及形成过程分类

流动负债按照产生原因及形成过程进行分类,可分为以下三类:

(1) 融资活动形成的流动负债,是指企业从银行或其他金融机构筹集资金形成的流动负债,主要是短期借款和应付的借款利息;

(2) 经营过程中形成的流动负债,是指企业在正常的生产经营活动中形成的流动负债,主要有应付票据、应付账款、应交税费等;

(3) 利润分配中形成的流动负债,是指企业在对利润进行分配时形成的应付给投资者的利润,主要是应付股利等。

(二) 按照应付金额是否确定分类

流动负债按照应付金额是否确定进行分类,可分为以下两类:

(1) 应付金额可以确定的流动负债,是指有确切的债权人和偿付日期并有确切的偿付金额的流动负债,主要包括短期借款、应付票据、应付职工薪酬、应交税费等;

(2) 应付金额需要估计的流动负债,是指没有确切的债权人和偿付日期,或有确切的债权人和偿付日期但其偿付金额需要估计的流动负债,主要包括没有取得结算凭证的应付账款等。

(三) 流动负债按照偿付手段分类

流动负债按照偿付手段进行分类,可分为以下两类:

(1) 货币性流动负债,是指需要以货币资金偿还的流动负债,主要包括短期借款、应付票据、应付账款、应付职工薪酬、应交税费、应付利息、应付股利、其他应付款等;

(2) 非货币性流动负债,是指不需要用货币资金来偿还的流动负债,如预收账款等。

三、流动负债的计量

负债是企业应在未来偿付的债务,从理论上讲负债应按未来应偿付金额的现值计量。但是,由于流动负债偿付的时间一般不超过一年,未来应付金额与其现值相差不多,按重要性原则的要求,不考虑货币的时间价值对流动负债的影响,未来应付金额与其现值的差额可忽略不计。因此,流动负债应按实际发生的金额入账。

第二节 应付账款和应付票据

一、应付账款

应付账款是指企业因购买商品、材料或接受劳务供应等业务而应付给供应单位的款项。这是购销双方在购销活动中由于取得物资与支付货款在时间上不一致而产生的负债。

（一）应付账款入账价值和入账时间的确定

1. 应付账款的入账价值

应付账款一般应按实际应付金额，而不按到期应付金额的现值入账。因为应付账款一般期限较短，不计算利息。如果购入的资产在形成一笔应付账款时是带有现金折扣的，应付账款入账金额应按发票上记载的应付金额的总值（即不扣除现金折扣）入账，获得的现金折扣冲减财务费用。

2. 应付账款的入账时间

应付账款入账时间的确定，应以与所购买物资的所有权有关的风险和报酬已经转移或劳务已经接受为标志。在实际工作中，应区别下列情况分别处理。

(1) 在物资和发票账单同时到达的情况下，要区分两种情况处理：如果物资验收入库的同时支付货款的，则不通过"应付账款"科目核算；如果物资验收入库后仍未付款的，则按发票账单登记入账。

(2) 在物资和发票账单未同时到达的情况下，也要区分两种情况处理：在发票账单已到，物资未到的情况下，未能及时支付货款时，应当直接根据发票账单金额，记入有关物资的成本和"应付账款"；在物资已到，发票账单未到也无法确定实际购货成本的情况下，在月度终了，需要按照所购物资和应付债务暂估入账，下月初再用红字予以冲回，待发票账单到达后再进行账务处理。

（二）应付账款的账务处理

企业应设置"应付账款"科目核算应付供应单位的款项。其贷方登记企业应付的金额，借方登记已支付或已转销或转作应付票据的金额，贷方余额反映企业尚未支付的应付账款。"应付账款"科目应按供货单位设置明细账进行明细分类核算。

[例9-1] K企业1月20日向D公司购买的材料已到，并验收入库，增值税专用发票上注明材料价款1 500 000元，增值税额为255 000元，该货款于2月10日付清。K企业应编制会计分录如下：

(1) 1月20日：

借：原材料　　　　　　　　　　　　　　　　　　　　　　1 500 000
　　应交税费——应交增值税（进项税额）　　　　　　　　　　255 000
　　贷：应付账款——D公司　　　　　　　　　　　　　　　　　1 755 000

(2) 2月10日：

借：应付账款——D公司　　　　　　　　　　　　　1 755 000
　　贷：银行存款　　　　　　　　　　　　　　　　　　　　1 755 000

上例中，如果所购材料已经验收入库，但是发票账单未到，应编制会计分录如下：

(1) 1月20日材料验收入库时可暂不作分录；

(2) 1月31日发票账单未到，按暂估价入账，假定暂估价为1 400 000元：

借：原材料　　　　　　　　　　　　　　　　　　　　1 400 000
　　贷：应付账款——D公司　　　　　　　　　　　　　　　　1 400 000

(3) 2月1日，用红字冲销上笔业务：

借：原材料　　　　　　　　　　　　　　　　　　　　1 400 000
　　贷：应付账款——D公司　　　　　　　　　　　　　　　　1 400 000

(4) 等到发票账单到达企业后，按发票账单上所列材料价款和增值税金额进行账务处理。

应付账款一般在较短期限内支付，但有些应付账款由于债权单位撤销或其他原因，或者将应付账款划转给关联方等其他企业，而无法支付或无须支付的应付账款应计入营业外收入，借记"应付账款"科目，贷记"营业外收入"科目。

二、应付票据

应付票据是由出票人签发、委托付款人在指定日期无条件支付确定的金额给收款人或者持票人的票据。它通常是因为企业购买材料、商品和接受劳务供应等而开出、承兑的商业汇票。应付票据和应付账款虽然都是因商品交易而引起的负债，都属于流动负债性质，但两者是不同的：应付账款是尚未结清的款项，一般情况下没有确切的到期日；应付票据则是延期付款的证明，有确切的兑付日期，并有合法的票据作保证。

（一）应付票据的分类

商业汇票按照承兑人的不同，可分为商业承兑汇票和银行承兑汇票两种。其中，商业承兑汇票是由收款人或付款人签发，并由付款人承兑，为收款人或被背书人所持有的商业票据；银行承兑汇票是由收款人或承兑申请人签发，由承兑申请人向其开户银行申请承兑，经银行审查同意承兑的商业汇票。申请银行承兑所支付的手续费应列作财务费用。

商业汇票按照是否带息，分为带息票据和不带息票据两种。由于期限较短（最长不超过六个月），无论是否带息，取得时一般按其面值入账。

（二）应付票据的账务处理

企业应设置"应付票据"科目，核算采用商业汇票结算方式的应付金额。其贷方登记企业开出、承兑汇票或者以承兑汇票抵付货款的金额以及应计的利息，借方登记票据到期支付的金额，贷方余额反映尚未到期的应付票据本息。

企业还应当设置"应付票据备查簿",详细登记每一应付票据的种类、号数、签发日期、到期日、票面利率、合同交易号、收款人姓名或单位名称,以及付款日期和金额等情况。应付票据到期结清时,应当在备查簿内逐笔注销。

企业应区分带息应付票据和不带息应付票据进行核算。

1. 不带息应付票据

不带息应付票据,其面值就是票据到期时的应付金额。

企业开出汇票结算时,借记"材料采购""应交税费——应交增值税(进项税额)"等科目,贷记"应付票据"科目。

2. 带息应付票据

企业开出的如为带息商业汇票,通常应于期末对尚未支付的应付票据计提利息,借记"财务费用"科目,贷记"应付票据"科目。商业承兑汇票到期,如企业无力支付票款,应将应付票据的账面余额转入应付账款。银行承兑汇票到期,如企业无力支付票款,承兑银行除凭票向持票人无条件支付票款外,对出票人尚未支付的汇票金额转作逾期贷款处理,并按一定的利率计收利息。企业接到银行转来的有关凭证,借记"应付票据"科目,贷记"短期借款"科目。

[例9-2] 乙公司20×8年11月1日购买原材料一批,价税合计1 755 000元,增值税税率17%,康辉公司出具了一张面值为1 755 000元、期限为3个月、年利率为10%的商业承兑汇票。材料已验收入库。应编制会计分录如下:

(1) 20×8年11月1日乙公司签发商业承兑汇票时:

借:原材料 1 500 000
　　应交税费——应交增值税(进项税额) 255 000
　　贷:应付票据 1 755 000

(2) 20×8年12月31日,计算2个月的应付利息:

借:财务费用 29 250
　　贷:应付票据 29 250

(3) 20×9年2月1日,到期支付票据本息:

借:应付票据 1 784 250
　　财务费用 14 625
　　贷:银行存款 1 798 875

第三节　应交税费

企业作为商品的生产者和经营者,必须按税法规定履行纳税义务。目前,企业应交纳的税费主要有增值税、消费税、营业税、所得税、资源税、土地使用税、房产税、车船使用税、印花税、耕地占用税、城市维护建设税、教育费附加等。各种税费由于征管办法、计税（费）基础、计税（费）方法不完全相同，会计处理方法也不尽一致。

为了反映企业各种税费的计算和交纳情况，应设置"应交税费"科目。该科目的贷方登记企业应当交纳的各种税费，借方登记企业实际已经交纳的各种税费，余额在贷方，表示企业应交未交的各种税费。由于税金和费用通常由企业在月末计算，下月初实际交纳，因此在月末就构成了企业对政府有关部门的实际负债。在"应交税费"科目下，还应当按税种设置明细科目，进行明细分类核算。此外，企业代扣代交的个人所得税，也通过本科目核算。

一、增值税

增值税是就货物和应税劳务的增值部分征收的一种税。凡是在我国境内销售货物或者提供应税劳务、提供应税服务以及进口货物的单位和个人，都属于增值税的纳税人。

增值税的征收范围：(1) 销售或者进口货物。货物是指有形动产，包括电力、热力、气体在内。(2) 提供应税劳务。应税劳务是指纳税人提供的加工、修理修配劳务。(3) 提供应税服务。

我国税法规定，增值税的纳税人分为一般纳税企业和小规模纳税企业两种。小规模纳税企业实行简易征税办法，一般不使用增值税专用发票，而一般纳税企业则实行增值税专用发票抵扣税款的制度。一般纳税企业和小规模纳税企业的计税方法不同，相应的会计处理方法也不同。

（一）一般纳税企业

1. 一般纳税人的税率

(1) 基本税率17%，适用于大部分商品。

(2) 低税率。

① 13%，主要适用于粮食、食用植物油、天然气、图书、报纸、化肥、饲料、农药等。

② 11%，主要适用于提供交通运输业服务、提供邮政服务、提供基础电信服务等。

③ 6%，主要适用于提供现代服务业等。

(3) 零税率，适用于部分出口商品。

2. 科目设置

一般纳税企业在核算增值税时，应当在"应交税费"科目下设置"应交增值税"明细科目，在"应交增值税"明细账下再设置若干专栏，并使用多栏式明细账页核算增值税。该科目的借方发生额反映企业的进项税额、已交税金、减免税款、出口抵减内销产品应纳税额、转出未交增值税，贷方发生额反映销项税额、出口退税、进项税额转出、转出多交增值税，期末借方余额反映企业尚未抵扣的增值税。该科目的多栏式明细账页如表9-1所示。

表 9-1　应交税费——应交增值税　　　　　单位：元

年月日	借方					贷方				借或贷	余额
	进项税额	已交税金	减免税款	出口抵减内销产品应纳税额	转出未交增值税	销项税额	出口退税	进项税额转出	转出多交增值税		

3. 账务处理

一般纳税企业的应纳税额采用当期销项税额减进项税额后的余额的方法确定。其计算公式为：

应纳税额＝当期销项税额－当期进项税额

当期销项税额小于当期进项税额，不足抵扣时，其不足部分可以结转下期继续抵扣。

销项税额＝当期销售额×适用税率

这里的销售额是指销售货物的不含税（增值税）销售额。

当期进项税额是指纳税期限内纳税人购进货物或接受应税劳务所支付或负担的，准予从销项税额中抵扣的增值税额。其数额通常由三部分组成：（1）从销售方取得的增值税专用发票上注明的增值税税额；（2）从海关取得的海关进口增值税专用缴款书上注明的增值税额；（3）购进农产品，按照农产品收购发票或者销售发票上注明的农产品买价和13%的扣除率计算进项税额。

（1）一般购销业务。

一般纳税企业在购进阶段，账务处理时实行价与税的分离，价税分离的依据为增值税专用发票上注明的价款和增值税。属于价款部分，计入购入货物的成本；属于增值税额部分，计入进项税额。在销售阶段，销售价格中不再含税，如果定价时含税，应将其还原为不含税价格作为销售收入，向购买方收取的增值税作为销项税额。

如果未能取得增值税专用发票，则普通发票不可作为抵扣凭据，其金额应全部计入购货成本。

[例9-3]　某一般纳税企业购入原材料一批，已经验收入库，增值税专用发票上注明价款360 000元，增值税61 200元，开出一张商业承兑汇票结清款项。应编制会计分录如下：

　　借：原材料　　　　　　　　　　　　　　　　　　　　　　360 000
　　　　应交税费——应交增值税（进项税额）　　　　　　　　 61 200
　　　贷：应付票据　　　　　　　　　　　　　　　　　　　　421 200

如果上例中,企业收到的是普通发票,价款为 421 200 元,则不能抵扣。应编制会计分录如下:

借:原材料　　　　　　　　　　　　　　　　　　　　　　　421 200
　　贷:应付票据　　　　　　　　　　　　　　　　　　　　　　421 200

[例9-4] 某一般纳税企业销售产品一批,增值税专用发票上所列价款为 300 000 元,增值税额 51 000 元,货款尚未收到。应编制会计分录如下:

借:应收账款　　　　　　　　　　　　　　　　　　　　　　351 000
　　贷:主营业务收入　　　　　　　　　　　　　　　　　　　300 000
　　　　应交税费——应交增值税(销项税额)　　　　　　　　 51 000

假如,销售给不需要增值税专用发票的客户,企业开具普通发票,发票上用合并定价法注明交易额为 5 000 元,收到现金,则需要进行价税分离。

不含税销售额=含税销售额/(1+税率)=5 000/(1+17%)=4 273.5(元)

应编制会计分录如下:

借:库存现金　　　　　　　　　　　　　　　　　　　　　　5 000
　　贷:主营业务收入　　　　　　　　　　　　　　　　　　　4 273.5
　　　　应交税费——应交增值税(销项税额)　　　　　　　　　 726.5

(2)购进免税农产品。购进免税农产品,应按购进农产品的买价和规定的税率计算的进项税额,借记"应交税费——应交增值税(进项税额)"科目,按买价减去进项税额后的差额,借记"材料采购""原材料"等科目,按应付或实际支付的价款,贷记"应付账款""银行存款"等科目。

[例9-5] 甲公司收购免税农产品,实际支付的买价为 3 000 000 元,收购的农产品已验收入库,且款项已支付。假定甲公司采用实际成本进行日常材料核算。该农产品准予抵扣的进项税额按买价的 13% 计算确定。应编制会计分录如下:

借:原材料　　　　　　　　　　　　　　　　　　　　　　　2 610 000
　　应交税费——应交增值税(进项税额)　　　　　　　　　　 390 000
　　贷:银行存款　　　　　　　　　　　　　　　　　　　　　3 000 000

(3)接受投资。接受投资转入的物资,按增值税专用发票上注明的增值税,借记"应交税费——应交增值税(进项税额)"科目,按合同或协议确定的价值(但合同或协议确定的价值明显不公允的除外),借记"原材料"等科目,按其在注册资本中所占有的份额,贷记"实收资本"或"股本"科目,按其差额,贷记"资本公积"科目。

(4)接受应税劳务或应税服务。接受应税劳务或应税服务,按增值税专用发票上注明的增值税,借记"应交税费——应交增值税(进项税额)"科目,按增值税专用发票上记载的应当计入加工、修理修配等物资成本的金额,借记"生产成本""委托加工物资""管理费用""劳务成本"等科目,按应付或实际支付的金额,贷记"应付账款""银行存款"等科目。

(5) 视同销售。企业的有些交易和事项从会计角度看不属于销售行为,不能确认销售收入,但是按照税法规定,应视同对外销售处理,计算应交增值税。视同销售需要交纳增值税的事项,如企业将自产或委托加工的货物用于非应税项目、集体福利或个人消费,将自产、委托加工或购买的货物作为投资、分配给股东或投资者、无偿赠送他人等。在这种情况下,企业应当借记"在建工程""长期股权投资""营业外支出"等科目,贷记"应交税费——应交增值税(销项税额)"科目等。

[例9-6] 2×12年8月15日,甲企业将自己生产的产品用于自行建造职工俱乐部。该批产品的成本为150 000元,计税价格为260 000元。应编制会计分录如下:

借:在建工程　　　　　　　　　　　　　　　　　　　　　　194 200
　　贷:库存商品　　　　　　　　　　　　　　　　　　　　　150 000
　　　　应交税费——应交增值税(销项税额)　　　　　　　　44 200

企业在建工程领用自己生产的产品的销项税额=260 000×17%=44 200(元)

(6) 进项税额转出。

企业购进的货物发生非常损失,以及将购进货物改变用途(如用于非应税项目、集体福利或个人消费等),其进项税额应通过"应交税费——应交增值税(进项税额转出)"科目转入有关科目,借记"待处理财产损溢""在建工程""应付职工薪酬"等科目,贷记"应交税费——应交增值税(进项税额转出)"科目;属于转作待处理财产损失的进项税额,应与遭受非常损失的购进货物、在产品或库存商品的成本一并处理。购进货物改变用途通常是指购进的货物在没有经过任何加工的情况下,对内改变用途的行为,如企业在建工程项目领用原材料等。

[例9-7] 甲企业2×12年8月份发生进项税额转出事项及相关会计分录如下:

① 10日,库存材料因意外火灾毁损一批,有关增值税专用发票注明的成本为20 000元,增值税税额为3 400元。

借:待处理财产损溢——待处理流动资产损溢　　　　　　　23 400
　　贷:原材料　　　　　　　　　　　　　　　　　　　　　20 000
　　　　应交税费——应交增值税(进项税额转出)　　　　　　3 400

② 18日,企业所属的职工宿舍维修领用原材料6 000元,购入原材料时支付的增值税为1 020元。

借:应付职工薪酬　　　　　　　　　　　　　　　　　　　　7 020
　　贷:原材料　　　　　　　　　　　　　　　　　　　　　　6 000
　　　　应交税费——应交增值税(进项税额转出)　　　　　　1 020

(7) 交纳增值税。

为了分别反映增值税一般纳税人欠交增值税款和待抵扣增值税的情况,确保企业及时足额上交增值税,避免出现企业用以前月份欠交增值税抵扣以后月份未抵扣的增值税的情况,企业应在"应交税费"科目下设置"未交增值税"明细科目,核算企业月份终了从"应交税费——应交增值税"科目转入的当月未交或多交的增值税;同时,在"应交税费——应交增值税"科目下设置"转出未交增值税"和"转出多交增值税"专栏。月份终了,企业计算出当月应交未交的增值税,借记"应交税费——应交增值税(转出未交增值税)"科目,贷记"应交税费——未交增值税"科目;当月多交的增值税,借记"应交税费——未交增值税"科目,贷记"应交税费——应交增值税(转出多交增值税)"科目,经过结转后,月份终了,"应交税费——应交增值税"科目的余额,反映企业尚未抵扣的增值税。

企业当月交纳当月的增值税,仍然通过"应交税费——应交增值税(已交税金)"科目核算;当月交纳以前各期未交的增值税,通过"应交税费——未交增值税"科目,不通过"应交税费——应交增值税(已交税金)"科目核算。

(二)小规模纳税企业

小规模纳税企业应当按照不含税销售额和规定的增值税征收率计算交纳增值税,销售货物或提供应税劳务时只能开具普通发票,不能开具增值税专用发票。小规模纳税企业不享有进项税额的抵扣权,其购进货物或接受应税劳务、服务支付增值税直接计入有关货物或劳务的成本。因此,小规模纳税企业只需在"应交税费"科目下设置"应交增值税"明细科目,不需要在"应交增值税"明细科目中设置专栏。"应交税费——应交增值税"科目贷方登记应交纳的增值税,借方登记已交纳的增值税;期末贷方余额反映尚未交纳的增值税,借方余额反映多交纳增值税。

小规模纳税企业购进货物和接受应税劳务、服务时支付的增值税,直接计入有关货物和劳务的成本,借记"材料采购""在途物资"等科目,贷记"应交税费——应交增值税"科目。

[例9-8] 甲企业为增值税小规模纳税人,适用增值税税率为3%,原材料按实际成本核算。该企业发生经济交易如下:购入原材料一批,取得的专用发票上注明货款30 000元,增值税5 100元,款项以银行存款支付,材料验收入库。销售产品一批,所开出的专用发票中注明的货款(含税)为51 500元,款项已存入银行。用银行存款交纳增值税1 500元。甲企业应编制会计分录如下:

(1)购入原材料:

借:原材料 35 100
  贷:银行存款 35 100

(2)销售产品:

借:银行存款 51 500
  贷:主营业务收入 50 000
    应交税费——应交增值税 1 500

不含税销售额=含税销售额÷(1+征收率)=51 500÷(1+3%)=50 000(元)

应纳增值税=不含税销售额×征收率=50 000×3%=1 500(元)

(3) 交纳增值税：

借：应交税费——应交增值税　　　　　　　　　　　　　1 500
　　贷：银行存款　　　　　　　　　　　　　　　　　　　　　1 500

二、营业税

营业税是对提供劳务、转让无形资产或者销售不动产的单位和个人征收的税种。营业税按照营业额和规定的税率计算,其计算公式为

应纳税额＝营业额×税率

企业按规定应交的营业税,在"应交税费"科目下设置"应交营业税"二级明细科目核算。"应交营业税"明细科目的借方发生额,反映企业已交纳的营业税,贷方发生额反映应交的营业税;期末借方余额反映多交的营业税;期末贷方余额反映尚未交纳的营业税。

（一）提供应税劳务的账务处理

企业提供营业税应税劳务的,应按营业额和规定的税率计算应交纳的营业税,借记"营业税金及附加"等科目,贷记"应交税费——应交营业税"科目。

（二）销售不动产的账务处理

企业销售不动产,应当向不动产所在地主管税务机关申报交纳营业税。企业销售不动产按规定应交的营业税,记入"固定资产清理"科目;但房地产开发企业经营房屋不动产所交纳的营业税,记入"营业税金及附加"科目。

（三）转让无形资产的账务处理

企业转让无形资产时,按规定需要交纳营业税。按应交纳的营业税,借记"营业外支出"等科目,贷记"应交税费——应交营业税"科目。

三、消费税

消费税是对在我国境内生产、委托加工和进口应税消费品的单位或个人征收的税种。目前,我国的应税消费品包括烟、酒、化妆品、贵重首饰及珠宝玉石、鞭炮烟火、成品油、摩托车、小汽车等。

消费税的纳税义务人为生产、委托加工和进口应税消费品的企业,除金银首饰消费税在零售环节交纳,其他应税消费品的消费税在生产和进口环节征收,进入流通领域不再征收消费税。

消费税的计算有从价定率和从量定额两种征收方法。采取从价定率方法征收的消费税,以不含增值税的销售额为税基,按照税法规定的税率计算。企业的销售收入包含增值税的,应将其换算为不含增值税的销售额。采取从量定额计征的消费税,根据按税法确定的企业应税消费品的数量和单位应税消费品应缴纳的消费税计算确定。

企业应设置"应交税费——应交消费税"二级明细科目核算应纳消费税。"应交消

费税"明细科目的借方发生额,反映企业实际交纳的消费税和待扣的消费税,贷方发生额反映应交的消费税;期末借方余额反映多交或待扣的消费税;期末贷方余额反映尚未交纳的消费税。

(一)应税消费品直接对外销售

企业将生产的产品直接对外销售的,按规定计算应交的消费税,借记"营业税金及附加"等科目,贷记"应交税费——应交消费税"科目。

[例9-9] 某汽车制造厂生产并销售汽车 2 940 000 元,汽车消费税率为 8%,则应纳消费税额为 235 200 元。应编制会计分录如下:

借:营业税金及附加　　　　　　　　　　　　　　　　　235 200
　　贷:应交税费——应交消费税　　　　　　　　　　　　235 200

(二)自产自用应税消费品

企业将生产的应税消费品用于在建工程等非生产机构时,按规定应交纳的消费税,借记"在建工程"等科目,贷记"应交税费——应交消费税"科目。

[例9-10] 甲企业在建工程领用自产柴油成本为 50 000 元,应纳消费税 6 000 元。不考虑其他相关税费。应编制会计分录如下:

借:在建工程　　　　　　　　　　　　　　　　　　　　56 000
　　贷:库存商品　　　　　　　　　　　　　　　　　　　50 000
　　　　应交税费——应交消费税　　　　　　　　　　　　6 000

(三)委托加工应税消费品

需要交纳消费税的委托加工物资,由受托方向委托方交货时,代收代缴税款(除受托加工或翻新改制金银首饰按规定由受托方交纳消费税外)。

委托方在收回加工物资后,直接用于销售的,应将代收代缴的消费税计入委托加工物资的成本,借记"委托加工物资"等科目,贷记"应付账款""银行存款"等科目。

委托加工物资收回后用于连续生产的,按规定准予抵扣的,委托方应按代收代缴的消费税,借记"应交税费——应交消费税"科目,贷记"应付账款""银行存款"等科目。

(四)进口应税消费品

企业进口应税物资在进口环节应交的消费税,计入该项物资的成本,借记"材料采购""固定资产"等科目,贷记"银行存款"科目。

四、资源税

资源税是国家对在我国境内开采矿产品或生产盐的单位和个人征收的税种。其应纳税额按照应税产品的课税数量和规定的单位税额计算。计算公式如下:

$$应纳税额 = 课税数量 \times 单位税额$$

企业应设置"应交税费——应交资源税"二级明细科目核算应纳资源税。企业销售应税产品,按规定应交纳的资源税,借记"营业税金及附加"科目,贷记"应交税费——应交资源税"科目。

五、企业所得税

企业所得税是企业以其生产经营所得和其他所得为依据交纳的税种。企业所得税按应纳税所得额和税率计算,计算公式为

$$应纳所得税额 = 应纳税所得额 \times 所得税税率$$

新的企业所得税法规定从2008年起,企业所得税税率为比例税率25%。

企业按照资产负债表债务法计算的所得税,借记"所得税费用"科目,贷记"应交税费——应交所得税"科目,借记或贷记"递延所得税资产"科目,贷记或借记"递延所得税负债"科目。实际上交时,借记"应交税费——应交所得税"科目,贷记"银行存款"科目。

六、房产税、土地使用税、车船使用税和印花税

房产税是国家对在城市、县城、建制镇和工矿区的营业房产征收的由产权所有人交纳的税种。

土地使用税是国家为了合理利用城镇土地,调节土地级差收入、提高土地使用效益,加强土地管理而征收的税种。

车船使用税是由拥有并且使用车船的单位和个人交纳的税种。一般也为定额税。

印花税是对书立、领受购销合同等凭证的行为征收的税种。一般也为定额税。

企业按规定计算应交的房产税、土地使用税、车船使用税,借记"管理费用"科目,贷记"应交税费——应交房产税""应交税费——应交土地使用税""应交税费——应交车船使用税"。

企业交纳的印花税,借记"管理费用"科目,贷记"库存现金""银行存款"科目,可以不通过"应交税费"科目核算。

七、耕地占用税

耕地占用税是国家为了利用土地资源,加强土地管理,保护农用耕地而征收的税种。

企业应交的耕地占用税直接借记"在建工程"科目,贷记"银行存款"科目,不必通过"应交税费"科目核算。

八、城市维护建设税

城市维护建设税(简称城建税)是国家为了加强城市的维护建设,扩大和稳定城市维护建设资金的来源而征收的税种。根据企业应交的增值税、消费税、营业税等计算。计算公式为:

应交城建税＝(应交增值税＋应交消费税＋应交营业税)×适用税率

企业按规定计算应交的城建税，借记"营业税金及附加"等科目，贷记"应交税费——应交城市维护建设税"科目，实际交纳时，借记"应交税费——应交城市维护建设税"科目，贷记"银行存款"科目。

九、教育费附加、矿产资源补偿费

教育费附加是国家为了发展我国的教育事业，提高人民的文化素质而征收的一项费用，按照企业交纳的流转税的一定比例计征，并与流转税一起交纳。提取时，借记"营业税金及附加"，贷记"应交税费——应交教育费附加"科目，交纳时，借记"应交税费——应交教育费附加"科目，贷记"银行存款"科目。

矿产资源补偿费是对在中华人民共和国领域和其他管辖海域开采矿产资源而征收的一项费用。按照矿产品销售收入的一定比例计征，由采矿权享有人交纳。提取时，借记"管理费用"等科目，贷记"应交税费——应交矿产资源补偿费"科目，交纳时，借记"应交税费——应交矿产资源补偿费"科目，贷记"银行存款"科目。

第四节　应付职工薪酬

一、职工的概念

职工，是指与企业订立劳动合同的所有人员，含全职、兼职和临时职工，也包括虽未与企业订立劳动合同但由企业正式任命的人员。具体而言包括以下人员：

一是与企业订立劳动合同的所有人员，含全职、兼职和临时职工；

二是未与企业订立劳动合同，但由企业正式任命的企业治理层和管理层人员，如董事会成员、监事会成员等；

三是在企业的计划和控制下，虽未与企业订立劳动合同或未由其正式任命，但向企业所提供服务与职工所提供服务类似的人员，也属于职工的范畴，包括通过企业与劳务中介公司签订用工合同而向企业提供服务的人员。

二、职工薪酬的概念及分类

职工薪酬，是指企业为获得职工提供的服务或解除劳动关系而给予的各种形式的报酬或补偿。职工薪酬包括短期薪酬、离职后福利、辞退福利和其他长期职工福利。企业提供给职工配偶、子女、受赡养人、已故员工遗属及其他受益人等的福利，也属于职工薪酬。

（一）短期薪酬

短期薪酬，是指企业在职工提供相关服务的年度报告期间结束后十二个月内需要全部予以支付的职工薪酬，因解除与职工的劳动关系给予的补偿除外。短期薪酬具体包括八项。

（1）职工工资、奖金、津贴和补贴，是指按照构成工资总额的计时工资、计件工资、支付给职工的超额劳动报酬和增收节支的劳动报酬、为补偿职工特殊或额外的劳动消耗和因其他特殊原因支付给职工的津贴，以及为保证职工工资水平不受物价影响支付给职工的物价补贴等。其中，企业按照短期奖金计划向职工发放的奖金属于短期薪酬，按照长期奖金计划向职工发放的奖金属于其他长期职工福利。

（2）职工福利费，是指企业向职工提供的生活困难补助、丧葬补助费、抚恤费、职工异地安家费、防暑降温费等职工福利支出。

（3）医疗保险费、工伤保险费和生育保险费等社会保险费，是指企业按照国家规定的基准和比例计算，向社会保险经办机构缴纳的医疗保险费、工伤保险费和生育保险费。

（4）住房公积金，是指企业按照国家规定的基准和比例计算，向住房公积金管理机构缴存的住房公积金。

（5）工会经费和职工教育经费，是指企业为了改善职工文化生活、为职工学习先进技术和提高文化水平和业务素质，用于开展工会活动和职工教育及职业技能培训等相关支出。

（6）短期带薪缺勤，是指职工虽然缺勤但企业仍向其支付报酬的安排，包括年休假、病假、婚假、产假、丧假、探亲假等。长期带薪缺勤属于其他长期职工福利。

（7）短期利润分享计划，是指因职工提供服务而与职工达成的基于利润或其他经营成果提供薪酬的协议。长期利润分享计划属于其他长期职工福利。

（8）其他短期薪酬，是指除上述薪酬以外的其他为获得职工提供的服务而给予的短期薪酬。

（二）离职后福利

离职后福利，是指企业为获得职工提供的服务而在职工退休或与企业解除劳动关系后，提供的各种形式的报酬和福利，短期薪酬和辞退福利除外。

离职后福利计划，是指企业与职工就离职后福利达成的协议，或者企业为向职工提供离职后福利制定的规章或办法等。企业应当将离职后福利计划分类为设定提存计划和设定受益计划。其中，设定提存计划，是指向独立的基金缴存固定费用后，企业不再承担进一步支付义务的离职后福利计划；设定受益计划，是指除设定提存计划以外的离职后福利计划。

（三）辞退福利

辞退福利，是指企业在职工劳动合同到期之前解除与职工的劳动关系，或者为鼓励职工自愿接受裁减而给予职工的补偿。

（四）其他长期职工福利

其他长期职工福利，是指除短期薪酬、离职后福利、辞退福利之外所有的职薪酬，包括长期带薪缺勤、长期残疾福利、长期利润分享计划等。

三、应付职工薪酬的科目设置

企业应当设置"应付职工薪酬"科目,核算应付职工薪酬的计提、结算、使用等情况。该科目的贷方登记已分配计入有关成本费用项目的职工薪酬的数额,借方登记实际发放职工薪酬的数额,包括扣还的款项等;该科目期末贷方余额,反映企业应付未付的职工薪酬。

"应付职工薪酬"科目应当按照"工资、奖金、津贴和补贴""职工福费""非货币性福利""社会保险费""住房公积金""工会经费和职工教育经费""带薪缺勤""利润分享计划""设定提存计划""设定受益计划义务""辞退福利"等职工薪酬项目设置明细账进行明细核算。

四、短期薪酬的核算

企业应当在职工为其提供服务的会计期间,将实际发生的短期薪酬确认为负债,并计入当期损益,其他会计准则要求或允许计入资产成本的除外。

(一) 货币性短期薪酬

职工的工资、奖金、津贴和补贴,大部分的职工福利费、医疗保险费、工伤保险费和生育保险费等社会保险费,住房公积金、工会经费和职工教育经费一般属于货币性短期薪酬。

企业应当根据职工提供服务情况和工资标准计算应计入职工薪酬的工资总额,按照受益对象计入当期损益或相关资产成本,借记"生产成本""制造费用""管理费用"等科目,贷记"应付职工薪酬"科目。发放时,借记"应付职工薪酬",贷记"银行存款"等科目。

企业发生的职工福利费,应当在实际发生时根据实际发生额计入当期损益或相关资产成本。

企业为职工缴纳的医疗保险费、工伤保险费、生育保险费等社会保险费和住房公积金,以及按规定提取的工会经费和职工教育经费,应当在职工为其提供服务的会计期间,根据规定的计提基础和计提比例计算确定相应的职工薪酬金额,并确认相关负债,按照受益对象计入当期损益或相关资产成本。其中:(1) 医疗保险费、工伤保险费、生育保险费和住房公积金。企业应当按照国务院、所在地政府或企业年金计划规定的标准,计量应付职工薪酬义务和应相应计入成本费用的薪酬金额。(2) 工会经费和职工教育经费。企业应当分别按照职工工资总额的2%和1.5%的计提标准,计量应付职工薪酬(工会经费、职工教育经费)义务金额和应相应计入成本费用的薪酬金额;从业人员技术要求高、培训任务重、经济效益好的企业,可根据国家相关规定,按照职工工资总额的2.5%计量应计入成本费用的职工教育经费。按照明确标准计算确定应承担的职工薪酬义务后,再根据受益对象计入当期损益或相关资产成本。

[例9-11] 2×15年6月,甲公司当月应发工资1560万元,其中:生产部门直接生产人员工资1000万元;生产部门管理人员工资200万元;公司管理部门人员工资360万元。

根据所在地政府规定,公司分别按照职工工资总额的10%和8%计提医疗保险费和住房公积金,缴纳给当地社会保险经办机构和住房公积金管理机构。公司分别按照职工工资总额的2%和1.5%计提工会经费和职工教育经费。

假定不考虑所得税影响。

应计入生产成本的职工薪酬金额=1 000+1 000×(10%+8%+2%+1.5%)
$$=1\ 215(万元)$$

应计入制造费用的职工薪酬金额=200+200×(10%+8%+2%+1.5%)
$$=243(万元)$$

应计入管理费用的职工薪酬金额=360+360×(10%+8%+2%+1.5%)
$$=437.4(万元)$$

应编制会计分录如下:

借:生产成本——基本生产成本　　　　　　　　　　12 150 000
　　制造费用　　　　　　　　　　　　　　　　　　 2 430 000
　　管理费用　　　　　　　　　　　　　　　　　　 4 374 000
　　贷:应付职工薪酬——工资　　　　　　　　　　 15 600 000
　　　　　　　　　——医疗保险费　　　　　　　　 1 560 000
　　　　　　　　　——住房公积金　　　　　　　　 1 248 000
　　　　　　　　　——工会经费　　　　　　　　　　　312 000
　　　　　　　　　——职工教育经费　　　　　　　　　234 000

(二) 短期带薪缺勤

对于职工带薪缺勤,企业应当根据其性质及职工享有的权利,分为累积带薪缺勤和非累积带薪缺勤两类。企业应当对累积带薪缺勤和非累积带薪缺勤分别进行会计处理。如果带薪缺勤属于长期带薪缺勤的,企业应当作为其他长期职工福利处理。

1. 累积带薪缺勤

累积带薪缺勤,是指带薪权利可以结转下期的带薪缺勤,本期尚未用完的带薪缺勤权利可以在未来期间使用。企业应当在职工提供了服务从而增加了其未来享有的带薪缺勤权利时,确认与累积带薪缺勤相关的职工薪酬,并以累积未行使权利而增加的预期支付金额计量。确认累积带薪缺勤时,借记"管理费用"等科目,贷记"应付职工薪酬——带薪缺勤——短期带薪缺勤——累积带薪缺勤"科目。

[例9-12] 甲企业共有2 000名职工,从2×14年1月1日起,该企业实行累积带薪缺勤制度,该制度规定,每个职工每年可享受5个工作日带薪年休假,未使用的年休假只能向后结转一个公历年度,超过1年未使用的权利作废,在职工离开企业时也无

权获得现金支付；职工休年假时，首先使用当年可享受的权利，再从上年结转的带薪年休假中扣除。

2×14年12月31日，甲企业预计2×15年有1 900名职工将享受不超过5天的带薪年休假，剩余100名职工每人将平均享受6天半年休假，假定这100名职工全部为总部各部门经理，该企业平均每名职工每个工作日工资为300元。不考虑其他相关因素。

2×14年12月31日，应编制会计分录如下：

借：管理费用　　　　　　　　　　　　　　　　　　　　　　　　　45 000
　　贷：应付职工薪酬——带薪缺勤——短期带薪缺勤——累积带薪缺勤
　　　　　　　　　　　　　　　　　　　　　　　　　　　　　　45 000

甲企业在2×14年12月31应当预计由于职工累积未使用的带薪年休假权利而导致的预期支付的金额，即相当于150天（100×1.5天）的年休假工资金额45 000元（150×300）。

2. 非累积带薪缺勤

非累积带薪缺勤，是指带薪权利不能结转下期的带薪缺勤，本期尚未用完的带薪缺勤权利将予以取消，并且职工离开企业时也无权获得现金支付。我国企业职工休婚假、产假、丧假、探亲假、病假期间的工资通常属于非累积带薪缺勤。由于职工提供服务本身不能增加其能够享受的福利金额，企业在职工未缺勤时不应当计提相关费用和负债。为此，企业应当在职工实际发生缺勤的会计期间确认与非累积带薪缺勤相关的职工薪酬。

企业确认职工享有的与非累积带薪缺勤权利相关的薪酬，视同职工出勤确认的当期损益或相关资产成本。通常情况下，与非累积带薪缺勤相关的职工薪酬已经包括在企业每期向职工发放的工资等薪酬中，因此，不必额外作相应的账务处理。

（三）短期利润分享计划

短期利润分享计划同时满足下列条件的，企业应当确认相关的应付职工薪酬，并计入当期损益或相关资产成本：

（1）企业因过去事项导致现在具有支付职工薪酬的法定义务或推定义务。

（2）因利润分享计划所产生的应付职工薪酬义务能够可靠估计。属于下列三种情形之一的，视为义务金额能够可靠估计：① 在财务报告批准报出之前企业已确定应支付的薪酬金额；② 该利润分享计划的正式条款中包括确定薪酬金额的方式；③ 过去的惯例为企业确定推定义务金额提供了明显证据。

企业在计量利润分享计划产生的应付职工薪酬时，应当反映职工因离职而有得到利润分享计划支付的可能性。如果企业预期在职工为其提供相关服务的年度报告期间结束后12个月内，不需要全部支付利润分享计划产生的应付职工薪酬，该利润分享计划应当适用其他长期职工福利的有关规定。

[例9-13] 甲公司于2×14年初制订和实施了一项短期利润分享计划，以对公司

管理层进行激励。该计划规定,公司全年的净利润指标为1 000万元,如果在公司管理层的努力下完成的净利润超过1 000万元,公司管理层将可以分享超过1 000万元净利润部分的10%作为额外报酬。假定至2×14年12月31日,甲公司全年实际完成净利润1 500万元。假定不考虑离职等其他因素,则甲公司管理层按照利润分享计划可以分享利润50万元[(1 500−1 000)×10%]作为其额外的薪酬。

甲公司2×14年12月31日的应编制会计分录如下:

借:管理费用　　　　　　　　　　　　　　　　　　　　　　　500 000
　　贷:应付职工薪酬——利润分享计划　　　　　　　　　　　　500 000

(四)非货币性福利

企业向职工提供非货币性福利的,应当按照公允价值计量。公允价值不能可靠取得的,可以采用成本计量。企业向职工提供的非货币性福利,应当分别情况处理。

1. 以自产产品或外购商品发放给职工作为福利

企业以其生产的产品作为非货币性福利提供给职工的,应当按照该产品的公允价值和相关税费,计量应计入成本费用的职工薪酬金额,相关收入的确认、销售成本的结转和相关税费的处理,与正常商品销售相同。以外购商品作为非货币性福利提供给职工的,应当按照该商品的公允价值和相关税费计入成本费用。

应当注意的是,在以自产产品或外购商品发放给职工作为福利的情况下,企业在进行账务处理时,应当先通过"应付职工薪酬"科目归集当期应计入成本费用的非货币性薪酬金额。

企业以其自产产品作为非货币性福利发放给职工的,应当根据受益对象,按照该产品的公允价值计入相关资产成本或当期损益,同时确认应付职工薪酬,借记"管理费用""生产成本""制造费用"等科目,贷记"应付职工薪酬——非货币性福利"科目。

[例9-14]　甲公司为一家彩电生产企业,共有职工220名,2×14年2月,公司以其生产的成本为8 000元的液晶彩电作为福利发放给公司每名职工。该型号液晶彩电的售价为每台10 000元,甲公司适用的增值税税率为17%。假定220名职工中190名为直接参加生产的职工,30名为总部管理人员。应编制会计分录如下:

彩电的增值税销项税额=220×10 000×17%=374 000元

(1) 公司决定发放职工福利时:

借:生产成本　　　　　　　　　　　　　　　　　　　　　　2 223 000
　　管理费用　　　　　　　　　　　　　　　　　　　　　　　351 000
　　贷:应付职工薪酬——非货币性福利　　　　　　　　　　　2 574 000

(2) 实际发放时:

借:应付职工薪酬——非货币性福利　　　　　　　　　　　　2 574 000
　　贷:主营业务收入　　　　　　　　　　　　　　　　　　　2 200 000
　　　　应交税费——应交增值税(销项税额)　　　　　　　　　374 000

借:主营业务成本	1 760 000	
贷:库存商品		1 760 000

2. 企业将拥有的房屋等资产无偿提供给职工使用

此种情形下,应当根据受益对象,将住房每期应计提的折旧计入相关资产成本或当期损益,同时确认应付职工薪酬。

借记"管理费用""生产成本""制造费用"等科目,贷记"应付职工薪酬——非货币性福利"科目,并且同时借记"应付职工薪酬——非货币性福利"科目,贷记"累计折旧"科目。

租赁住房等资产供职工无偿使用的,应当根据受益对象,将每期应付的租金计入相关资产成本或当期损益,并确认应付职工薪酬,借记"管理费用""生产成本""制造费用"等科目,贷记"应付职工薪酬——非货币性福利"科目。

[例9-15] 2×14年甲公司为总部各部门经理级别以上职工提供自建单位宿舍免费使用,同时为副总裁以上高级管理人员每人租赁一套住房。该公司总部共有部门经理以上职工60名,每人提供一间单位宿舍免费使用,假定每间单位宿舍每月计提折旧1 000元;该公司共有副总裁以上高级管理人员10名,公司为其每人租赁一套月租金为10 000元的公寓。该公司每月应编制会计分录如下:

借:管理费用	60 000	
贷:应付职工薪酬——非货币性福利(宿舍)		60 000
借:应付职工薪酬——非货币性福利(宿舍)	60 000	
贷:累计折旧		6 000
借:管理费用	100 000	
贷:应付职工薪酬——非货币性福利(租赁公寓)		100 000
借:应付职工薪酬——非货币性福利(租赁公寓)	100 000	
贷:其他应付款		10 000

五、离职后福利

离职后福利计划,是指企业与职工就离职后福利达成的协议,或者企业为向职工提供离职后福利制定的规章或办法等。企业应当按照企业承担的风险和义务情况,将离职后福利计划分类为设定提存计划和设定受益计划两种类型。

(一) 设定提存计划

设定提存计划,是指企业向单独主体(如基金等)缴存固定费用后,不再承担进一步支付义务的离职后福利计划。

设定提存计划的会计处理比较简单,因为企业在每一期间的义务取决于该期间将要存的金额。因此,在计量义务或费用时不需要精算假设,通常也不存在精算利得或损失。

企业应在资产负债表日确认为换取职工在会计期间内为企业提供的服务而应付给

设定提存计划的提存金,并作为一项费用计入当期损益或相关资产成本。

[例9-16] 甲企业为管理人员设立了一项企业年金:每月该企业按照每个管理人员工资的5%向独立于甲企业的年金基金缴存企业年金,年金基金将其计入该管理人员个人账户并负责资金的运作。该管理人员退休时可以一次性获得其个人账户的累积额,包括公司历年来的缴存额以及相应的投资收益。公司除了按照约定向年金基金缴存之外不再负有其他义务,既不享有缴存资金产生的收益,也不承担投资风险。因此,该福利计划为设定提存计划。

2×14年,按照计划安排,该企业向年金基金缴存的金额为1 000万元。应编制会计分录如下:

借:管理费用　　　　　　　　　　　　　　　　　　10 000 000
　　贷:应付职工薪酬——离职后福利　　　　　　　　　10 000 000
借:应付职工薪酬——离职后福利　　　　　　　　　　10 000 000
　　贷:银行存款　　　　　　　　　　　　　　　　　　10 000 000

(二) 设定受益计划

设定受益计划,是指除设定提存计划以外的离职后福利计划。当企业负有下列义务时,该计划就是一项设定受益计划:(1) 计划福利公式不仅仅与提存金金额相关,且要求企业在资产不足以满足该公式的福利时提供进一步的提存金;(2) 通过计划间接地或直接地对提存金的特定回报作出担保。

企业对设定受益计划的会计处理通常包括下列四个步骤。

1. 确定设定受益计划义务的现值和当期服务成本

企业应当根据预期累计福利单位法,采用无偏且相互一致的精算假设对有关人口统计变量和财务变量等作出估计,计量设定受益计划所产生的义务,并确定相关义务的归属期间。企业应当根据资产负债表日与设定受益计划义务期限和币种相匹配的国债或活跃市场上的高质量公司债券的市场收益率确定折现率,将设定受益计划所产生的义务予以折现,以确定设定受益计划义务的现值和当期服务成本。

2. 确定设定受益计划净负债或净资产

设定受益计划存在资产的,企业应当将设定受益计划义务的现值减去设定受益计划资产公允价值所形成的赤字或盈余确认为一项设定受益计划净负债或净资产。计划资产包括长期职工福利基金持有的资产、符合条件的保险单等,但不包括企业应付但未付给独立主体的提存金、由企业发行并由独立主体持有的任何不可转换的金融工具。

设定受益计划存在盈余的,企业应当以设定受益计划的盈余和资产上限两项的孰低者计量设定受益计划净资产。其中,资产上限,是指企业可从设定受益计划退款或减少未来向独立主体缴存提存金而获得的经济利益的现值。

3. 确定应当计入当期损益的金额

报告期末,企业应当在损益中确认的设定受益计划产生的职工薪酬成本包括服务成本、设定受益净负债或净资产的利息净额。除非其他相关会计准则要求或允许职工福利成本计入资产成本，企业应当将服务成本和设定受益净负债或净资产的利息净额计入当期损益。

服务成本包括当期服务成本、过去服务成本和结算利得或损失。

4. 确定应当计入其他综合收益的金额

企业应当将重新计量设定受益计划净负债或净资产所产生的变动计入其他综合收益，并且在后续会计期间不允许转回至损益，但企业可以在权益范围内转移这些在其他综合收益中确认的金额。

重新计量设定受益计划净负债或净资产所产生的变动包括下列部分：（1）精算利得或损失，即由于精算假设和经验调整导致之前所计量的设定受益计划义务现值的增加或减少；（2）计划资产回报，扣除包括在设定受益净负债或净资产的利息净额中的金额；（3）资产上限影响的变动，扣除包括在设定受益计划净负债或净资产的利息净额中的金额。

六、辞退福利

企业向职工提供辞退福利的，应当在企业不能单方面撤回因解除劳动关系计划或裁减建议所提供的辞退福利时、企业确认涉及支付辞退福利的重组相关的成本或费用时两者孰早日，确认辞退福利产生的职工薪酬负债，并计入当期损益。

企业应当按照辞退计划条款的规定，合理预计并确认辞退福利产生的职工薪酬负债，并具体考虑下列情况：

（1）对于职工没有选择权的辞退计划，企业应当根据计划条款规定拟解除劳动关系的职工数量、每一职位的辞退补偿等确认职工薪酬负债。

（2）对于自愿接受裁减建议的辞退计划，由于接受裁减的职工数量不确定，企业应当根据《企业会计准则第13号——或有事项》规定，预计将会接受裁减建议的职工数量，根据预计的职工数量和每一职位的辞退补偿等确认职工薪酬负债。

（3）对于辞退福利预期在其确认的年度报告期间期末后12个月内完全支付的辞退福利，企业应当适用短期薪酬的相关规定。

（4）对于辞退福利预期在年度报告期间期末后12个月内不能完全支付的辞退福利，企业应当适用其他长期职工福利的相关规定。

［例9-17］ 甲公司为一家家用电器制造企业，2×14年10月，为了能够在下一年度顺利实施转产，甲公司管理层制定了一项辞退计划，拟从2×15年2月1日起，企业将以职工自愿方式，辞退其平面直角系列彩电生产车间的职工。

辞退计划的详细内容均已与职工沟通，并达成一致意见。辞退计划已于2×14年12月20日经董事会正式批准，并将于下一个年度内实施完毕。计划的详细内容如表9-2所示。

表9-2　甲公司2×14年辞退计划一览表　　　　　　金额单位：万元

所属部门	职位	辞退数量	工龄(年)	每人补偿
彩电车间	车间主任 副主任	10	1—10	10
			11—20	20
			21—30	30
	一般技工	120	1—10	5
			11—20	15
			21—30	25
小　计		130		

假定在本例中，对于彩电车间主任和副主任级别、工龄在11—20年的职工，接受辞退的各种数量及发生概率如表9-3所示。

表9-3　接受辞退的职工数量、发生概率、最佳估计数

接受辞退的职工数量	发生概率	最佳估计数
0	0	0
1	3%	0.03
2	5%	0.1
3	5%	0.15
4	20%	0.8
5	15%	0.75
6	25%	1.5
7	8%	0.56
9	12%	1.08
10	7%	0.7
合　计		5.67

甲公司应确认该职级的辞退福利金额应为113.4(5.67×20)万元。应编制会计分录如下：

借：管理费用　　　　　　　　　　　　　　　　　　　　　1 134 000
　　贷：应付职工薪酬——解除职工劳动关系补偿　　　　　　　　1 134 000

七、其他长期职工福利

企业向职工提供的其他长期职工福利，符合设定提存计划条件的，应当按照设定提存计划的有关规定进行会计处理。企业向职工提供的其他长期职工福利，符合设定受

益计划条件的,企业应当按照设定受益计划的有关规定,确认和计量其他长期职工福利净负债或净资产。

在报告期末,企业应当将其他长期职工福利产生的职工薪酬成本确认为下列组成部分:

(1) 服务成本;
(2) 其他长期职工福利净负债或净资产的利息净额;
(3) 重新计量其他长期职工福利净负债或净资产所产生的变动。

为了简化相关会计处理,上述项目的总净额应计入当期损益或相关资产成本。

第五节 其他流动负债

一、短期借款

短期借款是企业向银行或其他金融机构等借入的期限在一年以下(含一年)的各种款项。

企业应设置"短期借款"科目,核算借入的期限在一年以内(含一年)的各种借款,并按债权银行设置明细账,按借款种类进行明细核算。其贷方登记企业借入的款项(本金),借方登记企业已归还的款项(本金),贷方余额反映企业尚未归还的短期借款。

短期借款一般是企业为维持正常的生产经营所需的资金或者是为抵偿某项债务而借入的资金,所以,短期借款的利息应作为一项筹资费用计入损益,在会计核算上应区别情况加以处理。

(1) 如果借款利息按月支付,或到期和本金一并支付,且金额不大时,可以直接计入财务费用。借记"财务费用"科目,贷记"银行存款"科目。

(2) 如果借款利息按期(如季度、半年度)支付,或到期和本金一并支付,且金额较大时,为了正确计算各期盈亏,可以采用预提的办法,按月预提计入当期损益。预提时,借记"财务费用"科目,贷记"应付利息"科目;在实际支付时,按已经预提的利息金额借记"应付利息"科目,按实际支付的利息金额与已经预提利息金额的差额(即尚未提取部分)借记"财务费用"科目,按实际支付的利息金额贷记"银行存款"科目。

[例 9-18] 甲企业4月1日向工商银行借入期限为3个月的借款3 000 000元,年利率为12%(利息采用预提的方法核算),应编制会计分录如下:

(1) 4月1日借款时:

借:银行存款　　　　　　　　　　　　　　　　3 000 000
　　贷:短期借款——工商银行　　　　　　　　　　　　3 000 000

(2) 4月、5月预提短期借款利息时:

借:财务费用　　　　　　　　　　　　　　　　30 000
　　贷:应付利息　　　　　　　　　　　　　　　　　30 000

(3) 6月30日还本付息时：

借：短期借款——工商银行	3 000 000
应付利息	60 000
财务费用	30 000
贷：银行存款	3 090 000

二、预收账款

预收账款是指企业按照合同规定向购货单位预收的款项。预收账款在商品尚未销售以前视同企业的一项负债，这项负债今后要用商品、劳务等偿付。

企业可设置"预收账款"科目，核算预收账款的情况。其贷方登记预收的金额，借方登记销售实现时按售价计算的结转数和退还数，贷方余额反映预收账款实有数。"预收账款"科目应按购买单位设置明细账进行明细分类核算。

[例9-19] （1）某企业于1月10日收到乙公司预付的购买B材料的货款1 500 000元，应编制会计分录如下：

借：银行存款	1 500 000
贷：预收账款——乙公司	1 500 000

（2）1月20日给乙公司发出B材料一批，并开出增值税专用发票，不含税价为1 500 000元，增值税255 000元，应编制会计分录如下：

借：预收账款——乙公司	1 755 000
贷：主营业务收入	1 500 000
应交税费——应交增值税（销项税额）	255 000

（3）1月28日收到乙公司补付货款255 000元，应编制会计分录如下：

借：银行存款	255 000
贷：预收账款——乙公司	255 000

预收账款业务不多的企业，可以不设置"预收账款"科目，而将预收的货款直接记入"应收账款"科目的贷方，待销售实现时再记入"应收账款"科目的借方。这时，若"应收账款"科目有贷方余额，则表示预收的货款，如有借方余额，则表示应收的货款。这种方法能够完整地反映购销双方的结算情况，但在编制资产负债表时，应将"应收账款"有关明细科目的借方余额之和填在"应收账款"项目中，而将"应收账款"有关明细科目的贷方余额之和填在"预收账款"项目中。

三、应付股利

应付股利是企业经股东大会或类似机构决议确定分配的现金股利或利润。企业实现的利润，扣除按税法规定计算、交纳所得税后，形成企业的净利润，这部分净利润除了必要的提留外，还应在投资者之间进行分配。

企业应设置"应付股利"科目核算应付给各投资者的现金股利或利润。其贷方登记应付给投资者的现金股利或利润,借方登记实际支付的金额,贷方余额反映企业应付而未付的现金股利或利润。"应付股利"科目应按投资人设置明细账进行明细分类核算。企业分配的股票股利,不通过"应付股利"科目核算。

企业根据通过的股利或利润分配方案,按应付给投资者的现金股利,借记"利润分配"科目,贷记"应付股利"科目;实际支付时,借记"应付股利"科目,贷记"银行存款"等科目。

四、其他应付款

其他应付款是指除了前述各种应付款项以外的,企业应付、暂收其他单位或个人的款项。具体包括:应付经营租入固定资产和包装物的租金;职工未按期领取的薪酬;存入保证金(如收取的包装物押金等);应付、暂收所属单位、个人的款项;其他应付、暂收款项。

企业应设置"其他应付款"科目核算各种应付、暂收其他单位及个人的款项,并根据对方单位或个人设置明细账进行明细分类核算。

发生的各种应付、暂收款项,应借记"银行存款""管理费用"等科目,贷记"其他应付款"科目;支付时,借记"其他应付款"科目,贷记"银行存款"等科目。

第六节 流动负债在财务报告中的披露

一、流动负债在财务报表中的列示

在资产负债表中,与流动负债相关的主要项目如下。

(1)"短期借款"项目,反映企业借入尚未归还的一年期以下(含一年)的各种借款。

(2)"应付票据"项目,反映企业为了抵付货款等而开出、承兑的尚未到期付款的应付票据,包括银行承兑汇票和商业承兑汇票。

(3)"应付账款"项目,反映企业购买原材料、商品和接受劳务供应等而应付给供应单位的款项。

(4)"预收账款"项目,反映企业预收购买单位的账款。

(5)"应付职工薪酬"项目,反映企业根据有关规定应付各类薪酬。

(6)"应交税费"项目,反映企业按照税法规定计算应交纳的各种税费。

(7)"应付利息"项目,反映企业按照规定应当支付的利息,包括分期付息到期还本的长期借款应支付的利息、企业发行的企业债券应支付的利息等。

(8)"应付股利"项目,反映企业尚未支付的现金股利。

(9)"其他应付款"项目,反映企业除应付票据、上应付账款、预收账款、应付职工薪酬、应付股利、应付利息、应交税费等经营活动以外的其他各项应付和暂收的款项。

二、流动负债在附注中的披露

企业应在会计报表附注中披露以下信息：短期借款的种类和增减变动情况；交易性金融负债的内容和公允价值；职工薪酬所包含的项目以及各项目在本年的数额和支付情况，企业本期为职工提供的非货币性福利形式、金额及其计算依据；应交税费的种类、应交和已交金额等。

本章小结

负债是由于过去的交易或事项形成的，预期会导致经济利益流出企业的现时义务。负债按其流动性，可以分为流动负债和非流动负债。流动负债是指1年以内或超过1年的一个营业周期内需要偿付的债务。流动负债按其应付金额是否确定，可分为应付金额确定的流动负债、应付金额需视经营情况而定的流动负债和应付金额需予以估计的流动负债；流动负债按形成的方式，可分为融资活动形成的流动负债、经营活动形成的流动负债以及收益分配中形成的流动负债。流动负债主要包括短期借款、应付票据、应付账款、预收账款、应付职工薪酬、应交税费、应付股利、其他应付款等。

短期借款是企业向银行或其他金融机构等借入的期限在一年以下（含一年）的各种款项。企业发生的短期借款利息既可以按月支付，也可以按月预提、到期支付。

在我国会计实务中，应付票据仅指应付商业汇票。商业汇票按承兑人的不同有商业承兑汇票和银行承兑汇票。出具票据时，带息票据和不带息票据都必须按票面金额记作负债。应付票据的利息按期计算，并增加应付票据的账面价值。

职工薪酬，是指企业为获得职工提供的服务或解除劳动关系而给予的各种形式的报酬或补偿。职工薪酬包括短期薪酬、离职后福利、辞退福利和其他长期职工福利。

应交税费是指企业根据国家税法规定计算的应缴纳的各种税费。企业应缴纳的各种税金有增值税、消费税、营业税、所得税、资源税、土地增值税、城市维护建设税、房产税、土地使用税、车船使用税等。

名词中英对照

流动负债	current liabilities
短期借款	short-term loans
应付票据	notes payable
职工薪酬	employee salaries and welfare

交易性金融负债	held for trading financial liabilities
预收账款	advances from customers/unearned revenue/deferred revenue
应付职工薪酬	salaries and welfare payable
增值税	value added tax
营业税	business tax
消费税	consumption tax
所得税	income tax
其他应付款	other payables

案例分析

小陈是四方公司的财务人员,最近遇到了一件麻烦事。事情的经过是这样的,四方公司是一家贸易公司,从生产厂家购进商品,然后再卖给其他企业。由于公司资金紧张,该公司一般是先向生产厂家赊购商品,等购货方将货款支付以后,再偿还给生产厂家。生产厂家每次在提供商品时,总是给四方公司一定的折扣。其中规定:凡四方公司每次购买的商品达到1 000件,可享受5%的商业折扣;每次购买的商品达到2 000件,可享受10%的商业折扣。同时,若四方公司能在10天之内付款,将给予2%的现金折扣;若超过10天付款,则没有现金折扣,需付全额。小陈面对这样的条件,不知该如何下手,他有三个疑问:一是我们公司每次购买多少件商品是合适的?二是究竟应在10天之内付款呢,还是超过10天付款?三是不同的折扣条件,在会计上应如何处理呢?

要求:

(1) 请您帮助小陈解决这几个疑问。

(2) 假定20×8年10月,四方公司决定购买商品1 200件,并在10天之内付款,要求您分别采用总价法、净价法进行账务处理。

(3) 根据(2)的核算结果,您认为那一种方法更能够体现折扣对企业的影响?

复习思考题

1. 什么叫流动负债,它有哪些分类方法?
2. 应付账款的入账时间和入账金额如何确定?
3. 简述应付账款和应付票据的主要区别?
4. 小规模纳税人和一般纳税人在增值税核算方面有什么特点?
5. 应交增值税如何计算? 如何进行会计处理?

6. 应交营业税如何计算？如何进行会计处理？
7. 应交消费税如何计算？如何进行会计处理？
8. 应交城市维护建设税如何计算？如何进行会计处理？
9. 教育费附加如何计算？如何进行会计处理？
10. 短期借款如何核算？
11. 应付职工薪酬包括哪些内容？如何进行会计处理？

练习题

1. 某企业20×8年1月1日向银行借款1 200 000元，期限9个月，年利率8%，该借款到期后按期如数归还，利息分月预提，按季支付。

要求：编制借入款项、按月预提利息、按季支付利息和到期归还本金的会计分录。

2. 黄海公司20×8年发生如下经济业务：

(1) 3月2日，从A公司购入一批甲材料，价款为1 500 000元，付款条件为"2/10，N/30"。

(2) 3月21日，从B公司购入一批乙材料，价款为300 000元，付款条件为"2/10，1/20，N/30"。

(3) 3月31日，用银行存款支付所欠A公司款项。

(4) 4月8日，用银行存款支付所欠B公司款项。

要求：采用总价法编制有关会计分录（不考虑增值税）。

3. 甲公司为增值税一般纳税企业，原材料按实际成本核算，适用的增值税税率为17%，20×8年9月发生如下经济业务：

(1) 购入一批原材料，增值税专用发票上注明的材料价款为600万元，增值税额为102万元，贷款已付，材料已验收入库。

(2) 职工集体福利工程领用生产用原材料24万元，该批材料原购进时的进项税4.08万元。

(3) 购进免税农产品一批，买价为300万元，已用银行存款支付，材料已到达并验收入库。该免税农产品按规定可抵扣13%。

(4) 购入一台设备，增值税专用发票上记载的设备价款为100万元，支付的增值税税额为17万元，款项已由银行存款支付。

(5) 销售商品一批，销售收入为600万元（不含税），货款尚未收到。

(6) 出售一项土地使用权，出售收入5 000万元已存入银行，该项土地使用权原值为6 000万元，已累计摊销2 000万元。适用的营业税税率为5%。

要求：根据上述资料，编制有关会计分录（为简化核算，不考虑城市维护建设税和教育费附加)。

4. 长江公司20×8年11月份的工资总额为220 000元,其中,产品生产工人工资120 000元,无形资产研发人员工资50 000元,行政管理部门人员工资30 000元,产品销售人员工资20 000元。该企业按工资总额的10%计提住房公积金,按工资总额的33%计提社会保险费,按工资总额2%、2.5%的比例计提工会经费和职工教育经费。

要求:编制相关业务的会计分录。

5. 甲公司为增值税一般纳税人,适用的增值税税率为17%。2×10年12月甲公司董事会决定将本公司生产的产品作为元旦福利发放给公司管理人员。该批产品的成本为80万元,市场销售价格为100万元(不含增值税)。不考虑其他相关税费。

要求:编制相关业务的会计分录。

第十章 非流动负债

■ **本章概要** ■

企业为了维持正常的生产经营或为了固定资产建设项目,往往需要举借长期债务。从银行取得长期借款和发行公司债券是企业长期负债(即非流动负债)的主要形式。借款和发行债券都需要发生借款费用。本章主要介绍长期借款和应付债券的核算方法和借款费用的处理原则。

■ **学习目的与要求** ■

通过本章学习,应当能够了解并掌握:
1. 非流动负债的性质与种类和非流动负债的计量原则;
2. 长期借款的核算方法;
3. 应付债券的核算方法;
4. 长期应付款和专项应付款的核算方法;
5. 借款费用的概念和内容、借款费用的确认和计量。

第一节 非流动负债概述

非流动负债,也称为长期负债,是指偿还期在一年以上或者超过一年的一个营业周期以上的债务,包括长期借款、应付债券、长期应付款、专项应付款、预计负债等。非流动负债的结算期较长,因而成为企业筹集长期资金的一种重要形式。非流动负债除具有负债的共同特征外,与流动负债相比,还具有债务金额大,偿还期限长,可以分期偿还等特点。

企业在设立后,筹集长期资金的方式主要有两种:一是由投资者追加投资;二是举借偿还期较长的非流动负债。与投资者追加投资相比,举借非流动负债有三个优点:

(1) 举借非流动负债不会影响企业原有的资本结构,有利于保持原有投资者控制企业的权力；

（2）在企业投资利润率大于借款利率时，举借非流动负债可以增加投资者回报；

（3）由于非流动负债上的利息支出除资本化以外的，可以作为正常的费用从利润总额中扣减，而分给投资者的利润或股利只能从税后利润中支付，因此举借债务具有节税的作用。

举借长期债务也有不足之处：举借长期债务具有一定的财务风险。因为企业需承担固定的利息费用，并且需安排足够的资金以偿还本金和利息。一旦企业经营状况不好，不能及时支付本金和利息，则债权人有权向法院提出申请，迫使债务人破产，所以企业举债经营应慎重。

第二节 长期借款

一、长期借款概述

长期借款是指企业向银行或其他金融机构借入的期限在一年以上（不含一年）的各种借款，一般用于固定资产的购建、改扩建工程、大修理工程、对外投资以及为了保持长期经营能力等方面。它是企业长期负债的重要组成部分，必须加强管理与核算。

由于长期借款的使用关系到企业的生产经营规模和效益，企业除了要遵守有关的贷款规定、编制借款计划并要有不同形式的担保外，还应监督借款的使用、按期支付长期借款的利息以及按规定的期限归还借款本金等。因此，长期借款会计处理的基本要求是反映和监督企业长期借款的借入、借款利息的结算和借款本息的归还情况，促使企业遵守信贷纪律、提高信用等级，同时也要确保长期借款发挥效益。

二、长期借款的核算

企业应通过"长期借款"科目，核算长期借款的借入、归还等情况。该科目可按照贷款单位和贷款种类设置明细账，分别"本金""利息调整"等进行明细核算。该科目的贷方登记长期借款本息的增加额，借方登记本息的减少额，贷方余额表示企业尚未偿还的长期借款本息额。

（一）取得长期借款

企业借入长期借款，应按实际收到的金额，借记"银行存款"科目，贷记"长期借款——本金"科目；如存在差额，还应借记"长期借款——利息调整"科目。

（二）长期借款的利息

在资产负债表日，企业应按长期借款的摊余成本和实际利率计算确定的长期借款的利息费用，借记"在建工程""制造费用""管理费用""财务费用""研发支出"等科目，按借款本金和合同利率计算确定的应付未付利息，贷记"应付利息"科目，按其差额，贷记

"长期借款——利息调整"科目。

实际利率与合同利率差异较小的,也可以采用合同利率计算确定利息费用。长期借款按合同利率计算确定利息费用的,借记"在建工程""制造费用""管理费用""财务费用""研发支出"等科目,贷记"应付利息"科目。

(三)归还长期借款

企业归还长期借款,按归还的长期借款本金,借记"长期借款——本金"科目,贷记"银行存款"科目;按归还的利息,借记"应付利息"科目,贷记"银行存款"科目。存在利息调整余额的,借记或贷记"在建工程""制造费用""财务费用""研发支出"等科目,贷记或借记"长期借款——利息调整"科目。

[例10-1] 甲公司为建造一幢厂房,20×7年1月1日借入期限为两年的长期专门借款2 000 000元,款项已存入银行。借款利率为9%,每年付息一次,期满后一次还清本金。20×7年年初,以银行存款支付工程价款共计1 200 000元,20×8年年初又以银行存款支付工程费用800 000元。该厂房于20×8年8月底完工,达到预定可使用状态。假定不考虑闲置专门借款资金存款的利息收入或者投资收益。应编制会计分录如下:

(1) 20×7年1月1日,取得借款时:

借:银行存款　　　　　　　　　　　　　　　　　　　　　　2 000 000
　　贷:长期借款　　　　　　　　　　　　　　　　　　　　　2 000 000

(2) 20×7年初,支付工程款时:

借:在建工程　　　　　　　　　　　　　　　　　　　　　　1 200 000
　　贷:银行存款　　　　　　　　　　　　　　　　　　　　　1 200 000

(3) 20×7年12月31日,计算20×7年应计入工程成本的利息时:

$$借款利息 = 2\,000\,000 \times 9\% = 180\,000(元)$$

借:在建工程　　　　　　　　　　　　　　　　　　　　　　　180 000
　　贷:应付利息　　　　　　　　　　　　　　　　　　　　　　180 000

(4) 20×7年12月31日,支付借款利息时:

借:应付利息　　　　　　　　　　　　　　　　　　　　　　　180 000
　　贷:银行存款　　　　　　　　　　　　　　　　　　　　　　180 000

(5) 20×8年初,支付工程款时:

借:在建工程　　　　　　　　　　　　　　　　　　　　　　　800 000
　　贷:银行存款　　　　　　　　　　　　　　　　　　　　　　800 000

(6) 20×8年8月底,建造的厂房达到预定可使用状态,该期应计入工程成本的利息为120 000元(2 000 000×9%÷12×8)。

借:在建工程　　　　　　　　　　　　　　　　　　　　　　　120 000
　　贷:应付利息　　　　　　　　　　　　　　　　　　　　　　120 000

同时：
借：固定资产　　　　　　　　　　　　　　　　2 300 000
　　贷：在建工程　　　　　　　　　　　　　　　　　2 300 000

(7) 20×8年12月31日，计算20×8年9—12月应计入财务费用的利息为60 000元(2 000 000×9%÷12×4)。
借：财务费用　　　　　　　　　　　　　　　　　60 000
　　贷：应付利息　　　　　　　　　　　　　　　　　60 000

(8) 20×8年12月31日支付借款利息时：
借：应付利息　　　　　　　　　　　　　　　　　180 000
　　贷：银行存款　　　　　　　　　　　　　　　　　180 000

(9) 20×9年1月1日到期还本时：
借：长期借款　　　　　　　　　　　　　　　　2 000 000
　　贷：银行存款　　　　　　　　　　　　　　　　2 000 000

第三节　应付债券

一、应付债券概述

应付债券是指企业为筹集(长期)资金而发行的债券。债券是企业为筹集长期使用资金而发行的一种书面凭证。企业通过发行债券取得资金是以将来履行归还购买债券者的本金和利息的义务作为保证的。

企业债券发行价格的高低一般取决于债券票面金额、债券票面利率、发行当时的市场利率以及债券期限的长短等因素。债券发行有面值发行、溢价发行和折价发行三种情况。企业债券按其面值出售的，称为面值发行。此外，债券还可能按低于或高于其面值的价格出售，即折价发行或溢价发行。折价发行是指债券以低于其面值的价格发行；而溢价发行则是指债券按高于其面值的价格发行。假设其他条件不变，债券的票面利率高于同期银行存款利率时，可按超过债券面值的价格发行，称为溢价发行。溢价是企业以后各期多付利息而事先得到的补偿。如果债券的票面利率低于同期银行存款利率，可按低于债券面值的价格发行，称为折价发行。折价是企业以后各期少付利息而预先给投资者的补偿。如果债券的票面利率与同期银行存款利率相同，可按票面价格发行，称为面值发行。溢价或折价是发行债券企业在债券存续期内对利息费用的一种调整。

企业应设置"应付债券"科目，并在该科目下设置"面值""利息调整""应计利息"等明细科目，核算应付债券发行、计提利息、还本付息等情况。该科目贷方登记应付债券的本金和利息，借方登记归还的债券本金和利息，期末贷方余额表示企业尚未偿还的长期债券。企业应当设置"企业债券备查簿",详细登记企业债券的票面金额、债券票面利率、还本付息期限与方式、发行总额、发行日期和编号、委托代售单位、转换股份等资料。企业债券到期兑付,在备查簿中应予注销。

应付债券分一般公司债券和可转换公司债券两类。

二、一般公司债券

(一)公司债券的发行

无论是按面值发行,还是溢价发行或折价发行,均按债券面值记入"应付债券"科目的"面值"明细科目,实际收到的款项与面值的差额,记入"利息调整"明细科目。企业发行债券时,按实际收到的款项,借记"银行存款""库存现金"等科目,按债券票面价值,贷记"应付债券——面值"科目,按实际收到的款项与票面价值之间的差额,贷记或借记"应付债券——利息调整"科目。

(二)利息调整的摊销

利息调整应在债券存续期间内采用实际利率法进行摊销。实际利率法,是指按照应付债券的实际利率计算其摊余成本及各期利息费用的方法。实际利率,是指将应付债券在债券存续期间的未来现金流量,折现为该债券当前账面价值所使用的利率。

资产负债表日,对于分期付息、一次还本的债券,企业应按应付债券的摊余成本和实际利率计算确定的债券利息费用,借记"在建工程""制造费用""财务费用"等科目,按票面利率计算确定的应付未付利息,贷记"应付利息"科目,按其差额,借记或贷记"应付债券——利息调整"科目。

对于一次还本付息的债券,应于资产负债表日按摊余成本和实际利率计算确定的债券利息费用,借记"在建工程""制造费用""财务费用"等科目,按票面利率计算确定的应付未付利息,贷记"应付债券——应计利息"科目,按其差额,借记或贷记"应付债券——利息调整"科目。

(三)债券的偿还

企业发行的债券通常分为到期一次还本付息或一次还本、分期付息两种。采用一次还本付息方式的,企业应于债券到期支付债券本息时,借记"应付债券——面值、应计利息"科目,贷记"银行存款"科目。采用一次还本、分期付息方式的,在每期支付利息时,借记"应付利息"科目,贷记"银行存款"科目;债券到期偿还本金并支付最后一期利息时,借记"应付债券——面值""在建工程""财务费用""制造费用"等科目,贷记"银行存款"科目,按借贷双方之间的差额,借记或贷记"应付债券——利息调整"科目。

[例10-2] 20×6年7月1日,乙公司发行三年期、到期时一次还本付息、年利率为8%(不计复利)、发行面值总额为80 000 000元的债券,该债券按面值发行。发行债券所筹资金用于建造固定资产,20×7年12月31日工程完工。20×9年7月1日债券到期,乙公司用银行存款支付债券本息。乙公司应编制会计分录如下:

(1) 20×6年7月1日发行债券时:

借：银行存款	80 000 000	
贷：应付债券——面值		80 000 000

(2) 20×6年12月31日计算利息费用时：

借：在建工程	3 200 000	
贷：应付债券——应计利息		3 200 000

(3) 20×7年12月31日计算利息费用时：

借：在建工程	6 400 000	
贷：应付债券——应计利息		6 400 000

(4) 20×8年12月31日计算利息费用时：

借：财务费用	6 400 000	
贷：应付债券——应计利息		6 400 000

(5) 20×9年6月30日计算利息费用时：

借：财务费用	3 200 000	
贷：应付债券——应计利息		3 200 000

(6) 20×9年7月1日还本付息时：

借：应付债券——面值	80 000 000	
应付债券——应计利息	19 200 000	
贷：银行存款		99 200 000

[**例10-3**] 20×7年12月31日，甲公司经批准发行5年期一次还本、分期付息的公司债券20 000 000元，债券利息在每年12月31日支付，票面利率为年利率6%。假定债券发行时的市场利率为5%。

甲公司该批债券实际发行价格为

$$20\,000\,000 \times (P/F, 5\%, 5) + 20\,000\,000 \times 6\% \times (P/A, 5\%, 5)$$
$$= 20\,000\,000 \times 0.783\,5 + 20\,000\,000 \times 6\% \times 4.329\,5 = 20\,865\,400(元)$$

甲公司根据上述资料，采用实际利率法和摊余成本计算确定的利息费用，如表10-1所示。

表10-1 利息费用一览表   单位：元

付息日期	支付利息	利息费用	摊销的利息调整	应付债券摊余成本
20×7年12月31日				20 865 400
20×8年12月31日	1 200 000	1 043 270	156 730	20 708 670
20×9年12月31日	1 200 000	1 035 433.50	164 566.50	20 544 103.50
2×10年12月31日	1 200 000	1 027 205.18	172 794.82	20 371 308.68
2×11年12月31日	1 200 000	1 018 565.43	181 434.57	20 189 874.11
2×12年12月31日	1 200 000	1 010 125.89*	189 874.11	20 000 000

*尾数调整。

根据表 10-1 的资料，甲公司应编制会计分录如下：

(1) 20×7 年 12 月 31 日发行债券时：

借：银行存款　　　　　　　　　　　　　　　　　20 865 400
　　贷：应付债券——面值　　　　　　　　　　　　　20 000 000
　　　　应付债券——利息调整　　　　　　　　　　　　865 400

(2) 20×8 年 12 月 31 日计算利息费用时：

借：财务费用等　　　　　　　　　　　　　　　　1 043 270
　　应付债券——利息调整　　　　　　　　　　　　　156 730
　　贷：应付利息　　　　　　　　　　　　　　　　1 200 000

(3) 20×9 年 12 月 31 日计算利息费用时：

借：财务费用等　　　　　　　　　　　　　　　1 035 433.50
　　应付债券——利息调整　　　　　　　　　　　　164 566.50
　　贷：应付利息　　　　　　　　　　　　　　　　1 200 000

(4) 2×10 年 12 月 31 日计算利息费用时：

借：财务费用等　　　　　　　　　　　　　　　1 027 205.18
　　应付债券——利息调整　　　　　　　　　　　　172 794.82
　　贷：应付利息　　　　　　　　　　　　　　　　1 200 000

(5) 2×11 年 12 月 31 日计算利息费用时：

借：财务费用等　　　　　　　　　　　　　　　1 018 565.43
　　应付债券——利息调整　　　　　　　　　　　　181 434.57
　　贷：应付利息　　　　　　　　　　　　　　　　1 200 000

(6) 2×12 年 12 月 31 日计算最后一期利息费用并归还债券本金时：

借：财务费用等　　　　　　　　　　　　　　　1 010 125.89
　　应付债券——利息调整　　　　　　　　　　　　189 874.11
　　应付债券——面值　　　　　　　　　　　　　20 000 000
　　贷：银行存款　　　　　　　　　　　　　　　21 200 000

三、可转换公司债券

我国发行可转换公司债券采取记名式无纸化发行方式。企业发行的可转换公司债券在"应付债券"科目下设置"可转换公司债券"明细科目核算。

企业发行的可转换公司债券，既含有负债成分又含有权益成分，应当在初始确认时将其包含的负债成分和权益成分进行分拆，将负债成分确认为应付债券，将权益成分确认为其他权益工具。在进行分拆时，应当先对负债成分的未来现金流量进行折现确定负债成分的初始确认金额，再按发行价格总额扣除负债成分初始确认金额后的金额确定权益成分的初始确认金额。发行可转换公司债券发生的交易费用，应当在负债成分和权益成分之间按照各自的相对公允价值进行分摊。

企业应按实际收到的款项,借记"银行存款"等科目,按可转换公司债券包含的负债成分面值,贷记"应付债券——可转换公司债券(面值)"科目,按权益成分的公允价值,贷记"其他权益工具",按借贷双方之间的差额,借记或贷记"应付债券——可转换公司债券(利息调整)"科目。

[例10-4] 甲公司经批准于20×7年1月1日按面值发行5年期一次还本,按年付息的可转换公司债券400 000 000元,款项已收存银行,债券票面年利率为6%。债券发行1年后可转换为普通股股票,初始转股价按债券面值每100元转10股,股票面值为每股1元。假定20×8年1月1日债券持有人将持有的可转换公司债券全部转换为普通股股票,甲公司发行可转换公司债券时二级市场上与之类似的没有附带转换权的债券市场利率为9%。该可转换公司债券发生的利息费用不符合资本化条件。

甲公司应编制会计分录如下:
(1) 20×7年1月1日发行可转换公司债券时:

借:银行存款　　　　　　　　　　　　　　　　　400 000 000
　　应付债券——可转换公司债券(利息调整)　　 46 687 200
　贷:应付债券——可转换公司债券(面值)　　　 400 000 000
　　其他权益工具——可转换公司债券　　　　　　46 687 200

可转换公司债券负债成分的公允价值为:

$$400\,000\,000 \times (P/F, 9\%, 5) + 400\,000\,000 \times 6\% \times (P/A, 9\%, 5)$$
$$= 400\,000\,000 \times 0.649\,9 + 400\,000\,000 \times 6\% \times 3.889\,7 = 353\,312\,800(元)$$

可转换公司债券权益成分的公允价值为400 000 000−353 312 800=46 687 200(元)

(2) 20×7年12月31日确认利息费用时:

借:财务费用　　　　　　　　　　　　　　　　　31 798 152
　贷:应付利息　　　　　　　　　　　　　　　　24 000 000
　　应付债券——可转换公司债券(利息调整)　　 7 798 152

确认利息费用为(400 000 000−46 687 200)×9%=31 798 152(元)

确认应计利息为400 000 000×6%=24 000 000(元)

确认利息调整为31 798 152−24 000 000=7 798 152(元)

(3) 20×7年12月31日支付利息时:

借:应付利息　　　　　　　　　　　　　　　　　24 000 000
　贷:银行存款　　　　　　　　　　　　　　　　24 000 000

(4) 20×8年1月1日债券持有人行使转换权时:

转换的股份数为400 000 000/10=40 000 000(股)

借:应付债券——可转换公司债券(面值)	400 000 000
其他权益工具——可转换公司债券	46 687 200
贷:股本	40 000 000
应付债券——可转换公司债券(利息调整)	38 889 048
资本公积——股本溢价	367 798 152

企业发行认股权和债券分离交易的可转换公司债(以下简称"分离交易可转换公司债券"),其认股权符合《企业会计准则第 22 号——金融工具确认和计量》和《企业会计准则第 37 号——金融工具列报》有关权益工具定义的,应当按照分离交易可转换公司债券发行价格,减去不附认股权且其他条件相同的公司债券公允价值后的差额,确认一项权益工具(其他权益工具)。认股权持有人到期没有行权的,企业应当在到期时将原计入其他权益工具的部分转入资本公积(股本溢价)。

第四节　其他长期负债

一、长期应付款

长期应付款,是指企业除长期借款和应付债券以外的其他各种长期应付款项,包括应付融资租入固定资产的租赁费、以分期付款方式购入固定资产发生的应付款项等。

企业应设置"长期应付款"科目,核算企业除长期借款和应付债券以外的其他各种长期应付款项的增减变动情况。该科目贷方登记发生的长期应付款项本金和利息,借方登记归还的长期应付款项本金和利息,期末贷方余额表示企业应付未付的长期应付款项。该科目可按长期应付款的种类和债权人进行明细核算。

(一) 应付融资租赁款

应付融资租赁款是指企业融资租入固定资产而形成的非流动负债。

企业融资租入的固定资产,在租赁有效期限内,其所有权仍归出租方,但承租方获得了租赁资产的实质控制权,享有了资产在有效使用期限内带来的各种经济利益,同时,作为取得这项权利的代价,需要支付大致相等于该项资产的公允价值的金额,这些款项在支付前,构成了应付融资租赁款。

融资租入固定资产时,在租赁期开始日,按应计入固定资产成本的金额(租赁开始日租赁资产公允价值与最低租赁付款额现值两者中较低者,加上初始直接费用),借记"在建工程"或"固定资产"科目,按最低租赁付款额,贷记"长期应付款"科目,按发生的初始直接费用,贷记"银行存款"等科目,按其差额,借记"未确认融资费用"科目。

在融资租赁下,承租人向出租人支付的租金中,包含了本金和利息两部分。承租人支付租金时,一方面应减少长期应付款,另一方面应将未确认的融资费用,在租赁期内各个期间按一定的方法确认为当期融资费用。企业应当采用实际利率法计算确认当期的融资费用。

(二) 具有融资性质的延期付款购买资产

企业购买资产有可能延期支付有关价款。如果延期支付的购买价款超过正常信用条件，实质上具有融资性质的，所购资产的成本应当以延期支付购买价款的现值为基础确定。实际支付的价款与购买价款的现值之间的差额，应当在信用期间内采用实际利率法进行摊销，计入相关资产成本或当期损益。具体来说，企业购入资产超过正常信用条件延期付款实质上具有融资性质时，应按购买价款的现值，借记"固定资产""在建工程"等科目，按应支付的价款总额，贷记"长期应付款"科目，按其差额，借记"未确认融资费用"科目。

二、专项应付款

专项应付款是指企业取得政府作为企业所有者投入的具有专项或特定用途的款项。企业收到的专项拨款作为专项应付款处理，待拨款项目完成后，属于应核销的部分，冲减专项应付款。

企业应设置"专项应付款"科目，该科目核算企业取得政府作为企业所有者投入的具有专项或特定用途的款项。该科目贷方登记企业收到或应收的专项应付款，借方登记企业核销的专项应付款，归还的长期应付款项本金和利息，期末贷方余额，反映企业尚未转销的专项应付款。该科目可按资本性投资项目进行明细核算。

企业收到或应收的资本性拨款，应借记"银行存款"等科目，贷记"专项应付款"科目。将专项或特定用途的拨款用于工程项目，借记"在建工程"等科目，贷记"银行存款""应付职工薪酬"等科目。工程项目完工形成长期资产的部分，借记"专项应付款"科目，贷记"资本公积——资本溢价"科目；对未形成长期资产需要核销的部分，借记"专项应付款"科目，贷记"在建工程"等科目；拨款结余需要返还的，借记"专项应付款"科目，贷记"银行存款"科目。

上述资本溢价转增实收资本或股本，借记"资本公积——资本溢价或股本溢价"科目，贷记"实收资本"或"股本"科目。

三、预计负债

企业在生产经营活动中会面临诉讼、债务担保、产品质量保证等具有较大不确定性的经济事项，这些具有不确定性的或有事项可能会对企业的财务状况和经营成果产生较大影响。企业应当提前考虑或有事项可能会给企业带来的风险，及时确认、计量或披露相关信息，如果符合负债的定义及确认条件应当及时予以确认。

(一) 或有事项的含义及特征

《企业会计准则第13号——或有事项》规定：或有事项，是指过去的交易或者事项形成的，其结果须由某些未来事项的发生或不发生才能决定的不确定事项。常见的或有事项主要包括未决诉讼或未决仲裁、债务担保、产品质量保证、承诺、亏损合同、重组义务、环境污染整治等。

与企业其他的业务和事项相比,或有事项具有以下三个特征。

1. 或有事项由过去的交易或事项形成

或有事项作为一种不确定事项,是由企业过去的交易或者事项形成,这是指或有事项的现存状况是过去交易或者事项引起的客观存在。

2. 或有事项的结果具有不确定性

或有事项结果的不确定性表现为两层含义：一是或有事项的结果是否发生具有不确定性,比如企业因销售产品而提供的质量保证,未来是否会发生经济利益的流出取决于在规定的质量保证期间内是否会提供产品维修、产品退换等服务；二是或有事项的结果预计将发生,但是发生的具体时间或金额具有不确定性。

3. 或有事项的结果须由未来事项的发生或不发生来决定

或有事项的结果只能由未来不确定事项的发生或不发生才能决定。比如,甲企业为外单位提供债务担保,该担保最终是否会导致企业履行担保责任,将取决于被担保方的未来经营状况和偿债能力。如果被担保方未来期间财务状况良好,能够偿还到期债务,则甲企业作为担保人不会承担任何连带责任；而未来如果被担保方财务状况恶化,到期无力偿还债务,则甲企业将承担债务的连带责任,代被担保方偿还债务。

(二) 预计负债的含义及确认条件

1. 预计负债的确认条件

预计负债是一种时间或金额不确定的负债。与企业的其他负债相比,预计负债的不确定性要远远超过其他负债。根据《企业会计准则第13号——或有事项》的规定,预计负债的确认需要同时满足以下三个条件：

(1) 由过去的交易或事项形成一项现时义务,该现时义务是法定义务或推定义务；

(2) 履行该义务很可能导致经济利益流出企业；

(3) 该义务的金额能够可靠地估计。

其中,法定义务,是指由法律产生的义务,比如企业因购买材料而形成的应付账款等。推定义务是指法定义务以外的义务,该义务来自企业过去的惯例、对外公告、承诺而且其结果是已经形成了企业未来履行该义务的合理预期。比如某石油公司具有对因开发油井造成的环境污染进行治理的现时义务,该义务已经形成了合理的预期,因而该石油公司应当在开发新的油井时确认该现时义务产生的预计负债。

"很可能导致经济利益流出企业"意味着企业履行义务并流出经济利益的可能性超过50%。

2. 预计负债的计量

预计负债确认的第三个条件是金额能够可靠地估计。由于或有事项的不定性,决定了预计负债的计量金额,应当有赖于估计。"可靠地估计"是指期末进行计量的履行预计负债产生的现时义务时所发生支出的最佳估计数。该金额是由企业的会计管理人员依据类似交易的经验进行判断所确定的。

具体来说,最佳估计数的确定方法包括以下五种情形。

(1) 企业为履行该义务所需支出存在一个连续范围,而且在该范围内各种结果发生的可能性相同。在此情况下,最佳估计数按照该连续范围的中间值加以确定。比如,某企业估计由于一项或有事项导致发生支出金额的连续范围在 40 万—50 万元,在这区间内的各种结果可能性相同,则该或有事项的最佳估计数是该区间的中间值 45 万元。

(2) 企业为履行该义务所需支出不存在连续范围,或者该范围内各种结果发生的可能性不同。在此情况下,还需要进一步区分该义务涉及的是单个项目还是多个项目。

① 对于单个项目,最佳估计数按最可能发生金额确定。

② 对于多个项目,最佳估计数按照各种可能结果及相关概率计算期望值加以确定。

[例 10-5] 丙公司是生产并销售 A 产品的企业,20×9 年度第一季度共销售 A 产品 30 000 件,销售收入为 90 000 000 元。根据公司的产品质量保证条款,该产品售出后一年内,如发生正常质量问题,公司将负责免费维修。根据以前年度的维修记录,如果发生较小的质量问题,发生的维修费用为销售收入的 1‰;如果发生较大的质量问题,发生的维修费用为销售收入的 2‰。根据公司质量部门的预测,本季度销售的产品中,80% 不会发生质量问题;15% 可能发生较小质量问题;5% 可能发生较大质量问题。

根据上述资料,20×9 年第一季度末丙公司应确认的预计负债金额为

$$90\,000\,000 \times (0 \times 80\% + 1‰ \times 15\% + 2‰ \times 5\%) = 225\,000(元)$$

应编制会计分录如下:

借:销售费用——产品质量保证——A 产品　　　　　225 000
　　贷:预计负债——产品质量保证——A 产品　　　　　　225 000

(3) 在预计负债的计量中,如果未来发生支出的时间超过一年,则企业还应当考虑货币时间价值,按照未来发生现金流量的现值对预计负债进行计量。企业计算未来现金流量使用的折现率应当选择反映当前货币市场水平的税前利率。在以后期间的资产负债表日,企业还应当将预计负债的现值金额随着时间的推移而进行重新计量。

(4) 预计负债计量过程中应当注意的其他问题。

① 未来事项的影响。对于企业能够合理预计将要发生的未来事项(比如法律、技术方面的变化),如果对预计负债的结算金额产生影响,企业应当在计量预计负债时予以考虑。

② 预计将发生的补偿。对于企业在履行预计负债产生的义务过程中可能从第三方得到的补偿金额,只有在企业收到该补偿金额的可能性基本确定时,才可以将该补偿金额单独确认为一项资产,而且确认的资产金额不得超过确认的预计负债的金额。比如甲公司的车辆发生交通肇事预计赔偿的金额为 10 万元,能够基本确定收到保险公司的赔偿金额为 9 万元,则甲公司应当将预计赔偿金额确认为预计负债,而将基本确定能够得到的补偿单独确认为一项资产。

(5) 预计负债账面价值的复核。企业应当在每个资产负债表日对已确认预计负债的账面价值进行复核。如果有确凿证据表明该账面价值不能真实地反映当前最佳估计数的,则应当按照当前最新的最佳估计数对预计负债的账面价值进行调整。

第五节 借款费用

一、借款费用的概念及内容

借款通常有一般借款和专门借款。专门借款应当有明确的专门用途,即为购建或者生产某项符合资本化条件的资产而专门借入的款项,通常应有标明专门用途的借款合同。一般借款是指除专门借款以外的其他借款。

借款费用是指因借款而发生的利息及其他相关成本,通常包括借款利息、折价或溢价的摊销、辅助费用以及因外币借款而发生的汇兑差额等。

(1) 借款利息。借款利息是指企业向银行或其他金融机构借入资金时发生的利息费用,或是企业发行债券的利息费用等。

(2) 借款的溢、折价摊销。借款的溢、折价摊销是指企业对企业所发行的债券的溢价或折价的每期摊销费用。

(3) 借款的辅助费用。借款的辅助费用是因借款而发生的辅助费用包括手续费、佣金、印刷费等费用。

(4) 外币借款的汇兑差额。由于汇率的变动导致的外币借款本金、利息产生的与记账本位币金额的差额。借款费用是指企业因借款而发生的利息及其他相关成本。

对于企业发生的权益性融资费用,不应包括在借款费用中。例如,某企业发生了借款手续费20万元,发行公司债券佣金2 000万元,发行公司股票佣金4 000万元,借款利息400万元。其中,借款手续费20万元、发行公司债券佣金2 000万元和借款利息400万元均属于借款费用。但是,发行公司股票属于公司股权性融资性质,不属于借款范畴,相应地,所发生的佣金4 000万元也不属于借款费用范畴,不应作为借款费用进行会计处理。

二、借款费用的确认

(一) 借款费用的确认原则

借款费用的确认主要解决的是将每期发生的借款费用资本化、计入相关资产的成本,还是将有关借款费用化、计入当期损益的问题。根据借款费用准则的规定,借款费用确认的基本原则是:企业发生的借款费用,可直接归属于符合资本化条件的资产的购建或者生产的,应当予以资本化,计入相关资产成本;其他借款费用,应当在发生时根据其发生额确认为费用,计入当期损益。

符合资本化条件的资产,是指需要经过相当长时间的购建或者生产活动才能达到预定可使用或者可销售状态的固定资产、投资性房地产和存货等资产。

符合资本化条件的存货,主要包括房地产开发企业开发的用于对外出售的房地产开发产品、企业制造的用于对外出售的大型机器设备等。这类存货通常需要经过相当长时间的建造或者生产过程,才能达到预定可销售状态。其中,"相当长时间"是指为资产的购建或者生产所必需的时间,通常为一年以上(含一年)。如果由于人为或者故意等非正常因素导致资产的购建或者生产时间相当长的,该资产不属于符合资本化条件的资产。企业购入即可使用的资产,或者购入后需要安装但所需安装时间较短的资产,或者需要建造或者生产但所需建造或者生产时间较短的资产,均不属于符合资本化条件的资产。

企业只有发生在资本化期间内的有关借款费用,才允许资本化,资本化期间的确定是借款费用确认和计量的重要前提。借款费用资本化期间,是指从借款费用开始资本化时点到停止资本化时点的期间,但不包括借款费用暂停资本化的期间。

(二)借款费用开始资本化的时点

借款费用允许开始资本化必须同时满足三个条件,即资产支出已经发生、借款费用已经发生、为使资产达到预定可使用或者可销售状态所必要的购建或者生产活动已经开始。

1. 资产支出已经发生

资产支出已经发生是指企业已经发生了支付现金、转移非现金资产或者承担带息债务形式所发生的支出。支付现金是指用货币资金支付固定资产的购建支出。转移非现金资产是指企业将自己的非现金资产直接用于固定资产的建造安装。承担带息债务是指企业为了购买工程用材料等而承担的带息应付款项(如带息应付票据)。

2. 借款费用已经发生

借款费用已经发生,是指企业已经发生了因购建或者生产符合资本化条件的资产而专门借入款项的借款费用或者所占用的一般借款的借款费用。例如,某企业于20×7年1月1日为建造一幢建设期为2年的厂房从银行专门借入款项5 000万元,当日开始计息。在20×7年1月1日即应当认为借款费用已经发生。

3. 为使资产达到预定可使用或者可销售状态所必要的购建或者生产活动已经开始

为使资产达到预定可使用或者可销售状态所必要的购建或者生产活动已经开始,是指符合资本化条件的资产的实体建造或者生产工作已经开始,例如主体设备的安装、厂房的实际开工建造等。它不包括仅仅持有资产但没有发生为改变资产形态而进行的实质上的建造或者生产活动。

企业只有在上述三个条件同时满足的情况下,有关借款费用才可开始资本化,只要其中有一个条件没有满足,借款费用就不能开始资本化。

(三)借款费用暂停资本化的时间

符合资本化条件的资产在购建或者生产过程中发生非正常中断且中断时间连续超

过3个月的,应当暂停借款费用的资本化。中断的原因必须是非正常中断,属于正常中断的,相关借款费用仍可资本化。

例如,某企业于20×7年1月1日利用专门借款开工兴建一幢办公楼,支出已经发生,因此借款费用从当日起开始资本化。工程预计于20×8年3月完工。20×7年5月15日,由于工程施工发生了安全事故,导致工程中断,直到9月10日才复工。该中断就属于非正常中断,因此,上述专门借款在5月15日至9月10日期间所发生的借款费用不应资本化,而应作为财务费用计入当期损益。

非正常中断,通常是由于企业管理决策上的原因或者其他不可预见的原因等所导致的中断。比如,企业因与施工一方发生了质量纠纷,或者工程、生产用料没有及时供应,或者资金周转发生了困难,或者施工、生产发生了安全事故,或者发生了与资产购建、生产有关的劳动纠纷等原因,导致资产购建或者生产活动发生中断,均属于非正常中断。

非正常中断与正常中断显著不同。正常中断通常仅限于因购建或者生产符合资本化条件的资产达到预定可使用或者可销售状态所必要的程序,或者事先可预见的不可抗力因素导致的中断。比如,某些工程建造到一定阶段必须暂停下来进行质量或者安全检查,检查通过后才可继续下一阶段的建造工作,这类中断是在施工前可以预见的,而且是工程建造必须经过的程序,属于正常中断。某些地区的工程在建造过程中,由于可预见的不可抗力因素(如雨季或冰冻季节等原因)导致施工出现停顿,也属于正常中断。

例如,某企业在北方某地建造某工程期间,遇上冰冻季节(通常为6个月),工程施工因此中断,待冰冻季节过后方能继续施工。由于该地区在施工期间出现较长时间的冰冻为正常情况,由此导致的施工中断是可预见的不可抗力因素导致的中断,属于正常中断。在正常中断期间所发生的借款费用可以继续资本化,计入相关资产的成本。

(四)借款费用停止资本化的时点

购建或者生产符合资本化条件的资产达到预定可使用或者可销售状态时,借款费用应当停止资本化。

所谓购建或者生产符合资本化条件的资产达到预定可使用或者可销售状态,可从下列三个方面进行判断:

(1)符合资本化条件的资产的实体建造(包括安装)或者生产工作已经全部完成或者实质上已经完成;

(2)所购建或者生产的符合资本化条件的资产与设计要求、合同规定或者生产要求相符或者基本相符,即使有极个别与设计、合同或者生产要求不相符的地方,也不影响其正常使用或者销售;

(3)继续发生在所购建或生产的符合资本化条件的资产上的支出金额很少或者几乎不再发生。

所购建或者生产的资产如果分别建造、分别完工的,企业应当区别情况界定借款费用停止资本化的时点。

所购建或者生产的符合资本化条件的资产的各部分分别完工,且每部分在其他部分继续建造或者生产过程中可供使用或者可对外销售,且为使该部分资产达到预定可使用或可销售状态所必要的购建或者生产活动实质上已经完成的,应当停止与该部分资产相关的借款费用的资本化,因为该部分资产已经达到了预定可使用或者可销售状态。购建或者生产符合资本化条件的资产达到预定可使用或者可销售状态时,借款费用应当停止资本化。

如果企业购建或者生产的资产的各部分分别完工,但必须等到整体完工后才可使用或者对外销售的,应当在该资产整体完工时停止借款费用的资本化。在这种情况下,即使各部分资产已经完工,也不能够认为该部分资产已经达到了预定可使用或者可销售状态,企业只能在所购建固定资产整体完工时,才能认为资产已经达到了预定可使用或者可销售状态,借款费用方可停止资本化。

三、借款费用的计量

（一）借款利息资本化金额的确定

在借款费用资本化期间内,每一会计期间的利息(包括折价或溢价的摊销)资本化金额,应当按照下列规定确定：

(1) 为购建或者生产符合资本化条件的资产而借入专门借款的,应当以专门借款当期实际发生的利息费用,减去将尚未动用的借款资金存入银行取得的利息收入或进行暂时性投资取得的投资收益后的金额确定。

(2) 为购建或者生产符合资本化条件的资产而占用了一般借款的,企业应当根据累计资产支出超过专门借款部分的资产支出加权平均数乘以所占用一般借款的资本化率,计算确定一般借款应予资本化的利息金额。资本化率应当根据一般借款加权平均利率计算确定。

(3) 每一会计期间的利息资本化金额,不应当超过当期相关借款实际发生的利息金额。

企业在确定每期利息(包括折价或溢价的摊销)资本化金额时,应当首先判断符合资本化条件的资产在购建或者生产过程所占用的资金来源,如果所占用的资金是专门借款资金,则应当在资本化期间内,根据每期实际发生的专门借款利息费用,确定应予资本化的金额。在企业将闲置的专门借款资金存入银行取得利息收入或者进行暂时性投资获取投资收益的情况下,企业还应当将这些相关的利息收入或者投资收益从资本化金额中扣除,以如实反映符合资本化条件的资产的实际成本。

企业在购建或者生产符合资本化条件的资产时,如果专门借款资金不足,占用了一般借款资金的,或者企业为购建或者生产符合资本化条件的资产并没有借入专门借款,而占用的都是一般借款资金,则企业应当根据为购建或者生产符合资本化条件的资产而发生的累计资产支出超过专门借款部分的资产支出加权平均数乘以所占用一般借款的资本化率,计算确定一般借款应予资本化的利息金额。资本化率应当根据加权平均利率计算确定。如果符合资本化条件的资产的购建或者生产没有借入专门借款,则应以累计资产支出加权平均数为基础计算所占用的一般借款利息资本化金额。也就是说,企业占用一般借款资金购建或者生产符合资本化条件的资产时,一般借款的借款费用的资本化金额的确定应当与资产支出相挂钩。

[例10-6] 某企业为构建某项固定资产分别于20×6年1月1日专门借款4 000万元,期限3年,年利率为8%,利息按年支付;20×6年7月1日专门借款4 000万元,期限5年,年利率为10%,利息按年支付。建造工程于20×6年1月1日动工兴建,全部工程采用出包方式建造,分别于20×6年1月1日、7月1日和10月1日支付工程进度款3 000万元、6 000万元和2 000万元。借款不足部分将使用上年的一般借款和发行债券款支付。其中一般借款为4 000万元,借款期限为20×5年12月1日至20×8年12月1日,年利率6%,按年支付。20×5年1月1日发行公司债券20 000万元,期限5年,年利率8%,按年支付利息。该工程于20×6年12月31日完工达到预定使用状态。专门借款资金在闲置期间均用于固定收益的短期债券投资,月收益率为0.5%。

根据以上资料,计算应予以资本化的利息费用如下。

(1) 专门借款费用资本化金额。

专门借款费用资本化金额 = 专门借款当期实际发生的利息费用 − 闲置资金投资收益
$$= 4\,000 \times 8\% + 4\,000 \times 10\% \times 180/360 - 1\,000 \times 0.5\% \times 6$$
$$= 490(万元)$$

(2) 一般借款费用资本化金额。

$$\frac{一般借款费用}{资本化金额} = \frac{累计资产支出超过专门借款}{部分的资产支出加权平均数} \times \frac{所占用一般}{借款的资本化率}$$

其中:

累计资产支出超过专门借款部分的资产支出加权平均数
$$= (9\,000 - 8\,000) \times 180/360 + 2\,000 \times 90/360$$
$$= 1\,000(万元)$$

一般借款费用资本化率 = $(4\,000 \times 6\% + 20\,000 \times 8\%)/(4\,000 + 20\,000) = 7.67\%$

一般借款费用资本化金额 = $1\,000 \times 7.67\% = 76.7$(万元)

(3) 建造该项固定资产应予资本化费用。

建造该项固定资产应予资本化费用
= 专门借款费用资本化金额 + 一般借款费用资本化金额
= $4\,904 - 76.7 = 566.7$(万元)

(二) 借款辅助费用资本化金额的确定

辅助费用是企业为了安排借款而发生的必要费用,包括借款手续费(如发行债券手续费)、佣金等。如果企业不发生这些费用,就无法取得借款,因此辅助费用是企业借入款项所付出的一种代价,是借款费用的有机组成部分。

对于企业发生的专门借款辅助费用,在所购建或者生产的符合资本化条件的资产达到预定可使用或者可销售状态之前发生的,应当在发生时根据其发生额予以资本化;在所购建或者生产的符合资本化条件的资产达到预定可使用或者可销售状态之后所发生的,应当在发生时根据其发生额确认为费用,计入当期损益。上述资本化或计入当期损益的辅助费用的发生额,是指根据《企业会计准则第 22 号——金融工具确认和计量》,按照实际利率法所确定的金融负债交易费用对每期利息费用的调整额。借款实际利率与合同利率差异较小的,也可以采用合同利率计算确定利息费用。一般借款发生的辅助费用,也应当按照上述原则确定其发生额并进行处理。

(三)外币专门借款汇兑差额资本化金额的确定

当企业为购建或者生产符合资本化条件的资产所借入的专门借款为外币借款时,由于企业取得外币借款日、使用外币借款日和会计结算日往往并不一致,而外汇汇率又在随时发生变化,因此,外币借款会产生汇兑差额。相应地,在借款费用资本化期间内,为购建固定资产而专门借入的外币借款所产生的汇兑差额,是购建固定资产的一项代价,应当予以资本化,计入固定资产成本。出于简化核算的考虑,借款费用准则规定,在资本化期间内,外币专门借款本金及其利息的汇兑差额,应当予以资本化,计入符合资本化条件的资产的成本。而除外币专门借款之外的其他外币借款本金及其利息所产生的汇兑差额应当作为财务费用,计入当期损益。

第六节 非流动负债在财务报告中的披露

一、非流动负债在财务报表中的列示

在资产负债表中,与非流动负债相关的项目主要有:
(1)"长期借款"项目,反映企业借入尚未归还的一年期以上(不含一年)的各种借款。
(2)"应付债券"项目,反映企业发行的尚未偿还的各种长期债券的本息。
(3)"长期应付款"项目,反映企业除长期借款和应付债券以外的其他各种长期应付款。
(4)"专项应付款"项目,反映取得政府作为企业所有者投入的具有专项或特定用途的款项。
(5)"预计负债"项目,反映企业预计负债的期末余额。

二、非流动负债在附注中的披露

企业应在会计报表附注中披露以下信息:长期借款种类和金额,如果有逾期借款,

应分别披露借款单位、借款金额、逾期时间和原因、年利率、预期归还期等信息；应付债券和长期应付款的内容和增减变动情况；预计负债的种类、形成原因、期初期末的变动情况，以及未来经济利益流出不确定的说明等。此外，企业还应在附注中披露与长期负债有关的借款费用的处理方法和处理依据，使会计报表使用者获得充分详细的信息。

本章小结

非流动负债包括长期借款、应付债券、长期应付款、专项应付款和预计负债等。

长期借款会计处理的基本要求是反映和监督企业长期借款的借入、借款利息的结算和借款本息的归还情况。企业发行公司债券筹集资金，实际收到的款项与债券面值的差额，应当采用实际利率法在债券存续期间进行摊销，分别计入财务费用或相关资产成本。企业发行可转换公司债券筹集资金，应当在初始确认时将包含的负债成分和权益成分进行分拆，将负债成分确认为应付债券，将权益成分确认为其他权益工具。长期应付款包括应付融资租入固定资产的租赁费、以分期付款方式购入固定资产发生的应付款项等。专项应付款是指企业取得政府作为企业所有者投入的具有专项或特定用途的款项。企业收到的专项拨款作为专项应付款处理，待拨款项目完成后，属于应核销的部分，冲减专项应付款。预计负债反映企业预计负债的期末余额。

企业发生的借款费用，只有可直接归属于符合资本化条件的资产的购建或者生产的，才应当予以资本化，计入相关资产成本。否则，所发生的借款费用应当计入当期损益。企业发生的借款费用，只有在资本化期间内发生的部分才允许资本化。借款费用资本化金额的计算，应当区分所占用借款属于专门借款还是一般借款；为购建或者生产符合资本化条件的资产而借入专门借款的，借款费用资本化金额的计算应当以专门借款当期实际发生的利息费用，减去将尚未动用的借款资金存入银行取得的利息收入或进行暂时性投资取得的投资收益后的金额确定，为购建或者生产符合资本化条件的资产而占用了一般借款的，借款费用资本化金额的计算应当根据累计资产支出超过专门借款部分的资产支出加权平均数乘以所占用一般借款的资本化率计算确定。

名词中英对照

长期应付款	long-term payables
长期借款	long-term loans
应付债券	bonds payable
专项应付款	special payables

案例分析

1993年7月12日，重庆渝港钛白粉股份有限公司（简称"渝钛白"）在深交所挂牌上市。公司上市时正值钛白粉项目建设期，而上市仅融资7 000万元，近10亿元的工程建设资金几乎全靠银行贷款，平均每年负担银行利息高达8 000多万元。仅就1997年而言，为该项工程发生的借款利息及应付债券利息就有8 064万元。

钛白粉项目为国家重点项目，目标是建成年产1.5万吨硫酸法金红石型钛白粉工程，工程于1992年1月破土动工，1995年6月完成主体工程建设，1995年8月18日投料试生产，11月20日生产出金红石型高档钛白粉产品，并经国家指定检验部门检测，质量达到国家标准。由于该钛白粉装置还不够完善和当时缺乏流动资金及与英国ICI公司合资谈判的需要，公司自1996年3月起停车整改，直至1997年9月开始批量生产。1997年共生产出1 680吨钛白粉。

注册会计师在审计中发现并认为：从该事项的经济实质来看，工程既已投入使用，而且能够生产合格产品，创造效益，说明该工程已经达到预定可使用状态；而1997年发生的借款利息及应付债券利息8 064万元，渝钛白将其资本化计入了钛白粉工程成本，应调整计入财务费用；而渝钛白则认为：钛白粉工程项目不同于一般的基建项目。一方面，钛白粉这种基础化工产品不同于普通商品，对各项技术指标的要求非常严格，需要通过反复试生产，逐步调整质量、消耗等指标，直到生产出合格的产品才能投放市场，而试生产期间的试产品性能不稳定，是不能投放市场的；另一方面，原料的腐蚀性很强，如生产钛白粉的主要原料是硫酸，一旦停工，就会淤积于管道、容器中，再次开车前，就必须进行彻底的清洗、维护，并调试设备。因此，钛白粉项目交付使用进入投资回报期、产生效益前，还有一个过渡期，即整改和试生产期间，这仍属于工程在建期。因此，项目建设期的借款利息及应付债券利息8 064万元理应资本化计入钛白粉工程成本。

要求：请分析注册会计师为何认为8 064万元利息不能计入钛白粉工程成本，而应该计入财务费用？

 复习思考题

1. 长期借款计算确定的利息费用，应当怎样计入有关成本费用？
2. 发行一般公司债券实际收到的款项与面值的差额，应当如何进行处理？
3. 发行的可转换公司债券，在初始确认时怎样将其包含的负债成分和权益成分进行分拆？
4. 借款费用的确认原则是什么？
5. 如何确定借款利息的资本化金额？
6. 如何确定外币专门借款汇兑差额的资本化金额？

练习题

1. 甲公司为建造一幢厂房，20×8年1月1日借入期限为三年的长期专门借款4 000 000元，款项已存入银行。借款利率为9%，每年付息一次，期满后一次还清本金。20×8年年初，以银行存款支付工程价款共计2 400 000元，20×9年年初又以银行存款支付工程费用1 600 000元。该厂房于20×9年10月底完工，达到预定可使用状态。假定不考虑闲置专门借款资金存款的利息收入或者投资收益。

要求：根据上述业务编制有关会计分录。

2. 20×8年7月1日，乙公司发行三年期、到期时一次还本付息、年利率为6%（不计复利）、发行面值总额为50 000 000元的债券，该债券按面值发行。发行债券所筹资金用于建造固定资产，20×9年12月31日工程完工。2×11年7月1日债券到期，企业用银行存款支付债券本息。

要求：编制乙公司的有关会计分录。

3. 20×8年12月31日，丙公司经批准发行五年期一次还本、分期付息的公司债券40 000 000元，债券利息在每年12月31日支付，票面利率为年利率5%。假定债券发行时的市场利率为6%。

要求：编制丙公司的有关会计分录。

4. 丁公司经批准于20×8年1月1日按面值发行五年期一次还本的可转换公司债券800 000 000元，款项已收存银行，债券票面年利率为8%，利息按年支付。债券发行1年后可转换为普通股股票，初始转股价按债券面值每100元转10股，股票面值为每股1元。假定20×9年1月1日债券持有人将持有的可转换公司债券全部转换为普通股股票，丁公司发行可转换公司债券时二级市场上与之类似的没有附带转换权的债券市场利率为10%。

要求：作丁公司的有关会计分录。

5. 20×9年12月1日，甲公司因合同违约而被乙公司起诉。20×9年12月31日，甲公司尚未接到人民法院的判决。甲公司预计，最终的法律判决很可能对公司不利。假定预计将要支付的赔偿金额为1 000 000元至1 600 000元之间的某一金额，而且这个区间内每个金额的可能性都大致相同。

要求：编制甲公司的有关会计分录。

6. 甲公司拟在厂区内建造一幢新厂房，有关资料如下：
(1) 2×10年1月1日向银行专门借款60 000 000元，期限为3年，年利率为6%，每年1月1日付息。

（2）除专门借款外，公司只有一笔其他借款，为公司于20×9年12月1日借入的长期借款72 000 000元，期限为5年，年利率为8%，每年12月1日付息，假设甲企业在2×10年和2×11年底均未支付当年利息。

（3）由于审批、办手续等原因，厂房于2×10年4月1日才开始动工兴建，当日支付工程款24 000 000元。工程建设期间的支出情况如下表所示。

单位：元

日　　期	每期资产支出金额	累计资产支出金额	闲置借款资金用于短期投资金额
2×10年4月1日	24 000 000	24 000 000	36 000 000
2×10年6月1日	12 000 000	36 000 000	24 000 000
2×10年7月1日	36 000 000	72 000 000	占用一般借款
2×11年1月1日	12 000 000	84 000 000	
2×11年4月1日	6 000 000	90 000 000	
2×11年7月1日	6 000 000	96 000 000	
总　　计	96 000 000	—	—

工程于2×11年9月30日完工，达到预定可使用状态。其中，由于施工质量问题，工程于2×10年9月1日至12月31日停工4个月。

（4）专门借款中未支出部分全部存入银行，假定月利率为0.25%。假定全年按照360天计算，每月按照30天计算。

要求：根据上述资料，计算2×10年和2×11年利息资本化金额并编制相关的会计分录。

第十一章 所有者权益

■ 本章概要 ■

所有者权益是指企业资产扣除负债后由所有者享有的剩余权益,包括所有者投入的资本、直接计入所有者权益的利得和损失、留存收益等。本章首先分析所有者权益的性质和分类,其次分别介绍实收资本、资本公积和留存收益等所有者权益各个组成部分的性质及其会计核算方法。

■ 学习目的与要求 ■

通过本章学习,应当能够了解并掌握:
1. 所有者权益的概念、性质和内容;
2. 实收资本及其增减变动的核算方法;
3. 资本公积的性质和核算方法;
4. 其他综合收益的性质和核算方法;
5. 盈余公积的计提、使用及其核算方法;
6. 未分配利润的性质和核算方法。

第一节 所有者权益概述

一、企业组织形式

按照企业的组织形式,企业可以分为独资企业、合伙企业和公司三种类型。

(一)独资企业

独资企业,是指企业的所有者权益归业主一人独有的企业。在独资企业里,由于企业的业主对企业债务负无限清偿责任,故所有者权益也称为业主权益。虽然从法律形式上看,独资企业拥有的财产和对外承担的债务,与业主个人另外拥有的财产和所负的债务没有什么区别,但是在会计上,仍把独资企业视为一个独立的会计主体,单独予以处理。

独资企业具有以下三个特征:
(1) 独资企业是法律上的自然人企业,而不是法人企业;
(2) 独资企业只有一个业主,既是企业的经营者,又是企业的所有者;
(3) 独资企业的业主享有独资企业的经营利润,对企业承担无限责任。

(二) 合伙企业

合伙企业,是由各合伙人订立合伙协议,共同出资、合伙经营、共享收益、共担风险,并对合伙企业债务承担无限连带责任的营利性组织。在合伙企业中,所有者权益属于合伙人共有,合伙人的出资额可以大小不等,利润按照出资额的多少或合伙协议规定分配。通常,合伙人对企业的债务负无限连带责任,而不受出资额的限制。合伙企业的所有者权益按照合伙人分设账户,分别反映每个合伙人的投资、提款及其权益余额情况。

合伙企业具有以下四个特征:
(1) 合伙企业是一个会计主体,但不是法人主体;
(2) 合伙人共同拥有企业的财产;
(3) 合伙人均拥有相互代理权;
(4) 合伙人对合伙企业债务负有全部清偿的责任,而不受其投资额的限制。

(三) 公司

公司是由许多投资者集资创办的法人企业,在法律上具有独立性。公司是企业法人,有独立的法人财产,享有法人财产权。公司以其全部财产对公司的债务承担责任。公司的两种主要形式是有限责任公司和股份有限公司。有限责任公司的股东以其出资额为限对公司承担责任,公司以其全部资产对公司的债务承担责任。股份有限公司的全部资本分为等额股份,股东以其所持股份为限对公司承担责任,公司以其全部资产对公司的债务承担责任。

公司制企业有如下两个特点:
(1) 出资者可以为多人;
(2) 投资者各自以出资额或所持股份为限承担有限责任。

企业须根据以上各种形式的特点、要求,选择决定合适的企业组织形式。不同的组织形式对资产和负债的会计处理并无重大影响,但涉及所有者权益方面的会计处理却大不相同。其中,公司制企业是目前应用最广泛的企业组织形式。所以,本章分别就有限责任公司和股份有限公司两种公司制组织形式,分别介绍所有者权益的具体核算。

二、所有者权益的性质

所有者权益是指企业资产扣除负债后由所有者享有的剩余权益。公司的所有者权益又称之为股东权益。与负债相比,两者存在明显的区别,主要表现为五个方面。

(一) 对象不同

负债是企业对债权人负担的经济责任;所有者权益是企业对投资人负担的经济责任。

(二) 性质不同

负债是在企业经营或其他事项中发生的债务,是债权人对其债权所享有的法定权力;所有者权益是投资者对投入的资本及其运用这些资本所产生的盈余(或亏损)所享有的权利。

(三) 偿还期限不同

负债一般有明确的偿还期限,负债到期,企业有法定的偿还义务;所有者权益一般只有在企业解散清算时,其破产财产在偿付了破产费用、债权人债务等以后,如有剩余财产,才可能还给投资者,在企业持续经营情况下,投资者一般不能收回投资。

(四) 享有的权利不同

债权人只享有收回债务本金和利息的权利,而无权参与企业的收益分配;所有者权益有收益分配权,并依其享有的股权份额,依法参与企业的经营管理。

(五) 风险程度不同

由于债权人享有按期收取利息,到期收回本金的权利,不分担债务人企业的经营风险,所以其风险程度相对较小;所有者权益在经营过程中其金额在不断发生变化,企业赚取的收益会增加所有者权益,企业发生的亏损会减少所有者权益,投资者既有分享收益的权利,也有分担亏损的责任,因而风险程度较高。

三、所有者权益的来源构成

所有者权益按其来源主要包括所有者投入的资本、直接计入所有者权益的利得和损失、留存收益等。所有者投入资本,是指所有者投入企业的资本部分,它既包括构成企业注册资本或者股本部分的金额,也包括投入资本超过注册资本或者股本部分的金额,即资本溢价或者股本溢价。直接计入所有者权益的利得和损失,是指不应计入当期损益、会导致所有者权益发生增减变动的、与所有者投入资本无关的利得或损失。留存收益,是企业历年实现的净利润留存于企业的部分,主要包括计提的盈余公积和未分配利润。具体核算时一般将所有者权益分为实收资本(或股本)、资本公积、其他综合收益、盈余公积和未分配利润五个项目进行核算。

第二节 实收资本

一、实收资本的概念和核算要求

按照我国有关法律规定,投资者设立企业首先必须投入资本。实收资本是投资者投入资本形成法定资本的价值,所有者向企业投入的资本,在一般情况下无须偿还,可以长期周转使用。实收资本的构成比例,即投资者的出资比例或股东的股份比例,通常是确定所有者在企业所有者权益中所占的份额和参与企业财务经营决策的基础,也是企业进行利润分配或股利分配的依据,同时还是企业清算时确定所有者对净资产的要求权的依据。

为了反映和监督投资者投入资本的增减变动情况,企业必须按规定进行实收资本的核算。由于企业组织形式不同,对所有者投入资本的会计核算方法也不同。除股份有限公司外,其他各类企业应通过"实收资本"科目核算,股份有限公司通过"股本"科目核算。

企业收到所有者投入企业的资本后,应根据有关原始凭证(如投资清单、银行通知单等),分别不同的出资方式进行会计处理。

(1) 投资者以现金方式投入的资本,应当以实际收到的或者存入银行的金额作为实收资本入账。借记"库存现金""银行存款"等科目,贷记"实收资本"科目,对于实际收到金额超过企业在注册资本中所占份额的部分,记入资本公积。

(2) 投资者以非现金资产投资时,应按投资合同或协议约定价值确定非现金资产价值(但投资合同或协议约定价值不公允的除外)和在注册资本中应享有的份额,借记"固定资产""原材料"等科目,贷记"实收资本"等科目。

二、实收资本的核算

(一) 有限责任公司实收资本的核算

有限责任公司投入资本的核算通过"实收资本"总账科目,该科目属所有者权益类科目,其贷方反映实收资本的增加,借方反映按照法定程序减少注册资本的数额,期末贷方余额反映企业实际拥有的资本数额。该科目可按投资者设置明细科目,分别反映各投资者投入资本的情况。

具体核算时,有限责任公司投资者投入的资本还应按照不同情况处理:如果是新设立的有限责任公司,投资者按照有关公司章程、合同的规定投入公司的资本,应全部记入"实收资本"科目;有限责任公司增资扩股时,如有新的投资者加入,新投资者交纳的出资额大于按约定比例计算的在公司注册资本中所占的份额部分,应作为资本溢价,记入"资本公积"科目。

[例 11-1] 甲、乙、丙共同投资设立 A 有限责任公司,注册资本为 2 000 000 元,按照章程规定,甲、乙、丙持股比例分别为 60%、25% 和 15%。A 公司已如期收到各投资者一次性缴足的款项。A 有限责任公司应编制会计分录如下:

借:银行存款　　　　　　　　　　　　　　　　　2 000 000
　　贷:实收资本——甲　　　　　　　　　　　　　1 200 000
　　　　　　　　——乙　　　　　　　　　　　　　　500 000
　　　　　　　　——丙　　　　　　　　　　　　　　300 000

[例11-2] 甲有限责任公司于设立时接受乙公司投入不需要安装的机器设备一台。合同约定该设备价值为100 000元,增值税进项税额17 000元(该进项税额允许抵扣)。合同约定的固定资产价值与公允价值相符,不考虑其他因素,甲有限责任公司应编制会计分录如下:

借:固定资产　　　　　　　　　　　　　　　　　　　　100 000
　　应交税费——应交增值税(进项税额)　　　　　　　　 17 000
　　贷:实收资本——乙公司　　　　　　　　　　　　　　　　117 000

[例11-3] A有限责任公司于设立时收到B公司作为资本投入的原材料一批,该批材料投资合同约定价值为20 000元,增值税进项税额为3 400元。B公司已开具增值税专用发票。假设合同约定的价值与公允价值相符,该进项税额允许抵扣,不考虑其他因素,A有限责任公司应编制会计分录如下:

借:原材料　　　　　　　　　　　　　　　　　　　　　 20 000
　　应交税费——应交增值税(进项税额)　　　　　　　　　3 400
　　贷:实收资本——B公司　　　　　　　　　　　　　　　　 23 400

[例11-4] 甲有限责任公司于设立时收到A公司投入的非专利技术一项和B公司投入的土地使用权一项,投资合同约定价值分别为60 000元和80 000元。假设甲公司接受该非专利技术和土地使用权符合国家注册资本管理的有关规定,可按合同约定作实收资本入账,合同约定的价值与公允价值相符,不考虑其他因素。甲有限责任公司应编制会计分录如下:

借:无形资产——非专利技术　　　　　　　　　　　　　60 000
　　　　　　——土地使用权　　　　　　　　　　　　　 80 000
　　贷:实收资本——A公司　　　　　　　　　　　　　　　　60 000
　　　　　　　——B公司　　　　　　　　　　　　　　　　 80 000

(二)股份有限公司实收资本的核算

股份有限公司是指全部资本由等额股份构成并通过发行股票筹集资本、股东以其认购的股份为限对公司承担责任、公司以其全部财产对公司债务承担责任的企业法人。股份有限公司设立有两种方式,即发起式和募集式。发起式设立的特点是公司的股份全部由发起人认购,不向发起人之外的任何人募集股份;募集式设立的特点是公司股份除发起人认购外,还可以采用向其他法人或自然人发行股票的方式进行募集。公司设立方式不同,筹集资本的风险也不同。发起式设立公司,其所需资本由发起人一次认足,一般不会发生设立公司失败的情况,因此其筹资风险小。社会募集股份,其筹资对象广泛,在资本市场不景气或股票的发行价格不恰当的情况下,有发行失败(即股票未被全部认购)的可能,因此其筹资风险大。按照有关规定,发行失败损失由发起人负担,包括承担筹建费用、公司筹建过程中的债务和对认股人已缴纳的股款支付银行同期存款利息等责任。

股份有限公司发行的股票,通过"股本"科目进行核算。企业的股本应该等于在核定的股本总额范围内发行股票的面值。股票发行价格可以等于票面金额,也可以超过票面金额(溢价发行),但不得低于票面金额。溢价发行股票时,企业应当将相当于股票面值的部分记入"股本"科目,其余部分在扣除发行手续费、佣金等发行费用后记入"资本公积"科目。

[例 11-5] 某公司委托华夏证券公司代理发行普通股 20 000 000 股,每股面值 1 元,按每股 5.6 元的价格发行。公司与受托单位约定,按发行收入的 2% 收取手续费,从发行收入中扣除。假设该股票发行成功,股款已划入发行公司的银行账户。

收到股款金额为:20 000 000×5.6×(1-2%)=109 760 000(元)

应记入"资本公积"科目的金额为 109 760 000-20 000 000=89 760 000(元)

应编制会计分录如下:

借:银行存款	109 760 000
贷:股本	20 000 000
资本公积——股本溢价	89 760 000

三、实收资本增减变动的账务处理

(一)实收资本增加的账务处理

1. 企业增加资本的一般途径

企业增加资本的途径一般有三条。一是接受投资者(包括原企业所有者和新投资者)投入。企业接受投资者投入的资本,借记"银行存款""固定资产""无形资产""长期股权投资"等科目,贷记"实收资本"或"股本"等科目。二是将资本公积转为实收资本或者股本。应借记"资本公积——资本溢价"或"资本公积——股本溢价"科目,贷记"实收资本"或"股本"科目。三是将盈余公积转为实收资本。应借记"盈余公积"科目,贷记"实收资本"或"股本"科目。这里要注意的是,资本公积和盈余公积均属所有者权益,转为实收资本或者股本时,企业如为独资企业的,核算比较简单,直接结转即可;如为股份有限公司和有限责任公司的,应在原投资者所持股份同比例增加各股东的股权。

[例 11-6] 甲、乙、丙三人共同投资设立 A 有限责任公司,原注册资本为 4 000 000 元,甲、乙、丙分别出资 500 000 元、2 000 000 元和 1 500 000 元。为扩大经营规模,经批准,A 公司注册资本扩大为 5 000 000 元,甲、乙、丙按照原出资比例分别追加 125 000 元、500 000 元和 375 000 元。A 公司如期收到甲、乙、丙追加的现金投资。A 公司应编制会计分录如下:

借:银行存款	1 000 000
贷:实收资本——甲	125 000
——乙	500 000
——丙	375 000

[例11-7] 承[例11-6]，因扩大经营规模需要，经批准，A公司按原出资比例将资本公积1 000 000元转增资本。A公司应编制会计分录如下：

借：资本公积　　　　　　　　　　　　　　　　　1 000 000
　　贷：实收资本——甲　　　　　　　　　　　　　　125 000
　　　　　　　　——乙　　　　　　　　　　　　　　500 000
　　　　　　　　——丙　　　　　　　　　　　　　　375 000

[例11-8] 承[例11-6]因扩大经营规模需要，经批准，A公司按原出资比例将盈余公积1 000 000元转增资本。A公司应编制会计分录如下：

借：盈余公积　　　　　　　　　　　　　　　　　1 000 000
　　贷：实收资本——甲　　　　　　　　　　　　　　125 000
　　　　　　　　——乙　　　　　　　　　　　　　　500 000
　　　　　　　　——丙　　　　　　　　　　　　　　375 000

2. 股份有限公司发放股票股利

股份有限公司采用发放股票股利实现增资的，在发放股票股利时，按照股东原来持有的股数分配，如股东所持股份按比例分配的股利不足一股时，应采用恰当的方法处理。例如，股东会决议按股票面额的10%发放股票股利时（假定新股发行价格及面额与原股相同），对于所持股票不足10股的股东，将会发生不能领取一股的情况。在这种情况下，有两种方法可供选择：一是将不足一股的股票股利改为现金股利，用现金支付；二是由股东相互转让，凑为整股。股东大会批准的利润分配方案中分配的股票股利，应在办理增资手续后，借记"利润分配"科目，贷记"股本"科目。

3. 可转换公司债券持有人行使转换权利

可转换公司债券持有人行使转换权利，将其持有的债券转换为股票，按可转换公司债券的余额，借记"应付债券——可转换公司债券（面值、利息调整）"科目，按其权益成分的金额，借记"其他权益工具"科目，按股票面值和转换的股数计算的股票面值总额，贷记"股本"科目，按其差额，贷记"资本公积——股本溢价"科目。

4. 企业将重组债务转为资本

企业将重组债务转为资本的，应按重组债务的账面余额，借记"应付账款"等科目，按债权人因放弃债权而享有本企业股份的面值总额，贷记"实收资本"或"股本"科目，按股份的公允价值总额与相应的实收资本或股本之间的差额，贷记或借记"资本公积——资本溢价"或"资本公积——股本溢价"科目，按其差额，贷记"营业外收入——债务重组利得"科目。

5. 以权益结算的股份支付的行权

以权益结算的股份支付换取职工或其他方提供服务的，应在行权日，按根据实际行权情况确定的金额，借记"资本公积——其他资本公积"科目，按应计入实收资本或股本的金额，贷记"实收资本"或"股本"科目。

(二)实收资本减少的账务处理

企业实收资本减少的原因大体有两种:一是资本过剩;二是企业发生重大亏损而需要减少实收资本。企业因资本过剩而减资,一般要发还股款。有限责任公司和一般企业发还投资的会计处理比较简单,按法定程序报经批准减少注册资本的,借记"实收资本"科目,贷记"库存现金""银行存款"等科目。

股份有限公司由于采用的是发行股票的方式筹集股本,发还股款时,则要回购发行的股票,发行股票的价格与股票面值可能不同,回购股票的价格也可能与发行价格不同,会计处理较为复杂。股份有限公司因减少注册资本而回购本公司股份的,应按实际支付的金额,借记"库存股"科目,贷记"银行存款"等科目。注销库存股时,应按股票面值和注销股数计算的股票面值总额,借记"股本"科目,按注销库存股的账面余额,贷记"库存股"科目,按其差额,冲减股票发行时原记入资本公积的溢价部分,借记"资本公积——股本溢价"科目,回购价格超过上述冲减"股本"及"资本公积——股本溢价"科目的部分,应依次借记"盈余公积""利润分配——未分配利润"等科目;如回购价格低于回购股份所对应的股本,所注销库存股的账面余额与所冲减股本的差额作为增加股本溢价处理,按回购股份所对应的股本面值,借记"股本"科目,按注销库存股的账面余额,贷记"库存股"科目,按其差额,贷记"资本公积——股本溢价"科目。

[例11-9] 甲股份有限公司截至20×8年12月31日共发行股票100 000 000股,面值为1元,资本公积(股本溢价)30 000 000元,盈余公积40 000 000元。经股东大会批准,甲公司以现金回购本公司股票20 000 000股并注销。假定甲公司按每股2元回购股票,不考虑其他因素,甲公司应编制会计分录如下:

(1)回购本公司股票时:

库存股的成本=2×20 000 000=40 000 000(元)

借:库存股		40 000 000
贷:银行存款		40 000 000

(2)注销本公司股票时:

借:股本		20 000 000
资本公积——股本溢价		20 000 000
贷:库存股		40 000 000

[例11-10] 承[例11-9],假定甲公司按每股3元回购股票,其他条件不变,应编制会计分录如下:

(1)回购本公司股票时:

库存股的成本=3×20 000 000=60 000 000(元)

借:库存股		60 000 000
贷:银行存款		60 000 000

(2) 注销本公司股票时:

借: 股本　　　　　　　　　　　　　　　　　　20 000 000
　　资本公积——股本溢价　　　　　　　　　　30 000 000
　　盈余公积　　　　　　　　　　　　　　　　10 000 000
　　贷: 库存股　　　　　　　　　　　　　　　　60 000 000

[例 11-11] 承[例 11-9],假定甲公司按每股 0.9 元回购股票,其他条件不变,应编制会计分录如下:

(1) 回购本公司股票时:

$$库存股的成本 = 0.9 \times 20\,000\,000 = 18\,000\,000(元)$$

借: 库存股　　　　　　　　　　　　　　　　　18 000 000
　　贷: 银行存款　　　　　　　　　　　　　　　18 000 000

(2) 注销本公司股票时:

借: 股本　　　　　　　　　　　　　　　　　　20 000 000
　　贷: 库存股　　　　　　　　　　　　　　　　18 000 000
　　　　资本公积——股本溢价　　　　　　　　　 2 000 000

第三节　资本公积和其他综合收益

一、资本公积

(一) 资本公积的概述

资本公积是企业收到投资者的超出其在企业注册资本(或股本)中所占份额的投资等。资本公积包括资本溢价(或股本溢价)和其他资本公积等。

资本溢价(或股本溢价)是企业收到投资者的超出其在企业注册资本(或股本)中所占份额的投资。形成资本溢价(或股本溢价)的原因有溢价发行股票、投资者超额缴入资本等。

其他资本公积,是指除资本溢价(或股本溢价)项目以外所形成的资本公积。

(二) 资本公积的确认和计量

为了核算企业资本公积的增减变动情况,企业应设置"资本公积"科目。该科目的贷方核算企业资本公积增加数额,借方核算企业资本公积减少数额,期末贷方余额为企业资本公积结余数额。资本公积一般应设置"资本(或股本)溢价""其他资本公积"明细科目进行明细核算。

1. 资本溢价或股本溢价的账务处理

(1) 资本溢价。

除股份有限公司外的其他类型的企业,在企业创立时,投资者认缴的出资额与注册资本一致,一般不会产生资本溢价,出资者认缴的出资额全部记入"实收资本"科目。但在企业重组并有新的投资者加入时,常常会出现资本溢价。这是因为,在企业正常经营过程中投入的资金虽然与企业创立时投入的资金在数量上一致,但其获利能力却不一致。企业创立时,要经过筹建、试生产经营、为产品寻找市场,开辟市场等过程,从投入资金到取得投资回报,中间需要许多时间,并且这种投资具有风险性,在这个过程中资本利润率很低。而企业进行正常生产经营后,在正常情况下,资本利润率要高于企业初创阶段。而这高于初创阶段的资本利润率是初创时必要的垫支资本带来的,企业创办者为此付出了代价。因此,相同数量的投资,由于出资时间不同,其对企业的影响程度不同,由此而带给投资者的权利也不同,往往早期出资带给投资者的权利要大于后期出资带给投资者的权利。所以,新加入的投资者要付出大于原有投资者的出资额,才能取得与原有投资者相同的投资比例。另外,不仅原投资者原有投资从质量上发生了变化,就是从数量上也可能发生变化,这是因为企业经营过程中实现利润的一部分留在企业,形成留存收益,而留存收益也属于投资者权益,但其未转入实收资本。新加入的投资者如与原投资者共享这部分留存收益,也要求其付出大于原有投资者的出资额,才能取得与原有投资者相同的投资比例。投资者投入的资本中按其投资比例计算的出资额部分,应记入"实收资本"科目,大于部分应记入"资本公积"科目。

[例 11-12] 甲有限责任公司注册资本 3 000 000 元,由 A、B、C 三位股东各出资 1 000 000 元设立。一年后,为扩大经营规模,经批准,甲有限责任公司注册资本增加到 400 000 元。此时又有投资者 D 有意参加该企业,并表示愿意出资 1 800 000 元,而仅占该企业股份的 25%。甲有限责任公司已收到该现金投资,应编制会计分录如下:

借:银行存款　　　　　　　　　　　　　　　　1 800 000
　　贷:实收资本——D　　　　　　　　　　　　　　1 000 000
　　　　资本公积——资本溢价　　　　　　　　　　　800 000

(2) 股本溢价。

股份有限公司是以发行股票的方式筹集股本的,股票可按面值发行,也可按溢价或折价发行,但我国目前不允许折价发行股票。由于股东按其所持股份享有权利和承担义务,为了反映和便于计算各股东所持股份占全部股本的比例,股本总额应按股票的面值与股份总数的乘积计算。在采用面值发行股票的情况下,发行股票取得的收入,应全部记入"股本"科目;在采用溢价发行股票的情况下,发行股票取得的收入,相当于股票面值的部分记入"股本"科目,超出股票面值的溢价收入记入"资本公积"科目。委托证券商代理发行股票而支付的手续费、佣金等,应从溢价发行收入中扣除,企业应按扣除手续费、佣金后的数额记入"资本公积"科目。与其他类型企业不同的是,股份有限公司在成立时可能会溢价发行股票,因而在成立之初,就可能会产生股本溢价。

[例11-13] 甲股份有限公司委托某证券公司代理发行普通股10 000 000股,每股面值1元,每股发行价格5元,双方约定,按发行收入的3%收取手续费,从发行收入中扣除。假定收到的股款已存入银行。甲股份有限公司应编制会计分录如下:

借:银行存款　　　　　　　　　　　　　　　　　　　　48 500 000
　　贷:股本　　　　　　　　　　　　　　　　　　　　　　10 000 000
　　　　资本公积——股本溢价　　　　　　　　　　　　　38 500 000

2. 其他资本公积的账务处理

其他资本公积,是指除资本溢价(或股本溢价)项目以外所形成的资本公积。

(1) 以权益结算的股份支付。

以权益结算的股份支付换取职工或其他方提供服务的,应按照确定的金额记入"管理费用"等科目,同时增加资本公积(其他资本公积)。在行权日,应按实际行权的权益工具数量计算确定的金额,借记"资本公积——其他资本公积"科目,按计入实收资本或股本的金额,贷记"实收资本"或"股本"科目,并将其差额记入"资本公积——资本溢价"或"资本公积——股本溢价"。

(2) 采用权益法核算的长期股权投资。

长期股权投资采用权益法核算的,被投资单位除净损益、其他综合收益和利润分配以外的所有者权益的其他变动,投资企业按持股比例计算应享有的份额,应当增加或减少长期股权投资的账面价值,同时增加或减少资本公积(其他资本公积)。当处置采用权益法核算的长期股权投资时,应当将原记入资本公积(其他资本公积)的相关金额转入投资收益(除不能转入损益的项目外)。

二、其他综合收益

其他综合收益,是指企业根据其他会计准则规定未在当期损益中确认的各项利得和损失,包括以后会计期间不能重分类进损益的其他综合收益和以后会计期间满足规定条件时将重分类进损益的其他综合收益两类。

以后会计期间不能重分类进损益的其他综合收益项目,主要包括重新计量设定受益计划净负债或净资产导致的变动,以及按照权益法核算因被投资单位重新计量设定计划净负债或净资产变动导致的权益变动,投资企业按持股比例计算确认的该部分其他综合收益项目。

以后会计期间有满足规定条件时将重分类进损益的其他综合收益项目,主要包括:(1) 可供出售金融资产公允价值的变动;(2) 可供出售外币非货币性项目的汇兑差额;(3) 金融资产的重分类;(4) 采用权益法核算的长期股权投资;(5) 存货或自用房地产转换为投资性房地产;(6) 现金流量套期工具产生的利得或损失中属于有效套期的部分;(7) 外币财务报表折算差额。具体核算见各相关章节,这里不再赘述。

第四节 留存收益

一、留存收益的组成及其用途

留存收益是指企业从历年实现的利润中提取或形成的留存于企业的内部积累。留存收益来源于企业在生产经营活动中所实现的净利润。它与实收资本和资本公积的区别在于,实收资本和资本公积主要来源于企业的资本投入,而留存收益则来源于企业的资本增值。

(一)留存收益的组成

留存收益主要包括盈余公积和未分配利润两类。

1. 盈余公积

盈余公积是指企业按规定从净利润中提取的企业积累资金。公司制企业的盈余公积包括法定盈余公积和任意盈余公积。两者的区别就在于其各自计提的依据不同:前者以国家的法律或行政规章为依据;后者则由企业自行决定。

(1)法定盈余公积。

根据我国《公司法》的规定,有限责任公司和股份有限公司应按照税后利润的10%提取法定盈余公积。计提的法定盈余公积累计达到注册资本的50%时,可以不再提取。对于非公司制企业而言,也可以按照超过税后利润10%的比例提取法定盈余公积。值得注意的是,在计算提取法定盈余公积的基数时,不应包括企业年初未分配利润。

(2)任意盈余公积。

公司从税后利润中提取法定盈余公积后,经股东会或者股东大会决议,还可以从税后利润中提取任意盈余公积。非公司制企业经类似权力机构批准,也可提取任意盈余公积。

2. 未分配利润

未分配利润是企业实现的净利润经过弥补亏损、提取法定盈余公积、提取任意盈余公积和向投资者分配利润后剩余的利润,是企业留待以后年度进行分配的历年结存的利润。由于未分配利润相对于盈余公积而言,属于未确定用途的留存收益,所以,企业在使用未分配利润上有较大的自主权,受国家法律法规的限制比较少。

(二)留存收益的用途

企业提取的盈余公积的用途主要有以下三方面。

1. 弥补亏损

企业发生亏损,可以用发生亏损后五年内实现的税前利润来弥补,当发生的亏损在五年内仍不足弥补的,应使用随后所实现的所得税后利润弥补。通常,当企业发生的亏损在所得税后利润仍不足弥补的,可以用所提取的盈余公积来弥补,但是,用盈余公积弥补亏损应当由董事会提议,并经股东大会批准,或者由类似的机构批准。

2. 转增资本(股本)

当企业提取的盈余公积累积较多时,可将盈余公积转增资本(股本),但是必须经股东大会或类似机构批准。在实际将盈余公积转增资本时,要按股东原有持股比例接转。用法定公积金转增资本(股本)后,所留存的该项公积金不得少于转增前注册资本的 25%。

3. 扩大企业生产经营

盈余公积的用途,并不是指其实际占用形态,提取盈余公积也并不是单独将这部分资金从企业资金周转过程中抽出。企业盈余公积的结存数,实际只表现为企业所有者权益的组成部分,表明企业生产经营资金的一个来源而已。其形成的资金可能表现为一定的货币资金,也可能表现为一定的实物资产,如存货和固定资产等,随同企业的其他来源所形成的资金进行循环周转,用于企业的生产经营。

二、留存收益的账务处理

为了反映和监督企业盈余公积的提取形成和使用等增减变动情况,企业应设置"盈余公积"科目,并且分别"法定盈余公积""任意盈余公积"明细科目进行明细核算。该科目贷方登记企业按规定提取的盈余公积,借方登记企业用盈余公积弥补亏损或转增资本等而减少的盈余公积数额,期末贷方余额表示企业提取尚未转出的盈余公积结存数。

为了反映历年累积的未分配利润情况,企业应设置"利润分配"科目,并根据利润分配的具体内容设置明细分类科目,进行明细分类核算。

(一) 留存收益增加

企业按规定提取盈余公积时,应当按照提取的各项盈余公积金额,借记"利润分配——提取法定盈余公积、提取任意盈余公积"科目,贷记"盈余公积——法定盈余公积、任意盈余公积"科目。

[例 11-14] 甲股份有限公司本年实现净利润 6 000 000 元,年初未分配利润为 0。经股东大会批准,按当年净利润的 10%提取法定盈余公积。假定不考虑其他因素,应编制会计分录如下:

　　借:利润分配——提取法定盈余公积　　　　　　　　　　　　600 000
　　　　贷:盈余公积——法定盈余公积　　　　　　　　　　　　　　600 000

会计期末,企业应将会计期间内所实现的所有收入和成本、费用、支出项目都归集到"本年利润"科目下,计算出净利润(或净亏损)之后,转入"利润分配——未分配利润"科目,然后对实现的净利润进行分配,分配之后,"利润分配——未分配利润"科目的余额如果在贷方,即为累积未分配利润;如果在借方,即为累积未弥补亏损。

(二) 留存收益使用或减少

1. 用盈余公积弥补亏损

用盈余公积弥补亏损时,应借记"盈余公积"科目,贷记"利润分配——盈余公积补亏"科目。

[例 11-15] 经股东大会批准,甲股份有限公司用以前年度提取的盈余公积弥补当年亏损,当年弥补亏损的数额为 680 000 元。假定不考虑其他因素,应编制会计分录如下:

借:盈余公积　　　　　　　　　　　　　　　　　　　　680 000
　　贷:利润分配——盈余公积补亏　　　　　　　　　　　　　680 000

2. 用盈余公积转增资本(或股本)

用盈余公积转增资本时,应按照实际用于转增的盈余公积金额,借记"盈余公积"科目,贷记"实收资本"或"股本"科目。

[例 11-16] 因扩大经营规模需要,经股东大会批准,乙股份有限公司将盈余公积 500 000 元转增资本。假定不考虑其他因素,应编制会计分录如下:

借:盈余公积　　　　　　　　　　　　　　　　　　　　500 000
　　贷:股本　　　　　　　　　　　　　　　　　　　　　　500 000

3. 未分配利润减少

企业如果在当年发生亏损,应当将本年发生的亏损自"本年利润"科目转入"利润分配——未分配利润"科目,借记"利润分配——未分配利润"科目,贷记"本年利润"科目。这样,企业以前年度的未分配利润减少,结转后"利润分配——未分配利润"科目如果出现借方余额,即为未弥补亏损的数额。对于该未弥补亏损可以用以后年度实现的税前利润进行弥补,但弥补期限不得超过五年。当企业将实现的利润弥补以前年度亏损时,企业需将当年实现的利润自"本年利润"科目的借方转入"利润分配——未分配利润"科目的贷方,"利润分配——未分配利润"科目的贷方发生额与"利润分配——未分配利润"科目的借方余额自然抵补。所以,以当年实现的净利润弥补以前年度结转的未弥补亏损时,实际上并不需要进行专门的账务处理。

[例 11-17] 甲公司在 20×8 年发生亏损 3 000 000 元。在年度终了时,企业应结转本年发生的亏损,编制会计分录如下:

借:利润分配——未分配利润　　　　　　　　　　　　　3 000 000
　　贷:本年利润　　　　　　　　　　　　　　　　　　　　3 000 000

假定 20×9 年至 2×13 年,该公司每年均实现利润 6 000 000 元。按规定公司在发生亏损后的五年内可以税前利润弥补亏损。假设不考虑其他因素,该公司在 20×9 年至 2×13 年均可用税前利润弥补亏损。所以,该公司在 20×9 年至 2×13 年的年度终了时,应编制会计分录如下:

借:本年利润　　　　　　　　　　　　　　　　　　　　6 000 000
　　贷:利润分配——未分配利润　　　　　　　　　　　　　6 000 000

第五节　所有者权益在财务报告中的披露

一、所有者权益在财务报表中的列示

(1)"实收资本（或股本）"项目，反映企业各投资者实际投入的资本（或股本）总额。

(2)"资本公积"项目，反映企业资本公积的期末余额。

(3)"库存股"项目，反映企业持有尚未转让或注销的本公司股份金额。

(4)"其他综合收益"项目，反映企业其他综合收益的期末余额。

(5)"盈余公积"项目，反映企业盈余公积的期末余额。

(6)"未分配利润"项目，反映企业尚未分配的利润。

同时，企业还应当编制所有者权益变动表。在本年增减变动金额项目中应当单独列示反映下列信息的项目：

(1)综合收益；

(2)所有者投入和减少资本；

(3)利润分配；

(4)所有者权益内部结转。

二、所有者权益在附注中的披露

需要说明的是，所有者权益变动表采用文字和数字描述相结合的方式进行披露，因此，在一般企业报表附注中就不再披露与所有者权益有关的其他信息。

本章小结

所有者权益是指企业资产扣除负债后由所有者享有的剩余权益，可分为实收资本（或股本）、资本公积、其他综合收益、盈余公积和未分配利润等部分。实收资本是指投资者按照企业章程的规定或合同、协议的约定，投入企业的资本。实收资本的构成比例通常是确定所有者在企业所有者权益中所占份额的依据，也是企业进行利润或股利分配的主要依据。资本公积是企业收到投资者的超出其在企业注册资本（或股本）中所占份额的投资，包括资本溢价（或股本溢价）和其他资本公积。其他综合收益反映直接计入所有者权益的利得和损失。留存收益是指企业从历年实现的利润中提取或形成的留存于企业的内部积累，来源于企业在生产经营活动中所实现的净利润，主要包括盈余公积和未分配利润。

名词中英对照

实收资本（股本）	paid-in capital (share capital)
资本公积	capital reserves
盈余公积	surplus reserves
本年利润	profit for the year/income summary
利润分配	profit distribution
库存股	treasury stock

案例分析

佳荣股份有限公司 20×7 年 12 月 31 日的"未分配利润"科目有借方余额 300 万元，即累计亏损 300 万元。20×8 年该公司实现税后利润 400 万元，按税后利润的 10% 提取法定盈余公积金。董事会在讨论利润分配方案时，董事孙某认为 20×8 年应提取的法定盈余公积金应按 20×8 年度税后利润的 10% 计提，即 400×10%＝40 万元。而董事周某却认为 20×8 年的净利润应在弥补以前年度的累计亏损后才能计提，即 20×8 年的税后利润 400 万元应弥补以前年度的累计亏损 300 万元后，才能作为计提法定盈余公积金的基数，即 20×8 年应计提的法定盈余公积金应为 (400－300)×10%＝10 万元。

要求：根据上述资料，你认为哪位董事的说法正确？

复习思考题

1. 何谓所有者权益？
2. 股份有限公司的设立方式有哪些？其各自的特点是什么？
3. 资本溢价和股本溢价是如何形成的？
4. 企业提取的盈余公积主要的用途有哪些？

练习题

1. A 有限责任公司由甲、乙、丙三位股东各自出资 100 万元设立。设立时的实收资本为 300 万元。经过三年的经营，该企业留存收益为 150 万元。这时又有丁投资者愿意加入该公司，并表示愿意出资 180 万元，而仅占该公司股份的 25%。为 A 公司编制相应的会计分录。

2. 20×7年5月，甲公司以480万元购入乙公司股票60万股作为可供出售金融资产，另支付手续费10万元，20×7年6月30日该股票每股市价为7.5元，2007年8月10日，乙公司宣告分派现金股利，每股0.20元，20×7年8月20日甲公司收到分派的现金股利。至20×7年12月31日，甲公司仍持有该可供出售金融资产，期末每股市价为8.5元，20×8年1月3日以515万元出售该可供出售金融资产。假定甲公司每年6月30日和12月31日对外提供财务报告。编制上述经济业务的会计分录。

3. B股份有限公司截至20×9年12月31日共发行股票300 000 000股，面值为1元，资本公积(股本溢价)6 000 000元，盈余公积4 000 000元。经股东大会批准，B公司以现金回购本公司股票3 000 000股并注销。(1)假定B公司按每股4元回购股票，(2)假定B公司按每股0.9元回购股票，不考虑其他因素，为B公司编制相应的会计分录。

4. A股份有限公司的股本为100 000 000元，每股面值1元。20×9年年初未分配利润为贷方80 000 000元，20×9年实现净利润50 000 000元。假定公司经批准的20×9年度利润分配方案为：按照20×9年实现净利润的10%提取法定盈余公积，5%提取任意盈余公积，同时向股东按每股0.2元分派现金股利，按每10股送3股的比例派发股票股利。2×10年3月15日，公司以银行存款支付了全部现金股利，新增股本也已经办理完股权登记和相关增资手续。为A公司编制相应的会计分录。

5. 长江公司20×7年实现净利润5 000万元。该公司董事会提出以下议案：
(1) 利润分配方案：提取法定盈余公积金500万元，分配现金股利2 000万元，分配股票股利2 000万元(分配2 000万股，每股面值1元)。
(2) 以20×7年12月31日的总股本10 000万股为基数，使用资本公积中的股票发行溢价转增股本，每10股转增3股，计3 000万股。

20×8年3月5日该公司召开股东大会，审议董事会提出的议案，决定将全部现金股利改为股票股利，其余利润分配方案及资本公积转增股本方案保持不变。股东大会通过的上述方案于20×8年3月10日实施。

要求：根据上述资料编制上述相关业务的会计分录。

第十二章 收入、费用和利润

■ 本章概要 ■

收入是企业获取利润的源泉,费用是企业获取利润过程中付出的代价,利润是企业经营的最终成果,企业实现的净利润要按照一定的程序进行分配。本章首先介绍了收入的概念和内涵,并分别介绍了商品销售收入、提供劳务收入和让渡资产使用权收入的确认和计量原则,以及各种收入实现的会计核算方法;然后介绍营业成本和期间费用以及所得税费用的基本内容和会计核算方法;最后介绍利润形成和利润分配的基本原理和会计核算方法。

■ 学习目的与要求 ■

通过本章学习,应当能够了解并掌握:

1. 收入的概念及分类;
2. 商品销售收入的确认和计量原则及核算方法;
3. 提供劳务收入的确认和计量原则及核算方法;
4. 让渡资产使用权收入的确认和计量原则及核算方法;
5. 费用的概念及费用的确认原理及核算方法;
6. 生产成本的核算方法;
7. 期间费用的内容及其核算方法;
8. 利润的概念及其来源构成和利润形成的核算方法;
9. 利润分配的一般程序;
10. 所得税会计的基本原理与核算方法;
11. 利润分配及弥补亏损的核算方法。

第一节 收 入

一、收入概述

在市场经济条件下,追求利润最大化已成为企业经营的主要目标之一。收入是利润的来源,因此,获取收入是企业日常经营活动中最主要的目标之一,通过获得的收入补偿为此而发生的支出,以获得一定的利润。

（一）收入的概念

我国《企业会计准则第14号——收入》对收入的定义：企业在日常活动中形成的、会导致所有者权益增加的、与所有者投入资本无关的经济利益的总流入,包括销售商品收入、提供劳务收入和让渡资产使用权收入。其中,"日常活动"是指企业为完成其经营目标所从事的经常性活动以及与之相关的其他活动。企业代第三方收取的款项,应当作为负债处理,不应当确认为收入。

（二）收入的分类

1. 按照企业从事日常活动的性质,可以将收入分为销售商品收入、提供劳务收入和让渡资产使用权收入、建造合同收入等

（1）销售商品收入。销售商品收入主要指通过销售商品取得的收入。商品包括企业为销售而生产的产品和为转售而购进的商品,如工业企业生产的产品、商业企业购进的商品等。企业销售的其他存货,如原材料、包装物等也视同企业的商品。

（2）提供劳务收入。提供劳务收入是指企业通过提供劳务实现的收入,如企业提供旅游、运输、饮食、广告、理发、照相、洗染、咨询、代理、培训、产品安装等劳务所获取的收入。

（3）让渡资产使用权收入。让渡资产使用权收入是指企业通过让渡资产使用权实现的收入,如商业银行对外贷款、租赁公司出租资产等实现的收入。

（4）建造合同收入是指企业承担建造合同所形成的收入。

2. 按照企业经营业务的主次分类,可以将收入分为主营业务收入和其他业务收入

（1）主营业务收入。不同行业其主营业务收入所包括的内容也不同：工业企业的主营业务包括销售商品、自制半成品、代制品、代修品、提供工业性作业等所取得的收入；商品流通企业的主营业务收入主要包括销售商品所取得的收入；旅游企业的主营业务收入主要包括客房收入、餐饮收入等。主营业务收入一般占企业营业收入的比重较大,对企业的经济效益产生较大的影响。

（2）其他业务收入。其他业务收入主要包括转让技术取得的收入、销售材料取得的收入、包装物出租收入等。其他业务收入一般占企业营业收入的比重较小。

在会计核算中,对经常性、主要业务所产生的收入单独设置"主营业务收入"科目核

算,对非经常性、兼营业务所产生的收入单独设置"其他业务收入"科目进行核算。

二、销售商品收入

(一)销售商品收入的确认

销售商品收入同时满足下列条件的,才能予以确认。

1. 企业已将商品所有权上的主要风险和报酬转移给购货方

企业已将商品所有权上的主要风险和报酬转移给购货方,是指与商品所有权有关的主要风险和报酬同时转移给了购货方。其中,与商品所有权有关的风险,是指商品可能发生减值或毁损等形成的损失;与商品所有权有关的报酬,是指商品价值增值或通过使用商品等形成的经济利益。

判断企业是否已将商品所有权上的主要风险和报酬转移给购货方,应当关注交易的实质,并结合所有权凭证的转移进行判断。如果一项商品发生的任何损失均不需要本企业承担,带来的经济利益也不归本企业所有,则意味着该商品所有权上的风险和报酬已转移出企业。在大多数情况下,当商品的实物已转移给买方或商品的所有权凭证已交付给买方,就可以确定商品所有权上的主要风险和报酬已经转移。然而,实物交付或所有权凭证移交并不是判断商品所有权上的主要风险和报酬已经转移的实质要件,或者说其只是一项重要的形式要件。商品上所有权的主要风险和报酬是否已经转移,还要求会计人员根据具体的情况加以判断。例如,如果某大型设备已经运抵买方的经营场所,发票账单也已开出,但按照合同规定,卖方还要负责设备的安装和调试,其中存在某种风险,影响买方如期支付货款,则只有当安装调试成功后才能确认收入实现,而不能在设备发运时就确认收入。又如,销售商品合同规定买方在特殊情况下有退货的权利,而且无法准确估计这种退货的可能性,则企业不能在商品交付给买方时确认收入,而只有在退货的不确定性已经消除,如试用期已满的情况下,才能确认收入。

2. 企业既没有保留通常与所有权相联系的继续管理权,也没有对已售出的商品实施有效控制

通常情况下,企业售出商品后不再保留与商品所有权相联系的继续管理权,也不再对售出商品实施有效控制,商品所有权上的主要风险和报酬已经转移给购货方,通常应在发出商品时确认收入。如果继续管理权或控制权是与所有权相关的,则一般不能确认收入。例如,企业虽然销售了商品,但在合同中规定买方不得将商品再次出售,或规定商品必须在某一时间以某种价格由卖方购回,这就意味着卖方还对商品保留着与所有权相关的控制权,此项销售不能确认收入。在另外一些情况下,企业虽然保留着某些继续管理权或控制权,但与所有权无关,则并不构成收入确认的障碍。例如,房地产商在售出住宅后保留物业管理权,软件厂商销售软件后享有软件的维护权等,均不影响收入的确认。

3. 收入的金额能够可靠地计量

收入的金额能够可靠地计量,是指收入的金额能够合理地估计。收入的金额不

能够合理估计就无法确认收入。企业在销售商品时,销售商品价格通常已经确定。但是,由于销售商品过程中某些不确定因素的影响,也有可能存在销售商品价格发生变动的情况。在这种情况下,新的销售商品价格未确定前通常不应确认销售商品收入。

4. 相关的经济利益很可能流入企业

相关的经济利益很可能流入企业,是指销售商品价款收回的可能性大于不能收回的可能性,即销售商品价款收回的可能性超过50%。

企业在确定销售商品价款能否收回时,应当结合以前和买方交往的直接经验、政府的有关政策、其他方面取得的信息等因素,进行综合判断。例如,企业根据以前与买方交往的直接经验判断买方信誉较差,或销售时得知买方在另一项交易中发生了巨额亏损,资金周转十分困难,或在出口商品时不能肯定进口企业所在国政府是否允许将款项汇出等。在这些情况下,企业应推迟确认收入,直至这些不确定因素消除。

企业在确定销售商品价款收回的可能性时,应当进行定性分析。如果确定销售商品价款收回的可能性大于不能收回的可能性,即可认为销售商品价款很可能流入企业。通常情况下,企业销售的商品符合合同或协议要求,已将发票账单交付买方,买方承诺付款,就表明销售商品价款收回的可能性大于不能收回的可能性。如果企业判断销售商品价款不是很可能流入企业,应当提供确凿的证据。

5. 相关的已发生或将发生的成本能够可靠地计量

相关的已发生或将发生的成本能够可靠地计量,是指与销售商品有关的已发生或将发生的成本能够合理地估计。根据收入和费用的配比原则,销售商品收入满足其他确认条件时,相关的已发生或将发生的成本通常能够合理地估计,如库存商品的成本、商品运输费用等。如果相关的已发生或将发生的成本不能够合理地估计,企业不应确认收入,已收到的价款应确认为负债。

(二)销售商品收入的计量

企业销售商品满足收入确认条件时,应当按照已收或应收合同或协议价款的公允价值确定销售商品收入金额。从购货方已收或应收的合同或协议价款,通常为公允价值。某些情况下,合同或协议明确规定销售商品需要延期收取价款,如分期收款销售商品,实质上具有融资性质的,应当按照应收的合同或协议价款的现值确定其公允价值。应收的合同或协议价款与其公允价值之间的差额,应当在合同或协议期间内,按照应收款项的摊余成本和实际利率计算确定的摊销金额,冲减财务费用。

企业在确定销售商品收入金额时,不考虑各种预计可能发生的现金折扣、销售折让。现金折扣在实际发生时计入当期的财务费用,销售折让在实际发生时冲减当期的销售收入。

(三)销售商品收入的核算

对于销售商品业务,应设置"主营业务收入""主营业务成本""其他业务收入""其他业务成本""营业税金及附加"等科目进行核算。

"主营业务收入"科目属于损益类科目,该科目总括反映企业销售商品、提供劳务及让渡资产使用权等日常活动中所产生的收入。其贷方登记企业按规定确认的已实现的主营业务收入,借方登记销货退回、销货折让及错账冲销数额,期末,本科目全部转入"本年利润"科目,结转后无余额。本科目按主营业务品种设置明细科目,进行明细核算。

"主营业务成本"科目属于损益类科目,该科目用来核算企业因销售商品、提供劳务或让渡资产使用权等日常活动而发生的实际成本。其借方登记因取得主营业务收入而实际发生的成本,贷方登记销货退回的实际成本,或冲销错账数额,期末,本科目全部转入"本年利润"科目,结转后无余额。本科目与"主营业务收入"科目对应并按主营业务种类设置明细科目,进行明细分类核算。

"营业税金及附加"科目属于损益类科目,该科目用来核算企业经营活动发生的营业税、消费税、城市维护建设税、资源税和教育费附加等相关税费。企业按规定计算出应由主营业务负担的税金及教育费附加,借记本科目,贷记"应交税费"科目,期末,本科目全部转入"本年利润"科目,结转后无余额。

"其他业务收入"科目属于损益类科目,该科目核算企业确认的除主营业务活动以外的其他经营活动实现的收入,包括出租固定资产、出租无形资产、出租包装物和商品、销售材料、用材料进行非货币性交换(非货币性资产交换具有商业实质且公允价值能够可靠计量)或债务重组等实现的收入。其贷方登记企业按规定确认的已实现的其他业务收入,借方登记销货退回、销货折让及错账冲销数额,期末,本科目全部转入"本年利润"科目,结转后无余额。本科目可按其他业务收入种类设置明细科目,进行明细核算。

"其他业务成本"科目属于损益类科目,该科目核算企业确认的除主营业务活动以外的其他经营活动所发生的支出,包括销售材料的成本、出租固定资产的折旧额、出租无形资产的摊销额、出租包装物的成本或摊销额等。其借方登记因取得其他业务收入而实际发生的成本,贷方登记销货退回的实际成本,或冲销错账数额,期末,本科目全部转入"本年利润"科目,结转后无余额。本科目可按其他业务成本的种类设置明细科目,进行明细分类核算。

为了单独反映已经发出尚未确认销售收入的商品成本,企业应设置"发出商品"等科目进行核算。"发出商品"科目核算一般销售方式下,已经发出但尚未确认销售收入的商品成本。企业对于发出的商品,在确定不能确认收入时,应按发出商品的实际成本,借记"发出商品"等科目,贷记"库存商品"科目。期末,"发出商品"科目的余额,应并入资产负债表的"存货"项目反映。

1. 一般商品销售业务

对于一般销售业务,其收入的核算根据不同情况举例说明如下:

(1)满足收入确认条件的商品销售。

[例 12-1] 乙公司销售给甲公司 A 产品 100 件,每件售价 1 000 元,单位成本 750 元。甲公司以支票支付货款 100 000 元和增值税税额 17 000 元,乙公司将提货单

交给甲公司,应编制会计分录如下:

① 销售收入实现时:

借:银行存款	117 000
贷:主营业务收入	100 000
应交税费——应交增值税(销项税额)	17 000

② 同时,结转产品销售成本:

借:主营业务成本	75 000
贷:库存商品——A产品	75 000

[例12-2] 甲公司向丙公司销售一批商品,增值税专用发票上注明的售价金额为10 000元,增值税1 700元。甲公司已按合同发货,并以银行存款代垫运杂费500元,贷款尚未收到。该商品为应税消费品,消费税率5%,该批商品的成本为6 500元。应编制会计分录如下:

① 确认收入时:

借:应收账款	12 200
贷:主营业务收入	10 000
应交税费——应交增值税(销项税额)	1 700
银行存款	500

② 结转成本时:

借:主营业务成本	6 500
贷:库存商品	6 500

③ 计算应交的消费税时:

$$应交消费税 = 10\,000 \times 5\% = 500(元)。$$

借:营业税金及附加	500
贷:应交税费——应交消费税	500

(2)未满足收入确认条件的商品销售。

[例12-3] 甲公司于20×7年5月2日以托收承付方式向B企业销售一批商品,成本为40 000元,增值税专用发票上注明:售价60 000元,增值税10 200元。甲公司在销售时已知B企业资金周转发生暂时困难,但甲公司考虑到为了促销以免存货积压,同时B企业的资金周转困难只是暂时性的,将来仍有可能收回货款,因此,仍将商品销售给了B企业。由于此项收入目前收回的可能性不大,甲公司在销售该商品时不能确认收入,应将已发出的商品成本转入"发出商品"科目。假设甲公司就销售该批商品的纳税义务已经发生,应编制会计分录如下:

借:发出商品	40 000
贷:库存商品	40 000

同时,将增值税专用发票上注明的增值税额转入应收账款:

借：应收账款——B企业	10 200	
贷：应交税费——应交增值税（销项税额）		10 200

应当注意的是：如果销售该商品的纳税义务尚未发生，则不做该笔分录，待纳税义务发生时再做应交增值税的分录。

假如20×7年12月4日甲公司得知B企业经营情况逐渐好转，B企业承诺近期付款，甲公司可以确认收入，应编制会计分录如下：

借：应收账款——B企业	60 000	
贷：主营业务收入		60 000

同时，结转成本：

借：主营业务成本	40 000	
贷：发出商品		40 000

12月4日收到款项时：

借：银行存款	70 200	
贷：应收账款——B企业		60 000
应收账款——B企业（应收销项税额）		10 200

2. 销售商品涉及现金折扣、商业折扣、销售折让的处理

企业销售商品有时也会遇到现金折扣、商业折扣、销售折让等问题，应当分别不同情况进行处理。

(1) 现金折扣，是指债权人为鼓励债务人在规定的期限内付款而向债务人提供的债务扣除。企业销售商品涉及现金折扣的，应当按照扣除现金折扣前的金额确定销售商品收入金额。现金折扣在实际发生时计入财务费用。

(2) 商业折扣，是指企业为促进销售商品而在商品标价上给予的价格扣除。企业销售商品涉及商业折扣的，应当按照扣除商业折扣后的金额确定销售商品收入金额。

(3) 销售折让，是指企业因售出商品的质量不合格等原因而在售价上给予的减让。对于销售折让，企业应分别不同情况进行处理：① 已确认收入的售出商品发生销售折让的，通常应当在发生时冲减当期销售商品收入；② 已确认收入的销售折让属于资产负债表日后事项的，应当按照有关资产负债表日后事项的相关规定进行处理。

[例12-4] 甲公司在20×7年7月1日销售一批商品200件，增值税专用发票上注明的售价5 000元，增值税额850元。甲公司为了及早收回货款而在合同中规定符合现金折扣的条件：2/10、1/20、N/30(假定计算折扣时不考虑增值税)。

① 7月1日销售实现时，按总售价作为收入，应编制会计分录如下：

借：应收账款——B企业	5 850	
贷：主营业务收入		5 000
应交税费——应交增值税（销项税额）		850

② 如7月9日买方付清货款，则按售价5 000元的2%享受100元(5 000×2%)的现金折扣，实际付款5 750元(5 850－100)，应编制会计分录如下：

```
借：银行存款                                         5 750
    财务费用                                          100
    贷：应收账款——B企业                              5 850
```

③ 如果7月18日买方付清货款，则应享受的现金折扣为50元（5 000×1%），实际付款5 800元（5 850－50），应编制会计分录如下：

```
借：银行存款                                         5 800
    财务费用                                           50
    贷：应收账款——B企业                              5 850
```

④ 如买方在7月底才付款，应按全额付款，应编制会计分录如下：

```
借：银行存款                                         5 850
    贷：应收账款——B企业                              5 850
```

[例12－5] 甲公司销售一批商品，增值税专用发票上注明的销售价格为100 000元，增值税为17 000元。货到后购货方发现商品质量不合格，要求在价格上给予10%的折让。假定已获得税务部门开具的索取折让证明单，并开具了红字增值税专用发票。甲公司应编制会计分录如下：

① 销售实现时：

```
借：应收账款——XX企业                              117 000
    贷：主营业务收入                                100 000
        应交税费——应交增值税（销项税额）            17 000
```

② 发生销售折让时：

```
借：主营业务收入                                    10 000
    应交税费——应交增值税（销项税额）                1 700
    贷：应收账款——XX企业                            11 700
```

③ 收到销售商品价款时：

```
借：银行存款                                        105 300
    贷：应收账款——XX企业                           105 300
```

3. 销售退回及附有销售退回条件的销售的处理

（1）销售退回，是指企业售出的商品由于质量、品种不符合要求等原因而发生的退货。对于销售退回，企业应分别不同情况进行会计处理。

对于未确认收入的售出商品发生销售退回的，企业应按已记入"发出商品"科目的商品成本金额，借记"库存商品"科目，贷记"发出商品"科目。采用计划成本或售价核算的，应按计划成本或售价记入"库存商品"科目，同时计算产品成本差异或商品进销差价。

对于已确认收入的售出商品发生退回的，企业应在发生时冲减当期销售商品收入，同时冲减当期销售商品成本。如该项销售退回已发生现金折扣的，应同时调整相关财务费用的金额；如该项销售退回允许扣减增值税额的，应同时调整"应交税费——应交增值税(销项税额)"科目的相应金额。

已确认收入的售出商品发生的销售退回属于资产负债表日后事项的,应当按照有关资产负债表日后事项的相关规定进行会计处理。

[例12-6] 甲公司在20×7年2月18日向乙公司销售一批商品,开出的增值税专用发票上注明的销售价款为50 000元,增值税额为8 500元。该批商品成本为36 000元。为及早收回货款,甲公司和乙公司约定的现金折扣条件为:2/10,1/20,n/30。乙公司在20×7年2月27日支付货款。20×7年4月5日,该批商品因质量问题被乙公司退回,甲公司当日支付有关款项。假定计算现金折扣时不考虑增值税,销售退回不属于资产负债表日后事项。甲公司应编制会计分录如下:

① 20×7年2月18日销售实现时,按销售总价确认收入时:

借:应收账款　　　　　　　　　　　　　　　　　58 500
　　贷:主营业务收入　　　　　　　　　　　　　　50 000
　　　　应交税费——应交增值税(销项税额)　　　　8 500
借:主营业务成本　　　　　　　　　　　　　　　36 000
　　贷:库存商品　　　　　　　　　　　　　　　　36 000

② 在20×7年2月27日收到贷款时,按销售总价50 000元的2%享受现金折扣1 000元(50 000×2%),实际收款57 500元(58 500-1 000):

借:银行存款　　　　　　　　　　　　　　　　　57 500
　　财务费用　　　　　　　　　　　　　　　　　　1 000
　　贷:应收账款　　　　　　　　　　　　　　　　58 500

③ 20×7年4月5日发生销售退回时:

借:主营业务收入　　　　　　　　　　　　　　　50 000
　　应交税费——应交增值税(销项税额)　　　　　8 500
　　贷:银行存款　　　　　　　　　　　　　　　　57 500
　　　　财务费用　　　　　　　　　　　　　　　　1 000
借:库存商品　　　　　　　　　　　　　　　　　36 000
　　贷:主营业务成本　　　　　　　　　　　　　　36 000

(2)附有销售退回条件的商品销售。

附有销售退回条件的商品销售,是指购买方依照有关协议有权退货的销售方式。在这种销售方式下,企业根据以往经验能够合理估计退货可能性且确认与退货相关负债的,通常应在发出商品时确认收入;企业不能合理估计退货可能性的,通常应在售出商品退货期满时确认收入。

[例12-7] 甲公司是一家用电器销售公司。20×7年1月1日,甲公司向乙公司销售5 000件家用电器,单位销售价格为750元,单位成本为600元,开出的增值税专用发票上注明的销售价款为3 750 000元,增值税额为637 500元。协议约定,乙公司应于2月1日之前支付货款,在4月30日之前有权退还家用电器。家用电器已经发

出,款项尚未收到。假定甲公司根据过去的经验,估计该批家用电器退货率约为20%;家用电器发出时纳税义务已经发生;实际发生销售退回时有关的增值税额允许冲减。

甲公司应编制会计分录如下:

① 1月1日发出家用电器时:

借:应收账款	4 387 500
贷:主营业务收入	3 750 000
应交税费——应交增值税(销项税额)	637 500
借:主营业务成本	3 000 000
贷:库存商品	3 000 000

② 1月31日确认估计的销售退回时:

借:主营业务收入	750 000
贷:主营业务成本	600 000
预计负债	150 000

③ 2月1日前收到货款时:

借:银行存款	4 387 500
贷:应收账款	4 387 500

④ 4月30日发生销售退回。实际退货量为1 000件,款项已经支付:

借:库存商品	600 000
应交税费——应交增值税(销项税额)	127 500
预计负债	150 000
贷:银行存款	877 500

如果实际退货量为800件时:

借:库存商品	480 000
应交税费——应交增值税(销项税额)	102 000
主营业务成本	120 000
预计负债	150 000
贷:银行存款	702 000
主营业务收入	150 000

如果实际退货量为1 200件时:

借:库存商品	720 000
应交税费——应交增值税(销项税额)	153 000
主营业务收入	150 000
预计负债	150 000
贷:主营业务成本	120 000
银行存款	1 053 000

[**例12-8**] 沿用[例12-7]的资料。假定甲公司无法根据过去的经验。估计该批

家用电器的退货率;家用电器发出时纳税义务已经发生。甲公司应编制会计分录如下:

① 1月1日发出家用电器时:

借:应收账款　　　　　　　　　　　　　　　　637 500
　　贷:应交税费——应交增值税(销项税额)　　　　　　637 500
借:发出商品　　　　　　　　　　　　　　　3 000 000
　　贷:库存商品　　　　　　　　　　　　　　　　　3 000 000

② 2月1日前收到货款时:

借:银行存款　　　　　　　　　　　　　　　4 387 500
　　贷:预收账款　　　　　　　　　　　　　　　　　3 750 000
　　　　应收账款　　　　　　　　　　　　　　　　　　637 500

③ 6月30日退货期满没有发生退货时:

借:预收账款　　　　　　　　　　　　　　　3 750 000
　　贷:主营业务收入　　　　　　　　　　　　　　　3 750 000
借:主营业务成本　　　　　　　　　　　　　3 000 000
　　贷:发出商品　　　　　　　　　　　　　　　　　3 000 000

④ 4月30日退货期满,发生2 000件退货时:

借:预收账款　　　　　　　　　　　　　　　3 750 000
　　应交税费——应交增值税(销项税额)　　　　255 000
　　贷:主营业务收入　　　　　　　　　　　　　　　2 250 000
　　　　银行存款　　　　　　　　　　　　　　　　　1 755 000
借:主营业务成本　　　　　　　　　　　　　1 800 000
　　库存商品　　　　　　　　　　　　　　　1 200 000
　　贷:发出商品　　　　　　　　　　　　　　　　　3 000 000

4. 特殊销售商品业务的处理

企业会计实务中,可能遇到一些特殊的销售商品业务。在将销售商品收入确认、计量原则运用于特殊销售商品收入的会计处理时,应结合这些特殊销售商品交易的形式,并注重交易的实质。

(1) 代销商品。代销商品分别以下两种情况处理。

① 视同买断方式。视同买断方式代销商品,是指委托方和受托方签订合同或协议,委托方按合同或协议收取代销的货款,实际售价由受托方自定,实际售价与合同或协议价之间的差额归受托方所有。如果委托方和受托方之间的协议明确标明,受托方在取得代销商品后,无论是否能够卖出、是否获利,均与委托方无关,那么,委托方和受托方之间的代销商品交易,与委托方直接销售商品给受托方没有实质区别,在符合销售商品收入确认条件时,委托方应确认相关销售商品收入。如果委托方和受托方之间的协议明确标明,将来受托方没有将商品售出时可以将商品退回给委托方,或受托方因代销商品出现亏损时可以要求委托方补偿,那么,委托方在交付商品时不确认收入,受托

方也不作购进商品处理,受托方将销售商品后,按实际售价确认销售收入,并向委托方开具代销清单,委托方收到代销清单时,再确认本企业的销售收入。

[例 12-9] A公司委托B企业销售甲商品100件,协议价为300元/件,该商品成本250元/件,增值税税率17%。假定商品已经发出,根据代销协议约定,B企业不能将没有代销出去的商品退回A公司;A公司将该批商品交付B公司时开具增值税专用发票,发票上注明:售价30 000元,增值税额5 100元。B企业实际对外销售时开具增值税发票:售价35 000元,增值税为5 950元。

(1) A公司应编制会计分录如下:

① A公司将甲商品交付B企业时:

借:应收账款——B企业	35 100
贷:主营业务收入	30 000
应交税费——应交增值税(销项税额)	5 100
借:主营业务成本	25 000
贷:库存商品	25 000

② 收到B企业汇来的货款35 100元时:

借:银行存款	35 100
贷:应收账款——B企业	35 100

(2) B企业应编制会计分录如下:

① 收到甲商品时:

借:库存商品	30 000
应交税费——应交增值税(进项税额)	5 100
贷:应付账款——A公司	35 100

② 实际销售商品时:

借:银行存款	40 950
贷:主营业务收入	35 000
应交税费——应交增值税(销项税额)	5 950
借:主营业务成本	30 000
贷:库存商品	30 000

③ 按合同协议价将款项付给红星公司时:

借:应付账款	35 100
贷:银行存款	35 100

② 收取手续费。受托方根据所代销的商品数量向委托方收取手续费,这对受托方来说实际上是一种劳务收入。这种代销方式与视同买断方式相比,主要特点是受托方通常应按照委托方的价格销售,不得自行改变售价。在这种代销方式下,委托方应在受托方将商品销售后,并向委托方开具代销清单时,确认收入;受托方在商品销售后,按合同或协议约定的方法计算确定的手续费确认收入。

[**例 12-10**] 假如[例 12-9]中，B 企业按每件 300 元的价格出售给顾客，A 公司按售价的 10% 支付 B 企业手续费。B 企业实际销售时，即向买方开出一张增值税专用发票，发票上注明甲商品售价 30 000 元，增值税额 5 100 元。假定 A 公司发出商品时纳税义务尚未发生。不考虑其他因素。A 公司在收到 B 企业交来的代销清单时，向 B 企业开具一张相同金额的增值税发票。

(1) A 公司应编制会计分录如下：

① A 公司将甲商品交付 B 企业时：

借：发出商品	25 000
贷：库存商品	25 000

② 收到代销清单时：

借：应收账款——B 企业	35 100
贷：主营业务收入	30 000
应交税费——应交增值税（销项税额）	5 100
借：主营业务成本	25 000
贷：发出商品	25 000
借：销售费用	3 000
贷：应收账款——B 企业	3 000

③ 收到 B 企业汇来的货款净额 32 100 元（35 100—3 000）时：

借：银行存款	32 100
贷：应收账款——B 企业	32 100

(2) B 企业应编制会计分录如下：

① 收到甲商品时：

借：代理业务资产（或受托代销商品）	30 000
贷：代理业务负债（或受托代销商品款）	30 000

② 实际销售商品时：

借：银行存款	35 100
贷：应付账款——A 公司	30 000
应交税费——应交增值税（销项税额）	5 100
借：应交税费——应交增值税（进项税额）	5 100
贷：应付账款——A 公司	5 100
借：代理业务负债（或受托代销商品款）	30 000
贷：代理业务资产（或受托代销商品）	30 000

③ 归还红星公司货款并计算代销手续费时：

借：应付账款——A 公司	35 100
贷：银行存款	32 100
其他业务收入	3 000

(2) 预收款销售商品。预收款销售商品是指购买方在商品尚未收到前按合同或协议约定分期付款,销售方在收到最后一笔款项时才交货的销售方式。在这种方式下,销售方直到收到最后一笔款项才将商品交付购货方,表明商品所有权上的主要风险和报酬只有在收到最后一笔款项时才转移给购货方。企业通常应在发出商品时确认收入,在此之前预收的货款应确认为负债。

[例 12-11] 甲公司与乙公司签订协议,采用预收款方式向乙公司销售一批商品。该批商品实际成本为 800 000 元。协议约定,该批销售商品价格为 1 000 000 元,增值税额为 170 000 元;乙公司应在协议签订时预付 70% 的货款(按销售价格计算),剩余货款于两个月后支付。甲公司应编制会计分录如下:

(1) 收到 70% 货款时:

借:银行存款　　　　　　　　　　　　　　　　　　　　700 000
　　贷:预收账款　　　　　　　　　　　　　　　　　　　700 000

(2) 收到剩余货款及增值税额,同时发出商品时:

借:预收账款　　　　　　　　　　　　　　　　　　　　700 000
　　银行存款　　　　　　　　　　　　　　　　　　　　470 000
　　贷:主营业务收入　　　　　　　　　　　　　　　　1 000 000
　　　　应交税费——应交增值税(销项税额)　　　　　　170 000

借:主营业务成本　　　　　　　　　　　　　　　　　　800 000
　　贷:库存商品　　　　　　　　　　　　　　　　　　800 000

(3) 分期收款销售商品。

企业销售商品有时会采取分期收款的方式,即商品一次交付,货款分期收回。如果延期收取的货款具有融资性质的,应当按照应收的合同或协议价款的公允价值(通常为合同或协议价款的现值),确定销售商品收入金额。应收的合同或协议价款与其公允价值之间的差额,应当在合同或协议期间内采用实际利率法进行摊销,计入当期损益(冲减财务费用)。会计实务中,基于重要性原则,应收的合同或协议价款与其公允价值之间的差额,若采用实际利率法进行摊销与直线法进行摊销结果相差不大的,也可以采用直线法进行摊销。

[例 12-12] 20×7 年 1 月 1 日,甲公司采用分期收款向乙公司销售一套大型设备,合同约定的销售价款 3 000 万元,分 5 次于每年 12 月 31 日等额收取。该大型设备成本为 1 800 万元。在现销方式下,该大型设备的销售价格为 2 400 万元。假定甲公司发出商品时,其有关的增值税纳税义务尚未生;在合同约定的收款日期,发生有关的增值税纳税义务。

根据本例的资料,甲公司应当确认的销售商品收入金额为 2 400 万元。

根据公式:未来五年收款额的现值=现销方式下应收款项金额

可以得出:$600 \times (P/A, r, 5) = 2 400$(万元)

在多次测试的基础上,用插值法计算的折现率为 7.93%。

每期计入财务费用的金额如表12-1所示。

表12-1 财务费用和已收本金计算表 单位：万元

日 期	每期收回的现金(1)	财务费用(2)＝期初(4)×7.93%	已收本金(3)	未收回本金(4)＝期初(4)－(3)
20×7年1月1日				2 400
20×7年12月31日	600	190.32	409.68	1 990.32
20×8年12月31日	600	157.83	442.17	1 548.15
20×9年12月31日	600	122.77	477.23	1 070.92
2×10年12月31日	600	84.92	515.08	555.84
2×11年12月31日	600	44.16*	555.84	0
总 额	3 000	600	2 400	

＊尾数调整。

根据表12-1的计算结果，甲公司应编制会计分录如下：

① 20×7年1月1日销售实现时：

借：长期应收款　　　　　　　　　　　　　　　　　　　30 000 000
　　贷：主营业务收入　　　　　　　　　　　　　　　　24 000 000
　　　　未实现融资收益　　　　　　　　　　　　　　　　6 000 000
借：主营业务成本　　　　　　　　　　　　　　　　　　18 000 000
　　贷：库存商品　　　　　　　　　　　　　　　　　　18 000 000

② 20×7年12月31日收取货款和增值税税额时：

借：银行存款　　　　　　　　　　　　　　　　　　　　7 020 000
　　贷：长期应收款　　　　　　　　　　　　　　　　　6 000 000
　　　　应交税费——应交增值税（销项税额）　　　　　1 020 000
借：未实现融资收益　　　　　　　　　　　　　　　　　1 903 200
　　贷：财务费用　　　　　　　　　　　　　　　　　　1 903 200

③ 20×8年12月31日收取货款和增值税税额时：

借：银行存款　　　　　　　　　　　　　　　　　　　　7 020 000
　　贷：长期应收款　　　　　　　　　　　　　　　　　6 000 000
　　　　应交税费——应交增值税（销项税额）　　　　　1 020 000
借：未实现融资收益　　　　　　　　　　　　　　　　　1 578 300
　　贷：财务费用　　　　　　　　　　　　　　　　　　1 578 300

④ 20×9年12月31日收取货款和增值税税额时：

借：银行存款　　　　　　　　　　　　　　　　　　　　7 020 000
　　贷：长期应收款　　　　　　　　　　　　　　　　　6 000 000
　　　　应交税费——应交增值税（销项税额）　　　　　1 020 000

借：未实现融资收益　　　　　　　　　　　　　　　　1 227 700
　　贷：财务费用　　　　　　　　　　　　　　　　　　　　　1 227 700

⑤ 2×10年12月31日收取货款和增值税税额时：

借：银行存款　　　　　　　　　　　　　　　　　　　7 020 000
　　贷：长期应收款　　　　　　　　　　　　　　　　　　　　6 000 000
　　　　应交税费——应交增值税（销项税额）　　　　　　　　1 020 000

借：未实现融资收益　　　　　　　　　　　　　　　　　849 200
　　贷：财务费用　　　　　　　　　　　　　　　　　　　　　　849 200

⑥ 2×11年12月31日收取货款和增值税额和增值税税额时：

借：银行存款　　　　　　　　　　　　　　　　　　　7 020 000
　　贷：长期应收款　　　　　　　　　　　　　　　　　　　　6 000 000
　　　　应交税费——应交增值税（销项税额）　　　　　　　　1 020 000

借：未实现融资收益　　　　　　　　　　　　　　　　　441 600
　　贷：财务费用　　　　　　　　　　　　　　　　　　　　　　441 600

（4）售后回购。售后回购是指销售商品的同时，销售方同意日后再将同样或类似的商品购回的销售方式。在这种方式下，销售方应根据合同或协议条款判断销售商品是否满足收入确认条件。通常情况下，以固定价格回购的售后回购交易属于融资交易，商品所有权上的主要风险和报酬没有转移，收到的款项应确认为负债；回购价格大于原售价的差额，企业应在回购期间按期计提利息，计入财务费用。有确凿证据表明售后回购交易满足销售商品收入确认条件的，销售的商品按售价确认收入，回购的商品作为购买商品处理。

[例12-13]　20×7年4月1日，甲公司向乙公司销售一批商品，开出的增值税专用发票上注明的销售价款为150万元，增值税额为25.5万元。该批商品成本为120万元；商品已经发出，款项已经收到。协议约定，甲公司应于8月31日将所售商品购回，回购价为165万元（不含增值税额）。甲公司应编制会计分录如下：

①4月1日发出商品时：

借：银行存款　　　　　　　　　　　　　　　　　　　1 755 000
　　贷：其他应付款　　　　　　　　　　　　　　　　　　　　1 500 000
　　　　应交税费——应交增值税（销项税额）　　　　　　　　　255 000

借：发出商品　　　　　　　　　　　　　　　　　　　1 200 000
　　贷：库存商品　　　　　　　　　　　　　　　　　　　　　1 200 000

② 回购价大于原售价的差额，应在回购期间按期计提利息费用，计入当期财务费用。由于回购期间为5个月，货币时间价值影响不大采用直线法计提利息费用，每月计提利息费用为3万元（15÷5）。

借：财务费用　　　　　　　　　　　　　　　　　　　　30 000
　　贷：其他应付款　　　　　　　　　　　　　　　　　　　　　30 000

③ 8月31日回购商品时,收到的增值税专用发票上注明的商品价格为165万元,增值税税额为28.05万元。假定商品已验收入库,款项已经支付。

借:财务费用　　　　　　　　　　　　　　　　　　　30 000
　　贷:其他应付款　　　　　　　　　　　　　　　　　　　30 000
借:库存商品　　　　　　　　　　　　　　　　　　　1 200 000
　　贷:发出商品　　　　　　　　　　　　　　　　　　　1 200 000
借:其他应付款　　　　　　　　　　　　　　　　　　1 650 000
　　应交税费——应交增值税(进项税额)　　　　　　　280 500
　　贷:银行存款　　　　　　　　　　　　　　　　　　　1 930 500

(5) 售后租回。

售后租回是指销售商品的同时,销售方同意在日后再将同样的商品租回的销售方式。在这种方式下,销售方应根据合同或协议条款判断企业是否已将商品所有权上的主要风险和报酬转移给购货方,以确定是否确认销售商品收入。在大多数情况下,售后租回属于融资交易,企业不应确认销售商品收入,收到的款项应确认为负债,售价与资产账面价值之间的差额应当分别不同情况进行会计处理如下。

① 如果售后租回交易认定为融资租赁的,售价与资产账面价值之间的差额应当予以递延,并按照该项租赁资产的折旧进度进行分摊,作为折旧费用的调整。

② 如果售后租回交易认定为经营租赁,应当分别情况处理。一种情况是有确凿证据表明售后租回交易是按照公允价值达成的,售价与资产账面价值的差额应当计入当期损益。另一种情况是售后租回交易如果不是按照公允价值达成的,售价低于公允价值的差额,应计入当期损益;但若该损失将由低于市价的未来租赁付款额补偿时,有关损失应予以递延(递延收益),并按与确认租金费用相一致的方法在租赁期内进行分摊;如果售价大于公允价值,其大于公允价值的部分应计入递延收益,并在租赁期内分摊。

(6) 以旧换新销售。

以旧换新销售是指销售方在销售商品的同时回收与所售商品相同的旧商品。在这种销售方式下,销售的商品应当按照销售商品收入确认条件确认收入,回收的旧商品作为购进商品处理。

三、提供劳务收入

(一) 提供劳务交易结果能够可靠估计

企业在资产负债表日提供劳务交易的结果能够可靠估计的,应当采用完工百分比法确认提供劳务收入。

1. 提供劳务交易结果能够可靠估计的条件

提供劳务交易的结果能够可靠估计,是指同时满足下列四个条件。

(1) 收入的金额能够可靠地计量。

收入的金额能够可靠地计量,是指提供劳务收入的总额能够合理地估计。通常情况下,企业应当按照从接受劳务方已收或应收的合同或协议价款确定提供劳务收入总额。随着劳务的不断提供,可能会根据实际情况增加或减少已收或应收的合同或协议价款,此时企业应及时调整提供劳务收入总额。

(2) 相关的经济利益很可能流入企业。

相关的经济利益很可能流入企业,是指提供劳务收入总额收回的可能性大于不能收回的可能性。企业在确定提供劳务收入总额能否收回时,应当结合接受劳务方的信誉、以前的经验以及双方就结算方式和期限达成的合同或协议条款等因素,综合进行判断。

企业在确定提供劳务收入总额收回的可能性时,应当进行定性分析。如果确定提供劳务收入总额收回的可能性大于不能收回的可能性,即可认为提供劳务收入总额很可能流入企业。通常情况下,企业提供的劳务符合合同或协议要求。接受劳务方承诺付款,就表明提供劳务收入总额收回的可能性大于不能收回的可能性。如果企业判断提供劳务收入总额不是很可能流入企业,应当提供确凿证据。

(3) 交易的完工进度能够可靠地确定。

交易的完工进度能够可靠地确定,是指交易的完工进度能够合理地估计。企业确定提供劳务交易的完工进度可以选用下列方法。

① 已完工作的测量,这是一种比较专业的测量方法。由专业测量师对已经提供的劳务进行测量,并按一定方法计算确定提供劳务交易的完工程度。

② 已经提供的劳务占应提供劳务总量的比例,这种方法主要以劳务量为标准确定提供劳务交易的完工程度。

③ 已经发生的成本占估计总成本的比例,这种方法主要以成本为标准确定提供劳务交易的完工程度。只有已提供劳务的成本才能包括在已经发生的成本中,只有已提供或将提供劳务的成本才能包括在估计总成本中。

(4) 交易中已发生和将发生的成本能够可靠地计量。

交易中已发生和将发生的成本能够可靠地计量,是指交易中已经发生和将要发生的成本能够合理地估计。企业应当建立完善的内部成本核算制度和有效的内部财务预算及报告制度,准确地提供每期发生的成本,并对完成剩余劳务将要发生的成本作出科学、合理的估计。同时,应随着劳务的不断提供或外部情况的不断变化,随时对将要发生的成本进行修订。

2. 完工百分比法的具体应用

完工百分比法,是指按照提供劳务交易的完工进度确认收入和费用的方法。在这种方法下,确认的提供劳务收入金额能够提供各个会计期间关于提供劳务交易及其业绩的有用信息。

企业应当在资产负债表日按照提供劳务收入总额乘以完工进度扣除以前会计期间累计已确认提供劳务收入后的金额,确认当期提供劳务收入;同时,按照提供劳务估计总成本乘以完工进度扣除以前会计期间累计已确认劳务成本后的金额,结转当期劳务

成本。用公式表示如下:

$$\text{本期确认的提供劳务收入} = \text{提供劳务收入总额} \times \text{本期末止劳务的完工进度} - \text{以前会计期间累计已确认提供劳务收入}$$

$$\text{本期确认的提供劳务成本} = \text{提供劳务预计成本总额} \times \text{本期末止劳务的完工进度} - \text{以前会计期间累计已确认提供劳务成本}$$

在采用完工百分比法确认提供劳务收入的情况下,企业应按计算确定的提供劳务收入金额,借记"应收账款""银行存款"等科目,贷记"主营业务收入"科目。结转提供劳务成本时,借记"主营业务成本"科目,贷记"劳务成本"科目。

[例12-14] 甲公司于20×7年12月1日接受一项工程安装任务,安装期为3个月,合同总收入900 000元,至年底已预收安装费660 000元,实际发生安装费用420 000元(假定均为安装人员薪酬),估计还会发生180 000元。假定甲公司按实际发生的成本占估计总成本的比例确定劳务的完工进度。甲公司应编制会计分录如下:

(1) 计算:

实际发生的成本占估计总成本的比例=420 000÷(420 000+180 000)=70%

20×7年12月31日确认的提供劳务收入=900 000×70%－0=630 000(元)

20×7年12月31日结转的提供劳务成本=(420 000+180 000)×70%－0=420 000(元)

(2) 账务处理:

① 实际发生劳务成本时:

借:劳务成本　　　　　　　　　　　　　　　　　　420 000
　　贷:应付职工薪酬　　　　　　　　　　　　　　　　420 000

② 预收劳务款时:

借:银行存款　　　　　　　　　　　　　　　　　　660 000
　　贷:预收账款　　　　　　　　　　　　　　　　　　660 000

③ 20×7年12月31日确认提供劳务收入并结转劳务成本时:

借:预收账款　　　　　　　　　　　　　　　　　　630 000
　　贷:主营业务收入　　　　　　　　　　　　　　　　630 000
借:主营业务成本　　　　　　　　　　　　　　　　420 000
　　贷:劳务成本　　　　　　　　　　　　　　　　　　420 000

(二) 提供劳务交易结果不能可靠估计

企业在资产负债表日提供劳务交易结果不能够可靠估计的,即不能满足上述四个条件中的任何一条时,企业不能采用完工百分比法确认提供劳务收入。此时,企业应正确预计已经发生的劳务成本能够得到补偿和不能得到补偿,分别进行会计处理。

1. 已经发生的劳务成本预计全部能够得到补偿

已经发生的劳务成本预计全部能够得到补偿的,应按已经发生的能够得到补偿的劳务成本金额确认提供劳务收入,并结转已经发生的劳务成本。

2. 已经发生的劳务成本预计全部不能得到补偿

已经发生的劳务成本预计全部不能得到补偿的,应将已经发生的劳务成本计入当期损益,不确认提供劳务收入。

[例12-15] 甲公司于20×5年10月受托为B企业培训一批学员,培训期为6个月,11月1日开学。双方签订的协议注明,B企业应支付培训费用总额为120 000元,分3次支付:第1次在开学时预付;第2次在培训期中间,即20×6年2月1日支付;第3次在培训结束时支付。每次支付40 000元,B企业已在11月1日预付第1期款项。

20×5年12月31日,甲公司得知B企业当年效益不好,经营发生困难,后两次的培训费是否能收回,没有把握。因此,甲公司只将已经发生的培训费用60 000元(假定均为培训人员职工薪酬)中能够得到补偿的部分(即40 000元)确认为收入,并将发生的60 000元成本全部确认为当年费用。甲公司应编制会计分录如下:

(1) 20×5年11月1日,收到B企业预付的培训费时:

借:银行存款　　　　　　　　　　　　　　　　　　　　40 000
　　贷:预收账款　　　　　　　　　　　　　　　　　　　40 000

(2) 甲公司发生成本时:

借:劳务成本　　　　　　　　　　　　　　　　　　　　60 000
　　贷:应付职工薪酬　　　　　　　　　　　　　　　　　60 000

(3) 20×5年12月31日,确认收入并结转成本:

借:预收账款　　　　　　　　　　　　　　　　　　　　40 000
　　贷:主营业务收入　　　　　　　　　　　　　　　　　40 000
借:主营业务成本　　　　　　　　　　　　　　　　　　60 000
　　贷:劳务成本　　　　　　　　　　　　　　　　　　　60 000

(三) 同时销售商品和提供劳务交易

企业与其他企业签订的合同或协议,有时既包括销售商品又包括提供劳务,如销售电梯的同时负责安装工作、销售软件后继续提供技术支持、设计产品同时负责生产等。此时,如果销售商品部分和提供劳务部分能够区分且能够单独计量的,企业应当分别核算销售商品部分和提供劳务部分,将销售商品的部分作为销售商品处理,将提供劳务的部分作为提供劳务处理;如果销售商品部分和提供劳务部分不能够区分,或虽能区分但不能够单独计量的,企业应当将销售商品部分和提供劳务部分全部作为销售商品部分进行会计处理。

[例12-16] 甲公司与乙公司签订合同,向乙公司销售一部电梯并负责安装。甲公司开出的发票上注明的价款合计为1 000 000元(假定不考虑税金),其中电梯销售价格为980 000元,安装费为20 000元。电梯的成本为560 000元;电梯安装过程中发生安装费12 000元,均为安装人员薪酬。假定电梯已经安装完成并经验收合格,款项尚未收到;安装工作是销售合同的重要组成部分。甲公司应编制会计分录如下:

(1) 电梯发出结转成本 560 000 元时：

借：发出商品　　　　　　　　　　　　　　560 000
　　贷：库存商品　　　　　　　　　　　　　　　560 000

(2) 实际发生安装费用 12 000 元时：

借：劳务成本　　　　　　　　　　　　　　 12 000
　　贷：应付职工薪酬　　　　　　　　　　　　　 12 000

(3) 电梯销售实现确认收入 980 000 元时：

借：应收账款　　　　　　　　　　　　　　980 000
　　贷：主营业务收入　　　　　　　　　　　　　980 000
借：主营业务成本　　　　　　　　　　　　560 000
　　贷：发出商品　　　　　　　　　　　　　　　560 000

(4) 确认安装费收入 20 000 元并结转安装成本 12 000 元时：

借：应收账款　　　　　　　　　　　　　　 20 000
　　贷：主营业务收入　　　　　　　　　　　　　 20 000
借：主营业务成本　　　　　　　　　　　　 12 000
　　贷：劳务成本　　　　　　　　　　　　　　　 12 000

[例 12-17] 沿用[例 12-16]的资料。同时假定电梯销售价格和安装费用无法区分。甲公司应编制会计分录如下：

(1) 电梯发出结转成本 560 000 元时：

借：发出商品　　　　　　　　　　　　　　560 000
　　贷：库存商品　　　　　　　　　　　　　　　560 000

(2) 发生安装费用 12 000 元时：

借：劳务成本　　　　　　　　　　　　　　 12 000
　　贷：应付职工薪酬　　　　　　　　　　　　　 12 000

(3) 销售实现确认收入 1 000 000 元，并结转成本 572 000 元时：

借：应收账款　　　　　　　　　　　　　1 000 000
　　贷：主营业务收入　　　　　　　　　　　　1 000 000
借：主营业务成本　　　　　　　　　　　　572 000
　　贷：发出商品　　　　　　　　　　　　　　　560 000
　　　　劳务成本　　　　　　　　　　　　　　　 12 000

(四) 特殊劳务收入

特殊的劳务收入，应按以下标准分别确认收入。

(1) 安装费收入。如果安装费是与商品销售分开的，则应在年度终了时根据安装的完工程度确认收入；如果安装费是商品销售收入的一部分，则应与所销售的商品同时确认收入。

(2) 宣传媒介的佣金收入应在相关的广告或商业行为开始出现于公众面前时予以

确认;广告的制作佣金收入则应在年度终了时根据项目的完成程度确认。

(3) 艺术表演、招待宴会以及其他特殊活动而产生的收入,应在这些活动发生时予以确认。如果是一笔预收几项活动的费用,则这笔预收款应合理分配给每项活动。

(4) 申请入会费和会员费收入。这方面的收入确认应以所提供服务的性质为依据。如果所收费用只允许取得会籍,而所有其他服务或商品都要另行收费,则在款项收回不存在任何不确定性时确认为收入。如果所收费用能使会员在会员期内得到各种服务或出版物,或者以低于非会员所负担的价格购买商品或接受劳务,则该项收费应在整个受益期内分期确认收入。

(5) 特许权费收入。特许权费收入包括提供初始及后续服务、设备和其他有形资产及专门技术等方面的收入。属于提供设备和其他有形资产的部分,应在这些资产的所有权转移时,确认为收入;属于提供初始及后续服务的部分,在提供服务时确认为收入。

(6) 订制软件收入。它主要是指为特定客户开发软件,不包括开发的商品化软件。订制软件收入应在资产负债表日根据开发的完成程度确认收入。

(7) 长期为客户提供重复劳务收取的劳务费,通常应在相关劳务活动发生时确认为收入。

[例12-18] 甲公司与某住宅小区物业产权人签订合同,为该住宅小区所有住户提供维修、清洁、绿化、保安及代收水电费等劳务,每月末收取劳务费50 000元。假定月末款项均已收到,不考虑其他因素。甲公司应编制会计分录如下:

借:银行存款　　　　　　　　　　　　　　　　　　　　　50 000
　　贷:主营业务收入　　　　　　　　　　　　　　　　　　50 000

(五) 授予客户奖励积分的处理

在某些情况下,企业在销售产品或提供劳务的同时会授予客户奖励积分,如航空公司给予客户的里程累计等,客户在满足一定条件后将奖励积分兑换为企业或第三方提供的免费或折扣后的商品或服务。企业对该交易事项应当分别以下情况进行处理。

(1) 在销售产品或提供劳务的同时,应当将销售取得的货款或应收货款在本次商品销售或劳务提供产生的收入与奖励积分的公允价值之间进行分配,将取得的货款或应收货款扣除奖励积分公允价值的部分确认为收入、奖励积分的公允价值确认为递延收益。奖励积分的公允价值为单独销售可取得的金额。如果奖励积分的公允价值不能够直接观察到,授予企业可以参考被兑换奖励物品的公允价值或其他估值技术估计奖励积分的公允价值。

(2) 获得奖励积分的客户满足条件时有权利取得授予企业的商品或服务,在客户兑换奖励积分时,授予企业应将原计入递延收益的与所兑换积分相关的部分确认为收入,确认为收入的金额应当以被兑换用于换取奖励的积分数额占预期将兑换用于换取奖励的积分总数的比例为基础计算确定。获得奖励积分的客户满足条件时有权利取得第三方提供的商品或劳务的,如果授予企业代表第三方归集对价,授予企业应在第三方有义务提供奖励且有权接受因提供奖励的对价时,将原计入递延收益的金额与应支付给第三方的价款之间的差额确认为收入;如果授予企业自身归集对价,应在履行奖励义务时按分配至奖励积分的对价确认收入。企业因提供奖励积分而发生的不可避免成本超过已收和应收对价时,应按《企业会计准则第 13 号——或有事项》有关亏损合同的规定处理。

四、让渡资产使用权收入

让渡资产使用权取得的收入主要有:(1)让渡现金使用权而收取的利息收入,这主要是指金融企业存、贷款形成的利息收入及同业之间发生往来形成的利息收入等;(2)因他人使用本企业的无形资产(如商标权、专利权、专营权、软件、版权)等而形成的使用费收入。

企业对外出租资产收取的租金、进行债权投资收取的利息、进行股权投资取得的现金股利等,也构成让渡资产使用权收入,分别参照有关租赁、金融资产、长期股权投资等相关章节的内容。

(一) 利息收入和使用费收入的确认原则

1. 与交易相关的经济利益能够流入企业

这是任何交易均应遵循的一项重要原则,企业应根据对方的信誉情况、当年的效益情况以及双方就结算方式、付款期限等达成的协议等方面进行判断。企业估计收入收回的可能性不大,就不应确认收入。

2. 收入的金额能够可靠地计量

利息收入根据合同或协议规定的存、贷款利率确定;使用费收入按企业与其资产使用者签订的合同或协议确定。当收入的金额能够可靠地计量时,才能确认收入。

(二) 利息收入和使用费收入的计量

利息收入应在每个会计期末,按未收回的存款或贷款的本金、存续期间和适当的利率计算并确认利息收入。

使用费收入应按有关合同协议的收费时间和方法确认,不同的使用费收入,其收费时间和收费方法各不相同:有一次性收回一笔固定的金额,例如一次收取 10 年的场地使用费;有在协议规定的有效期内等额收回的,例如合同规定在使用期内每期收取一笔固定的金额;有分期不等额收回的,例如合同规定按资产使用方每期销售额的百分比收取使用费等。如果合同、协议规定使用费一次支付,且不提供后期服务的,应视同该项资产的销售一次确认收入;如果提供后续服务的,应在合同、协议规定的有效期内分期确认收入。如果合同规定分期支付使用费的,应按合同规定的收款时间和金额或合同规定的收费方法计算的金额分期确认收入。

(三) 让渡资产使用权收入的核算

1. 利息收入

[例 12-19] 甲银行 20×5 年 10 月 1 日向某企业贷款 1 000 000 元,贷款期 1 年,

年利率为6%。假定该银行按季对外报送财务报告,则应在每季终了按利率计算并确认利息收入。

甲银行应编制会计分录如下：
(1) 20×5年10月1日贷出款项时：

借：贷款　　　　　　　　　　　　　　　　　　　　　　1 000 000
　　贷：银行存款　　　　　　　　　　　　　　　　　　　　　1 000 000

(2) 每季末应确认利息收入＝1 000 000×6％÷12/3＝15 000(元)

借：应收利息　　　　　　　　　　　　　　　　　　　　　15 000
　　贷：利息收入　　　　　　　　　　　　　　　　　　　　　15 000

2. 使用费收入

[例12－20] 甲公司向B企业转让其商品的商标使用权,合同规定B企业每年年末按年销售收入的10％向甲公司支付使用费,使用期10年。假定第1年B企业销售收入1 000 000元,第2年销售收入1 500 000元,这两年的使用费按期支付。

甲公司应编制会计分录如下：

第1年年末应确认使用费收入＝1 000 000×10％＝100 000(元)。

借：银行存款　　　　　　　　　　　　　　　　　　　　　100 000
　　贷：其他业务收入　　　　　　　　　　　　　　　　　　　100 000

第2年年末应确认使用费收入＝1 500 000×10％＝150 000(元)。

借：银行存款　　　　　　　　　　　　　　　　　　　　　150 000
　　贷：其他业务收入　　　　　　　　　　　　　　　　　　　150 000

五、建造合同收入

(一) 建造合同的概念

建造合同是指为建造一项资产或者在设计、技术、功能、最终用途等方面密切相关的数项资产而订立的合同。这里所讲的资产是指房屋、道路、桥梁、水坝等建筑物以及船舶、飞机、大型机械设备等。

建造合同的特征主要有：(1) 先有买主(即客户),后有标的(即资产),建造资产的造价在签订合同时已经确定；(2) 资产的建设期长,一般都要跨越一个会计年度,有的长达数年；(3) 所建造的资产体积大,造价高；(4) 建造合同一般为不可撤销的合同。

(二) 建造合同的类型

建造合同分为两类：一类是固定造价合同,另一类是成本加成合同。

固定造价合同是指按照固定的合同价或固定单价确定工程价款的建造合同。例如,某建造承包商与一客户签订一项建造合同,该客户建造一座办公大楼,合同规定建造该楼的总造价为500万元。该项合同即是固定造价合同。

成本加成合同是指以合同允许或其他方式议定的成本为基础,加上该成本的一定比例或定额费用确定工程价款的建造合同。例如,某建造承包商与一客户签订一项建造合同,为客户建造船舶;双方商定以建造该船舶的实际成本为基础,合同总价款以实际成本加上实际成本的3%计算确定。该项合同即是成本加成合同。

固定造价合同和成本加成合同的主要区别在于风险的承担者不同。前者的风险主要由建造承包方承担,后者的风险主要由发包方承担。

(三) 建造合同收入和成本的内容

1. 建造合同收入

合同收入包括两部分内容:合同中规定的初始收入和因合同变更、索赔、奖励等形成的收入。

(1) 合同的初始收入,即建造承包商与客户在双方签订的合同中最初商定的合同总金额,它构成了合同收入的基本内容。

(2) 因合同变更、索赔、奖励等形成的收入,这部分收入并不构成合同双方在签订合同时已在合同中商定的合同总金额,而是在执行合同过程中由于合同变更、索赔、奖励等原因而形成的追加收入,建造承包商不能随意确认这部分收入,只有在符合规定条件时才能构成合同总收入。

① 合同变更收入。

合同变更指客户为改变合同规定的作业内容而提出的调整。例如,某建造承包商与一客户签订合同建造一栋住宅楼,合同执行到三分之一时,客户提出改变原住宅楼的部分户型设计,并同意增加变更收入 150 万元,这就属于合同变更。因合同变更而增加的收入,应在同时具备下列条件时予以确认:一是客户能够认可变更而增加的收入;二是收入能够可靠计量。如果不同时具备以上两个条件,则不能确认合同变更收入。要注意的是,这里所说的合同变更收入确认,仅指合同变更收入可以计入合同总收入,而不是说将其在当期损益中确认。以下提到的索赔款、奖励款收入确认也有类似的含义。

② 索赔款收入。

索赔款指因客户或第三方的原因造成的、由建筑承包商向客户或第三方收取的、用以补偿不包括在合同造价中的成本的款项。比如,某建筑承包商与一客户签订了一份金额为 1 000 万元的建造合同,建造一座电站。合同规定的建设期为 20×5 年 12 月 1 日至 20×7 年 12 月 1 日。同时,合同还规定,发电机由客户采购,于 20×7 年 9 月 1 日前交付建造承包商安装。该合同执行过程中,客户并未在合同规定的时间范围内将发电机交付承包商。为此,建造承包商要求客户支付延误工期款 80 万元。这就是发生索赔款的例子。

因索赔款而形成的收入,应在同时具备下列条件时予以确认:一是根据谈判情况,预计对方能够同意这项索赔;二是对方同意接受的金额能够可靠计量。如不能同时符合以上条件,则不能确认索赔款收入。

在上例中,建造承包商的初始收入为 1 000 万元。根据双方谈判的情况,客户同意向建造承包商支付延误工期款 80 万元。根据以上确认条件，建造承包商可以在 20×7 年将因索赔而增加的收入 80 万元确认为合同收入的组成部分，即 20×7 年该项建造合同的总收入应为 1 080 万元。假如客户不同意支付延误工期款，则不能将 80 万元计入合同总收入；假如客户只同意支付延误工期款 40 万元，则只能将 40 万元计入该项合同总收入，即 20×7 年该项建造合同总收入为 1 040 万元。

③ 奖励款收入。

奖励款指工程达到或超过规定的标准时，客户同意支付给建造承包商的额外款项。比如，某建造承包商与一客户签订了一项合同金额为 9 000 万元的建造合同，建造一座跨海大桥，合同规定的建设期为 20×5 年 12 月 20 日至 20×7 年 12 月 20 日。该合同在执行中于 20×7 年 9 月主体工程已基本完工，工程质量符合设计标准，并有望提前 3 个月完工。客户同意向建造承包商支付提前竣工奖 100 万元。

因奖励而形成的收入，应在同时具备下列条件时予以确认：一是根据目前合同完成情况，足以判断工程质量能够达到或超过既定的标准，增加并同意变更收入；二是奖励金额能够可靠地计量。如不同时符合以上条件，则不能确认奖励款收入。

2. 建筑合同成本

建筑合同成本应包括从合同签订开始至合同完成止所发生的、与执行合同有关的直接费用和间接费用。直接费用在发生时应直接计入合同成本，间接费用应在期末按照系统、合理的方法分摊计入合同成本。间接费用的分摊方法主要有人工费用比例法、直接费用比例法等。

直接费用包括：(1) 耗用的人工费用；(2) 耗用的材料费用；(3) 耗用的机械使用费；(4) 其他直接费用，包括有关的设计和技术援助费用、施工现场材料的二次搬运费、生产工具和用具使用费、检验试验费、工程定位复测费、工程点交费用、场地清理费用等。

间接费用是企业下属的施工单位或生产单位为组织和管理施工生产活动所发生的费用，包括临时设施摊销费，施工、生产单位管理人员工资、奖金、职工福利费、劳动保护费、固定资产折旧费及修理费、物料消费、低值易耗品摊销、取暖费、水电费、办公费、差旅费、财产保险费、工程保修费、排污费等。

因订立合同而发生的有关费用，如差旅费、投标费等，能够单独区分和可靠计量且合同很可能订立的，应当予以归集，待取得合同时计入合同成本；未满足相关条件的，应当直接计入当期损益。

合同完成后处置残余物资取得的收益等与合同有关的零星收益，应当冲减合同成本。

合同成本不包括应当计入当期损益的管理费用、销售费用和财务费用等期间费用，如企业行政管理部门为组织和管理生产经营活动所发生的管理费用，船舶等制造企业的销售费用，企业为建造合同借入款项所发生的、不符合借款费用资本化条件的借款费用等。

(四) 建造合同收入和合同费用的确认与计量

1. 建造合同收入和合同费用的确认与计量原则

(1) 如果建造合同的结果能够可靠估计,企业应根据完工百分比法在资产负债表日确认合同收入和费用。

固定造价合同的结果能够可靠估计是指同时具备下列条件:① 合同总收入能够可靠地计量;② 与合同相关的经济利益能够流入企业;③ 在资产负债表日合同完成进度和为完成合同尚需发生的成本能够可靠确定;④ 为完成合同已经发生的合同成本能够清楚地区分和可靠计量,以便实际合同成本能够与以前的预计成本相比较。

成本加成合同的结果能够可靠估计是指同时具备下列条件:① 与合同相关的经济利益能够流入企业;② 实际发生的合同成本,能够清楚地区分并且能够可靠地计量。

(2) 如果建造合同的结果不能够可靠地估计,应区别情况处理如下。

① 合同成本能够收回的,合同收入根据能够收回的实际合同成本加以确认,合同成本在其发生的当期确认为费用。

② 合同成本不可能收回的,应在发生时立即确认为费用,不确认收入。

建造承包商正在建造的资产,类似于工业企业的在产品,性质上属于建造承包商的存货,期末应当对其进行减值测试。如果建造合同的预计总成本超过立合同总收入,则形成合同预计损失,应提取损失准备,并计入当期损益。合同完工时,将已提取的损失准备冲减合同费用。

2. 完工百分比法的运用

确定建造合同的完工进度后,就可以根据完工百分比法确认和计量当期的合同收入和费用。当期确认的合同收入和费用可用下列公式计算:

本期确认的合同收入=合同总收入×完工进度-以前会计期间累计已确认的收入

本期确认的合同费用=合同预计总成本×完工进度-以前会计期间累计已确认的费用

$$\text{本期确认的合同毛利} = \left(\text{合同总收入} - \text{合同预计总成本}\right) \times \text{完工进度} - \text{以前会计期间累计已确认的合同毛利}$$

合同完工进度可以按累计实际发生的合同成本占合同预计总成本的比例、已经完成的合同工作量占合同预计总工作量的比例、已完成合同工作的测量等方法确定。

对于当期完成的建造合同,应当按照实际合同总收入扣除以前会计期间累计已确认收入后的金额,确认为当期合同收入;同时,按照累计实际发生的合同成本扣除以前会计期间累计已确认费用后的金额,确认为当期合同费用。

[例 12-21] 甲建筑公司与客户签订了一项总金额为 152 万元的建造合同,工程已于 20×3 年 7 月 3 日开工,20×5 年 7 月完工。该项合同在 20×3 年末预计总成本为 120 万元。20×4 年,客户提出变更部分设计,经双方协商,客户同意追加投资 8 万元。20×4 年年末,预计工程总成本为 128 万元。该建造合同的其他有关资料见

表 12-2。

表 12-2　工程成本、工程价款结算表　　　　　　　单位：万元

	20×3 年度	20×4 年度	20×5 年度
累计实际发生成本	24	96	128
预计完成合同尚需发生的成本	96	32	—
应结算工程价款	19.2	80	60.8
实际收到价款	16	64	80

假定该项建造合同的结果能够可靠地估计,该公司采用累计实际发生的合同成本占合同预计总成本的比例确定该项合同的完工进度。

(1) 计算各年完工程度：

$$20×3 \text{ 年完工程度}=24÷120×100\%=20\%$$

$$20×4 \text{ 年完工程度}=96÷128×100\%=75\%$$

(2) 20×3 年度应编制会计分录如下：

① 实际发生合同成本：

借：工程施工——成本　　　　　　　　　　　　240 000
　　贷：应付职工薪酬、原材料等　　　　　　　　　　　240 000

② 记录应结算的工程价款：

借：应收账款　　　　　　　　　　　　　　　192 000
　　贷：工程结算　　　　　　　　　　　　　　　　　192 000

③ 记录已收的工程价款：

借：银行存款　　　　　　　　　　　　　　　160 000
　　贷：应收账款　　　　　　　　　　　　　　　　　160 000

④ 确认计量当年的收入和费用：

$$20×3 \text{ 年确认的合同收入}=152×20\%=30.4(\text{万元})$$

$$20×3 \text{ 年确认的合同费用}=(24+96)×20\%=24(\text{万元})$$

$$20×3 \text{ 年确认的合同毛利}=30.4-24=6.4(\text{万元})。$$

借：主营业务成本　　　　　　　　　　　　　240 000
　　工程施工——毛利　　　　　　　　　　　　64 000
　　贷：主营业务收入　　　　　　　　　　　　　　　304 000

(3) 20×4 年度应编制会计分录如下：

① 实际发生合同成本：

借：工程施工——成本　　　　　　　　　　　　720 000
　　贷：应付职工薪酬、原材料等　　　　　　　　　　　720 000

② 记录应结算的工程价款：
借：应收账款　　　　　　　　　　　　　　　　　　　800 000
　　贷：工程结算　　　　　　　　　　　　　　　　　　　　800 000
③ 记录已收的工程价款：
借：银行存款　　　　　　　　　　　　　　　　　　　640 000
　　贷：应收账款　　　　　　　　　　　　　　　　　　　　640 000
④ 确认计量当年的收入和费用：

$20×4$ 年确认的合同收入 $=(152+8)×75\%-30.4=89.6$（万元）

$20×4$ 年确认的合同费用 $=(96+32)×75\%-24=72$（万元）

$20×4$ 年确认的合同毛利 $=89.6-72=17.6$（万元）

借：主营业务成本　　　　　　　　　　　　　　　　　720 000
　　工程施工——毛利　　　　　　　　　　　　　　　176 000
　　贷：主营业务收入　　　　　　　　　　　　　　　　　　896 000

(4) 20×5 年度应编制会计分录如下：
① 实际发生合同成本：
借：工程施工——成本　　　　　　　　　　　　　　　320 000
　　贷：应付职工薪酬、原材料等　　　　　　　　　　　　　320 000
② 记录应结算的工程价款：
借：应收账款　　　　　　　　　　　　　　　　　　　608 000
　　贷：工程结算　　　　　　　　　　　　　　　　　　　　608 000
③ 记录已收的工程价款：
借：银行存款　　　　　　　　　　　　　　　　　　　800 000
　　贷：应收账款　　　　　　　　　　　　　　　　　　　　800 000
④ 确认计量当年的收入和费用：

$20×5$ 年确认的合同收入 $=160-30.4-89.6=40$（万元）

$20×5$ 年确认的合同收入 $=128-24-72=32$（万元）

$20×5$ 年确认的合同毛利 $=40-32=8$（万元）

借：主营业务成本　　　　　　　　　　　　　　　　　320 000
　　工程施工——毛利　　　　　　　　　　　　　　　　80 000
　　贷：主营业务收入　　　　　　　　　　　　　　　　　　400 000

(5) 工程完工时将"工程施工"科目的余额与"工程结算"科目的余额对冲：
借：工程结算　　　　　　　　　　　　　　　　　　1 600 000
　　贷：工程施工——毛利　　　　　　　　　　　　　　　　320 000
　　　　工程施工——成本　　　　　　　　　　　　　　　1 280 000

第二节 费　用

一、费用概述

企业在生产经营过程中,必然要发生原材料等劳动对象的耗费、机器设备等劳动手段的耗费以及人工等活劳动的耗费。

（一）费用的定义

费用是指企业在日常活动中发生的、会导致所有者权益减少的、与向所有者分配利润无关的经济利益的总流出。

费用有狭义和广义之分。广义的费用泛指企业各种日常活动发生的所有耗费,狭义的费用仅指与本期营业收入相配比的那部分耗费。费用应按照权责发生制和配比原则确认,凡应属于本期发生的费用,不论其款项是否支付,均确认为本期费用;反之,不属于本期发生的费用,即使其款项已在本期支付,也不确认为本期费用。

（二）费用的分类

费用按照不同的标准有不同的分类。

1. 按照经济用途分类

费用按照其经济用途可以分为生产费用和期间费用两部分。生产费用按照其计入产品成本的方式不同,又可分为直接费用和间接费用。期间费用包括管理费用、销售费用和财务费用。

2. 按照经济性质分类

费用按照其经济性质可以分为外购材料费用、外购燃料费用、外购动力费用、职工薪酬、折旧费用、利息支出、税金、其他支出等。

（三）费用的确认

费用的确认除了应当符合费用的定义以外,还应当满足费用的确认条件,即费用只有在经济利益很可能流出从而导致企业资产减少或者负债增加、经济利益的流出额能够可靠计量时才能予以确认。因此,费用的确认至少应当符合以下条件：一是与费用相关的经济利益很可能流出企业;二是经济利益流出企业的结果会导致资产的减少或者负债的增加;三是经济利益的流出额能够可靠计量。

在确认费用时,应区分三个界限。

1. 区分生产费用与非生产费用的界限

生产费用是指与企业日常生产经营活动有关的费用,如生产产品所发生的原材料费用、人工费用等;非生产费用是指不应由生产费用负担的费用,如用于构建固定资产所发生的费用不属于生产费用。

2. 区分生产费用与产品生产成本的界限

生产费用与一定的时期相联系,而与生产的产品无直接关联;产品生产成本与一定品种和数量的产品相联系,而不论发生在哪一期。

3. 区分生产费用与期间费用的界限

生产费用应当计入产品成本,而期间费用直接计入当期损益。

在确认费用时,对于确认为期间费用的费用,必须进一步划分为管理费用、销售费用和财务费用。对于确认为生产费用的费用,必须根据该费用发生的实际情况分别不同的费用性质将其确认为不同产品生产所负担的费用;对于几种产品共同发生的费用,必须按受益原则,采用一定方法和程序将其分配计入相关产品的生产成本。

二、生产成本

(一) 生产成本的概念

生产成本是指一定期间生产产品所发生的直接费用和间接费用的总和。生产成本与费用是一个既有联系也有区别的概念。首先,成本是对象化的费用,生产成本是相对于一定的产品而言所发生的费用,它是按照产品品种等成本计算对象对当期发生的费用进行归集所形成的。在按照费用的经济用途分类中,企业一定期间发生的直接费用和间接费用总和,则构成一定期间的产品的生产成本。对于上述费用来说,费用的发生过程同时也就是产品成本的形成过程。其次,费用指某一期间为进行生产而发生的费用,它与一定的期间相联系;产品成本指为生产某一种产品或几种产品而消耗的费用,它与一定种类和数量的产品相联系。

成本与费用是相互转化的。企业在一定期间发生的直接费用按照成本计算对象进行归集;间接费用则通过分配计入各成本计算对象,使本期发生的费用予以对象化,转化为成本。在产品生产完成结转产成品并通过销售后,成本则转化为一定期间销售成本,成为费用计入当期损益。

(二) 生产成本核算的基本步骤

产品成本核算是一项系统而复杂的工作,长期的成本核算工作总结出了如下的基本程序:首先,对所发生的费用进行审核,确定哪些是正常的生产费用,并进一步区分为产品成本费用和期间费用;其次,将生产费用按各成本计算对象进行归集与分配;第三,将累计生产费用在完工产品与在产品之间分配。

(三) 生产费用的核算

生产费用的归集与分配是计算产品成本的前提和基础。为了正确核算生产费用,控制生产费用的支出,将已经发生的费用加以汇集和分配,据以计算产品成本,企业应当设置"生产成本""制造费用"等科目,归集和分配生产费用时发生的直接费用应直接计入成本核算对象,间接费用应当选择合理的标准分配计入有关的成本核算对象。

1. 生产成本的归集

生产成本通过"生产成本"科目进行归集。"生产成本"科目用于核算企业进行工业性生产所发生的各项生产费用,包括生产各种产成品、自制半成品、提供劳务、自制材料、自制工具以及自制设备等所发生的各项费用。该科目应设置"基本生产成本"和"辅助生产成本"两个二级科目。"基本生产成本"二级科目核算企业为完成主要生产目的而进行的商品产品生产所发生的费用,计算基本生产的产品成本。"辅助生产成本"二级科目核算企业为基本生产服务而进行的产品生产和劳务供应所发生的费用,计算辅助生产产品和劳务成本。"基本生产成本"科目和"辅助生产成本"科目还应当按照成本核算对象进行明细核算。

(1) 企业发生的直接材料和直接人工费用,直接归集计入"生产成本"科目及其所属的"基本生产成本"科目和"辅助生产成本"科目。

(2) 企业发生的其他间接费用,首先在"制造费用"科目汇集,月终分配计入"生产成本"科目及其所属的二级科目和明细科目的借方。

(3) 企业辅助生产车间发生的费用,首先在"生产成本"科目所属的"辅助生产成本"二级科目中归集核算,然后,按照一定的分配方法和分配标准分配计入各受益对象。即根据其受益对象,将"辅助生产成本"二级科目汇集的费用,转入"生产成本"所属的"基本生产成本"二级科目、"管理费用"科目等。

(4) 企业生产完工,将完工产成品验收入库,应将其完工的产成品以及自制半成品的实际成本,自"生产成本"科目及其所属的"基本生产成本"二级科目,结转至"库存商品"等科目。期末"生产成本"科目的借方余额反映尚未完成的在产品的成本。

2. 制造费用的归集

制造费用通过"制造费用"科目进行归集。"制造费用"科目用于核算企业为生产产品和提供劳务而发生的各项间接费用,包括生产工人车间管理人员的职工薪酬、折旧费、办公费、水电费、机物料消耗、劳动保护费、租赁费、保险费、排污费以及其他制造费用。企业发生的各项制造费用,通过"制造费用"科目进行归集和分配。"制造费用"科目应按不同的车间、部门设置明细账,账内按制造费用的项目内容设专栏进行明细核算。发生的各项间接费用记入"制造费用"科目及其所属明细账的借方;月终,将制造费用分配计入有关的成本计算对象时,记入"制造费用"科目及其所属明细账的贷方。结转后"制造费用"科目无余额。

(四) 生产成本的分配及完工产品成本的结转

1. 生产成本在完工产品与在产品之间的分配

通过上述各项费用的归集和分配,生产过程中发生的各项成本全部归集在"生产成本——基本生产成本"科目。这些归集到生产成本的费用,在存在期初在产品和期末在产品的情况下,并不是本月完工产成品成本。成本计算的一个重要目的,就是计算出一定期间所生产的完工产品总成本和单位成本,为此还必须将本期归集的生产成本在完工产品与在产品之间进行分配。

产品费用在完工产品与在产品之间的分配,在成本计算工作中是一个重要而又比较复杂的问题。企业应当根据产品的生产特点,考虑到企业的管理要求和条件,选择既合理又简便的分配方法。常用的方法有以下七种。

（1）不计算在产品成本。

这种方法不考虑期初在产品和期末在产品的情况，而是将本期归集的生产成本全部作为本期完工产品成本。这一方法适用于期末在产品数量较小、在产品成本的大小对完工产品的成本影响不大的企业。

（2）在产品按固定成本计价。

采用这种分配方法时，各月末在产品的成本固定不变。这一方法适用于各月末在产品数量较小，或者在产品数量虽大，但各月之间在产品变化不大的企业。

（3）在产品成本按其所耗用的原材料费用计算。

这种方法是将在产品成本按其所耗用的原材料费用计算，其他费用全部由完工产品成本负担。这一方法一般适用于原材料费用占产品成本的比重较大并且原材料在生产开始时一次全部投入的企业。

（4）约当产量法。

这种方法是对期末在产品确定约当产量，以计算的约当产量对生产成本在本期完工产品和期末在产品之间进行分配。这种方法既考虑了期末在产品所负担的原材料费用，也考虑了所负担的其他费用，在一定程度上提高了成本计算的准确度。这一方法适用于在产品数量较多、各月份在产品数量变化较大并且原材料费用和其他费用在产品成本中的比重相差不多的企业。

（5）在产品成本按定额成本计算。

这种方法是事先在调查研究的基础上，确定定额单位成本，月终根据在产品数量计算确定期末在产品成本，然后将期初在产品生产成本加上本月发生生产成本，减去期末在产品的定额成本，计算出产成品的总成本以及产成品单位成本。这种方法适用于定额管理基础较好，各项消耗定额和费用定额比较准确、稳定，而且各月月末在产品数量变动不大的产品。

（6）在产品成本按完工产品计算。

采用这种分配方法时，在产品视同完工产品分配费用。这种方法适用于月末在产品已经接近完工，只是尚未包装或尚未验收入库的企业。

（7）定额比例法。

采用这种分配方法的产品，其生产费用按照完工产品与月末在产品定额消耗量或定额费用的比例进行分配。这种方法适用于定额管理基础较好，各项消耗定额和费用定额比较准确、稳定，但各月月末在产品数量变动较大的产品。

2. 完工产品成本的结转

在计算得出当期完工产品单位成本后，应当根据完工产品的数量和计算确定的完工产品的单位成本，计算确定并结转本期完工产品的总成本。结转本期完工产品时，应当分别各种产品完工总成本，借记"库存商品"科目，贷记"生产成本"及其下设的"基本生产成本"科目。

（五）成本计算方法

企业在进行成本计算时，还必须根据其生产经营特点、生产经营组织类型和成本管理要求，确定成本计算对象和成本计算方法。

1. 确定成本计算对象

成本计算对象是指费用的归属对象。成本计算对象的确定是成本核算工作的前提，只有确定了成本计算对象，才能对企业的生产费用进行归集和分配。

成本计算对象是由企业生产特点和成本管理的要求决定的。

（1）工业企业的生产按照生产组织来划分，可以分为大量生产、成批生产和单件生产三种类型。成批生产又可以按照批量大小，分为大批生产和小批生产两种类型。

① 大量生产。面粉、食糖和化肥之类的生产，要求连续不断地重复生产一种或若干种产品，因而在管理上只要求且也只能按照产品的品种计算成本。因此，这一类企业的成本计算对象是产品的品种。

② 成批生产。可以分为大批生产和小批生产。

一是大批生产。如家具木器生产，由于产品批量大，往往在一定期间内不断重复生产一种或几种产品，因而也和大量生产一样，只要求按照产品品种计算成本。

二是小批生产。如服装生产，其生产的产品批量小，一批产品一般可以同时完工，因而可以以产品的批别作为成本计算对象来归集费用，计算某批产品的成本。

三是单件生产。如造船和重型机器制造，都是按件生产，因而可以按件计算成本。单件生产也可以视同小批生产，按件计算成本也可以视为按批计算成本。

（2）工业企业的生产按照工艺过程划分，可以分为单步骤生产和多步骤生产两种类型。

① 单步骤生产。生产技术过程是不可间断的或者不能分散在不同地点进行的生产，如发电、采煤等。这种类型的生产，往往是重复生产一种或几种产品，因而按生产组织来分，属于大量生产。这种类型的生产企业，只要以生产的产品品种为成本计算对象，就可以满足成本管理的要求。

② 多步骤生产。产品的生产技术过程是由许多在技术上可以间断的加工步骤组成的，如纺织、机械制造等。这种生产可以由几个车间在不同的时间和地点协作进行。成本管理不仅要求计算企业最终产品的成本，而且还要求计算产品各加工步骤的成本，因而这类企业成本计算对象是各种产品及其各加工步骤的成本。

2. 确定成本计算方法

综上所述，企业生产组织、工艺过程的特点和对成本管理的要求决定了成本计算对象。成本计算对象是成本计算的主体，成本计算方法主要是由成本计算对象的特点决定的，也是以成本计算对象来命名的。成本计算方法主要有以下三种。

（1）品种法。

品种法亦称简单法，是指以产品品种作为成本计算对象，归集和分配生产费用，计算产品成本的一种方法。这种方法一般适用于单步骤、大量生产的企业，如发电、供水、采掘等企业。大量、大批单步骤(或多步骤但成本管理不要求按步骤核算)的生产企业，以生产的产品品种为成本计算对象，按全厂某月份生产的某种产品直接汇集所应承担的制造成本。如果只生产一种产品，只需要为这种产品设立一张成本计算单，所发生的全部生产费用，均计入这种产品成本；如果生产多种产品，则要按产品的品种分别设立成本计算单，直接费用直接计入各成本计算单，间接费用则应采用适当的分配方法，分配计入各成本计算单。品种法是成本计算的最基本方法。

(2) 分批法。

分批法是指以产品的批别为产品成本计算对象，归集生产费用，计算产品成本的一种方法。分批法亦称定单法，适用于单件、小批生产的企业，如造船、重型机器制造、精密仪器制造等。分批法的主要特点是所有的生产费用要分别产品的定单或批别来归集，成本计算对象是购买者事先订货或企业规定的产品批别。

(3) 分步法。

分步法是指按照生产过程中各个加工步骤(分品种)为成本计算对象，归集生产费用，计算各步骤半成品和最后产成品成本的一种方法，适用于连续加工式生产的企业和车间，如冶金、纺织等。采用此法计算产品成本，产品成本计算单要按照生产步骤和产品品种设立，或者按生产步骤设立，计算单中按产品品种反映。由于大量、大批、多步骤生产的产品，往往跨月陆续完工，所以在采用分步法计算产品成本时，记入各种产品、各个生产步骤成本计算单的生产费用，大多要采用适当的分配方法，在完工产品和月末在产品之间进行分配，核算各该产品、各该生产步骤完工产品和月末在产品的成本，然后按照产品的品种结转各步完工产品的成本，核算每种产成品的成本。

三、期间费用

期间费用是企业当期发生的费用中的重要组成部分，是指本期发生的直接计入损益的费用，主要包括管理费用、销售费用和财务费用。

(一) 管理费用

1. 管理费用的概念及其内容

管理费用是指企业行政管理部门为组织和管理生产经营活动而发生的各种费用。主要包括企业为组织和管理企业生产经营所发生的管理费用，包括企业在筹建期间内发生的开办费、董事会和行政管理部门在企业的经营管理中发生的或者应由企业统一负担的公司经费(包括行政管理部门职工工资及福利费、物料消耗、低值易耗品摊销、办公费和差旅费等)、工会经费、董事会费(包括董事会成员津贴、会议费和差旅费等)、聘请中介机构费、咨询费(含顾问费)、诉讼费、业务招待费、房产税、车船使用税、土地使用税、印花税、技术转让费、矿产资源补偿费、研究费用、排污费等。

企业(商品流通)管理费用不多的，可不设置本科目，本科目的核算内容可并入"销售费用"科目核算。企业生产车间(部门)和行政管理部门等发生的固定资产修理费用等后续支出，也在本科目核算。

管理费用作为期间费用,应直接计入当期损益。

2. 管理费用的账务处理

企业发生的管理费用在"管理费用"科目中核算,并按费用项目设置明细账进行明细核算。企业发生的各项管理费用借记该科目,贷记"库存现金""银行存款""原材料""累计摊销""累计折旧""应交税费""应付职工薪酬"等科目;期末,将本科目借方归集的管理费用全部由本科目的贷方转入"本年利润"科目的借方,计入当期损益。结转管理费用后,"管理费用"科目期末无余额。下面举例说明其账务处理的方法。

[例 12 - 22] 甲企业 6 月份发生有关业务如下:

(1) 6 月 10 日用现金报销业务招待费 1 500 元。应编制会计分录如下:

借:管理费用——业务招待费　　　　　　　　　　　　　1 500
　　贷:库存现金　　　　　　　　　　　　　　　　　　　1 500

(2) 6 月 15 日开出转账支票一张计 3 000 元,支付某律师事务所咨询费。应编制会计分录如下:

借:管理费用——咨询费　　　　　　　　　　　　　　　3 000
　　贷:银行存款　　　　　　　　　　　　　　　　　　　3 000

(3) 6 月 18 日按企业职工工资总额 100 000 元的 2% 计提工会经费。应编制会计分录如下:

借:管理费用——职工薪酬　　　　　　　　　　　　　　2 000
　　贷:应付职工薪酬——工会经费　　　　　　　　　　　2 000

(4) 6 月 21 日开出支票一张计 63 000 元,支付技术转让费。应编制会计分录如下:

借:管理费用——技术转让费　　　　　　　　　　　　　63 000
　　贷:银行存款　　　　　　　　　　　　　　　　　　　63 000

(5) 6 月 30 日对企业的某项专利权进行摊销。该项专利权的原始成本为 480 000 元,分 10 年摊销。应编制会计分录如下:

借:管理费用——无形资产摊销　　　　　　　　　　　　4 000
　　贷:累计摊销　　　　　　　　　　　　　　　　　　　4 000

(6) 6 月 30 日计提本月管理人员的社会保险费 9 000 元。应编制会计分录如下:

借:管理费用——职工薪酬　　　　　　　　　　　　　　9 000
　　贷:应付职工薪酬——社会保险费　　　　　　　　　　9 000

(7) 6 月 30 日将本月发生的管理费用全部结转至"本年利润"科目。应编制会计分录如下:

借:本年利润　　　　　　　　　　　　　　　　　　　　82 500
　　贷:管理费用　　　　　　　　　　　　　　　　　　　82 500

(二) 销售费用

1. 销售费用的概念及其内容

销售费用是指企业销售商品和材料、提供劳务的过程中发生的各种费用,包括保险费、包装费、展览费和广告费、商品维修费、预计产品质量保证损失、运输费、装卸费等以及为销售本企业商品而专设的销售机构(含销售网点、售后服务网点等)的职工薪酬、业务费、折旧费等经营费用。

企业发生的与专设销售机构相关的固定资产修理费用等后续支出,也在本科目核算。

销售费用作为期间费用,应直接计入当期损益。

2. 销售费用的账务处理

企业发生的销售费用在"销售费用"科目中核算,并按费用项目设置明细账进行明细核算。企业发生的各项销售费用借记该科目,贷记"库存现金""银行存款""应付职工薪酬"等科目;月终,将借方归集的销售费用全部由本科目的贷方转入"本年利润"科目的借方,计入当期损益。结转销售费用后,"销售费用"科目期末无余额。下面举例说明其账务处理的方法。

[例 12-23] 甲企业6月份发生如下业务:

(1) 以到站交货为条件销售产品,开出支票支付包装费5 000元,支付装卸费500元。应编制会计分录如下:

借:销售费用——包装费	5 000
销售费用——装卸费	500
贷:银行存款	5 500

(2) 以支票支付某商店代销手续费2 000元。应编制会计分录如下:

借:销售费用——代销手续费	2 000
贷:银行存款	2 000

(3) 以银行存款支付广告费80 000元。应编制会计分录如下:

借:销售费用——广告费	80 000
贷:银行存款	80 000

(4) 分配本月工资费用,应付销售部门人员工资7 000元。应编制会计分录如下:

借:销售费用——职工薪酬	7 000
贷:应付职工薪酬	7 000

(5) 按销售人员工资总额计提职工福利费980元。应编制会计分录如下:

借:销售费用——职工薪酬	980
贷:应付职工薪酬——职工福利费	980

(6) 销售部门采用一次摊销法领用低值易耗品3 000元。应编制会计分录如下:

借:销售费用——低值易耗品摊销	3 000
贷:周转材料——低值易耗品	3 000

(7) 用现金报销销售人员差旅费260元。应编制会计分录如下:

借:销售费用——差旅费	260
贷:库存现金	260

(8) 月末,将全月发生的销售费用结转到"本年利润"科目。应编制会计分录如下:

借:本年利润　　　　　　　　　　　　　　　　　　　　　　98 740
　　贷:销售费用　　　　　　　　　　　　　　　　　　　　　　98 740

(三) 财务费用

1. 财务费用的概念及其内容

财务费用是指企业为筹集生产经营所需资金等而发生的筹资费用,包括利息支出(减利息收入)、汇兑损益以及相关的手续费、企业发生的现金折扣或收到的现金折扣等。

为购建或生产满足资本化条件的资产发生的应予资本化的借款费用,在"在建工程""制造费用"等科目核算。

财务费用作为期间费用,应直接计入当期损益。

2. 财务费用的账务处理

企业发生的财务费用在"财务费用"科目中核算,并按费用项目设置明细账进行明细核算。企业发生的各项财务费用借记该科目,贷记"银行存款""应付利息"等科目;企业发生利息收入、汇兑收益时,借记"银行存款"等科目,贷记该科目。月终,将借方归集的财务费用全部由该科目的贷方转入"本年利润"科目的借方,计入当期损益。结转当期财务费用后,"财务费用"科目期末无余额。下面举例说明其账务处理的方法。

[例 12-24] 甲企业 6 月份发生如下业务:

(1) 按规定预提本月短期借款利息 5 400 元。应编制会计分录如下:

借:财务费用——利息支出　　　　　　　　　　　　　　　5 400
　　贷:应付利息　　　　　　　　　　　　　　　　　　　　5 400

(2) 支付银行承兑汇票的手续费 150 元。应编制会计分录如下:

借:财务费用——手续费　　　　　　　　　　　　　　　　150
　　贷:银行存款　　　　　　　　　　　　　　　　　　　　150

(3) 收到银行通知,存款利息收入 800 元已入账。应编制会计分录如下:

借:银行存款　　　　　　　　　　　　　　　　　　　　　800
　　贷:财务费用——利息收入　　　　　　　　　　　　　　800

(4) 月末应收账款(美元户)期末余额美元为 10 000 元,折合人民币为 65 000 元。月末汇率为 1∶6.3,按规定计算汇兑损益。应编制会计分录如下:

借:财务费用——汇兑损益　　　　　　　　　　　　　　　2 000
　　贷:应收账款(美元户)　　　　　　　　　　　　　　　　2 000

(5) 月末,将全月发生的财务费用结转到"本年利润"科目。应编制会计分录如下:

借:本年利润　　　　　　　　　　　　　　　　　　　　　6 750
　　贷:财务费用　　　　　　　　　　　　　　　　　　　　6 750

第三节 利润及利润分配

一、利润及利润分配的概述

企业作为独立的经济实体,应当以自己的经营收入抵补其成本费用,并且实现盈利。企业盈利的大小在很大程度上反映企业生产经营的经济效益,表明企业在每一会计期间的最终经营成果。对利润进行核算,可以及时反映企业在一定会计期间的经营业绩和获利能力,反映企业的投入产出效率和经济效益,有助于企业投资者和债权人据此进行盈利预测,评价企业经营绩效,作出正确的决策。

（一）利润的构成

利润是指企业在一定会计期间的经营成果。利润包括收入减去费用后的净额、直接计入当期利润的利得和损失等。

直接计入当期利润的利得和损失,是指应当计入当期损益、会导致所有者权益发生增减变动的、与所有者投入资本或者向所有者分配利润无关的利得或者损失。

利润相关计算公式如下:

1. 营业利润

$$营业利润 = 营业收入 - 营业成本 - 营业税金及附加 - 销售费用 - 管理费用 - 财务费用 - 资产减值损失 + 公允价值变动收益(-公允价值变动损失) + 投资收益(-投资损失)$$

其中,营业收入是指企业经营业务所确定得收入总额,包括主营业务收入和其他业务收入。营业成本是指企业经营业务所发生的实际成本总额,包括主营业务成本和其他业务成本。资产减值损失是指企业计提各项资产减值准备所形成的损失。公允价值变动收益(或损失)是指企业交易性金融资产等公允价值变动形成的应计入当期损益的利得(或损失)。投资收益(或损失)是指企业以各种方式对外投资所取得的收益(或发生的损失)。

2. 利润总额

$$利润总额 = 营业利润 + 营业外收入 - 营业外支出$$

其中,营业外收入(或支出)是指企业发生的与日常活动无直接关系的各项利得(或损失)。

3. 净利润

$$净利润 = 利润总额 - 所得税费用$$

其中,所得税费用是指企业确认的应从当期利润总额中扣除的所得税费用。

(二) 利润的分配

企业本年实现的净利润加上年初未分配利润,便构成可供分配的利润。根据《公司法》等有关法规的规定,企业当年实现的净利润,一般应当按照如下顺序进行分配。

1. 提取法定公积金

公司制企业的法定公积金按照税后利润的10%的比例提取(非公司制企业也可按照超过10%的比例提取),在计算提取法定盈余公积的基数时,不应包括企业年初未分配利润。公司法定公积金累计额为公司注册资本的50%以上时,可以不再提取法定公积金。

公司的法定公积金不足以弥补以前年度亏损的,在提取法定公积金之前,应当先用当年利润弥补亏损。

2. 提取任意公积金

公司从税后利润中提取法定公积金后,经股东会或者股东大会决议,还可以从税后利润中提取任意公积金。非公司制企业经类似权力机构批准也可提取任意盈余公积。

3. 向投资者分配利润或股利

公司弥补亏损和提取公积金后所余的税后利润,有限责任公司股东按照实缴的出资比例分取红利,但是,全体股东约定不按照出资比例分取红利的除外;股份有限公司按照股东持有的股份比例分配,但股份有限公司章程规定不按持股比例分配的除外。

股东会、股东大会或者董事会违反规定,在公司弥补亏损和提取法定公积金之前向股东分配利润的,股东必须将违反规定分配的利润退还公司。公司持有的本公司股份不得分配利润。企业取得的净利润,应当按规定的内容和程序进行分配。利润的分配过程和结果,不仅关系到所有者的合法权益是否得到保护,而且还关系到企业能否持续、稳定地发展。

二、利润的形成

有关营业活动中收入、费用和投资收益的核算在前面的章节中已系统学习,本节仅介绍营业外收支等项目的核算。

(一) 营业外收入的核算

1. 营业外收入的内容

营业外收入是指企业确认的与其日常活动无直接关系的各项利得。营业外收入并不是企业经营资金耗费所产生的,实际上是经济利益的净流入,不需要与有关的费用进行配比。营业外收入主要包括非流动资产处置利得、政府补助、盘盈利得、捐赠利得、非货币性资产交换利得、债务重组利得等。

其中:非流动资产处置利得包括固定资产处置利得和无形资产出售利得。固定资产处置利得,指企业出售固定资产所取得价款,或报废固定资产的材料价值和变价收入等,扣除被处置固定资产的账面价值、清理费用、与处置相关的税费后的净收益;无形资产出售利得,指企业出售无形资产所取得价款,扣除被出售无形资的账面价值、与出售相关的税费后的净收益。

政府补助,指企业从政府无偿取得货币性资产或非货币性资产形成的利得,不包括政府作为所有者对企业的资本投入。

盘盈利得,指企业对现金等资产清查盘点时发生盘盈,报经批准后计入营业外收入的金额。

捐赠利得,指企业接受捐赠产生的利得。

2. 营业外收入的账务处理

营业外收入应当按照实际发生的金额进行核算,发生营业外收入时,直接增加企业的利润总额。

企业应当通过"营业外收入"科目,核算营业外收入的取得和结转情况,该科目可按营业外收入项目进行明细核算。期末,应将该科目余额转入"本年利润"科目结转后该科目无余额。

(1) 非流动资产处置利得。

① 企业在生产经营期间,结转固定资产清理所取得的净收益。

借:固定资产清理
    贷:营业外收入——非流动资产处置利得

② 企业出售无形资产,按实际取得的转让收入。

借:银行存款
    累计摊销
    无形资产减值准备
    贷:无形资产
        应交税费
        营业外收入——非流动资产处置利得

(2) 政府补助利得。

① 与资产相关的政府补助,是指企业取得的、用于购建或以其他方式形成长期资产的政府补助。

根据配比原则,企业取得与资产相关的政府补助,不能全额确认为当期收益,应当随着相关资产的使用逐渐计入以后各期的收益。也就是说,收到与资产相关的政府补助应当确认为递延收益,然后自长期资产可供使用时起,按照长期资产的预计使用期限,将递延收益平均分摊至当期损益,计入营业外收入。

确认与资产相关的政府补助,借记"银行存款"等科目,贷记"递延收益"科目,分配递延收益时,借记"递延收益"科目,贷记"营业外收入"科目。

[例 12-25] 2×10 年 1 月 1 日,财政局拨付甲企业 3 000 000 元补助款(同日到账),用于购买环保设备 1 台,并规定若有结余,留归企业自行支配。2×10 年 2 月 28 日,甲企业购入设备(假定从 2×10 年 3 月 1 日开始使用,不考虑安装费用),购置设备

的实际成本为 2 400 000 元,使用寿命为 5 年,2×13 年 2 月 28 日,该企业出售了这台设备,应编制会计分录如下:

① 2×10 年 1 月 1 日收到财政拨款,确认政府补助:

借:银行存款　　　　　　　　　　　　　　　　　　　3 000 000
　　贷:递延收益　　　　　　　　　　　　　　　　　　　3 000 000

② 2×10 年 2 月 28 日购入设备:

借:固定资产　　　　　　　　　　　　　　　　　　　2 400 000
　　贷:银行存款　　　　　　　　　　　　　　　　　　　2 400 000

在该项固定资产使用期间(2×10 年 3 月至 2×13 年 2 月),每个月计提折旧和分配递延收益(按直线法计提折旧):

$$每月应计提折旧 = 2\,400\,000/5/12 = 40\,000(元)$$

$$每月应分配递延收益 = 3\,000\,000/5/12 = 50\,000(元)$$

借:制造费用　　　　　　　　　　　　　　　　　　　40 000
　　贷:累计折旧　　　　　　　　　　　　　　　　　　　40 000
借:递延收益　　　　　　　　　　　　　　　　　　　50 000
　　贷:营业外收入　　　　　　　　　　　　　　　　　　50 000

③ 2×13 年 2 月 28 日出售该设备,并收到处置价款 500 000 元:

$$已计提折旧数额 = 40\,000 \times (10+12+12+2) = 1\,440\,000(元)$$

借:银行存款　　　　　　　　　　　　　　　　　　　500 000
　　固定资产清理　　　　　　　　　　　　　　　　　　460 000
　　累计折旧　　　　　　　　　　　　　　　　　　　1 440 000
　　贷:固定资产　　　　　　　　　　　　　　　　　　　2 400 000
借:营业外支出　　　　　　　　　　　　　　　　　　460 000
　　贷:固定资产清理　　　　　　　　　　　　　　　　　460 000

将尚未分配的递延收益直接转入当期损益:

借:递延收益　　　　　　　　　　　　　　　　　　　1 200 000
　　贷:营业外收入　　　　　　　　　　　　　　　　　　1 200 000

② 与收益相关的政府补助,是指除与资产相关的政府补助之外的政府补助。

与收益相关的政府补助应当在其补偿的相关费用或损失发生的期间计入损益,即用于补偿企业以后期间费用或损失的,在取得时先确认为递延收益,然后在确认相关费用的期间计入当期营业外收入;用于补偿企业已发生费用或损失的,取得时直接计入当期营业外收入。

企业确认与收益相关的政府补助,借记"银行存款"等科目,贷记"营业外收入"科目,或通过"递延收益"科目分期计入当期损益。

[例12-26] 甲企业完成政府下达技能培训任务,收到财政补助资金150 000元,应编制会计分录如下:

借:银行存款　　　　　　　　　　　　　　　　　　　150 000
　　贷:营业外收入　　　　　　　　　　　　　　　　　　　150 000

(3) 盘盈利得、捐赠利得。

① 企业在清查财产过程中,结转已批准处理的现金盘盈。

借:待处理财产损溢
　　贷:营业外收入——现金盘盈

② 企业取得捐赠利得。

借:银行存款
　　贷:营业外收入

(4) 期末,企业应将"营业外收入"科目余额转入"本年利润"科目,结转后"营业外收入"科目应无余额。

借:营业外收入
　　贷:本年利润

(二) 营业外支出的核算

1. 营业外支出的内容

营业外支出是指企业发生的与其日常活动无直接关系的各项损失,主要包括非流动资产处置损失、捐赠支出、盘亏损失、罚款支出、非货币性资产交换损失、债务重组损失等。

其中:非流动资产处置损失包括固定资产处置损失和无形资产出售损失。固定资产处置损失,指企业出售固定资产所取得价款,或报废固定资产的材料价值和变价收入等,抵补处置固定资产的账面价值、清理费用、处置相关税费后的净损失;无形资产出售损失,指企业出售无形资产所取得价款,抵补出售无形资产的账面价值、出售相关税费后的净损失。

捐赠支出,指企业对外进行捐赠发生的支出。

盘亏损失,主要指对于财产清查盘点中盘亏的资产,查明原因并报经批准计入营业外支出的损失。

非常损失,指企业对于因客观因素(如自然灾害等)造成的损失,扣除保险公司赔偿后应计入营业外支出的净损失。

罚款支出,指企业支付的行政罚款、税务罚款,以及其他违反法律法规、合同协议等而支付的罚款、违约金、赔偿金等支出。

2. 营业外支出的账务处理

营业外支出应当按照实际发生的金额进行核算。发生营业外支出时,直接减少企业当期的利润总额。

企业应通过"营业外支出"科目核算营业外支出的发生及结转情况,该科目可按营业外支出项目进行明细核算。期末,应将该科目余额转入"本年利润"科目,结转后该科目无余额。

(1) 非流动资产损失。

如企业在生产经营期间,结转固定资产清理所发生的损失时:

借:营业外支出——处置固定资产净损失
　　贷:固定资产清理

(2) 捐赠支出。

如企业发生的公益性捐赠支出时:

借:营业外支出
　　贷:银行存款

(3) 盘亏损失。

如企业在清查财产过程中,查明固定资产盘亏原因,结转盘亏损失时:

借:营业外支出——固定资产盘亏
　　贷:待处理财产损益——待处理固定资产损益

(4) 期末,企业应将"营业外支出"科目的余额转入"本年利润"科目,结转后"营业外支出"科目应无余额。

借:本年利润
　　贷:营业外支出

应当注意的是营业外收入和营业外支出应当分别核算。在具体核算时,不得以营业外支出直接冲减营业外收入,也不得以营业外收入冲减营业外支出,即企业在会计核算时,应当区别营业外收入和营业外支出进行核算。

(三) 所得税费用

所得税是以课税为目的,对企业的经营所得及其他所得进行征税。2007年1月1日起开始实施的企业会计准则对所得税的核算采用了资产负债表债务法核算所得税。这种方法是从资产负债表出发,通过比较资产负债表上列示的资产、负债按照企业会计准则规定确定的账面价值与按照税法规定确定的计税基础,对于两者之间的差额分别应纳税暂时性差异与可抵扣暂时性差异,确认相关的递延所得税负债与递延所得税资产,并在此基础上确定每一会计期间利润表中的所得税费用。

1. 资产负债表债务法的核算程序

采用资产负债表债务法核算所得税的情况下,企业一般应于每一资产负债表日进行所得税的核算。企业进行所得税的核算一般应遵循以下程序。

(1) 按照相关企业会计准则规定,确定资产负债表中除递延所得税负债和递延所得税资产以外的其他资产和负债项目的账面价值。其中,资产和负债项目的账面价值,是指企业按照相关会计准则的规定进行核算后在资产负债表中列示的金额。例如,企业持有的应收账款账面余额为2 000万元,企业对该应收账款计提了100万元的坏账准备,其账面价值为1 900万元,即为该应收账款在资产负债表中的列示金额。

(2) 按照企业会计准则中对于资产和负债计税基础的确定方法,以适用的税收法规为基础,确定资产负债表中有关资产、负债项目的计税基础。

(3) 比较资产、负债的账面价值与其计税基础,对于两者之间存在差异的,分析其性质,除企业会计准则中规定的特殊情况外,分别应纳税暂时性差异与可抵扣暂时性差异,确定该资产负债表日与应纳税暂时性差异及可抵扣暂时性差异相关的递延所得税负债和递延所得税资产的应有余额,并将该金额与期初递延所得税负债和递延所得税资产的已有余额相比,确定当期应予进一步确认的递延所得税负债和递延所得税资产的金额或应予转销的金额,作为构成利润表中所得税费用的递延所得税。

(4) 确定利润表中的所得税费用。采用资产负债表债务法核算所得税的情况下,利润表中的所得税费用由两个部分组成:当期所得税和递延所得税。

当期所得税是指企业按照税法规定计算确定的针对当期发生的交易和事项,应交纳给税务部门的所得税金额,即应交所得税,应以适用的税收法规为基础计算确定。

递延所得税是指企业在某一会计期间确认的递延所得税资产及递延所得税负债的综合结果,即按照企业会计准则规定应予确认的递延所得税资产和递延所得税负债在期末应有的金额相对于原已确认金额之间的差额,即递延所得税资产及递延所得税负债的当期发生额。

期末,企业在计算确定当期所得税以及递延所得税费用(或收益)的基础上,应将两者之和确认为利润表中的所得税费用(或收益)。公式如下:

所得税费用(或收益)＝当期所得税＋递延所得税费用(－递延所得税收益)

其中,递延所得税费用＝当期递延所得税负债的增加额＋当期递延所得税资产的减少额

递延所得税收益＝当期递延所得税负债的减少额＋当期递延所得税资产的增加额

2. 所得税会计的相关概念

(1) 暂时性差异。

暂时性差异是指资产或负债的账面价值与其计税基础之间的差额。账面价值是指按照企业会计准则规定确定的有关资产、负债在企业的资产负债表中应列示的金额。资产的计税基础是指企业收回资产账面价值的过程中,计算应纳税所得额时按照税法规定可以自应税经济利益中抵扣的金额,即某一项资产在未来期间计税时可以税前扣除的金额。负债的计税基础是指负债的账面价值减去未来期间计算应纳税所得额时按照税法规定可予抵扣的金额。由于资产、负债的账面价值与其计税基础不同,产生了在未来收回资产或清偿负债的期间内,应纳税所得额增加或减少并导致未来期间应交所得税增加或减少的情况。在这些暂时性差异发生的当期,应当确认相应的递延所得税负债或递延所得税资产。

根据暂时性差异对未来期间应税金额影响的不同,分为应纳税暂时性差异和可抵扣暂时性差异。

(2) 应纳税暂时性差异。

应纳税暂时性差异是指在确定未来收回资产或清偿负债期间的应纳税所得额时,将导致产生应税金额的暂时性差异。该差异在未来期间转回时,会增加转回期间的应纳税所得额和应交所得税金额。在该暂时性差异产生当期,应当确认相关的递延所得税负债。

应纳税暂时性差异通常产生于以下两种情况:① 资产的账面价值大于其计税基础,该项资产未来期间产生的经济利益不能全部税前抵扣,两者之间的差额需要交税,产生应纳税暂时性差异;② 负债的账面价值小于其计税基础,意味着该项负债在未来期间可以税前抵扣的金额为负数,即应在未来期间应纳税所得额的基础上调整,增加应纳税所得额和应交所得税金额,产生应纳税暂时性差异。

(3) 可抵扣暂时性差异。

可抵扣暂时性差异是指在确定未来收回资产或清偿负债期间的应纳税所得额时,将导致产生可抵扣金额的暂时性差异。该差异在未来期间转回时会减少转回期间的应纳税所得额,减少未来期间的应交所得税。在该暂时性差异产生当期,应当确认相关的递延所得税资产。

可抵扣暂时性差异一般产生于以下情况:① 资产的账面价值小于其计税基础。资产在未来期间产生的经济利益少,按照税法规定允许税前扣除的金额多,则企业在未来期间可以减少应纳税所得额,并减少应交所得税,形成可抵扣暂时性差异。② 负债的账面价值大于其计税基础。负债产生的暂时性差异实质上是税法规定就该项负债可以在未来期间税前扣除的金额。一项负债的账面价值大于其计税基础,意味着未来期间按照税法规定构成负债的全部或部分金额可以自未来应税经济利益中扣除,减少未来期间的应纳税所得额和应交所得税,产生可抵扣暂时性差异。

(4) 递延所得税负债、递延所得税资产。

应纳税暂时性差异在产生当期应当确认相关的递延所得税负债,可抵扣暂时性差异应当确认相关的递延所得税资产。比如,一项资产的账面价值为 200 万元,计税基础为 150 万元,两者之间的差额将会于未来期间产生应税金额 50 万元,增加未来期间的应纳税所得额即应交所得税,对企业形成经济利益的流出,故在取得资产当期应确认递延所得税负债。又如,企业收到一笔合同预付款,金额为 100 万元,因不符合收入确认条件,将其作为预收账款核算,而税法规定该款项应计入当期应纳税所得额计算交纳所得税,这样,在未来期间按照会计准则规定确认收入时,不再计入应纳税所得额。这样,在收到该笔预收款的当期,该负债的账面价值 100 万元与其计税基础零之间产生的 100 万元暂时性差异,会减少企业于未来期间的应纳税所得额,使企业未来期间以应交所得税的方式流出的经济利益减少,为可抵扣暂时性差异,符合确认条件的情况下,应确认相关的递延所得税资产。

可见,递延所得税资产和递延所得税负债的确认体现了交易或事项发生以后,对未来期间计税的影响,即会增加未来期间的应交所得税或是减少未来期间的应交所得税,在所得税会计核算方面贯彻了资产、负债等基本会计要素的界定。

3. 所得税费用的账务处理

(1) 所得税费用核算应设置的主要科目有四个。

① "所得税费用"科目。企业应通过"所得税费用"科目核算企业所得税费用的确认及其结转情况。该科目借方登记应计入当期利润表的所得税费用。期末,应将所得税费用科目的余额转入"本年利润"科目,借记"本年利润"科目,贷记"所得税费用"科目,结转后"所得税费用"科目应无余额。该科目可按"当期所得税费用""递延所得税费用"进行明细核算。

② "应交税费——应交所得税"科目,核算企业所得税的计算和交纳情况。借方登记支付的所得税金额,贷方登记应交的所得税数额。一般情况下,科目的余额在贷方,表示所欠的税金数额。该科目有时会出现借方余额,表示多交的税金数额。

③ "递延所得税资产"科目,核算企业确认的可抵扣暂时性差异产生的递延所得税资产。资产负债表日,企业确认的递延所得税资产,借记"递延所得税资产"科目,贷记"所得税费用——递延所得税费用"科目。资产负债表日递延所得税资产的应有余额大于其账面余额的,应按其差额确认,借记"递延所得税资产"科目,贷记"所得税费用——递延所得税费用"等科目;资产负债表日递延所得税资产的应有余额小于其账面余额的,作相反的会计分录。

④ "递延所得税负债"科目,核算企业确认的应纳税暂时性差异产生的递延所得税负债。资产负债表日,企业确认的递延所得税负债,借记"所得税费用——递延所得税费用"科目,贷记"递延所得税负债"科目。资产负债表日递延所得税负债的应有余额大于其账面余额的,应按其差额确认,借记"所得税费用——递延所得税费用"科目,贷记"递延所得税负债"等科目;资产负债表日递延所得税资产的应有余额小于其账面余额的,作相反的会计分录。

(2) 当期所得税的计算。

企业当期应交所得税的计算公式为

$$应交所得税 = 应纳税所得额 \times 所得税税率$$

这里的"应纳税所得额"是在企业税前会计利润(即利润总额)的基础上调整确定的。

计算公式为

$$应纳税所得额 = 税前会计利润 + 纳税调整增加额 - 纳税调整减少额$$

纳税调整增加额主要包括税法规定允许扣除项目中,企业已计入当期费用但超过税法规定扣除标准的金额(如超过税法规定标准的职工福利费、业务招待费),以及企业已计入当期损失但税法规定不允许扣除项目的金额(如税收滞纳金、罚款、罚金等)。

纳税调整减少额主要包括按税法规定允许弥补的亏损和准予免税的项目,如国债利息收入等。

企业应根据会计准则的规定,对当期所得税加以调整计算后,据以确认应从当期利润总额中扣除的所得税费用,并通过"所得税费用"账户核算企业所得税费用的确认及其结转情况。

(3) 所得税费用的确认。

利润表中的所得税费用由两个部分组成:当期所得税和递延所得税。即

所得税费用＝当期所得税＋递延所得税

递延所得税＝当期递延所得税负债的增加＋当期递延所得税资产的减少

－当期递延所得税负债的减少－当期递延所得税资产的增加

[例12－27] 甲公司所得税采用资产负债表债务法核算,所得税税率为25%。20×8年有关所得税会计处理的资料如下:

① 20×8年度实现税前会计利润110万元。

② 20×8年11月,甲公司购入A公司股票10万股,作为交易性金融资产,入账价值为40万元,年末按公允价值计价为55万元。按照税法规定,成本在持有期间保持不变。

③ 20×8年12月末,甲公司将预计的产品保修费用5万元确认为一项负债,按税法规定,产品保修费可以在实际支付时在税前抵扣。

④ 假设20×8年初递延所得税资产和所得税负债的金额为0。除上述事项外,甲公司不存在其他与所得税计算缴纳相关的事项,暂时性差异在可预见的未来很可能转回,而且以后年度很可能获得用来抵扣可抵扣暂时性差异的应纳税所得额。

要求:计算20×8年应交所得税、确认20×8年末递延所得税资产和递延所得税负债、计算20×8年所得税费用。

步骤一:计算应交所得税

20×8年应交所得税＝(税前会计利润110－公允价值变动收益15＋预计保修费用5)×25%
＝25(万元)

步骤二:确认年末递延所得税资产或递延所得税负债

交易性金融资产项目产生的递延所得税负债年末余额＝应纳税暂时性差异×所得税税率
＝15×25%＝3.75(万元)

预计负债项目产生的递延所得税资产年末余额＝可抵扣暂时性差异×所得税税率
＝5×25%＝1.25(万元)

步骤三:计算所得税费用

20×8年所得税费用＝本期应交所得税＋(期末递延所得税负债－期初递延所得税负债)
－(期末递延所得税资产－期初递延所得税资产)
＝25＋(3.75－0)－(1.25－0)＝27.5(万元)

(四) 本年利润的核算

1. "本年利润"科目的用途与结构

企业应设置"本年利润"科目,核算企业本年度内实现的利润总额或亏损总额。

期末,企业应将各收益类科目的余额全部转入"本年利润"科目贷方,并将计入当期损益的费用或损失类科目的余额全部转入"本年利润"科目的借方。转账后,"本年利润"科目如为贷方余额,反映本年度自年初开始累计实现的净利润;如为借方余额,反映本年度自年初开始累计发生的亏损。

年度终了,应将"本年利润"科目的全部累计余额,转入"利润分配"科目,如为净利润,借记"本年利润"科目,贷记"利润分配"科目;如为亏损,作相反会计分录。年度结账后,"本年利润"科目无余额。

2. 本年利润的账务处理

现以实例说明本年利润的账务处理过程与方法。

[例12－28] 甲公司在20×6年度决算时,各损益科目12月31日的余额如下:

科目名称	结账前余额(元)
主营业务收入	900 000(贷)
营业税金及附加	45 000(借)
主营业务成本	500 000(借)
销售费用	20 000(借)
管理费用	85 000(借)
财务费用	10 000(借)
资产减值损失	10 000(借)
其他业务收入	94 000(贷)
其他业务成本	74 000(借)
投资收益	15 000(贷)
营业外收入	35 000(贷)
营业外支出	18 000(借)
所得税费用	85 000(借)

根据上述资料,应编制会计分录如下:

(1) 结转主营业务收入:

借:主营业务收入　　　　　　　　　　　　　　　　　900 000
　　贷:本年利润　　　　　　　　　　　　　　　　　　　　900 000

(2) 结转销售税金、成本和期间费用:

借：本年利润 670 000
　　贷：营业税金及附加 45 000
　　　　主营业务成本 500 000
　　　　销售费用 20 000
　　　　管理费用 85 000
　　　　财务费用 10 000
　　　　资产减值损失 10 000

(3) 结转其他业务收支：

借：其他业务收入 94 000
　　贷：本年利润 94 000
借：本年利润 74 000
　　贷：其他业务成本 74 000

(4) 结转投资净收益：

借：投资收益 15 000
　　贷：本年利润 15 000

(5) 结转营业外收支：

借：营业外收入 35 000
　　贷：本年利润 35 000
借：本年利润 18 000
　　贷：营业外支出 18 000

(6) 结转本年所得税费用：

借：本年利润 85 000
　　贷：所得税费用 85 000

(7) 计算并结转本年净利润：

"本年利润"科目借方发生额 = 670 000 + 74 000 + 18 000 + 85 000 = 847 000(元)

"本年利润"科目贷方发生额 = 900 000 + 94 000 + 15 000 + 35 000 = 1 044 000(元)

$$净利润 = 1\,044\,000 - 847\,000 = 197\,000(元)$$

借：本年利润 197 000
　　贷：利润分配——未分配利润 197 000

三、利润分配

(一) "利润分配"科目的用途与结构

企业应设置"利润分配"科目，核算企业利润的分配（或亏损的弥补）和历年分配（或亏损）后的积存余额。

在"利润分配"科目下,分别按不同用途设置以下明细科目:

本科目应当分别"提取法定盈余公积""提取任意盈余公积""应付现金股利或利润""转作股本的股利""盈余公积补亏"和"未分配利润"等进行明细核算。

(1)"盈余公积补亏"明细科目,核算企业用盈余公积弥补的亏损等。

(2)"提取法定盈余公积"明细科目,核算企业按规定提取的法定盈余公积。

(3)"提取任意盈余公积"明细科目,核算企业提取的任意盈余公积。

(4)"应付现金股利或利润"明细科目,核算企业分配给普通股股东的股利。

(5)"转作股本的股利"明细科目,核算企业分配给普通股股东的股票股利。

(6)"未分配利润"明细科目,核算企业全年实现的净利润(或亏损)、利润分配和尚未分配利润(或尚未弥补的亏损)。

(二)利润分配的主要账务处理。

(1)企业按规定提取的盈余公积,借记本科目(提取法定盈余公积、提取任意盈余公积),贷记"盈余公积——法定盈余公积、任意盈余公积"科目。

外商投资企业按规定提取的储备基金、企业发展基金、职工奖励及福利基金,借记本科目(提取储备基金、提取企业发展基金、提取职工奖励及福利基金),贷记"盈余公积——储备基金、企业发展基金""应付职工薪酬"等科目。

(2)经股东大会或类似机构决议,分配给股东或投资者的现金股利或利润,借记本科目(应付现金股利或利润),贷记"应付股利"科目。

(3)经股东大会或类似机构决议,分配给股东的股票股利,应在办理增资手续后,借记本科目(转作股本的股利),贷记"股本"科目。

(4)用盈余公积弥补亏损,借记"盈余公积——法定盈余公积或任意盈余公积"科目,贷记本科目(盈余公积补亏)。

年度终了,企业应将本年实现的净利润,自"本年利润"科目转入本科目,借记"本年利润"科目,贷记本科目(未分配利润),为净亏损的作相反的会计分录;同时,将"利润分配"科目所属其他明细科目的余额转入本科目"未分配利润"明细科目。结转后,本科目除"未分配利润"明细科目外,其他明细科目应无余额。

年度终了,"利润分配"科目中的"未分配利润"明细科目如为贷方余额,反映企业历年积存的未分配利润;如为借方余额,反映企业历年累计尚未弥补的亏损。

现以实例说明利润分配和账务处理过程与方法。

[例12-29] 甲股份公司20×7年实现净利润1 000 000元,按10%提取法定盈余公积,并经股东大会通过分配给普通股股东现金股利200 000元,股票股利300 000元(已办理增资手续)。根据上述业务,应编制会计分录如下:

(1)结转本年利润:

借:本年利润   1 000 000

    贷:利润分配——未分配利润   1 000 000

(2)提取法定盈余公积和法定公益金:

借：利润分配——提取法定盈余公积	100 000	
贷：盈余公积——法定盈余公积		100 000

（3）分配现金股利和股票股利：

借：利润分配——应付现金股利或利润	200 000	
——转作股本的股利	300 000	
贷：应付股利		200 000
股本		300 000

（4）结转利润分配科目中的明细科目：

借：利润分配——未分配利润	600 000	
贷：利润分配——提取法定盈余公积		100 000
——应付现金股利或利润		200 000
——转作股本的股利		300 000

第四节 收入、费用和利润在财务报告中的披露

一、收入、费用和利润在财务报表中的列示

在利润表中，应该至少单独列示反映下列信息：营业收入、营业成本、营业税金及附加、销售费用、管理费用、财务费用、资产减值损失、公允价值变动损益、投资收益、营业外收入、营业外支出、所得税费用。

二、收入、费用和利润在附注中的披露

根据收入准则的规定，企业应当在附注中披露与收入有关的下列信息：
(1) 收入确认所采用的会计政策，主要包括确定提供劳务交易完工进度的方法；
(2) 本期确认的商品销售收入、提供劳务收入、利息收入、使用费收入金额。

本章小结

本章所述收入、费用、利润是构成利润表的基本要素。

收入，是指企业日常活动中形成的，会导致所有者权益增加的，与所有者投入资本无关的经济利益总流入，包括销售商品收入、提供劳务收入和让渡资产使用权收入，但不包括企业为第三方代收的款项。

销售商品收入的确认应同时满足以下五项条件：(1) 企业已将商品所有权上的主要风险和报酬转移给购货方；(2) 企业既没有保留通常与所有权相联系的继续管理权，又没有对已售出的商品实施有效控制；(3) 收入的金额能够可靠地计量；(4) 相关的

经济利益很可能流入企业;(5)相关的已发生或将发生的成本能够可靠地计量。

提供劳务收入的确认和计量要区分提供劳务交易结果能够可靠估计、提供劳务交易结果不能可靠估计等不同情况分别处理。

费用是指企业在日常活动中发生的、会导致所有者权益减少的、与向所有者分配利润无关的经济利益的总流出。按照不同的标准,费用有不同的分类。其中,期间费用是指企业本期发生的、不能直接或间接归入某种产品成本的、而应直接计入当期损益的各项费用,包括管理费用、销售费用和财务费用。

利润是指企业在一定会计期间的经营成果,包括收入减去费用后的净额、直接计入当期利润的利得和损失等。利润的构成包括营业利润、利润总额和净利润。利润分配是将企业实现的净利润,按照国家法律、制度规定的分配形式和分配顺序,在国家、企业和投资者之间进行的分配。未分配利润是企业留待以后年度进行分配的结存利润,也是企业所有者权益的组成部分。从数量上来讲,未分配利润是期初未分配利润,加上本期实现的净利润,减去提取的各种公积和分出利润后的余额。

名词中英对照

主营业务收入	revenue from main operations
其他业务收入	revenue from other operations
公允价值变动损益	gain or loss on remeasurement of fair value
投资收益	investment income
营业外收入	non-operating revenue
主营业务成本	cost of main operations
其他业务成本	cost of other operations
营业税金及附加	sales tax and extra charges
销售费用	selling and distribution expenses
管理费用	general and administrative expenses
财务费用	financial expenses
资产减值损失	impairment loss
营业外支出	non-operatlng expense
所得税费用	income tax

案例分析

乙上市公司的生产方式是将塑料粒子加热后运用先进的机器将其拉伸为塑料薄

膜,其产成品就是塑料薄膜,由于机器对电压的稳定性要求非常高,所以在电力紧张的环境下会生产出很多废料。在审计外勤工作截止日,废料已全部卖完。由于电力日益紧张,乙公司的生产已无法正常开展,在审计外勤工作截止日期后,乙公司基本处于停产状态。

乙上市公司20×1年主营业务利润为1 000万元,而其他业务利润——废料收入为700万元,且是没有成本的,废料销售利润即为700万元。乙上市公司的废料收入都是现金交易。

乙公司另设备查簿详细记录废料销售的客户及相关资料,审计人员已经根据备查簿做了统计,与乙公司的分类账账面核对相符。

审计人员在乙公司销售人员的陪同下走访了乙公司废料销售额较大的10家客户,他们的销售额占全部废料销售额的40%左右。走访的结果是令人满意的。

要求:请分析乙公司该项废料销售收入可以确认吗?

复习思考题

1. 什么是收入?收入有何特点?
2. 我国《企业会计准则——收入》中的商品销售收入、提供劳务收入和让渡资产使用权获得的收入各自的含义是什么?
3. 商品销售收入、提供劳务收入、让渡资产使用权获得的收入的确认原则各是什么?
4. 代销商品的会计处理方式有几种?每种方式下的会计处理如何?
5. 确认劳务收入的完工百分比法是怎样应用的?
6. 费用按经济用途分为哪几类?这样分类有什么作用?
7. 什么是期间费用?期间费用主要包括哪些内容?如何进行核算?
8. 利润总额包括哪些内容?
9. 如何进行利润形成和利润分配的核算?

练习题

1. 甲公司为增值税一般纳税人,适用的增值税税率为17%。2×10年3月份发生下列销售业务:

(1) 3日,向A公司销售商品1 000件,每件商品的标价为80元。为了鼓励多购商品,甲公司同意给予A公司10%的商业折扣。开出的增值税专用发票上注明的售价为72 000元,增值税额为12 240元。商品已发出,货款已收存银行。

(2) 5日,向B公司销售商品一批,开出的增值税专用发票上注明的售价为60 000元,增值税额为10 200元。甲公司为了及早收回货款,在合同中规定的现金折扣条件为：2/10,1/20,n/30。

(3) 13日,收到B公司扣除所享受现金折扣后的全部款项,并存入银行。假定计算现金折扣时不考虑增值税。

(4) 15日,向C公司销售商品一批,开出的增值税专用发票上注明的售价为90 000元,增值税额为15 300元。货款尚未收到。

(5) 20日,C公司发现15日所购商品不符合合同规定的质量标准,要求甲公司在价格上给予8%的销售折让。甲公司经查明后,同意给予折让,收到C公司转来的税务部门出具的增值税专用发票(红字)。

要求：编制甲公司上述销售业务的会计分录。

2. A公司于2×10年1月1日采用分期收款方式销售大型设备,合同价格为15 000万元,分5年于每年年末等额收取。假定该大型设备不采用分期收款方式时的现销价格为12 637.08万元,商品已发出,成本为9 000万元。假定每期收到货款时分别开出增值税专用发票,实际利率为6%。

要求：编制各期相应的会计分录。

3. 甲公司、乙公司均为增值税一般纳税企业,适用的增值税税率为17%。甲公司2×14年3月1日与乙公司签订销售合同,向乙公司销售100件A商品,每件A商品销售价格为6万元。甲公司已于当日开具增值税专用发票,发出商品且收到货款,每件A商品销售成本为5万元(未计提跌价准备)。同时约定,甲公司2×14年6月30日按7万元购回全部A商品。甲公司于2×14年6月30日回购并作为商品验收入库,收到增值税专用发票,货款已经支付。

要求：编制相应的会计分录。

4. A、B公司均为增值税一般纳税企业,适用的增值税税率均为17%。2×14年3月6日,A公司采用视同买断方式委托B公司销售商品,商品成本为800万元,协议价为1 000万元(不含增值税额),商品已发出。2×14年6月30日,B公司实际销售部分商品时开具增值税专用发票上注明售价240万元,增值税为40.8万元,同日A公司收到B公司开来的代销清单,注明已销售代销商品的20%,A公司给B公司开具增值税专用发票,2×14年7月10日收到货款。

假设委托方和受托方之间协议标明,受托方在取得代销商品后,无论是否能够卖出,是否获得收益均与委托方无关。

要求：编制相应的会计分录。

5. 甲公司为增值税一般纳税人,适用的增值税税率为17%。有关业务如下：2×14年3月1日,向乙公司销售保健品100件,每件不含税售价为10万元,每件成本

8万元,增值税专用发票已开出。协议约定,购货方应于当日付款;本年6月30日前有权退货。2×14年3月未发生销售退回。2×14年3月1日,甲公司收到全部货款存入银行。假定退货款于实际发生退货时支付,且可冲减增值税税额。甲公司根据过去的经验,估计该批保健品的退货率为10%。

要求:(1) 编制甲公司2×14年3月与销售商品有关的会计分录。

(2) 编制甲公司2×14年6月30日分别退回10件、8件、12件时的会计分录。

6. A、B两公司签订了一份400万元的劳务合同,A公司为B公司开发一套软件系统(以下简称项目)。20×9年3月2日项目开发工作开始,预计2×11年2月26日完工。预计开发完成该项目的总成本为360万元。其他有关资料如下:

(1) 20×9年3月31日,A公司预收B公司支付的项目款170万元存入银行。(A公司单独设置了预收账款账户)

(2) 20×9年A公司为该项目实际发生劳务成本126万元。

(3) 至2×10年12月31日,A公司为该项目累计实际发生劳务成本315万元。

(4) A公司在20×9年、2×10年年末均能对该项目的结果予以可靠估计。

软件开发属于A公司的主营业务,且假定不考虑相关税费。

要求:

(1) 计算A公司20×9年、2×10年该项目的完成程度。

(2) 计算A公司20×9年、2×10年该项目确认的收入和费用。

(3) 编制A公司20×9年、2×10年收到项目款、确认收入和费用的会计分录。

7. 某工业生产企业有一生产车间——甲车间,生产A、B两种产品。该企业本月发生的相关经济业务如下:

(1) 本期领用材料43 500元,其中甲车间投产A产品领用材料16 000元;投产B产品领用材料24 000元;甲车间领用机物料2 000元;企业行政管理部门领用材料1 500元。

(2) 应付职工薪酬20 000元,其中甲车间生产A产品工人的职工薪酬为8 000元,生产B产品工人的职工薪酬为4 000元,甲车间管理人员职工薪酬为3 000元,企业行政管理部门职工薪酬为5 000元。

(3) 以银行存款支付本企业转让技术费用1 800元以及咨询费用1 200元。

(4) 本月计提固定资产折旧费用8 000元,其中甲生产车间折旧费用为6 000元,企业行政管理部门折旧费用2 000元。

(5) 甲车间的制造费用按机器生产工时进行分配,A产品的生产工时为1 200小时;B产品的生产工时为800小时。

要求:编制上述经济业务相关的会计分录。

8. 某股份有限公司20×8年12月份发生如下业务：

(1) 以银行存款支付下列款项：已计提的银行借款利息25 000元，其中在建工程利息费用15 000元；咨询费用500元；产品展览费用400元；购入土地使用权12 500元；捐赠2 000元；生产车间水电费800元；各项税收罚款及滞纳金1 450元；违反合同罚款760元；车间办公用品50元；已计提的营业税及附加费2 300元；汽车保险费1 630元；诉讼费用320元；业务招待费用2 400元；销售产品运杂费用100元。

(2) 支付生产用固定资产修理费用5 000元。

(3) 摊销无形资产价值4 000元。

(4) 结转本月发生的管理费用、销售费用、财务费用、营业外支出。

要求：根据上述资料编制有关业务的会计分录。

9. 丙公司2×14年年末结账前，各损益账户的余额如下：

账户名称	余额(元)
主营业务收入	3 000 000(贷方)
主营业务成本	1 900 000(借方)
营业税金及附加	150 000(借方)
销售费用	160 000(借方)
管理费用	200 000(借方)
财务费用	180 000(借方)
资产减值损失	120 000(借方)
其他业务收入	860 000(贷方)
其他业务成本	750 000(借方)
投资收益	586 000(贷方)
营业外收入	26 000(贷方)
营业外支出	29 000(借方)
所得税费用	300 000(借方)

要求：(1) 根据以上资料，结转丙公司2×14年度的损益。

(2) 假定丙公司2×14年进行利润分配，该企业股东大会批准的利润分配为：按照净利润的10%和5%分别提取法定盈余公积和任意盈余公积，向普通股股东发放现金股利300 000元。请做出丙公司当年利润分配的账务处理。

(3) 年终结转丙公司当年利润分配明细账户。

第十三章 财务报告

■ 本章概要 ■

> 财务报告是企业正式对外揭示或表述财务信息的总结性书面文件。在我国市场经济中,由于所有权与经营权分离,企业必须面向市场,进行筹资、投资和经营活动,这在客观上要求企业向市场披露信息以便帮助现在和潜在的投资者、债权人和其他信息使用者对投资、信贷等作出正确的决策。财务报告是财务会计的核心内容,也是会计核算的最终产品。本章首先介绍财务报告的概念、构成和编报要求;然后分别介绍财务报告的主要组成部分基本理论和实务问题。

■ 学习目的与要求 ■

通过本章学习,应当能够了解并掌握:
1. 财务报告的概念、作用和种类;
2. 理解财务报表列报的基本要求;
3. 资产负债表的概念、作用、内容和编制方法;
4. 利润表的概念、作用、内容和编制方法;
5. 现金流量表的概念、作用、内容和编制方法;
6. 所有者权益变动表的主要内容和编制方法;
7. 财务报表附注的作用及其主要内容。

第一节 财务报告概述

财务报告是指企业对外提供的反映企业某一特定日期财务状况和某一会计期间经营成果、现金流量情况以及所有者权益变动的总结性书面文件。它是企业根据日常会计核算资料归集、加工和汇总后形成的,是企业会计核算的最终结果。编制财务报告是会计核算的一项重要内容。

一、财务报告的意义

财务报告是提供企业会计信息的重要手段,是企业内部经营管理者和企业外部有关方面经济决策的重要工具。具体来说,财务报告的作用主要表现在以下六个方面。

(一)帮助投资者和债权人作出合理的决策

企业的投资者可以根据财务报告了解企业的获利能力和经营风险,评价其投资的获利水平,作出保持投资水平或追加投资或缩减投资的决策;企业潜在的投资者,除了可以通过财务报告了解企业的获利能力等情况外,还可以分析企业的发展潜力,从而作出是否投资、何时投资、投资多少等决策;企业的债权人可以通过财务报告了解企业的财务结构和支付能力,以便控制其风险;潜在的债权人则可以据此作出是否放贷、放贷规模、期限长短、利率高低等决策。

(二)反映管理当局的受托经营责任

由于两权分离,即所有权和经营权相分离,企业投资者与经营者之间便形成了一种委托—代理关系。为了控制代理风险,降低代理成本,出资者需要了解和评估管理当局的业绩以及对受托资源的经营责任。他们既要了解企业资源在期初和期末的形态、数量和状况是否完好,又要对管理当局创造有利的净现金流入及其组成部分的能力作出评估。财务报告可以充分揭示关于企业期末的财务状况和在期间内经营业绩的有关信息,从而反映管理当局的受托经营责任及其完成情况。

(三)评估和预测未来的现金流动

企业内外的信息使用者对信息需求主要是为了帮助未来的经济决策,因而要预测企业的未来经营活动,其中主要内容侧重于财务预测。既要预测有关企业的预期现金净流入的金额、时间分布和确定性,又要预测企业能否产生足够的现金流入来偿付到期的债务和经营活动中的其他现金需要、重新投资以及支付股利的能力。财务报告提供的信息虽然主要是历史的,但使用这些历史信息可以预测未来,用于证实或否定他们原先的预测。

(四)帮助管理当局加强和改善企业的经营管理

企业内部经营管理部门借助财务报告,可以全面、系统、总括地了解企业的生产经营活动情况、财务状况和经营成果,检查、分析财务成本计划和有关方针、政策的执行情况,能够及时发现经营活动中存在的问题,迅速作出决策,采取有效措施,改善生产经营管理;同时也可以利用财务报告提供的信息,为未来的经营计划和经营方针提供准确的依据,促使企业计划和经营方针更为合理科学。

(五)有助于政府的宏观经济管理

在市场经济条件下,除了市场机制发挥作用外,政府对企业的宏观经济干预也是不可缺少的。比如,在投资、分配、税收、就业、社会保障等方面政府应该施加必要的管制。财务报告所提供的信息是政府经济管理和调控的重要依据。政府有关部门可以通过财务报告提供的信息,检查和评价各项政策、制度是否科学、合理,为有关部门制定和修订政策提供依据。另外,财务报告通常要揭示企业的工资、个人收入、收益及其分配的信息,这也有助于调节各方面的利益关系,增强社会的稳定性。

（六）促进社会资源的合理配置

资源是有限的,因而要合理配置。在市场经济条件下,市场是资源配置的基础,即以市场为媒介,通过使资本和其他资源从低效益企业向高效益企业的流动来合理配置资源。财务报告所揭示的信息,是资源流动和配置的重要依据。

二、财务报告的分类

财务报告包括财务报表和其他应当在财务报告中披露的相关信息和资料。其中,财务报表由报表本身及其附注两部分组成,附注是财务报表的有机组成部分,而报表至少应当包括资产负债表、利润表、现金流量表、所有者权益（股东权益）变动表等报表。

（一）资产负债表

资产负债表是反映企业在某一特定日期的财务状况的会计报表。企业编制资产负债表的目的是通过如实反映企业的资产、负债和所有者权益金额及其结构情况,从而有助于使用者评价企业资产的质量及短期偿债能力、长期偿债能力、利润分配能力等。

（二）利润表

利润表是反映企业在一定会计期间的经营成果的会计报表。企业编制利润表的目的是通过如实反映企业实现的收入、发生的费用及应当计入当期利润表的利得和损失等金额及其结构情况,从而有助于使用者分析评价企业的盈利能力及其构成与质量。

（三）现金流量表

现金流量表是反映企业在一定会计期间的现金和现金等价物流入和流出的会计报表。企业编制现金流量表的目的是通过如实反映企业各项活动的现金流入、流出情况,从而有助于使用者评价企业的现金流和资金周转情况。

（四）所有者权益（股东权益）变动表

所有者权益（股东权益）变动表是反映构成所有者权益（股东权益）的各组成部分当期的增减变动情况的报表。所有者权益（股东权益）变动表全面反映了一定时期所有者权益（股东权益）的变动情况,不仅包括所有者权益总量的增减变动,还包括所有者权益增减变动的重要结构性信息,特别是要反映直接计入所有者权益的利得和损失,让报表使用者准确理解所有者权益增减变动的情况。

（五）财务报表附注

财务报表附注是对在财务报表中列示项目所作的进一步说明,以及对未能在这些报表中列示项目的说明等。企业编制附注的目的是通过对财务报表本身作补充说明,以更加全面、系统地反映企业财务状况、经营成果和现金流量的全貌,从而有助于向使用者提供更为有用的决策信息,帮助其作出更加科学合理的决策。

财务报表是财务报告的核心内容,但是除了财务报表之外,财务报告还应当包括其他相关信息,具体可以根据有关法律、法规的规定和外部使用者的信息需求而定。如企业可以在财务报告中披露其承担的社会责任、对社区的贡献、可持续发展能力等信息，这些信息对于使用者的决策也是相关的，尽管属于非财务信息，无法包括在财务报表中，但是如果有规定或者使用者有需求，企业应当在财务报告中予以披露，有时企业也可以自愿在财务报告中披露相关信息。

三、财务报表的分类

财务报表可以根据需要，按照不同的标准进行分类。

（一）按照财务报表反映的内容，可以分为动态财务报表和静态财务报表

动态财务报表是指反映企业一定期间资金耗费、资金收回以及所有者权益变动情况的报表，如利润表是反映企业在一定时期内经营成果的报表；现金流量表是反映企业在一定期间内现金和现金等价物的流入和流出情况的报表；所有者权益（股东权益）变动表是反映构成所有者权益（股东权益）的各组成部分在一定期间内增减变动情况的报表。静态财务报表是指综合反映一定时点企业资产、负债和所有者权益的财务报表，如资产负债表是反映一定日期企业资产和权益状况的报表。

（二）按照财务报表的编报时间，可以分为中期财务报表和年度财务报表

中期财务报表是以短于一个完整会计年度的报告期间为基础编制的财务报表，包括月报、季报和半年报等。中期财务报表至少应当包括资产负债表、利润表、现金流量表和附注，其中，资产负债表、利润表和现金流量表应当是完整报表，其格式和内容应当与年度财务报表相一致。与年度报表相比，中期财务报表中的附注披露可以适当简略。年度财务报表（简称年报）应当包括企业需编制的全部财务报表。

（三）按照财务报表编报主体的不同，可以分为个别财务报表和合并财务报表

个别财务报表是由企业根据自身的账簿记录进行加工后编制，用以反映个别企业的财务状况、经营成果和现金流量情况的财务报表。合并财务报表是以母公司和子公司组成的企业集团为会计主体，根据母公司和所属子公司的财务报表，由母公司编制的、综合反映企业集团财务状况、经营成果和现金流量情况的财务报表。

四、财务报表列报的基本要求

（一）依据各项会计准则确认和计量的结果编制财务报表

企业应当根据实际发生的交易和事项，遵循各项具体会计准则的规定进行确认和计量，并在此基础上编制财务报表。企业应当在附注中对遵循企业会计准则编制的财务报表作出声明，只有遵循了企业会计准则的所有规定时，财务报表才可以被称为"遵循了企业会计准则"。

（二）列报基础

持续经营是会计的基本前提，是会计确认、计量及编制财务报表的基础。企业会计

准则规范的是持续经营条件下企业对所发生交易和事项确认、计量及报表列报；相反，如果企业经营出现了非持续经营，致使以持续经营为基础编制财务报表不再合理的，企业应当采用其他基础编制财务报表。

在编制财务报表的过程中，企业管理层应当对企业持续经营的能力进行评价，需要考虑的因素包括市场经营风险、企业目前或长期的盈利能力、偿债能力、财务弹性以及企业管理层改变经营政策的意向等。评价后对企业持续经营的能力产生严重怀疑的，应当在附注中披露导致对持续经营能力产生重大怀疑的重要不确定因素。

（三）权责发生制

除现金流量表按照收付实现制编制外，企业应当按照权责发生制编制其他财务报表。

（四）列报的一致性

可比性是会计信息质量的一项重要质量要求，目的是使同一企业不同期间和同一期间不同企业的财务报表相互可比。为此，财务报表项目的列报应当在各个会计期间保持一致，不得随意变更，这一要求不仅只针对财务报表中的项目名称，还包括财务报表项目的分类、排列顺序等方面。

当会计准则要求改变，或企业经营业务的性质发生重大变化后、变更财务报表项目的列报能够提供更可靠、更相关的会计信息时，财务报表项目的列报是可以改变的。

（五）依据重要性原则单独或汇总列报项目

财务报表是通过对大量的交易或其他事项进行处理而生成的，这些交易或其他事项按其性质或功能汇总归类而形成财务报表中的项目。关于项目在财务报表中是单独列报还是合并列报，应当依据重要性原则来判断。总的原则是：如果某项目单个看不具有重要性，则可将其与其他项目合并列报；如具有重要性，则应当单独列报。

（六）财务报表项目金额间的相互抵销

财务报表项目应当以总额列报，资产和负债、收入和费用不能相互抵销，即不得以净额列报，但企业会计准则另有规定的除外。这是因为，如果相互抵销，所提供的信息就不完整，信息的可比性大为降低，难以在同一企业不同期间以及同一期间不同企业的财务报表之间实现相互可比，报表使用者难以据以作出判断。

以下三种情况不属于抵销，可以以净额列示：（1）一组类似交易形成的利得和损失以净额列示的，不属于抵销。比如，汇兑损益应当以净额列报，为交易目的而持有的金融工具形成的利得和损失应当以净额列报等。但是，如果相关利得和损失具有重要性，则应当单独列报。（2）资产或负债项目按扣除备抵项目后的净额列示，不属于抵销。比如，对资产计提减值准备，表明资产的价值确实已经发生减损，按扣除减值准备后的净额列示，才反映了资产当时的真实价值。（3）非日常活动产生的利得和损失，以同一交易形成的收益扣减相关费用后的净额列示更能反映交易的实质，不属于抵销。

非日常活动并非企业主要的业务，非日常活动产生的损益以收入扣减费用后的净额列示,更能有利于报表使用者的理解。

（七）比较信息的列报

企业在列报当期财务报表时,至少应当提供所有列报项目上一可比会计期间的比较数据,以及与理解当期财务报表相关的说明,目的是向报表使用者提供对比数据,提高信息在会计期间的可比性,以反映企业财务状况、经营成果和现金流量的发展趋势,提高报表使用者的判断与决策能力。

在财务报表项目的列报确需发生变更的情况下,企业应当对上期比较数据按照当期的列报要求进行调整,并在附注中披露调整的原因和性质,以及调整的各项目金额。但是,在某些情况下,对上期比较数据进行调整是不切实可行的,则应当在附注中披露不能调整的原因。

（八）财务报表表首的列报要求

财务报表一般分为表首、正表两部分,其中,在表首部分企业应当概括地说明下列基本信息：(1)编报企业的名称,如企业名称在所属当期发生了变更的,还应明确标明；(2)对资产负债表而言,须披露资产负债表日,而对利润表、现金流量表、所有者权益变动表而言,须披露报表涵盖的会计期间；(3)货币名称和单位,按照我国企业会计准则的规定,企业应当以人民币作为记账本位币列报,并标明金额单位,如人民币元、人民币万元等；(4)财务报表是合并财务报表的,应当予以标明。

（九）报告期间

企业至少应当按年编制财务报表。根据《中华人民共和国会计法》的规定,会计年度自公历1月1日起至12月31日止。因此,企业在编制年度财务报表时,可能存在年度财务报表涵盖的期间短于一年的情况,比如企业在年度中间(如3月1日)开始设立等。在这种情况下,企业应当披露年度财务报表的实际涵盖期间及其短于一年的原因,并应当说明由此引起财务报表项目与比较数据不具可比性这一事实。

第二节 资产负债表

一、资产负债表概述

（一）资产负债表的定义和作用

资产负债表是企业对外提供的主要会计报表之一,是反映企业在某一特定日期财务状况的会计报表。它的理论依据是"资产＝负债＋所有者权益"这一会计等式。通过资产负债表,可以了解企业在这一特定日期拥有或控制的经济资源、企业所承担的各项债务和所有者对企业净资产享有的权益。

资产负债表主要提供有关企业财务状况方面的信息,即某一特定日期关于企业资产、负债、所有者权益及其相互关系。资产负债表的作用包括三个方面。

1. 通过资产负债表可以了解企业拥有或控制的经济资源,有助于分析、预测企业的短期偿债能力

企业拥有和控制的经济资源,包括流动资产、非流动资产。企业的短期偿债能力主要反映在资产的流动性上。所谓流动性是指资产转换成现金,或负债到期清偿所需的时间。企业的流动资产,除库存现金及银行存款可随时偿还债务外,其余流动资产变现越快,其流动性越强,偿债能力也越强。一般来讲,交易性金融资产的流动性比应收票据和应收账款的流动性强,而应收账款的流动性又比存货的流动性强。可见通过对企业流动资产构成的分析,可以识别企业的短期偿债能力。短期偿债能力低,进而影响其长期偿债能力,所有者的投资报酬没有保障,投资安全性也会受到威胁。

2. 通过资产负债表可以了解企业的资本结构,有助于分析识别企业的长期偿债能力以及财务的稳健性

企业资本结构是指权益总额中负债与所有者权益相对比例、负债总额中流动负债与非流动负债相对比例、所有者权益中投入资本与留存收益的相对比例,负债与所有者权益相对比例的大小,直接关系到债权人和所有者的相对投资风险,以及企业的长期偿债能力。负债比重越大,债权人的风险也越大,企业的长期偿债能力也越弱。相反,负债比重越小,企业长期偿债能力越强、债权人风险也越小,企业财务也越稳定。可见通过资本结构分析,可以识别企业的长期偿债能力及企业财务稳定性。

3. 通过资产负债表可以了解企业资源占用情况,有助于识别与评价企业的经营业绩

企业的经营业绩主要取决于其获利能力,企业获利能力大小,直接关系到能否向债权人还本付息和向投资者支付较高股利。企业要获得盈利必须占用一定数量的资源,资源的分布状况对获利将产生影响,将获得利润与占用资源相比称为资金利润率。它是衡量获利能力的重要指标。可见通过资产负债表可以有助于识别与评价企业的经营业绩。

(二)资产负债表列报总体要求

1. 分类别列报

资产负债表列报,最根本的目标就是应如实反映企业在资产负债表日所拥有的资源、所承担的负债以及所有者所拥有的权益。因此,资产负债表应当按照资产、负债和所有者权益三大类别分类列报。

2. 资产和负债按流动性列报

资产和负债应当按照流动性分别分为流动资产和非流动资产、流动负债和非流动负债列示。流动性,通常按资产的变现或耗用时间长短或者负债的偿还时间长短来确定。按照财务报表列报准则的规定,应先列报流动性强的资产或负债,再列报流动性弱的资产或负债。

3. 列报相关的合计、总计项目

资产负债表中的资产类至少应当列示流动资产和非流动资产的合计项目;负债类

至少应当列示流动负债、非流动负债以及负债的合计项目;所有者权益类应当列示所有者权益的合计项目。

资产负债表遵循了"资产＝负债＋所有者权益"这一会计恒等式,把企业在特定日期所拥有的经济资源和与之相对应的企业所承担的债务及偿债以后属于所有者的权益充分反映出来。因此,资产负债表应当分别列示资产总计项目和负债与所有者权益之和的总计项目,并且这两者的金额应当相等。

(三)资产的列报

资产负债表中的资产反映由过去的交易、事项形成并由企业在某一特定日期所拥有或控制的、预期会给企业带来经济利益的资源。资产应当按照流动资产和非流动资产两大类别在资产负债表中列示,在流动资产和非流动资产类别下进一步按性质分项列示。

1. 流动资产和非流动资产的划分

资产负债表中的资产应当分别流动资产和非流动资产列报,因此区分流动资产和非流动资产十分重要。资产满足下列条件之一的,应当归类为流动资产。

(1)预计在一个正常营业周期中变现、出售或耗用。这主要包括存货、应收账款等资产。应当指出的是:变现一般针对应收账款等而言,指将资产变为现金;出售一般针对产品等存货而言;耗用一般指将存货(如原材料)转变成另一种形态(如产成品)。

(2)主要为交易目的而持有。这主要是指根据《企业会计准则第22号——金融工具确认和计量》划分的交易性金融资产。

(3)预计在资产负债表日起一年内(含一年)变现。

(4)自资产负债表日起一年内,交换其他资产或清偿负债的能力不受限制的现金或现金等价物。在实务中存在用途受到限制的现金或现金等价物,比如用途受到限制的信用证存款、汇票存款等,这类现金或现金等价物如果作为流动资产列报,可能会高估流动资产金额,从而高估流动比率等财务指标,影响使用者的决策。

2. 正常营业周期

值得注意的是,判断流动资产、流动负债时所称的一个正常营业周期,是指企业从购买用于加工的资产起至实现现金或现金等价物的期间。

正常营业周期通常短于一年,在一年内有几个营业周期。但是,也存在正常营业周期长于一年的情况,如房地产开发企业开发用于出售的房地产开发产品,造船企业制造的用于出售的大型船只等,从购买原材料进入生产,到制造出产品出售并收回现金或现金等价物的过程,往往超过一年,在这种情况下,与生产循环相关的产成品、应收账款、原材料尽管是超过一年才变现、出售或耗用,仍应作为流动资产列示。

当正常营业周期不能确定时,应当以一年(12个月)作为正常营业周期。

3. 持有待售的非流动资产的列报

对于根据企业会计准则划分为持有待售的非流动资产(比如固定资产、无形资产长期股权投资等)以及被划分为持有待售处置组中的资产,应当归类为流动资产。

(四) 负债的列报

资产负债表中的负债反映在某一特定日期企业所承担的、预期会导致经济利益流出企业的现时义务。负债应当按照流动负债和非流动负债在资产负债表中进行列示，在流动负债和非流动负债类别下再进一步按性质分项列示。

1. 流动负债与非流动负债的划分

流动负债的判断标准与流动资产的判断标准相类似。负债满足下列条件之一的，应当归类为流动负债：(1)预计在一个正常营业周期中清偿；(2)主要为交易目的而持有；(3)自资产负债表日起一年内到期应予以清偿；(4)企业无权自主地将清偿推迟至资产负债表日后一年以上。

值得注意的是，有些流动负债，如应付账款、应付职工薪酬等，属于企业正常营业周期中使用的营运资金的一部分。尽管这些经营性项目有时在资产负债表日后超过一年才到期清偿，但是它们仍应划分为流动负债。

2. 资产负债表日后事项对流动负债与非流动负债划分的影响

流动负债与非流动负债的划分是否正确，直接影响到对企业短期和长期偿债能力的判断。如果混淆了负债的类别，将歪曲企业的实际偿债能力，误导报表使用者的决策。对于资产负债表日后事项对流动负债与非流动负债划分的影响，需要特别加以考虑。

总的原则是，企业在资产负债表上对债务流动和非流动的划分，应当反映在资产负债表日有效的合同安排，考虑在资产负债表日起一年内企业是否必须无条件清偿，而资产负债表日之后、财务报告批准报出日前的再融资等行为，与资产负债表日判断负债的流动性状况无关。只要不是在资产负债表日或之前所做的再融资、展期或提供宽限期等，都不能改变对某项负债在资产负债表日的分类，因为资产负债表日后的再融资、展期或贷款人提供宽限期等，都不能改变企业应向外部报告的在资产负债表日合同性（契约性）的义务，该项负债在资产负债表日的流动性性质不受资产负债表日后事项的影响。

(1) 资产负债表日起一年内到期的负债。

对于在资产负债表日起一年内到期的负债，企业有意图且有能力自主地将清偿义务展期至资产负债表日后一年以上的，应当归类为非流动负债；不能自主地将清偿义务展期的，即使在资产负债表日后、财务报告批准报出日前签订了重新安排清偿计划协议，该项负债在资产负债表日仍应当归类为流动负债。

(2) 违约长期债务。

企业在资产负债表日或之前违反了长期借款协议，导致贷款人可随时要求清偿的负债，应当归类为流动负债。这是因为，在这种情况下，债务清偿的主动权并不在企业，企业只能被动地无条件归还贷款，而且该事实在资产负债表日即已存在，所以该负债应当作为流动负债列报。但是，如果贷款人在资产负债表日或之前同意提供在资产负债表日后一年以上的宽限期，企业能够在此期限内改正违约行为，且贷款人不能要求随时清偿时,在资产负债表日的此项负债并不符合流动负债的判断标准,应当归类为非流动负债。

3. 持有待售的非流动负债的列报

对于根据企业会计准则被划分为持有待售的处置组中的与转让资产相关的负债,应当归类为流动负债。

(五)所有者权益的列报

资产负债表中的所有者权益是企业资产扣除负债后的剩余权益。资产负债表中的所有者权益类一般按照净资产的不同来源和特定用途进行分类,企业会计准则规定,资产负债表中的所有者权益类应当按照实收资本(或股本)、资本公积、其他综合收益、盈余公积、未分配利润等项目分项列示。

二、资产负债表的格式

由于会计主体的财务状况总是按一定日期的资产、负债及所有者权益的时点数来表达,且资产、负债和所有者权益必然以"资产=负债+所有者权益"为基本格式,这使得报表使用者能够一目了然地了解企业拥有或控制的经济资源,以及这些资源的不同来源。

资产负债表一般有表首、正表两部分。表首概括地说明报表名称、编制单位、编制日期、报表编号、货币名称、计量单位等。正表是资产负债表的主体,列示了用以说明企业财务状况的各个项目。

资产负债表正表的格式,国际上流行的主要有报告式资产负债表和账户式资产负债表。

(一)报告式资产负债表

报告式资产负债表是将资产、负债、所有者权益(股东权益)项目采用垂直分列的形式,它是根据"资产-负债= 所有者权益"公式设计资产负债表。报告式资产负债表的优点是便于编制比较资产负债表,即在一张报表中,除列示本期的财务状况外,还增设几个栏目,分别列示过去几期的财务状况,还可用旁注方式,注明某些项目的计价方式等。缺点是资产和权益间的恒等关系不能一目了然。报告式资产负债表如表13-1所示。

表13-1 资产负债表(报告式)

项 目	期 末 余 额	年 初 余 额
资产各项目		
资产合计		
负债各项目		
负债合计		
所有者权益各项目		
所有者权益合计		

（二）账户式资产负债表

它是根据"T"型账户的形式和"资产＝负债＋所有者权益"公式设计资产负债表，将资产列在左方，负债及所有者权益（股东权益）列在右方，且负债类项目在上，所有者权益类项目在下，左方（借）＝右方（贷）。账户式资产负债表如表13-2所示。

表13-2　资产负债表（账户式）　　　　　　　　　　会企01表

编制单位：　　　　　　　　　　年　月　日　　　　　　　　　　单位：元

资产	期末余额	年初余额	负债和所有者权益（或股东权益）	期末余额	年初余额
流动资产：			流动负债：		
货币资金			短期借款		
以公允价值计量且其变动计入当期损益的金融资产			以公允价值计量且其变动计入当期损益的金融负债		
应收票据			应付票据		
应收账款			应付账款		
预付款项			预收款项		
应收利息			应付职工薪酬		
应收股利			应交税费		
其他应收款			应付利息		
存货			应付股利		
划分为持有待售的资产			其他应付款		
一年内到期的非流动资产			划分为持有待售的负债		
其他流动资产			一年内到期的非流动负债		
流动资产合计			其他流动负债		
非流动资产：			流动负债合计		
可供出售金融资产			非流动负债：		
持有至到期投资			长期借款		
长期应收款			应付债券		
长期股权投资			长期应付款		
投资性房地产			专项应付款		
固定资产			预计负债		
			递延收益		
在建工程			递延所得税负债		

续 表

资　　产	期末余额	年初余额	负债和所有者权益（或股东权益）	期末余额	年初余额
工程物资			其他非流动负债		
固定资产清理			非流动负债合计		
生产性生物资产			负债合计		
油气资产			所有者权益（或股东权益）：		
无形资产			实收资本（或股本）		
开发支出			资本公积		
商誉			减：库存股		
长期待摊费用			其他综合收益		
递延所得税资产			盈余公积		
其他非流动资产			未分配利润		
非流动资产合计			所有者权益（或股东权益）合计		
资产总计			负债和所有者权益（或股东权益）总计		

按照我国财务报表列报准则的规定，资产负债表采用账户式，每个项目又分为"期末余额"和"年初余额"两栏分别填列。

三、一般企业资产负债表的编制方法

（一）资产负债表"年初余额"和"期末余额"的填列方法

资产负债表的编制是以日常会计核算记录的数据为基础进行归类、整理和汇总，加工成报表项目的过程。我国资产负债表正表部分的各项目都有"年初余额"和"期末余额"两个栏目，是一种比较资产负债表。

1."年初余额"的填列方法

资产负债表中"年初数"栏内各项目数字，应根据上年末资产负债表"期末余额"栏内所列数字填列。如果本年度资产负债表规定的各个项目的名称和内容同上年度不相一致，应对上年年末资产负债表各项目的名称和数字按照本年度的规定进行调整，填入本表"年初余额"栏内。

2."期末余额"的填列方法

"期末余额"是指某一会计期末的数字，即月末、季末、半年末或年末的数字。资产负债表各项目"期末余额"的数据来源，可以通过以下五种方式取得。

（1）根据总账科目的余额填列。

这些项目有：以公允价值计量且其变动计入当期损益的金融资产、工程物资、固定资产清理、递延所得税资产、短期借款、以公允价值计量且其变动计入当期损益的金融负债、应付票据、应付职工薪酬、应交税费、应付利息、应付股利、其他应付款、专项应付款、预计负债、递延收益、递延所得税负债、实收资本（股本）、资本公积、其他综合收益、盈余公积等。

有些项目则需根据几个总账科目的期末余额计算填列，如"货币资金"项目，需根据"库存现金""银行存款""其他货币资金"三个总账科目的期末余额的合计数填列。

（2）根据明细账科目余额计算填列。如"应付账款"项目，需要根据"应付账款"和"预付款项"两个科目所属的相关明细科目的期末贷方余额计算填列；"应收账款"项目，需要根据"应收账款"和"预收款项"两个科目所属的相关明细科目的期末借方余额计算填列。

（3）根据总账科目和明细账科目余额分析计算填列。如"长期借款"项目，需要根据"长期借款"总账科目余额扣除"长期借款"科目所属的明细科目中将在一年内到期且企业不能自主地将清偿义务展期的长期借款后的金额计算填列。

（4）根据有关科目余额减去其备抵科目余额后的净额填列。如资产负债表中"应收票据""应收账款""长期股权投资""在建工程"等项目，应当根据"应收票据""应收账款""长期股权投资""在建工程"等科目的期末余额减去"坏账准备""长期股权投资减值准备""在建工程减值准备"等科目余额后的净额填列。"投资性房地产""固定资产"项目，应当根据"投资性房地产""固定资产"科目的期末余额减去"投资性房地产累计折旧""累计折旧""资性房地产减值准备""固定资产减值准备"等科目余额后的净额填列；"无形资产"项目，应当根据"无形资产"科目的期末余额，减去"累计摊销""无形资产减值准备"等科目余额后的净额填列。

（5）综合运用上述填列方法分析填列。如资产负债表中的"存货"项目，需要根据"原材料""委托加工物资""周转材料""材料采购""在途物资""发出商品""材料成本差异"等总账科目期末余额的分析汇总数，再减去"存货跌价准备"科目余额后的净额填列。

（二）资产负债表各项目的具体内容及填列方法

1. 资产类项目

（1）"货币资金"项目，反映企业库存现金、银行结算户存款、外埠存款、银行汇票存款、银行本票存款、信用卡存款、信用证保证金存款等的合计数。本项目应根据"库存现金""银行存款""其他货币资金"科目的期末余额合计填列。

（2）"以公允价值计量且其变动计入当期损益的金融资产"项目，反映企业持有的按公允价值计量且其变动计入当期损益的为交易目的所持股票投资、债券投资、基金投资、权证投资等金融资产。本项目应根据"交易性金融资产"科目的期末余额直接填列。

（3）"应收票据"项目，反映企业因销售商品、提供劳务等而收到的商业汇票，包括银行承兑汇票和商业承兑汇票。本项目应根据"应收票据"科目的期末余额，减去"坏账准备"科目中有关应收票据计提的坏账准备期末余额后的净额填列。

(4)"应收账款"项目,反映企业因销售商品、产品和提供劳务等应向购买单位收取的各种款项,减去已计提的坏账准备后的净额。本项目应根据"应收账款"科目所属各明细科目的期末借方余额合计,减去"坏账准备"科目中有关应收账款计提的坏账准备期末余额后的净额填列。如"应收账款"科目所属明细科目期末有贷方余额的,应在本表"预收账款"项目内填列。如"预收账款"科目所属明细科目有借方余额的,应包括在本项目内。

(5)"预付账款"项目,反映企业预付给供应单位的款项。本项目应根据"预付账款"科目所属各明细科目的期末借方余额合计,减去"坏账准备"科目中有关预付账款计提的坏账准备期末余额后的净额填列。如"预付账款"科目所属有关明细科目期末有贷方余额的,应在本表"应付账款"项目内填列。如"应付账款"科目所属明细科目有借方余额的,应包括在本项目内。

(6)"应收利息"项目,反映企业因债权投资而应收取的利息。本项目应根据"应收利息"科目的期末余额,减去"坏账准备"科目中有关应收利息计提的坏账准备期末余额后的净额填列。

(7)"应收股利"项目,反映企业因股权投资而应收取的现金股利和应收取其他单位分配的利润。本项目应根据"应收股利"科目的期末余额,减去"坏账准备"科目中有关应收股利计提的坏账准备期末余额后的净额填列。

(8)"其他应收款"项目,反映企业除应收票据、应收账款、预付账款、应收利息、应收股利等经营活动以外的其他各种应收和暂付的款项。本项目应根据"其他应收款"科目的期末余额,减去"坏账准备"科目中有关其他应收款计提的坏账准备期末余额后的净额填列。

(9)"存货"项目,反映企业期末在库、在途和在加工中的各项存货的可变现净值,包括各种材料、商品、在产品、半成品、包装物、低值易耗品、发出商品等。本项目应根据"材料采购""原材料""低值易耗品""库存商品""周转材料""委托加工物资""受托代销商品""生产成本"等科目的期末余额合计,减去"受托代销商品款""存货跌价准备"科目期末余额后的金额填列。材料采用计划成本核算,以及库存商品采用计划成本或售价核算的企业,还应按加或减材料成本差异、商品进销差价后的金额填列。

(10)"划分为持有待售的资产"项目,反映企业持有的根据企业会计准则划分为持有待售的非流动资产。本项目应根据相关科目的期末余额分析填列。

(11)"一年内到期的非流动资产"项目,反映企业将于一年内到期的非流动资产项目金额。本项目应根据非流动资产类有关科目的期末余额填列。

(12)"其他流动资产"项目,反映企业除货币资金、交易性金融资产、应收票据、应收账款、存货等流动资产以外的其他流动资产。本项目应根据有关科目的期末余额填列。

(13)"可供出售金融资产"项目,反映企业持有的以公允价值计量的可供出售的股票投资、债券投资等金融资产。本项目应根据"可供出售金融资产"科目的期末余额,减去"可供出售金融资产减值准备"科目期末余额后的金额填列。

(14)"持有至到期投资"项目,反映企业持有的以摊余成本计量的持有至到期投资。本项目应根据"持有至到期投资"科目的期末余额,减去"持有至到期投资减值准备"科目期末余额后的金额填列。

(15)"长期应收款"项目,反映企业融资租赁产生的应收款项、采用递延方式具有融资性质销售商品和提供劳务等产生的长期应收款项等。本项目应根据"长期应收款"科目的期末余额,减去相应的"未实现融资收益"科目和"坏账准备"科目所属相关明细科目期末余额后的金额填列。

(16)"长期股权投资"项目,反映企业持有的对子公司、联营企业和合营企业的长期股权投资。本项目应根据"长期股权投资"科目期末余额,减去"长期股权投资减值准备"科目期末余额后的金额填列。

(17)"投资性房地产"项目,反映企业持有的投资性房地产。企业采用成本模式计量投资性房地产的,本项目应根据"投资性房地产"科目的期末余额,减去"投资性房地产累计折旧(摊销)"和"投资性房地产减值准备"科目期末余额后的金额填列;企业采用公允价值模式计量投资性房地产的,本项目应根据"投资性房地产"科目的期末余额直接填列。

(18)"固定资产"项目,反映企业各种固定资产原价减去累计折旧和累计减值准备后的净额。本项目应根据"固定资产"科目的期末余额,减去"累计折旧"和"固定资产减值准备"科目期末余额后的金额填列。

(19)"在建工程"项目,反映企业期末各项未完工程的实际支出,包括交付安装的设备价值、未完建筑安装工程已经耗用的材料、工资和费用支出等项目的可收回金额。本项目应根据"在建工程"科目的期末余额,减去"在建工程减值准备"科目期末余额后的净额填列。

(20)"工程物资"项目,反映企业尚未使用的各项工程物资的实际成本。本项目应根据"工程物资"科目的期末余额直接填列。

(21)"固定资产清理"项目,反映企业因出售、毁损、报废等原因转入清理但尚未清理完毕的固定资产的账面价值,以及固定资产清理过程中所发生的清理费用和变价收入等各项金额的差额。本项目应根据"固定资产清理"科目的期末借方余额填列;如"固定资产清理"科目期末为贷方余额,以"一"号填列。

(22)"生产性生物资产"项目,反映企业持有的生产性生物资产。本项目应根据"生产性生物资产"科目的期末余额,减去"生产性生物资产累计折旧"和"生产性生物资产减值准备"科目期末余额后的金额填列。

(23)"油气资产"项目,反映企业持有的矿区权益和油气井及相关设施的原价减去累计折耗和累计减值准备后净额。本项目应根据"油气资产"科目的期末余额,减去"累计折耗"科目期末余额和相应减值准备后的金额填列。

(24)"无形资产"项目,反映企业各项无形资产的期末可收回金额。本项目应根据

"无形资产"科目的期末余额,减去"累计摊销"和"无形资产减值准备"科目期末余额后的金额填列。

(25)"开发支出"项目,反映企业开发无形资产过程中能够资本化形成无形资产成本的支出部分。本项目应根据"研发支出"科目中所属的"资本化支出"明细科目期末填列。

(26)"商誉"项目,反映企业合并中形成的商誉价值。本项目应根据"商誉"科目的期末余额,减去相应减值准备后的金额填列。

(27)"长期待摊费用"项目,反映企业尚未摊销的摊销期限在1年以上(不含1年)的各种费用。长期待摊费用中在1年内(含1年)摊销的部分,应在"一年内到期的非流动资产"项目填列。本项目应根据"长期待摊费用"科目的期末余额减去1年内(含1年)摊销的数额后的金额填列。

(28)"递延所得税资产"项目,反映企业确认的可抵扣暂时性差异产生的递延所得税资产。本项目应根据"递延所得税资产"科目的期末借方余额直接填列。

(29)"其他非流动资产"项目,反映企业除长期股权投资、固定资产、在建工程、工程物资、无形资产等资产以外的其他非流动资产。本项目应根据有关科目的期末余额填列。

2. 负债类项目

(1)"短期借款"项目,反映企业借入尚未归还的1年期以下(含1年)的各种借款。本项目应根据"短期借款"科目的期末余额直接填列。

(2)"以公允价值计量且其变动计入当期损益的金融负债"项目,反映企业持有的按公允价值计量且其变动计入当期损益的金融负债。本项目应根据"交易性金融负债"科目的期末余额直接填列。

(3)"应付票据"项目,反映企业为了抵付货款等而开出、承兑的尚未到期付款的应付票据,包括银行承兑汇票和商业承兑汇票。本项目应根据"应付票据"科目的期末余额直接填列。

(4)"应付账款"项目,反映企业购买原材料、商品和接受劳务供应等而应付给供应单位的款项。本项目应根据"应付账款"和"预付账款"科目所属各有关明细科目的期末贷方余额合计填列;如"应付账款"科目所属各明细科目期末有借方余额,应在"预付账款"项目内填列。

(5)"预收账款"项目,反映企业预收购买单位的账款。本项目应根据"预收账款"和"应收账款"科目所属各有关明细科目的期末贷方余额合计填列。如"预收账款"科目所属有关明细科目有借方余额的,应在"应收账款"项目内填列。

(6)"应付职工薪酬"项目,反映企业根据有关规定应付给职工的工资、职工福利、社会保险费、住房公积金、工会经费、职工教育经费、非货币性福利、辞退福利等各种薪酬。外商投资企业按规定从净利润中提取的职工奖励及福利基金,也在本项目列示。本项目应根据"应付职工薪酬"科目的明细科目期末余额分析填列。

(7)"应交税费"项目,反映企业按照税法规定计算应交纳的各种税费。企业所交纳的税金不需要预计应交数的,不在本项目中列示。本项目应根据"应交税费"科目的明细科目期末余额分析填列。

(8)"应付利息"项目,反映企业按照规定应当支付的利息,包括分期付息到期还本的长期借款应支付的利息、企业发行的企业债券应支付的利息等。本项目应根据"应付利息"科目的期末余额填列。

(9)"应付股利"项目,反映企业尚未支付的现金股利。本项目应根据"应付股利"科目的期末余额填列。

(10)"其他应付款"项目,反映企业除应付票据、应付账款、预收账款、应付职工薪酬、应付股利、应付利息、应交税费等经营活动以外的其他各项应付和暂收的款项。本项目应根据"其他应付款"科目的期末余额填列。

(11)"划分为持有待售的负债"项目,反映企业根据企业会计准则被划分为持有待售的处置组中的与转让资产相关的负债。本项目应根据相关科目的期末余额分析填列。

(12)"一年内到期的非流动负债"项目,反映企业非流动负债中将于一年内到期部分的金额。本项目应根据有关科目的期末余额填列。

(13)"其他流动负债"项目,反映企业除以上流动负债以外的其他流动负债。本项目应根据有关科目的期末余额填列。

(14)"长期借款"项目,反映企业借入尚未归还的1年期以上(不含1年)的各种借款。本项目应根据"长期借款"科目的期末余额填列。

(15)"应付债券"项目,反映企业发行的尚未偿还的各种长期债券的本息。本项目应根据"应付债券"科目的期末余额填列。

(16)"长期应付款"项目,反映企业除长期借款和应付债券以外的其他各种长期应付款。本项目应根据"长期应付款"科目的期末余额,减去相应的"未确认融资费用"科目期末余额后的金额填列。

(17)"专项应付款"项目,反映企业取得政府作为企业所有者投入的具有专项或特定用途的款项。本项目应根据"专项应付款"科目的期末余额填列。

(18)"预计负债"项目,反映企业预计负债的期末余额。本项目应根据"预计负债"科目的期末余额填列。

(19)"递延收益"项目,反映企业收到的、应在以后期间计入损益的政府补助。本项目应根据"递延收益"科目的期末余额分析填列。

(20)"递延所得税负债"项目,反映企业确认的应纳税暂时性差异产生的递延所得税负债。本项目应根据"递延所得税负债"科目的期末贷方余额直接填列。

(21)"其他非流动负债"项目,反映企业除长期借款、应付债券等负债以外的其他非流动负债。本项目应根据有关科目的期末余额填列。

以上非流动负债各项目中将于1年内(含1年)到期的部分,应在"一年内到期的非流动负债"项目内单独反映。

3. 所有者权益类项目

(1) "实收资本"(或"股本")项目,反映企业各投资者实际投入的资本(或股本)总额。本项目应根据"实收资本"(或"股本")科目的期末余额填列。

(2) "资本公积"项目,反映企业资本公积的期末余额。本项目应根据"资本公积"科目的期末余额填列。

(3) "库存股"项目,反映企业持有尚未转让或注销的本公司股份金额。本项目应根据"库存股"科目的期末余额填列。

(4) "其他综合收益"项目,反映企业其他综合收益的期末余额。本项目应根"其他综合收益"科目的期末余额填列。

(5) "盈余公积"项目,反映企业盈余公积的期末余额。本项目应根据"盈余公积"科目的期末余额填列。

(6) "未分配利润"项目,反映企业尚未分配的利润。本项目应根据"本年利润"科目和"利润分配"科目的余额计算填列。未弥补的亏损,在本项目内以"—"号填列。

四、一般企业资产负债表编制方法举例

[例 13-1] 甲有限责任公司为增值税一般纳税人,增值税税率为17%,所得税税率为25%,其20×8年1月1日有关科目的余额如表13-3所示。

表 13-3 科目余额表   单位:元

科 目 名 称	借方余额	科 目 名 称	贷方余额
库存现金	30 000	短期借款	840 000
银行存款	3 960 000	应付票据	516 000
其他货币资金	315 000	应付账款	3 030 000
交易性金融资产	54 000	其他应付款	90 000
应收票据	540 000	应付职工薪酬	264 000
应收账款	1 080 000	应交税费	143 400
坏账准备	-5 400	应付利息	3 000
预付账款	600 000	长期借款	4 200 000
其他应收款	21 000	其中:一年内到期的长期负债	3 000 000
材料采购	534 000	股本	14 400 000
原材料	2 400 000	资本公积	445 200
周转材料——包装物	66 000	盈余公积	240 000
周转材料——低值易耗品	162 000	利润分配——未分配利润	210 000
库存商品	3 660 000		

续 表

科 目 名 称	借方余额	科 目 名 称	贷方余额
存货跌价准备	−45 000		
材料成本差异	150 000		
长期股权投资	840 000		
固定资产	4 800 000		
累计折旧	−1 230 000		
在建工程	4 500 000		
无形资产	1 600 000		
累计摊销	−100 000		
长期待摊费用	450 000		
合 计	24 381 600	合 计	24 381 600

甲有限责任公司 20×8 年发生的经济业务如下：

(1) 购入原材料一批，用银行存款支付货款 360 000 元，以及增值税 61 200 元，款项已付，材料未到。

(2) 向银行借入两年期借款 2 400 000 元，借款已存入银行，该项借款用于购建固定资产。

(3) 收到银行通知，用银行存款支付到期的 135 000 元商业承兑汇票。

(4) 收到上一年预付货款购买的原材料一批，货款 240 000 元，增值税额 40 800 元，退回余款 19 200 元，材料已验收入库，该批原材料计划成本 225 000 元。

(5) 转让短期股票投资，属交易性金融资产，账面成本 54 000 元，转让收入 59 400 元，款项存入银行。

(6) 销售产品一批，销售价款 1 050 000 元，增值税销项税额 178 500 元，该批产品实际成本 660 000 元，产品已发出，货款未收到。

(7) 向某证券公司划出资金 300 000 元，购买短期股票 90 000 元，划分为交易性金融资产。

(8) 购入用于职工集体福利的不需要安装的设备 1 台，价款 240 000 元，支付的增值税 40 800 元(增值税不能抵扣)，支付运杂费 1 500 元，价款及税费均以银行存款支付。设备已交付使用。

(9) 购入用于职工集体福利的工程物资一批，价款 600 000 元(含增值税)。款项已通过银行存款支付。

(10) 在建工程应付职工工资 450 000 元，应付福利费 63 000 元。

(11) 工程完工，达到预计可使用状态，计提应予资本化的长期借款利息 240 000 元(到期付息)。结转已完工程总成本 3 600 000 元。

(12) 采用商业承兑汇票方式销售一批产品,价税合计 1 228 500 元,收到 1 228 500 元商业承兑汇票一张,产品实际成本 750 000 元。

(13) 报废一台设备,原价 510 000 元,已提折旧 450 000 元,转入清理,共发生清理费用 16 200 元,残料变价收入 2 400 元,转作原材料入库。清理费用全部以银行存款支付。

(14) 结转上述已清理完毕的固定资产净损失 73 800 元。

(15) 销售产品一批,销售价款 2 400 000 元,应收的增值税额 408 000 元,该批产品的实际成本 1 440 000 元,货款已收存银行。

(16) 收到被投资单位分配的现金股利 150 000 元(成本法核算,被投资单位的所得税税率为 25%),已存入银行。

(17) 用现金支付销售人员出差预借的差旅费 30 000 元。

(18) 销售人员报销差旅费 24 000 元,余款 6 000 元交回现金。

(19) 公司融资租入设备一台,租期 3 年,租赁开始日租赁资产的公允价值为 705 000 元,最低租赁付款额 840 000 元,经计算最低租赁付款额的现值 750 000 元。本期应摊销未确认融资费用 45 000 元。

(20) 公司以库存商品换入原材料,库存商品账面余额 480 000 元,已提存货跌价准备 45 000 元,计税价格为 450 000 元,无其他相关税费,由于换出换入资产的公允价值无法确定,故按账面价值计量。假定换入原材料可以抵扣的进项税为 76 500 元。

(21) 归还短期借款,本金 600 000 元,利息 30 000 元,利息已预提。

(22) 预提应计入财务费用的银行借款利息 70 500 元,其中短期借款利息共 40 500 元;长期借款利息 30 000 元(到期付息)。

(23) 从银行提取现金 1 500 000 元备发工资。

(24) 支付工资 1 500 000 元,其中含支付在建工程人员工资 450 000 元。

(25) 分配职工工资 1 050 000 元(不含在建工程应负担的工资),其中生产人员工资 945 000 元,车间管理人员工资 60 000 元,行政管理部门人员工资 45 000 元。

(26) 提取职工福利费 147 000 元(不含在建工程应负担的福利费),其中生产工人福利费 132 300 元,车间管理人员福利费 8 400 元,行政管理部门福利费 6 300 元。

(27) 本期收到经营租出固定资产的租金收入共 360 000 元,已存入银行。

(28) 本期生产产品领用原材料,计划成本 1 800 000 元;生产车间领用低值易耗品,计划成本 120 000 元,采用一次摊销法摊销。

(29) 结转领用原材料和低值易耗品应分摊的材料成本差异,材料成本差异率均为+5%。

(30) 本期应计提固定资产折旧 480 000 元,其中计入制造费用 360 000 元,管理费用 120 000 元。

(31) 收到应收账款 204 000 元,存入银行。公司按年末应收账款余额的 5‰计提坏账准备 5 124 元。

(32)摊销无形资产 150 000 元。

(33)本期公司发生广告费 30 000 元,已用银行存款支付。

(34)将本期制造费用转入生产成本,本期完工产品验收入库,没有期初在产品,结转完工产品成本 3 521 700 元。

(35)收回到期商业承兑汇票,票款 600 000 元,存入银行。

(36)本期产品销售应交纳的教育费附加为 9 900 元。

(37)用银行存款交纳增值税 240 000 元;教育费附加 9 900 元。

(38)结转本期产品销售的成本 2 850 000 元。

(39)期末计提固定资产的减值准备 150 000 元。

(40)将各损益类科目全部转入"本年利润"。

(41)计算并结转应交所得税 372 045 元。

(42)提取法定盈余公积金 106 373.1 元,任意盈余公积 53 186.55 元;分配普通股现金股利 124 171.35 元。

(43)将利润分配各明细科目的余额转入"未分配利润"明细科目,并结转本年净利润。

(44)用银行存款交纳所得税 360 045 元。

(45)用银行存款归还长期借款 3 000 000 元。

根据上述资料编制会计分录和比较资产负债表(不确认相关的递延所得税资产和递延所得税负债)。

(1)应编制会计分录如下,如表 13-4 所示。

表 13-4　甲公司 20×8 年经济业务会计分录　　　　　单位:元

凭证编号	会 计 科 目	借方金额	贷方金额
(1)	材料采购	360 000	
	应交税费——应交增值税(进项税额)	61 200	
	银行存款		421 200
(2)	银行存款	2 400 000	
	长期借款		2 400 000
(3)	应付票据	135 000	
	银行存款		135 000
(4)—A	材料采购	240 000	
	应交税费——应交增值税(进项税额)	40 800	
	银行存款	19 200	
	预付账款		300 000
—B	原材料	225 000	

续　表

凭证编号	会 计 科 目	借方金额	贷方金额
	材料成本差异	15 000	
	材料采购		240 000
(5)	银行存款	59 400	
	交易性金融资产		54 000
	投资收益		5 400
(6)	应收账款	1 228 500	
	主营业务收入		1 050 000
	应交税费——应交增值税(销项税额)		178 500
(7)—A	其他货币资金——存出投资款	300 000	
	银行存款		300 000
—B	交易性金融资产	90 000	
	其他货币资金——存出投资款		90 000
(8)	固定资产	282 300	
	银行存款		282 300
(9)	工程物资	600 000	
	银行存款		600 000
(10)	在建工程	513 000	
	应付职工薪酬		513 000
(11)—A	在建工程	240 000	
	长期借款——应计利息		240 000
—B	固定资产	3 600 000	
	在建工程		3 600 000
(12)	应收票据	1 228 500	
	主营业务收入		1 050 000
	应交税费——应交增值税(销项税额)		178 500
(13)—A	固定资产清理	60 000	
	累计折旧	450 000	
	固定资产		510 000
—B	固定资产清理	16 200	
	银行存款		16 200
—C	原材料	2 400	

续 表

凭证编号	会 计 科 目	借方金额	贷方金额
	固定资产清理		2 400
(14)	营业外支出——处置非流动资产损失	73 800	
	固定资产清理		73 800
(15)	银行存款	2 808 000	
	主营业务收入		2 400 000
	应交税费——应交增值税(销项税额)		408 000
(16)	银行存款	150 000	
	投资收益		150 000
(17)	其他应收款	30 000	
	库存现金		30 000
(18)	库存现金	6 000	
	销售费用	24 000	
	其他应收款		30 000
(19)—A	固定资产	705 000	
	未确认融资费用	135 000	
	长期应付款——应付融资租赁款		840 000
—B	财务费用	45 000	
	未确认融资费用		45 000
(20)	原材料	435 000	
	应交税费——应交增值税(进项税额)	76 500	
	存货跌价准备	45 000	
	库存商品		480 000
	应交税费——应交增值税(销项税额)		76 500
(21)	短期借款	600 000	
	应付利息	30 000	
	银行存款		630 000
(22)	财务费用	70 500	
	应付利息		40 500
	长期借款——应计利息		30 000
(23)	库存现金	1 500 000	
	银行存款		1 500 000

续 表

凭证编号	会 计 科 目	借方金额	贷方金额
(24)	应付职工薪酬——工资	1 500 000	
	库存现金		1 500 000
(25)	生产成本	945 000	
	制造费用	60 000	
	管理费用	45 000	
	应付职工薪酬——工资		1 050 000
(26)	生产成本	132 300	
	制造费用	8 400	
	管理费用	6 300	
	应付职工薪酬——职工福利费		147 000
(27)	银行存款	360 000	
	其他业务收入——经营租赁收入		360 000
(28)—A	生产成本	1 800 000	
	原材料		1 800 000
—B	制造费用	120 000	
	周转材料——低值易耗品		120 000
(29)	生产成本	90 000	
	制造费用	6 000	
	材料成本差异		96 000
(30)	制造费用	360 000	
	管理费用	120 000	
	累计折旧		480 000
(31)—A	银行存款	204 000	
	应收账款		204 000
—B	资产减值损失——坏账损失	5 124	
	坏账准备		5 124
(32)	管理费用——无形资产摊销	150 000	
	累计摊销		150 000
(33)	销售费用——广告费	30 000	
	银行存款		30 000
(34)—A	生产成本	554 400	

续 表

凭证编号	会 计 科 目	借方金额	贷方金额
	制造费用		554 400
—B	库存商品	3 521 700	
	生产成本		3 521 700
(35)	银行存款	600 000	
	应收票据		600 000
(36)	营业税金及附加	9 900	
	应交税费——应交教育费附加		9 900
(37)	应交税费——应交增值税(已交税金)	240 000	
	应交税费——应交教育费附加	9 900	
	银行存款		249 900
(38)	主营业务成本	2 850 000	
	库存商品		2 850 000
(39)	资产减值损失——计提的固定资产减值准备	150 000	
	固定资产减值准备		150 000
(40)—A	主营业务收入	4 500 000	
	投资收益	155 400	
	其他业务收入	360 000	
	本年利润		5 015 400
—B	本年利润	3 579 624	
	主营业务成本		2 850 000
	营业税金及附加		9 900
	销售费用		54 000
	管理费用		321 300
	财务费用		115 500
	营业外支出		73 800
	资产减值损失		155 124
(41)—A	所得税费用	372 045	
	应交税费——应交所得税		372 045
—B	本年利润	372 045	
	所得税费用		372 045

续 表

凭证编号	会 计 科 目	借方金额	贷方金额
(42)—A	利润分配——提取法定盈余公积	106 373.1	
	盈余公积——法定盈余公积		106 373.1
—B	利润分配——提取任意盈余公积	53 186.55	
	盈余公积——任意盈余公积		53 186.55
—C	利润分配——应付普通股股利	124 171.35	
	应付股利		124 171.35
(43)—A	利润分配——未分配利润	283 731	
	利润分配——提取法定盈余公积		106 373.1
	利润分配——提取任意盈余公积		53 186.55
	利润分配——应付普通股股利		124 171.35
—B	本年利润	1 063 731	
	利润分配——未分配利润		1 063 731
(44)	应交税费——应交所得税	360 045	
	银行存款		360 045
(45)	长期借款	3 000 000	
	银行存款		3 000 000

(2) 根据上述资料,编制甲有限责任公司20×8年12月31日的科目余额表如表13-5。

表13-5 科目余额表　　　　　　　　　　　　单位:元

科目名称	借方余额	科目名称	贷方余额
库存现金	6 000	短期借款	240 000
银行存款	3 035 955	应付票据	381 000
其他货币资金	525 000	应付账款	3 030 000
交易性金融资产	90 000	其他应付款	90 000
应收票据	1 168 500	应付职工薪酬	474 000
应收账款	2 104 500	应交税费	578 400
坏账准备	−10 524	应付股利	124 171.35
预付账款	300 000	应付利息	13 500
其他应收款	21 000	长期借款	3 870 000
材料采购	894 000	长期应付款	750 000

续 表

科 目 名 称	借方余额	科 目 名 称	贷方余额
原材料	1 262 400	其中：一年内到期的长期负债	0
周转材料——包装物	66 000	股本	14 400 000
周转材料——低值易耗品	42 000	资本公积	445 200
库存商品	3 851 700	盈余公积	399 559.65
材料成本差异	69 000	利润分配（未分配利润）	990 000
存货跌价准备	0		
长期股权投资	840 000		
固定资产	5 637 300		
累计折旧	−1 260 000		
固定资产减值准备	−150 000		
工程物资	600 000		
在建工程	4 893 000		
无形资产	1 600 000		
累计摊销	−250 000		
长期待摊费用	450 000		
合 计	25 785 831	合 计	25 785 831

（3）根据甲有限责任公司20×8年1月1日和20×8年12月31日的科目余额表，编制资产负债表如表13-6所示。

表13-6 资产负债表

编制单位：甲有限责任公司　　　　　20×8年12月31日　　　　　　会企01表
单位：元

资　产	期末余额	年初余额	负债和所有者权益（或股东权益）	期末余额	年初余额
流动资产：			流动负债：		
货币资金	3 566 955	4 305 000	短期借款	240 000	840 000
以公允价值计量且其变动计入当期损益的金融资产	90 000	54 000	以公允价值计量且其变动计入当期损益的金融负债		
应收票据	1 168 500	540 000	应付票据	381 000	516 000
应收账款	2 093 976	1 074 600	应付账款	3 030 000	3 030 000
预付款项	300 000	600 000	预收款项		
应收利息			应付职工薪酬	474 000	264 000

续 表

资 产	期末余额	年初余额	负债和所有者权益（或股东权益）	期末余额	年初余额
应收股利			应交税费	578 400	143 400
其他应收款	21 000	21 000	应付利息	13 500	3 000
存货	6 185 100	6 927 000	应付股利	124 171.36	
划分为持有待售的资产			其他应付款	90 000	90 000
一年内到期的非流动资产			划分为持有待售的负债		
其他流动资产			一年内到期的非流动负债		3 000 000
流动资产合计	13 425 531	13 521 600	其他流动负债		
非流动资产：			流动负债合计	4 931 071.36	7 886 400
可供出售金融资产			非流动负债：		
持有至到期投资			长期借款	3 870 000	1 200 000
长期应收款			应付债券		
长期股权投资	840 000	840 000	长期应付款	750 000	
投资性房地产			专项应付款		
固定资产	4 227 300	3 570 000	预计负债		
在建工程	4 893 000	4 500 000	递延收益		
工程物资	600 000		递延所得税负债		
固定资产清理			其他非流动负债		
生产性生物资产			非流动负债合计	4 620 000	1 200 000
油气资产			负债合计	9 551 071.36	9 086 400
无形资产	1 350 000	1 500 000	所有者权益（或股东权益）：		
开发支出			实收资本（或股本）	14 400 000	14 400 000
商誉			资本公积	445 200	445 200
长期待摊费用	450 000	450 000	减：库存股		
递延所得税资产			其他综合收益		
其他非流动资产			盈余公积	399 559.64	240 000
非流动资产合计	12 360 300	10 860 000	未分配利润	990 000	210 000
			所有者权益（或股东权益）合计	16 234 759.64	15 295 200
资产总计	25 785 831	24 381 600	负债和所有者权益（或股东权益）总计	25 785 831	24 381 600

第三节 利润表

利润表是反映企业在一定会计期间(月度、季度、半年度、年度)经营成果的报表,是企业对外提供的主要会计报表之一。利润表是根据"收入－费用＋直接计入当期损益的利得－直接计入当期损益的损失＝利润"的等式,依据其重要性,将企业一定时期内的收入、费用和利润项目依次排列,并根据账簿资料整理后编制而成,它是一张动态会计报表。

一、利润表的作用

利润表的作用主要表现在以下四个方面。

(一)可以反映企业的获利能力

"利润"是评价经营成果和获利能力的主要指标。经营成果是指企业运用所控制资源而获得的报酬;获利能力是指企业运用一定经济资源(人力、物力)获取经营成果的能力,它可通过一些相对指标,如资产收益率、净资产收益率、成本利润率等予以体现。通过利润表及资产负债表相关指标即可计算出企业的获利能力及经营成果,通过比较和分析同一企业不同时期、不同企业的同一时期的收益情况,可以识别企业经营成果的优劣和获利能力的高低,预测未来的发展趋势。

(二)利润表可以反映企业的资产利用效率和偿债能力

将利润表中的信息与资产负债表的信息相结合,可以判断企业的资产利用效率和偿债能力。如将赊销收入净额与应收账款平均余额进行比较,计算出应收账款周转率;将销货成本与存货平均余额进行比较,计算出存货周转率;将赊销收入净额与总资产进行比较,计算出总资产周转率,以判断企业的资产管理能力。

企业的偿债能力不仅取决于资产的流动性及权益结构,也取决于企业的获利能力的高低。如果企业获利能力不强,其资产的流动性和权益结构必然逐步恶化,最终将危及企业的偿债能力,陷入资不抵债困境。因此,通过对不同时期、不同企业之间利润表有关信息的比较、分析,可以间接地识别、预测企业的偿债能力,尤其是长期偿债能力,并揭示偿债能力的变化趋势,使报表使用者作出正确的决策。

(三)利润表可以用来评价企业管理当局的业绩

"利润"是经营管理人员的业绩体现,也是管理成功与否的重要标志。通过对不同时期、不同企业之间收入、成本、费用及利润的增减变动,并分析产生差异的原因,可据以识别、评价各职能部门和人员的业绩,以及它们的业绩与整个企业经营成果的关系,从而评价各管理部门及人员的功过得失,为人事调整、实施奖惩、改善经营管理提供依据。

通过对企业不同时期利润表所反映的各项收入、费用和利润进行增减变动分析和结构分析,找出问题,分析问题的原因,股东和投资者可以评价企业管理当局的业绩。

(四)可为经营成果分配提供重要依据

现代企业是由不同利益集团组成的"结合体"。各种利益集团之所以提供资金、技术和人力资源,或参与企业的经营活动,其目的在于分享企业的经营成果——利润。可见,在一定的经济政策、法律规定和企业分配制度的前提下,利润的多少决定了各利害关系方,如国家税收、股东的红利、管理人员和员工酬金等的分享额。

总之,无论对于内部还是外部财务分析者来说,利润表是对企业进行财务分析的基础资料,它为信息使用者提供各种有用的会计信息,为其进行经济决策服务。

二、利润表列报的总体要求

企业会计准则规定,企业在利润表中应当对费用按照功能分类,分为从事经营业务发生的成本、管理费用、销售费用和财务费用等。企业的活动通常可以划分为生产、销售、管理、融资等,每一种活动上发生的费用所发挥的功能并不相同。因此,按照费用功能法将其分开列报,有助于使用者了解费用发生的活动领域。

但是,由于银行、保险、证券等金融企业的日常活动与一般企业不同,具有特殊性,准则规定金融企业可以根据其特殊性列示利润表项目。例如,商业银行将利息支出作为利息收入的抵减项目、将手续费及佣金支出作为手续费及佣金收入的抵减项目列示等。

三、利润表的结构和内容

(一)利润表结构

与资产负债表不同,利润表是一张动态会计报表,它的表首除了企业名称、报表名称外,还包括报表所涵盖的会计期间,它反映一个会计期间企业因销售商品、提供劳务、对外投资等所取得的各种收入,以及与各种收入相对应的费用、损失,并将收入与费用、损失加以对比,得出当期的净利润。

常见的利润表结构主要有单步式和多步式两种。在我国,企业利润表采用的基本上是多步式结构,即通过对当期的收入、费用、支出项目按性质加以归类,按利润形成的主环节列示一些中间性利润指标,分步计算当期净损益,便于使用者理解企业经营成果的不同来源。

企业利润表对于费用列报通常应当按照功能进行分类,即分为从事经营业务发的成本、管理费用、销售费用和财务费用等,有助于使用者了解费用发生的活动领域;与此同时,为了有助于报表使用者预测企业的未来现金流量,对于费用的列报还应当在附注中披露按照性质分类的补充资料,比如分为耗用的原材料、职工薪酬费用、折旧费用、摊销费用等。

(二)利润表的内容:

利润表主要反映以下七个方面的内容。

(1) 营业收入,由主营业务收入和其他业务收入组成。

(2) 营业利润,营业收入减去营业成本(主营业务成本、其他业务成本)、营业税金及附加、销售费用、管理费用、财务费用、资产减值损失,加上公允价值变动收益、投资收益,即为营业利润。

(3) 利润总额,营业利润加上营业外收入,减去营业外支出,即为利润总额。

(4) 净利润,利润总额减去所得税费用,即为净利润。

(5) 其他综合收益,具体分为"以后会计期间不能重分类进损益的其他综合收益项目"和"以后会计期间在满足规定条件时将重分类进损益的其他综合收益项目"两类,并以扣除相关所得税影响后的净额列报。

(6) 综合收益总额,净利润加上其他综合收益税后净额,即为综合收益总额。

(7) 每股收益,包括基本每股收益和稀释每股收益两项指标。

其中,其他综合收益是指企业根据其他会计准则规定未在当期损益中确认的各项利得和损失。其他综合收益项目分为下列两类：① 以后会计期间不能重分类进损益的其他综合收益项目,主要包括重新计量设定受益计划净负债或净资产导致的变动、按照权益法核算的在被投资单位不能重分类进损益的其他综合收益变动中所享有的份额等。② 以后会计期间在满足规定条件时将重分类进损益的其他综合收益项目,主要包括:按照权益法核算的在被投资单位可重分类进损益的其他综合收益变动中所享有的份额、可供出售金融资产公允价值变动形成的利得或损失、持有至到期投资重分类为可供出售金融资产形成的利得或损失、现金流量套期工具产生的利得或损失中属于有效套期的部分、外币财务报表折算差额、自用房地产或作为存货的房地产转换为以公允价值模式计量的投资性房地产在转换日公允价值大于账面价值部分等。

此外,为了使报表使用者通过比较不同期间利润的实现情况,判断企业经营成果的未来发展趋势,企业需要提供比较利润表,利润表还就各项目再分为"本期金额"和"上期金额"两栏分别填列。利润表具体格式见表13-7。

表13-7 利润表

编制单位：　　　　　　　　　　年　月　　　　　　　　　　会企02表
单位：元

项　　目	本期金额	上期金额
一、营业收入		
减：营业成本		
营业税金及附加		
销售费用		
管理费用		
财务费用		
资产减值损失		

续 表

项　　　　目	本期金额	上期金额
加：公允价值变动收益（损失以"－"号填列）		
投资收益（损失以"－"号填列）		
其中：对联营企业和合营企业的投资收益		
二、营业利润（亏损以"－"号填列）		
加：营业外收入		
减：营业外支出		
其中：非流动资产处置损失		
三、利润总额（亏损总额以"－"号填列）		
减：所得税费用		
四、净利润（净亏损以"－"号填列）		
五、其他综合收益的税后净额		
（一）以后不能重分类进损益的其他综合收益		
1．重新计量设定受益计划净负债或净资产的变动		
2．权益法下在被投资单位不能重分类进损益的其他综合收益中享有的份额		
（二）以后将重分类进损益的其他综合收益		
1．权益法下在被投资单位以后将重分类进损益的其他综合收益中享有的份额		
2．可供出售金融资产公允价值变动损益		
3．持有至到期投资重分类为可供出售金融资产损益		
4．现金流量套期损益的有效部分		
5．外币财务报表折算差额		
六、综合收益总额		
七、每股收益		
（一）基本每股收益		
（二）稀释每股收益		

四、一般企业利润表的填列方法

1. 利润表"本期金额"栏的填列方法

本表"本期金额"栏一般应根据损益类科目和所有者权益类有关科目的发生额填列。

（1）"营业收入"项目，反映企业经营主要业务和其他业务所确认的收入总额。本项目应根据"主营业务收入"和"其他业务收入"科目的发生额分析填列。

（2）"营业成本"项目，反映企业经营主要业务和其他业务所发生的成本总额。本项目应根据"主营业务成本"和"其他业务成本"科目的发生额分析填列。

（3）"营业税金及附加"项目，反映企业经营业务应负担的消费税、营业税、城市建设维护税、资源税、土地增值税和教育费附加等。本项目应根据"营业税金及附加"科目的发生额分析填列。

（4）"销售费用"项目，反映企业在销售商品过程中发生的包装费、广告费等费用和为销售本企业商品而专设的销售机构的职工薪酬、业务费等经营费用。本项目应根据"销售费用"科目的发生额分析填列。

（5）"管理费用"项目，反映企业为组织和管理生产经营发生的管理费用。本项目应根据"管理费用"的发生额分析填列。

（6）"财务费用"项目，反映企业筹集生产经营所需资金等而发生的筹资费用。本项目应根据"财务费用"科目的发生额分析填列。

（7）"资产减值损失"项目，反映企业各项资产发生的减值损失。本项目应根据"资产减值损失"科目的发生额分析填列。

（8）"公允价值变动收益"项目，反映企业应当计入当期损益的资产或负债公允价值变动收益。本项目应根据"公允价值变动损益"科目的发生额分析填列，如为净损失，本项目以"－"号填列。

（9）"投资收益"项目，反映企业以各种方式对外投资所取得的收益。本项目应根据"投资收益"科目的发生额分析填列。如为投资损失，本项目以"－"号填列。

（10）"营业利润"项目，反映企业实现的营业利润。如为亏损，本项目以"－"号填列。

（11）"营业外收入"项目，反映企业发生的与经营业务无直接关系的各项收入。本项目应根据"营业外收入"科目的发生额分析填列。

（12）"营业外支出"项目，反映企业发生的与经营业务无直接关系的各项支出。本项目应根据"营业外支出"科目的发生额分析填列。

（13）"利润总额"项目，反映企业实现的利润。如为亏损，本项目以"－"号填列。

（14）"所得税费用"项目，反映企业应从当期利润总额中扣除的所得税费用。本项目应根据"所得税费用"科目的发生额分析填列。

（15）"净利润"项目，反映企业实现的净利润。如为亏损，本项目以"－"号填列。

（16）"其他综合收益的税后净额"项目，反映企业根据企业会计准则规定未在损益中确认的各项利得和损失扣除所得税影响后的净额。应根据"其他综合收益"科目及其所属明细科目的本期发生额分析填列。

（17）"综合收益总额"项目，反映企业净利润与其他综合收益的合计金额。

（18）"每股收益"项目，包括基本每股收益和稀释每股收益两项指标，反映普通股或潜在普通股已公开交易的企业，以及正处在公开发行普通股或潜在普通股过程中的企业的每股收益信息。

2. 上期金额栏的填列方法

利润表"上期金额"栏内各项数字,应根据上年该期利润表"本期金额"栏内所列数字填列。如果上年该期利润表规定的各个项目的名称和内容同本期不相一致,应对上年该期利润表各项目的名称和数字按本期的规定进行调整,填入利润表"上期金额"栏内。

3. 本期金额栏的填列方法

利润表"本期金额"栏内各项数字一般应根据损益类科目的本期发生额分析填列。

五、一般企业利润表的编制方法

[例13-2] 承接本章第二节资产负债表所举例题,甲有限责任公司20×8年度有关损益类科目的发生额如表13-8。

表13-8　有关损益类科目的发生额

科　目　名　称	借方发生额	贷方发生额
主营业务收入		4 500 000
主营业务成本	2 850 000	
营业税金及附加	9 900	
其他业务收入		360 000
其他业务成本		
销售费用	54 000	
管理费用	321 300	
财务费用	115 500	
投资收益		155 400
营业外收入		
营业外支出	73 800	
所得税费用	372 045	
资产减值损失	155 124	

根据上述资料,编制利润表如表13-9(上年金额略)。

表13-9　利润表

编制单位:甲有限责任公司　　　　　20×8年度　　　　　　　　　会企02表
单位:元

项　　　　目	本年金额	上年金额
一、营业收入	4 860 000	略
减:营业成本	2 850 000	

续　表

项　目	本年金额	上年金额
营业税金及附加	9 900	
销售费用	54 000	
管理费用	321 300	
财务费用	115 500	
资产减值损失	155 124	
加：公允价值变动收益（损失以"—"号填列）		
投资收益（损失以"—"号填列）	155 400	
其中：对联营企业和合营企业的投资收益		
二、营业利润（亏损以"—"号填列）	1 509 576	
加：营业外收入		
减：营业外支出	73 800	
其中：非流动资产处置损失		
三、利润总额（亏损总额以"—"号填列）	1 435 776	
减：所得税费用	372 045	
四、净利润（净亏损以"—"号填列）	1 063 731	
五、其他综合收益的税后净额		
（一）以后不能重分类进损益的其他综合收益		
（二）以后将重分类进损益的其他综合收益		
六、综合收益总额	1 063 731	
七、每股收益		
（一）基本每股收益		
（二）稀释每股收益		

第四节　现金流量表

现金流量表是以现金为基础编制的财务状况变动表，它是反映企业一定时期内现金和现金等价物流入、流出以及净流量变化情况的一张动态报表。它是企业对外提供的主要会计报表之一。如前所述，资产负债表反映的是企业某一特定日期所拥有或控制的资源以及这些资源的分布情况，需要偿还的债务及清偿时间以及投资者所拥有的净资产的情况等，表明了企业在某一特定日期的财务状况。但是，资产负债表并没有说明一个企业的资产、负债和所有者权益发生变化的原因，从期初的总量、结构到期末的总量、结构,即企业的财务状况为什么发生了变化;利润表反映的是企业一定期间内的经营成果,即盈利或亏损的情况,表明企业所拥有资产的获利能力。利润表中有关收入和成本费用等信息说明了经营活动对于企业财务状况的影响,在一定程度上说明了财务状况变动的原因,但是,利润表是按照权责发生制原则计量收入实现情况和成本费用发生情况,它没有提供经营活动引起的现金流入和现金流出的信息。此外,利润表中有关投资收益和财务费用的信息反映了企业投资和筹资活动的效率和最终成果,但是并没有反映投资和筹资本身的情况,如企业对外投资的规模和投向,以及筹资规模和来源等。可以说,资产负债表和利润表只能提供企业某一方面的财务信息,为了全面反映一个企业经营、投资和融资活动对财务状况变动的影响,还需要编制现金流量表。因此,现金流量表就是在资产负债表和利润表已经反映了企业财务状况和经营成果信息的基础上,进一步提供企业现金流量的信息,即以现金为基础提供财务状况变动信息。

一、现金流量表的概念和作用

（一）现金流量表的概念

现金流量表是反映企业在一定会计期间现金和现金等价物流入和流出的报表。

（二）现金流量表的作用

现金流量表的作用一般表现在以下三个方面:

(1) 通过编制现金流量表可以为企业管理者及时掌握现金流动的信息,分析净利润与相关的现金收支产生差异的原因,科学规划企业的投资、筹资活动,搞好资金调度,最大限度地提高资金的利用效率。

(2) 通过现金流量表所提供的信息,企业的投资者、潜在的投资者、债权人可以了解企业如何使用现金,有利于他们正确评估企业的偿债能力、分派股利的能力以及未来创造净现金流量的能力,以利于他们正确作出投资决策和信贷决策。

(3) 现金流量信息是政府综合经济管理部门,尤其是证券市场监管部门对企业进行监管的重要依据。将现金流量表与资产负债表和利润表所提供的信息进行综合分析,以利于了解企业的真实财务状况以及是否潜伏着重大的风险等。监管部门可以将事后监督转为事前监督,防范和化解潜在的金融风险。

二、现金流量表的编制基础

现金流量表是以现金为基础编制的,这里的现金是指企业库存现金、可以随时用于支取的存款,以及现金等价物,具体包括四个方面。

（一）库存现金

库存现金是指企业持有的可随时用于支付的现金限额,即与会计核算中"库存现金"科目所包括的内容一致。

（二）银行存款

银行存款是指企业存放在金融机构随时可以用于支付的存款,即与会计核算中"银行存款"科目所包括的内容基本一致,区别在于:如果存放在金融机构的款项中不能随时用于支取的存款,如不能随时支取的定期存款,不作为现金流量表中的现金,但提前通知金融机构便可支取的定期存款,则包括在现金流量表中的现金范围内。

（三）其他货币资金

其他货币资金是指企业存放在金融机构有特定用途的资金,如外埠存款、银行汇票存款、银行本票存款、信用证保证金存款、信用卡存款、存出投资款等。

（四）现金等价物

现金等价物是指企业持有的期限短、流动性强、易于转换为已知金额的现金、价值变动风险很小的短期投资。现金等价物虽然不是现金,但其支付能力与现金差别不大,可视为现金。现金等价物通常指购买在3个月或更短时间内即到期或即可转换为现金的投资。如企业于20×8年12月1日购入20×6年1月1日发行的期限为3年的国债,购买时还有1个月到期,则这项短期性质的投资就可视为现金等价物；又如,企业20×8年12月1日购入期限为6个月的企业债券,则不能作为现金等价物。可见,是否作为现金等价物的主要标志是购买日至到期日在3个月或更短时间内转换为已知现金金额的投资。哪些短期性质的投资视为现金等价物,应依据其定义确定。不同企业现金等价物的范围也可能不同,如经营活动主要以短期、流动性强的投资为主的企业,可能会将所有项目都视为投资,而不是现金等价物,而非经营投资的企业可能将其视为现金等价物。企业应当根据经营特点等具体情况,确定现金等价物的范围,并在会计报表附注披露确定现金等价物的会计政策,并一贯性地保持这种划分标准。这种政策的改变应视为会计政策的变更。

三、现金流量的分类

企业一定时期内现金流入和流出是由各种因素产生的,如产品制造业为生产产品需要用现金支付购入原材料的价款,支付职工薪酬,购买固定资产也需要支付现金。现金净流量是现金流量表所要反映的一个重要指标,指现金流入与流出的差额,它反映了企业各类活动形成的现金流量的最终结果,可能是正数,也可能是负数。如果是正数,则为净流入；如果是负数,则为净流出。一般来说,现金流入大于现金流出反映了企业现金流量的积极现象和趋势。因此,对现金流量进行合理分类,有助于深入地分析企业财务状况变动,预测企业现金流量未来前景。我国现金流量表会计准则将现金流量分为三类：经营活动产生的现金流量、投资活动产生的现金流量、筹资活动产生的现金流量。

（一）经营活动产生的现金流量

经营活动,是指企业投资活动和筹资活动以外的所有交易和事项。也就是说,除归属于企业投资活动和筹资活动以外的所有交易和事项,都可归属于经营活动。对于工商企业而言,经营活动主要包括销售商品、提供劳务、购买商品、接受劳务,支付税费等。

在现金流量表上,经营活动的现金流量应当按照其经营活动的现金流入和流出的性质分项列示;银行、保险公司和非银行金融机构的经营活动按照其经营活动特点分项列示。

经营活动产生的现金流入项目主要有:销售商品、提供劳务收到的现金,收到的税费返还,收到的其他与经营活动有关的现金;经营活动产生的现金流出项目主要有:购买商品、接受劳务支付的现金,支付给职工以及为职工支付的现金,支付的各项税费,支付的其他与经营活动有关的现金。

(二)投资活动产生的现金流量

投资活动是指企业长期资产的购建和不包括在现金等价物范围内的投资及其处置活动,既包括实物资产的投资,也包括金融资产投资。这里的长期资产是指固定资产、无形资产、在建工程、其他资产等持有期限在一年或一个营业周期以上的资产。

需要指出的是,这里所说的投资活动是一个广义的概念,既包括对外投资,也包括企业内部的固定资产、无形资产及其他长期资产的购建和处置。会计核算中所说的投资往往是指对外投资,即狭义的投资。

投资活动产生的现金流量,是由投资活动现金流入和流出构成的。投资活动产生的现金流入项目主要有:收回投资所收到的现金,取得投资收益所收到的现金,处置固定资产、无形资产和其他长期资产所收回的现金净额,处置子公司及其他营业单位收到的现金净额,收到的其他与投资活动有关的现金;投资活动产生的现金流出项目主要有:购建固定资产、无形资产和其他长期资产所支付的现金,投资所支付的现金,取得子公司及其他营业单位支付的现金净额,支付的其他与投资活动有关的现金。

(三)筹资活动产生的现金流量

筹资活动是指导致企业资本及债务规模和构成发生变化的活动,主要涉及吸收投资、发行股票、分配利润等。应付账款、应付票据等商业应付款属于经营活动,不属于筹资活动。

筹资活动产生的现金流入项目主要有:吸收投资所收到的现金,取得借款所收到的现金,收到的其他与筹资活动有关的现金;筹资活动产生的现金流出项目主要有:偿还债务所支付的现金,分配股利、利润或偿付利息所支付的现金,支付的其他与筹资活动有关的现金。

(四)特殊项目现金流量的分类

企业日常活动之外的、不经常发生的特殊项目,如自然灾害损失、保险赔款、捐赠等。现金流量表通过揭示企业现金流量的来源和用途,为分析现金流量前景提供信息,对于那些日常活动之外特殊的、不经常发生的项目,应当归并到相关类别中,并单独反映,也就是在现金流量相应类别下单设一项。比如,对于自然灾害损失和保险赔款,如果能够确指,属于流动资产损失的,应当列入经营活动产生的现金流量;属于固定资产损失的,应当列入投资活动产生的现金流量。如果不能确指,则可以列入经营活动产生的现金流量。当然,如果特殊项目的现金流量金额不大,则可以列入现金流量类别下的"其他"项目,不单列项目。

（五）特殊行业现金流量的分类

上述所进行的现金流量分类,主要是针对工商企业而言,对于银行、保险等特殊行业来说,其经营活动主要涉及资金的融通。所以,许多投融资业务,对于工商企业来说,属于投资或筹资活动,而对于银行、保险企业来说,则属于经营活动。

所以,我们有必要根据实际情况对金融,保险等特殊行业的现金流量进行合理归类。通常,金融企业的下列现金收入和流出项目属于经营活动产生的现金流量：

(1) 对外发放的贷款和收回的贷款本金；
(2) 吸收的存款和支付的存款本金；
(3) 同业存款及存放同业款项；
(4) 向其他金融企业拆借的资金；
(5) 利息收入和利息支出；
(6) 收回的已于前期核销的贷款；
(7) 经营证券业务的企业,买卖证券所收到或支出的现金；
(8) 融资租赁所收到的现金。

四、现金流量的结构和基本格式

《企业会计准则第 31 号——现金流量表》中提供了现金流量表的参考格式。该表以报告式方式披露有关现金流量的信息。

该表分五项：一是经营活动产生的现金流量；二是投资活动产生的现金流量；三是筹资活动产生的现金流量；四是汇率变动对现金的影响；五是现金及现金等价物净增加额。其中,经营活动产生的现金流量,是按直接法编制的。

我国一般企业现金流量表的基本格式,如表 13-10 所示。

表 13-10 现金流量表

编制单位：　　　　　　　　年度　　　　　　　　　会企 03 表
单位：元

项　　目	行　次	金　额
一、经营活动产生的现金流量： 　　销售商品、提供劳务收到的现金 　　…… 　　现金流入小计 　　购买商品、接受劳务支付的现金 　　…… 　　现金流出小计 　　经营活动产生的现金流量净额		

续 表

项　　目	行　次	金　额
二、投资活动产生的现金流量：		
收回投资所收到的现金		
现金流入小计		
购建固定资产、无形资产和其他长期资产所支付的现金		
现金流出小计		
投资活动产生的现金流量净额		
三、筹资活动产生的现金流量：		
吸收投资所收到的现金		
现金流入小计		
偿还债务所支付的现金		
现金流出小计		
筹资活动产生的现金流量净额		
四、汇率变动对现金流量的影响		
五、现金及现金等价物净增加额		

补充资料有三项，一是将净利润调节为经营活动产生的现金流量，即要在补充资料中采用间接法报告经营活动产生的现金流量信息；二是不涉及现金收支的投资和筹资活动；三是现金及现金等价物净增加情况。补充资料在报表附注中披露。

五、现金流量表各项目的内容及填列方法

现金流量表正表项目主要包括下列三个方面。

（一）经营活动产生的现金流量

经营活动产生的现金流量的列报方法有两种，一是直接法，二是间接法。现金流量表正表采用直接法，补充资料采用间接法。所谓直接法是指通过现金收入和现金支出的主要类别直接反映来自企业经营活动的现金流量的一种方法。所谓间接法是以本期净利润为起点，调整不涉及现金的收入、费用、营业外收支等有关项目的增减变动，据此计算出经营活动的现金流量。

正表中经营活动现金流量项目主要有以下七个。

（1）"销售商品、提供劳务收到的现金"项目，该项目反映企业销售商品、提供劳务实际收到的现金（含销售收入和应向购买者收取的增值税额），包括本期销售商品、提供劳务收到的现金，以及前期销售和前期提供劳务本期收到的现金和本期预收的账款，减去本期退回本期销售的商品和前期销售本期退回的商品支付的现金。企业销售材料和代购代销业务收到的现金，也在本项目中反映。本项目可以根据"库存现金""银行存款""应收账款""应收票据""预收账款""主营业务收入""其他业务收入"等科目的记录

分析填列。

根据账户记录分析计算该项目的金额,一般可以采用下列公式:

$$\begin{aligned}\text{销售商品、提供劳务} \\ \text{收到的现金}\end{aligned} = \begin{aligned}\text{当期销售商品、提供} \\ \text{劳务收到的现金}\end{aligned} + \begin{aligned}\text{当期收到前期的} \\ \text{应收账款和应收票据}\end{aligned}$$

$$+ \begin{aligned}\text{当期预收的} \\ \text{账款}\end{aligned} - \begin{aligned}\text{当期销售退回} \\ \text{而支付的现金}\end{aligned} + \begin{aligned}\text{当期收回前期} \\ \text{核销的坏账损失}\end{aligned}$$

(2)"收到的税费返还"项目,该项目反映企业收到返还的各种税费,如收到返还的增值税、消费税、营业税、所得税、教育费附加返还等。本项目可以根据"库存现金""银行存款""营业税金及附加""营业外收入"等科目的记录分析填列。

(3)"收到的其他与经营活动有关的现金"项目,该项目反映企业除了上述各项目外,收到的其他与经营活动有关的现金流入,如罚款收入、流动资产损失中由个人赔偿的现金收入等。其他现金流入如价值较大的,应单列项目反映。本项目可以根据"库存现金""银行存款""营业外收入"等科目的记录分析填列。

(4)"购买商品、接受劳务支付的现金"项目,该项目反映企业购买材料、商品、接受劳务实际支付的现金,包括本期购入材料、商品、接受劳务支付的现金(包括增值税进项税额),以及本期支付前期购入商品、接受劳务的未付款项和本期预付款项。本期发生的购货退回收到的现金应从本项目内减去。本项目可以根据"库存现金""银行存款""应付账款""应付票据""主营业务成本""其他业务成本"等科目的记录分析填列。

根据账户记录分析计算该项目的金额,一般可以采用下列公式:

$$\begin{aligned}\text{购买商品、接受} \\ \text{劳务支付的现金}\end{aligned} = \begin{aligned}\text{当期购买商品、接受} \\ \text{劳务支付的现金}\end{aligned} + \begin{aligned}\text{当期支付前期的应付} \\ \text{账款和应付票据}\end{aligned} + \begin{aligned}\text{当期预} \\ \text{付的账款}\end{aligned} - \begin{aligned}\text{当期因购货退} \\ \text{回收到的现金}\end{aligned}$$

(5)"支付给职工以及为职工支付的现金"项目,该项目反映企业实际支付给职工,以及为职工支付的现金,包括本期实际支付给职工的工资、奖金、各种津贴和补贴等,以及为职工支付的其他费用。不包括支付的离退休人员的各项费用和支付给在建工程人员的工资及其他费用等。企业支付给离退休人员的各项费用,包括支付的统筹退休金以及未参加统筹的退休人员的费用,在"支付的其他与经营活动有关的现金"项目中反映;支付的在建工程人员的工资及其他费用,在"购建固定资产、无形资产和其他长期资产所支付的现金"项目中反映。本项目可以根据"应付职工薪酬""库存现金""银行存款"等科目的记录分析填列。

企业为职工支付的医疗、养老、失业、工伤、生育等社会保险基金、补充养老保险、住房公积金、支付给职工的住房困难补助,以及企业支付给职工或为职工支付的其他福利费用等,应按职工的工作性质和服务对象,分别在本项目和在"购建固定资产、无形资产和其他长期资产所支付的现金"项目中反映。

(6)"支付的各项税费"项目,该项目反映企业按规定支付的各种税费,包括本期发生并支付的税费,以及本期支付以前各期发生的税费和预交的税金,如支付的教育费附加、矿产资源补偿费、印花税、房产税、土地增值税、车船使用税、预交的营业税等。不包括计入固定资产价值、实际支付的耕地占用税等,也不包括本期退回的增值税、所得税。本期退回的增值税、所得税在"收到的税费返还"项目反映。本项目可以根据"应交税费""库存现金""银行存款"等科目的记录分析填列。

(7)"支付的其他与经营活动有关的现金"项目,该项目反映企业除上述各项目外,支付的其他与经营活动有关的现金流出,如罚款支出、支付的差旅费、业务招待费现金支出、支付的财产保险费、经营租赁支付的租金等,其他现金流出如价值较大的,应单列项目反映。本项目可以根据有关科目的记录分析填列。

(二)投资活动产生的现金流量

正表中投资活动现金流量项目主要有以下九种。

(1)"收回投资所收到的现金"项目,该项目反映企业出售、转让或到期收回除现金等价物以外的交易性金融资产、持有至到期投资、可供出售金融资产、长期股权投资、投资性房地产而收到的现金。不包括债权性投资收回的利息、收回的非现金资产,以及处置子公司及其他营业单位收到的现金净额。债权性投资收到本金,在本项目中反映。本项目可以根据"交易性金融资产""持有至到期投资""可供出售金融资产""长期股权投资""投资性房地产""库存现金""银行存款"等科目的记录分析填列。

(2)"取得投资收益所收到的现金"项目,该项目反映企业因股权性投资和债权性投资而取得的现金股利、利息,以及从子公司、联营企业和合营企业分回利润收到的现金,以及投资性房地产的租金收入,不包括股票股利。包括在现金等价物范围内的债权性投资,其利息收入在本项目中反映。本项目可以根据"应收股利""应收利息""交易性金融资产""可供出售金融资产""库存现金""银行存款""投资收益"等科目的记录分析填列。

(3)"处置固定资产、无形资产和其他长期资产所收回的现金净额"项目,该项目反映企业处置固定资产、无形资产和其他长期资产所取得的现金,减去为处置这些资产而支付的有关费用后的净额。由于自然灾害所造成的固定资产等长期资产损失而收到的保险赔偿收入,也在本项目反映。如处置固定资产、无形资产和其他长期资产所收回的现金净额为负数,则应作为投资活动流出的现金,在"支付的其他与投资活动有关的现金"项目中反映。本项目可以根据"固定资产清理""库存现金""银行存款"等科目的记录分析填列。

(4)"处置子公司及其他营业单位收到的现金净额"项目,反映企业处置子公司及其他营业单位收到的现金减去子公司或其他营业单位持有的现金和现金等价物以及相关处置费用后的净额。处置子公司及其他营业单位收到的现金净额如为负数,在"支付的其他与投资活动有关的现金"项目中反映。本项目可以根据有关科目的记录分析填列。

(5)"收到的其他与投资活动有关的现金"项目,该项目反映企业除了上述各项以外,收到的其他与投资活动有关的现金流入。其他现金流入如价值较大的,应单列项目反映。本项目可以根据有关科目的记录分析填列。

(6)"购建固定资产、无形资产和其他长期资产所支付的现金"项目,该项目反映企业购买、建造固定资产,取得无形资产和其他长期资产所支付的现金,包括购建固定资产支付的增值税,支付的在建工程人员的工资等费用。不包括为购建固定资产而发生的借款利息资本化的部分,以及融资租入固定资产支付的租赁费。借款利息和融资租入固定资产支付的租赁费,在筹资活动产生的现金流量中反映。企业以分期付款方式购建的固定资产或无形资产,其首次付款支付的现金在本项目中反映,以后各期支付的现金在"支付的其他与筹资活动有关的现金"项目中反映。本项目可以根据"固定资产""在建工程""工程物资""无形资产""库存现金""银行存款"等科目的记录分析填列。

(7)"投资所支付的现金"项目,该项目反映企业进行权益性投资和债权性投资支付的现金,包括企业取得的除现金等价物以外的交易性金融资产、持有至到期投资、可供出售金融资产、长期股权投资、投资性房地产而支付的现金以及支付的佣金、手续费等附加费用。本项目可以根据"交易性金融资产""持有至到期投资""可供出售金融资产""长期股权投资""库存现金""银行存款"等科目的记录分析填列。

企业购买股票和债券时,实际支付的价款中包含的已宣告但尚未领取的现金股利或已到付息期但尚未领取的债券利息,应在投资活动的"支付的其他与投资活动有关的现金"项目中反映;收回购买股票和债券时支付的已宣告但尚未领取的现金股利或已到付息期但尚未领取的债券利息,在投资活动的"收到的其他与投资活动有关的现金"项目中反映。

(8)"取得子公司及其他营业单位支付的现金净额"项目,反映企业取得子公司及其他营业单位购买出价中以现金支付的部分,减去子公司或其他营业单位持有的现金和现金等价物后的净额。取得子公司及其他营业单位支付的现金净额如为负数,在"收到其他与投资活动有关的现金"项目中反映。本项目可以根据有关科目的记录分析填列。

(9)"支付的其他与投资活动有关的现金"项目,反映企业除了上述各项以外,支付的其他与投资活动有关的现金流出。其他现金流出如价值较大的,应单列项目反映。本项目可以根据有关科目的记录分析填列。

(三)筹资活动产生的现金流量

正表中筹资活动的现金流量项目有以下七种。

(1)"吸收投资所收到的现金"项目,该项目反映企业收到的投资者投入的现金,包括以发行股票等方式筹集的资金实际收到款项净额(发行收入减去支付的佣金等发行费用后的净额)。以发行股票等方式筹集资金而由企业直接支付的审计、咨询等费用,在"支付的其他与筹资活动有关的现金"项目中反映,不从本项目内减去。本项目可以根据"实收资本(或股本)""资本公积""应付债券""库存现金""银行存款"等科目的记录分析填列。

(2)"借款所收到的现金"项目,该项目反映企业举借各种短期、长期借款收到的现金以及发行债券实际收到的款项净额(发行收入减去直接支付的佣金等发行费用后的净额)。本项目可以根据"短期借款""长期借款""交易性金融负债""应付债券""库存现金""银行存款"等科目的记录分析填列。

(3)"收到的其他与筹资活动有关的现金"项目,该项目反映企业除上述各项目外,收到的其他与筹资活动有关的现金流入。其他现金流入如价值较大的,应单列项目反映。本项目可以根据有关科目的记录分析填列。

(4)"偿还债务所支付的现金"项目,反映企业以现金偿还债务的本金,包括偿还金融企业的借款本金、偿还债券本金等。企业偿还的借款利息、债券利息,在"分配股利、利润或偿付利息所支付的现金"项目中反映,不包括在本项目内。本项目可以根据"短期借款""长期借款""交易性金融负债""应付债券""库存现金""银行存款"等科目的记录分析填列。

(5)"分配股利、利润或偿付利息所支付的现金"项目,该项目反映企业实际支付的现金股利,支付给其他投资单位的利润以及支付的借款利息、债券利息等。本项目可以根据"应付股利""财务费用""在建工程""制造费用""研发支出""库存现金""银行存款"等科目的记录分析填列。

(6)"支付的其他与筹资活动有关的现金"项目,该项目反映企业除了上述各项外,支付的其他与筹资活动有关的现金流出,如融资租入固定资产支付的租赁费、以分期付款方式购建固定资产以后各期支付的现金等。其他现金流出如价值较大的,应单列项目反映。本项目可以根据有关科目的记录分析填列。

此外,对于企业日常活动之外不经常发生的特殊项目,如自然灾害损失、保险赔款、现金捐赠等,应当归并相关类别中,并单独反映。

(7)"汇率变动对现金的影响"项目,该项目反映企业外币现金流量及境外子公司的现金流量折算为人民币时,所采用的现金流量发生日的汇率或平均汇率折算的人民币金额与"现金及现金等价物净增加额"中外币现金净增加额按期末汇率折算的人民币金额之间的差额。

六、现金流量表的编制程序

上述现金流量表各项目的填列方法是直接根据有关账户的记录分析填列的。实际工作中,现金流量表的编制方法还有"工作底稿法"和"T形账户法"。

(一)工作底稿法

采用工作底稿法编制现金流量表,是以工作底稿为手段,以利润表和资产负债表数据为基础,对每一项目进行分析并编制调整分录,从而编制出现金流量表。

在直接法下,工作底稿的格式如表13-11所示。

工作底稿法的基本程序如下：

第一步，将资产负债表的期初数和期末数过入工作底稿的期初数栏和期末数栏。

第二步，对当期业务进行分析并编制调整分录。调整分录大体有下列几类：(1) 涉及利润表中的收入、成本和费用项目以及资产负债表中的资产、负债及所有者权益项目，通过调整，将权责发生制下的收入费用转换为现金基础；(2) 涉及资产负债表和现金流量表中的投资、筹资项目，反映投资和筹资活动的现金流量；(3) 涉及利润表和现金流量表中的投资和筹资项目，目的是将利润表中有关投资和筹资方面的收入和费用列入现金流量表投资、筹资现金流量中去。此外，还有一些调整分录并不涉及现金收支，只是为了核对资产负债表项目的期末期初变动。

在调整分录中，有关现金和现金等价物的事项，并不直接借记或贷记现金，而是分别记入"经营活动产生的现金流量""投资活动产生的现金流量""筹资活动产生的现金流量"有关项目，借记表明现金流入，贷记表明现金流出。

第三步，将调整分录过入工作底稿中的相应部分。

第四步，核对调整分录，借贷合计应当相等，资产负债表项目期初数加减调整分录中的借贷金额后，应当等于期末数。

第五步，根据工作底稿中的现金流量表项目部分编制正式的现金流量表。

（二）T 形账户法

采用 T 形账户法编制现金流量表，是以 T 形账户为手段，以利润表和资产负债表数据为基础，对每一项目进行分析并编制调整分录，从而编制出现金流量表。

T 形账户法的基本程序如下：

第一步，为所有的非现金项目（包括资产负债表项目和利润表项目）分别开设 T 形账户，并将各自的期末期初变动数过入各该账户；

第二步，开设一个大的"现金及现金等价物"T 形账户，每边分为经营活动，投资活动和筹资活动三个部分，左边记现金流入，右边记现金流出。与其他账户一样，过入期末期初变动数；

第三步，以利润表项目为基础，结合资产负债表分析每一非现金项目的增减变动，并据此编制调整分录；

第四步，将调整分录过入各 T 形账户，并进行核对，该账户借贷相抵后的余额与原先过入的期末期初变动数应当一致。

第五步，根据大的"现金与现金等价物"T 形账户编制正式的现金流量表。

下面以第二节振华有限责任公司 20×8 年的资料为例，说明工作底稿法编制现金流量表的基本程序。

[例 13-3] 振华有限责任公司 20×8 年已编制的资产负债表、利润表如表 13-6、表 13-9 所示。按照工作底稿法编制现金流量表如下：

第一步，将资产负债表的期初数和期末数过入工作底稿的期初数栏和期末数栏；如表 13-11 所示。

第二步,对当期业务进行分析并编制调整分录。编制调整分录时,要以利润表项目为基础,从"营业收入"开始,结合资产负债表项目逐一进行分析。

(1) 分析调整营业收入。

营业收入包括主营业务收入和其他业务收入。由于利润表是按权责发生制为基础编制的,因此,调整营业收入,应将利润表中按权责发生制反映的主营业务收入和其他业务收入转换为现金制,调整应收账款和应收票据的增减变动对营业收入的影响。

本例主营业务收入 4 500 000 元,由于应收账款(未扣除坏账准备前)增加了 1 024 500 元,增加应收账款应调减本期营业收入;应收票据增加了 628 500 元,应调减本期营业收入,应交税费——应交增值税(销项税额)本期发生了 765 000 元,应调增本期营业收入。调整分录如下。

  借:经营活动现金流量——销售商品收到的现金 3 612 000
    应收账款 1 024 500
    应收票据 628 500
   贷:营业收入 4 500 000
    应交税费 765 000

(注:其他业务收入 360 000 元均系租金收入,不在本项目中调整)

(2) 分析调整营业成本。

营业成本包括主营业务成本和其他业务成本。本例主营业务成本为 2 850 000 元,由于存货减少了 741 900 元,表明本期用于购买商品支付的现金减少了 741 900 元;而应付票据减少了 135 000 元,表明本期购买商品支付的现金增加了 135 000 元;预付账款减少了 300 000 元,说明本期增加的存货中现金流出减少了 300 000 元;应交税费——应交增值税(进项税额)本期发生了 102 000 元,应调增主营业务成本。调整分录如下。

  借:营业成本 2 850 000
    应交税费 102 000
    应付票据 135 000
   贷:经营活动现金流量——购买商品支付的现金 2 045 100
    存货 741 900
    预付账款 300 000

(3) 调整营业税金及附加。

本例利润表中的营业税金及附加 9 900 元已在本期支付现金。调整分录为

  借:营业税金及附加 9 900
   贷:经营活动现金流量——支付的各项税费 9 900

(4) 计算调整销售费用付现。

本例利润表中的销售费用 54 000 元与按现金制确认的数额相同。调整分录为

  借:销售费用 54 000
   贷:经营活动现金流量——支付的其他与经营活动有关的现金 54 000

(5) 调整管理费用。

管理费用中包含着不涉及现金支出的项目较多,为此,应先将管理费用全额转入"经营活动现金流量——支付的其他与经营活动有关的现金"项目,至于不涉及现金支出的项目,再分别进行调整。会计分录如下。

  借:管理费用   321 300
    贷:经营活动现金流量——支付的其他与经营活动有关的现金 321 300

(6) 分析调整财务费用。

本例利润表中的财务费用 115 500 元,预提短期借款利息 40 500 元,长期借款应计利息费用 30 000 元,未确认融资费用的摊销 45 000 元。均尚未发生现金支出。调整分录如下。

  借:财务费用   115 500
    贷:应付利息   40 500
      长期借款   30 000
      长期应付款   45 000

(7) 分析调整投资收益。

投资收益应从利润表中调整出来,列入投资活动现金流量中。本例投资收益 155 400 元,由两部分组成:一是出售短期股票投资(交易性金融资产)取得的收益 5 400 元;二是收到的现金股利 150 000 元。调整分录如下。

  借:投资活动现金流量——收回投资所收到的现金   59 400
    贷:投资收益   5 400
      交易性金融资产   54 000
  借:投资活动现金流量——取得投资收益所收到的现金   150 000
    贷:投资收益   150 000

(8) 分析调整所得税。

利润表中的所得税费用为 372 045 元,本期已实际交纳 360 045 元。调整分录为

  借:所得税费用   372 045
    贷:经营活动现金流量——支付的各项税费   360 045
      应交税费   12 000

(9) 分析调整营业外支出。

本例营业外支出 73 800 元,是处置固定资产发生的净损失,该固定资产原值 510 000 元,累计折旧 450 000 元,净值 60 000 元,处置过程中收回残料 2 400 元,用现金支付清理费 16 200 元。调整分录如下。

  借:营业外支出   73 800
    经营活动现金流量——购买商品支付的现金   2 400
    贷:固定资产   60 000
      投资活动现金流量——支付的其他与投资活动有关的现金 16 200

(10) 分析调整坏账准备和固定资产减值准备。

本例计提坏账准备 5 124 元,固定资产减值准备 150 000 元,由于计提资产减值准备不会产生现金流出,故调整分录如下。

  借:资产减值损失   155 124
    贷:应收账款   5 124
      固定资产   150 000

(11) 分析调整交易性金融资产。

本例中存出投资款增加 300 000 元,属于现金内部的变化,不影响现金流量。存出投资款减少 90 000 元,购买短期股票,应予调整。

  借:交易性金融资产   90 000
    贷:投资活动现金流量——投资所支付的现金   90 000

(12) 分析调整固定资产。

本期固定资产增减变动有四个方面:一是购入设备 282 300 元;二是在建工程完工转入 360 000 元;三是融资租入 705 000 元;四是报废 510 000 元。报废固定资产已在第(9)笔分录中调整过,所以此处只要对其余三个方面做出调整。调整分录如下。

  借:固定资产   1 347 300
    贷:投资活动现金流量——购建固定资产支付的现金 282 300
      在建工程   360 000
      长期应付款   705 000

(13) 分析调整累计折旧。

本期计提的折旧 480 000 元,其中计入制造费用 360 000 元,计入管理费用 120 000 元。计提折旧是没有现金流出的。而折旧费计入制造费用并已分配到产品成本中,也即已经计入存货成本中。由于存货的变动已在第(2)笔分录中全部调整到"经营活动现金流量——购买商品支付的现金"中,所以这里要补充调整。同理折旧费计入管理费用,而管理费用已在第(5)笔分录中全额调整到"经营活动现金流量——支付的其他与经营活动有关的现金"项目中,这里也需要作补充调整。调整分录为

  借:经营活动现金流量——购买商品支付的现金   360 000
    经营活动现金流量——支付的其他与经营活动有关的现金 120 000
    贷:固定资产   480 000

(14) 分析调整工程物资和在建工程。

本期以现金支付工程物资款项 600 000 元,在建工程人员薪酬 513 000 元,长期借款利息资本化 240 000 元。调整分录为

  借:工程物资   600 000
    在建工程   753 000
    贷:投资活动现金流量——购建固定资产支付的现金 600 000
      应付职工薪酬   513 000
      长期借款   240 000

(15) 分析调整无形资产。

无形资产本期减少 150 000 元,系摊销额,而摊销费已计入管理费用,基于和第(13)笔分录同样的理由,这里应作补充调整。调整分录如下。

  借:经营活动现金流量——支付的其他与经营活动有关的现金 150 000
    贷:无形资产 150 000

(16) 分析调整短期借款。

短期借款本期减少 600 000 元,均系偿还借款本金。调整分录如下。

  借:短期借款 600 000
    贷:筹资活动现金流量——偿还债务所支付的现金 600 000

(17) 分析调整应付职工薪酬。

本期发生的应付职工薪酬 1 500 000 元,均在本期用现金支付给职工。但由于本期工资费用分配时已分别计入在建工程 450 000 元,生产成本 945 000 元,制造费用 60 000 元和管理费用 45 000 元,所以要补充调整。调整分录如下。

  借:应付职工薪酬 1 500 000
    贷:经营活动现金流量——支付给职工以及为职工支付的现金 1 050 000
      投资活动现金流量——购建固定资产支付的现金 450 000
  借:经营活动现金流量——购买商品支付的现金 1 005 000
    经营活动现金流量——支付的其他与经营活动有关的现金 45 000
    贷:应付职工薪酬 1 050 000

(18) 分析调整应付福利费。

本期计提的职工福利费 210 000 元,其中,计入在建工程的有 63 000 元,已在第(14)笔分录中调整了。另有职工福利费 147 000 元,计入生产成本的为 132 300 元,计入制造费用的为 8 400 元,计入管理费用的为 6 300 元;基于同调整应付职工薪酬的相同理由,也要补充调整应付福利费。调整分录如下。

  借:经营活动现金流量——购买商品支付的现金 140 700
    经营活动现金流量——支付的其他与经营活动有关的现金 6 300
    贷:应付职工薪酬 147 000

(19) 分析调整应交税费。

本期以现金交纳的各种税金 240 000 元。调整分录如下。

  借:应交税费 240 000
    贷:经营活动现金流量——支付的各项税费 240 000

(20) 分析调整应付利息。

应付利息本期减少 30 000 元,均系以现金支付的短期借款利息。调整分录如下。

  借:应付利息 30 000
    贷:筹资活动现金流量——偿付利息支付的现金 30 000

(21) 分析调整长期借款。

本期举借长期借款 2 400 000 元,偿还长期借款 3 000 000 元。调整分录如下。

借:筹资活动现金流量——借款收到的现金　　　　　2 400 000
　　贷:长期借款　　　　　　　　　　　　　　　　　　2 400 000
借:一年内到期的非流动负债　　　　　　　　　　　　3 000 000
　　贷:筹资活动现金流量——偿还债务支付的现金　　　3 000 000

(22) 结转净利润。

借:净利润　　　　　　　　　　　　　　　　　　　　1 063 731
　　贷:未分配利润　　　　　　　　　　　　　　　　　1 063 731

(23) 提取盈余公积及分配股利。

借:未分配利润　　　　　　　　　　　　　　　　　　283 731
　　贷:盈余公积　　　　　　　　　　　　　　　　　　159 559.64
　　　　应付股利　　　　　　　　　　　　　　　　　　124 171.36

(24) 分析调整其他业务收入。

本例中其他业务收入均系经营租出固定资产的租金收入,其调整分录如下。

借:经营活动现金流量——收到的其他与经营活动有关的现金
　　　　　　　　　　　　　　　　　　　　　　　　　　360 000
　　贷:营业收入　　　　　　　　　　　　　　　　　　360 000

(25) 最后调整现金净变化额。

借:现金净减少额　　　　　　　　　　　　　　　　　738 045
　　贷:现金　　　　　　　　　　　　　　　　　　　　738 045

第三步,将调整分录过入工作底稿(详见表 13-11)。

表 13-11　现金流量表工作底稿　　　　　　　　　　　　　单位:元

项　目	期初数	调整分录		期末数
		借　方	贷　方	
一、资产负债表项目				
借方项目:				
货币资金	4 305 000		(25) 738 045	3 566 955
交易性金融资产	54 000	(11) 90 000	(7) 54 000	90 000
应收票据	540 000	(1) 628 500		1 168 500
应收股利	0			0
应收账款	1 074 600	(1) 1 024 500	(10) 5 124	2 093 976
其他应收款	21 000			21 000
预付账款	600 000		(2) 300 000	300 000
存货	6 927 000		(2) 741 900	6 185 100
长期股权投资	840 000			840 000
固定资产	3 570 000	(12) 1 347 300	(9) 60 000	4 227 300
			(10) 150 000	
			(13) 480 000	

续 表

项　目	期初数	调整分录 借方	调整分录 贷方	期末数
工程物资	0	(14) 600 000		600 000
在建工程	4 500 000	(14) 753 000	(12) 360 000	4 893 000
无形资产	1 500 000		(15) 150 000	1 350 000
长期待摊费用	450 000			450 000
借方项目合计	24 381 600			25 785 831
贷方项目：				
短期借款	840 000	(16) 600 000		240 000
应付票据	516 000	(2) 135 000		381 000
应付账款	3 030 000			3 030 000
应付职工薪酬	264 000	(17) 1 500 000	(17) 1 050 000	474 000
			(14) 513 000	
			(18) 147 000	
应付股利	0		(23) 124 171.36	124 171.36
应交税费	143 400	(2) 102 000	(1) 765 000	578 400
		(19) 240 000	(8) 12 000	
其他应付款	90 000			90 000
应付利息	3 000	(20) 30 000	(6) 40 500	13 500
一年内到期的非流动负债	3 000 000	(21) 3 000 000		0
长期借款	1 200 000		(21) 2 400 000	3 870 000
			(14) 240 000	
			(6) 30 000	
长期应付款	0		(6) 45 000	750 000
			(12) 705 000	
实收资本	14 400 000			14 400 000
资本公积	445 200			445 200
盈余公积	240 000		(23) 159 559.64	399 559.64
未分配利润	210 000	(23) 283 731	(22) 1 063 731	990 000
贷方项目合计	24 381 600			25 785 831
二、利润表项目				
营业收入			(1) 4 500 000	4 860 000
			(24) 360 000	
营业成本		(2) 2 850 000		2 850 000
营业税金及附加		(3) 9 900		9 900
销售费用		(4) 54 000		54 000
管理费用		(5) 321 300		321 300
财务费用		(6) 115 500		115 500
资产减值损失		(10) 155 124		155 124
投资收益			(7) 5 400	155 400
			(7) 150 000	
营业外支出		(9) 73 800		73 800
所得税费用		(8) 372 045		372 045
净利润		(22) 1 063 731		1 063 731

续 表

三、现金流量表项目		流　入	流　出	期末数
（一）经营活动产生的现金流量				
销售商品、提供劳务收到的现金		(1) 3 612 000		3 612 000
收到的税费返还				0
收到的其他与经营活动有关的现金		(24) 360 000		360 000
现金收入小计				3 972 000
购买商品、接受劳务支付的现金		(9) 2 400	(2) 2 045 100	537 000
		(13) 360 000		
		(17) 1 005 000		
		(18) 140 700		
支付给职工以及为职工支付的现金			(17) 1 050 000	1 050 000
支付的各项税费			(3) 9 900	609 945
			(8) 360 045	
			(19) 240 000	
支付的其他与经营活动有关的现金		(13) 120 000	(4) 54 000	54 000
		(15) 150 000	(5) 321 300	
		(17) 45 000		
		(18) 6 300		
现金支出小计				2 250 945
经营活动产生的现金流量净额				1 721 055
（二）投资活动产生的现金流量				
收回投资所收到的现金		(7) 59 400		59 400
取得投资收益所收到的现金		(7) 150 000		150 000
处置固定资产、无形资产和其他长期资产而收到的现金净额				
现金收入小计				209 400
购建固定资产、无形资产和其他长期资产所支付的现金			(12) 282 300	1 332 300
			(14) 600 000	
			(17) 450 000	
投资所支付的现金			(11) 90 000	90 000
支付的其他与投资活动有关的现金			(9) 16 200	16 200
现金支出小计				1 438 500
投资活动产生的现金流量净额				−1 229 100

三、现金流量表项目	流 入	流 出	期末数
（三）筹资活动产生的现金流量			
借款所收到的现金	(21) 2 400 000		2 400 000
现金收入小计			2 400 000
偿还债务所支付的现金		(16) 600 000	3 600 000
		(21) 3 000 000	
分配股利、利润或偿付利息所支付的现金		(20) 30 000	30 000
现金支出小计			3 630 000
筹资活动产生现金流量净额			−1 230 000
（四）现金及现金等价物净减少额	(25) 738 045		−738 045
调整分录借贷合计	24 498 276	24 498 276	

第四步，核对调整分录，借方、贷方合计数均应相等，资产负债表项目期初数加减调整分录中的借贷金额以后应等于期末数。

第五步，根据工作底稿中的现金流量表项目部分编制正式的现金流量表。如表13-12所示。

表 13-12 现金流量表

编制单位：甲有限责任公司　　　　　20×8年度　　　　　　　　会企03表
单位：元

项　　　　目	行 次	金　　额
一、经营活动产生的现金流量：		
销售商品、提供劳务收到的现金	1	3 612 000
收到的税费返还	3	
收到的其他与经营活动有关的现金	8	360 000
现金流入小计	9	3 972 000
购买商品、接受劳务支付的现金	10	537 000
支付给职工以及为职工支付的现金	12	1 050 000
支付的各项税费	13	609 945
支付的其他与经营活动有关的现金	18	54 000
现金流出小计	20	2 250 945
经营活动产生的现金流量净额	21	1 721 055
二、投资活动产生的现金流量：		
收回投资所收到的现金	22	59 400
取得投资收益所收到的现金	23	150 000

续 表

项　　目	行次	金　　额
处置固定资产、无形资产和其他长期资产所收到的现金净额	25	
处置子公司及其他营业单位收到的现金净额	26	
收到的其他与投资活动有关的现金	28	
现金流入小计	29	209 400
购建固定资产、无形资产和其他长期资产所支付的现金	30	1 332 300
投资所支付的现金	31	90 000
取得子公司及其他营业单位支付的现金净额	32	
支付的其他与投资活动有关的现金	35	16 200
现金流出小计	36	1 438 500
投资活动产生的现金流量净额	37	−1 229 100
三、筹资活动产生的现金流量：		
吸收投资所收到的现金	38	
借款所收到的现金	40	2 400 000
收到的其他与筹资活动有关的现金	43	
现金流入小计	44	2 400 000
偿还债务所支付的现金	45	3 600 000
分配股利、利润或偿付利息所支付的现金	46	30 000
支付的其他与筹资活动有关的现金	52	
现金流出小计	53	3 630 000
筹资活动产生的现金流量净额	54	−1 230 000
四、汇率变动对现金流量的影响	55	
五、现金及现金等价物净增加额	56	−738 045

第五节　所有者权益变动表

一、所有者权益变动表概述

（一）所有者权益变动表的定义

所有者权益变动表是指反映构成所有者权益各组成部分当期增减变动情况的报表。所有者权益变动表应当全面反映一定时期所有者权益变动的情况，不仅包括所有者权益总量的增减变动，还包括所有者权益增减变动的重要结构性信息，让报表使用者准确理解所有者权益增减变动的根源。

(二) 所有者权益变动表的内容

在所有者权益变动表中,综合收益和与所有者(或股东)的资本交易导致的所有者权益的变动,应当分别列示。企业至少应当单独列示反映下列信息的项目:(1)综合收益总额;(2)会计政策变更和差错更正的累积影响金额;(3)所有者投入资本和向所有者分配利润等;(4)提取的盈余公积;(5)所有者权益各组成部分的期初和期末余额及其调节情况。

二、所有者权益变动表的格式和编制方法

(一) 所有者权益变动表的格式

1. 以矩阵的形式列报

为了清楚地表明构成所有者权益的各组成部分当期的增减变动情况,所有者权益变动表应当以矩阵的形式列示:一方面,列示导致所有者权益变动的交易或事项,改变了以往仅仅按照所有者权益的各组成部分反映所有者权益变动情况,而是从所有者权益变动的来源对一定时期所有者权益变动情况进行全面反映;另一方面,按照所有者权益各组成部分(包括实收资本、资本溢价、其他综合收益、盈余公积、未分配利润和库存股等)及其总额列示交易或事项对所有者权益的影响。

2. 列示所有者权益变动的比较信息

根据财务报表列报准则的规定,企业还需要提供比较所有者权益变动表,所有者权益变动表还就各项目再分为"本年金额"和"上年金额"两栏分别填列。所有者权益变动表的具体格式如表13-13。

(二) 所有者权益变动表各项目反映的内容

(1)"上年年末余额"项目,反映企业上年资产负债表中实收资本(或股本)、资本公积、库存股、其他综合收益、盈余公积、未分配利润的年末余额。

(2)"会计政策变更"和"前期差错更正"项目,分别反映企业采用追溯调整法处理的会计政策变更的累积影响额。

(3)"本年增减变动额"项目:

① "综合收益总额"项目,反映净利润和其他综合收益扣除所得税影响后的净额相加后的合计金额。

② "所有者投入和减少资本"项目,反映企业当年所有者投入的资本和减少的资本。"所有者投入资本"项目,反映企业接受投资者投入形成的实收资本(或股本)和资本溢价或股本溢价。"股份支付计入所有者权益的金额"项目,反映企业处于等待期中的权益结算的股份支付当年计入资本公积的金额。

③ "利润分配"各项目,反映当年的利润分配金额。"提取盈余公积"项目,反映企业按照规定提取的盈余公积。"对所有者(或股东)的分配"项目,反映对所有者(或股东)分配的利润(或股利)金额。

④ "所有者权益内部结转"项目,反映企业以资本公积转增资本或股本的金额。

表13-13 所有者权益变动表

年度

编制单位：　　　　　　　　　　　　　　　　　　　　　　　　　　　　　　　　　　　　　　会企04表
单位：元

项目	本年金额							上年金额						
	实收资本（或股本）	资本公积	减：库存股	其他综合收益	盈余公积	未分配利润	所有者权益合计	实收资本（或股本）	资本公积	减：库存股	其他综合收益	盈余公积	未分配利润	所有者权益合计
一、上年年末余额														
加：会计政策变更														
前期差错更正														
二、本年年初余额														
三、本年增减变动金额（减少以"－"号填列）														
（一）综合收益总额														
（二）所有者投入和减少资本														
1. 所有者投入资本														
2. 股份支付计入所有者权益的金额														
3. 其他														
（三）利润分配														
1. 提取盈余公积														
2. 对所有者（或股东）的分配														
3. 其他														
（四）所有者权益内部结转														
1. 资本公积转增资本（或股本）														
2. 盈余公积转增资本（或股本）														
3. 盈余公积弥补亏损														
4. 其他														
四、本年年末余额														

"资本公积转增资本(或股本)"项目,反映企业以资本公积转增资本或股本的金额。"盈余公积转增资本(或股本)"项目,反映企业以盈余公积转增资本或股本的金额。"盈余公积弥补亏损"项目,反映企业以盈余公积弥补亏损的金额。

(三)所有者权益变动表项目的填列方法

1. 上年金额栏的填列方法

所有者权益变动表"上年金额"栏内各项数字,应根据上年度所有者权益变动表"本年金额"栏内所列数字填列。如果上年度所有者权益变动表规定的各个项目的名称和内容同本年度不相一致,应对上年度所有者权益变动表各项目的名称和数字按本年度的规定进行调整,填入所有者权益变动表"上年金额"栏内。

2. 本年金额栏的填列方法

所有者权益变动表"本年金额"栏内各项数字一般应根据"实收资本(或股本)""资本公积""其他综合收益""盈余公积""利润分配""库存股""以前年度损益调整"等科目的发生额分析填列。

企业的净利润及其分配情况作为所有者权益变动的组成部分,不需要单独设置利润分配表列示。

三、一般企业所有者权益变动表编制举例

[例13-4] 下面仍以第二节甲有限责任公司20×8年的资料为例,编制的所有者权益变动表如表13-14所示。

第六节 会计报表附注

一、会计报表附注概述

(一)会计报表附注的概念

会计报表附注是财务会计报表不可或缺的组成部分,是对在资产负债表、利润表、现金流量表和所有者权益变动表等报表中列示项目的文字描述或明细资料,以及对未能在这些报表中列示项目的说明等。

财务报表中的数字是经过分类与汇总后的结果,是对企业发生的经济业务的高度简化和浓缩的数字,如有没有形成这些数字所使用的会计政策、理解这些数字所必需的披露,财务报表就不可能充分发挥效用。因此,附注与资产负债表、利润表、现金流量表、所有者权益变动表等报表具有同等的重要性,是财务报表的重要组成部分。报表使用者了解企业的财务状况、经营成果和现金流量,应当全面阅读附注。

(二)会计报表附注披露的基本要求

(1)会计报表附注披露的信息应是定量、定性信息的结合,从而能从量和质两个角

第十三章 财务报告

表13-14 所有者权益变动表

20×8年度

编制单位：甲有限责任公司　　　　　　　　　　　　　　　　　　　　　　　　　会企04表
　　　　　　　　　　　　　　　　　　　　　　　　　　　　　　　　　　　　　单位：元

项目	本年金额							上年金额						
	实收资本（或股本）	资本公积	减：库存股	其他综合收益	盈余公积	未分配利润	所有者权益合计	实收资本（或股本）	资本公积	减：库存股	其他综合收益	盈余公积	未分配利润	所有者权益合计
一、上年末余额	14 400 000	445 200			240 000	210 000	15 295 200							
加：会计政策变更														
前期差错更正														
二、本年初余额	14 400 000	445 200			240 000	210 000	15 295 200							
三、本年增减变动金额（减少以"-"号填列）						1 063 731	1 063 731							
（一）综合收益总额						1 063 731	1 063 731							
（二）所有者投入和减少资本														
1. 所有者投入资本														
2. 股份支付计入所有者权益的金额														
3. 其他														
上述（一）和（二）小计														
（二）所有者投入和减少资本														
1. 所有者投入资本														
2. 股份支付计入所有者权益的金额														

续表

项目	本年金额							上年金额						
	实收资本(或股本)	资本公积	减:库存股	其他综合收益	盈余公积	未分配利润	所有者权益合计	实收资本(或股本)	资本公积	减:库存股	其他综合收益	盈余公积	未分配利润	所有者权益合计
3. 其他														
(三) 利润分配														
1. 提取盈余公积					159 559.64	−159 559.64								
2. 对所有者(或股东)的分配						−124 171.36	−124 171.36							
3. 其他														
(四) 所有者权益内部结转														
1. 资本公积转增资本(或股本)														
2. 盈余公积转增资本(或股本)														
3. 盈余公积弥补亏损														
4. 其他														
四、本年年末余额	14 400 000	445 200			399 559.64	990 000	16 234 759.64							

度对企业经济事项完整的进行反映,也才能满足信息使用者的决策需求。

(2) 会计报表附注应当按照一定的结构进行系统合理的排列和分类,有顺序地披露信息。由于附注的内容繁多,因此更应按逻辑顺序排列,分类披露,条理清晰,具有一定的组织结构,以便于使用者理解和掌握,也更好地实现财务报表的可比性。

(3) 会计报表附注相关信息应当与资产负债表、利润表、现金流量表和所有者权益变动表等报表中列示的项目相互参照,以有助于使用者联系相关联的信息,并由此从整体上更好地理解财务报表。

二、会计报表附注披露的内容

会计报表附注应当按照如下顺序披露有关内容。

(一) 企业的基本情况

(1) 企业注册地、组织形式和总部地址。

(2) 企业的业务性质和主要经营活动,如企业所处的行业、所提供的主要产品或服务、客户的性质、销售策略、监管环境的性质等。

(3) 母公司以及集团最终母公司的名称。

(4) 财务报告的批准报出者和财务报告批准报出日。

(二) 财务报表的编制基础

(三) 遵循企业会计准则的声明

企业应当声明编制的财务报表符合企业会计准则的要求,真实、完整地反映了企业的财务状况、经营成果和现金流量等有关信息。以此明确企业编制财务报表所依据的制度基础。

如果企业编制的财务报表只是部分地遵循了企业会计准则,附注中不得做出这种表述。

(四) 重要会计政策和会计估计

根据财务报表列报准则的规定,企业应当披露采用的重要会计政策和会计估计,不重要的会计政策和会计估计可以不披露。

1. 重要会计政策的说明

由于企业经济业务的复杂性和多样化,某些经济业务可以有多种会计处理方法,也即存在不止一种可供选择的会计政策。例如,存货的计价可以有先进先出法、加权平均法、个别计价法等;固定资产的折旧,可以有平均年限法、工作量法、双倍余额递减法、年数总额法等。企业在发生某项经济业务时,必须从允许的会计处理方法中选择适合本企业特点的会计政策,企业选择不同的会计处理方法,可能极大地影响企业的财务状况和经营成果,进而编制出不同的财务报表。为了有助于报表使用者理解,有必要对这些会计政策加以披露。

要特别指出的是,说明会计政策时还需要披露下列两项内容。

(1) 财务报表项目的计量基础。会计计量属性包括历史成本、重置成本、可变现净值、现值和公允价值,这直接显著影响报表使用者的分析,这项披露要求便于使用者了解企业财务报表中的项目是按何种计量基础予以计量的,如存货是按成本还是可变现净值计量等。

(2) 会计政策的确定依据,主要是指企业在运用会计政策过程中所作的对报表中确认的项目金额最具影响的判断。例如,企业如何判断持有的金融资产是持有至到期的投资而不是交易性投资;对于拥有的持股不足50%的关联企业,企业为何判断企业拥有控制权因此将其纳入合并范围;企业如何判断与租赁资产相关的所有风险和报酬已转移给企业从而符合融资租赁的标准;以及投资性房地产的判断标准是什么等,这些判断对在报表中确认的项目金额具有重要影响。因此,这项披露要求有助于使用者理解企业选择和运用会计政策的背景,增加财务报表的可理解性。

2. 重要会计估计的说明

财务报表列报准则强调了对会计估计不确定因素的披露要求,企业应当披露会计估计中所采用的关键假设和不确定因素的确定依据,这些关键假设和不确定因素在下一会计期间内很可能导致对资产、负债账面价值进行重大调整。

在确定报表中确认的资产和负债的账面金额过程中,企业有时需要对不确定的未来事项在资产负债表日对这些资产和负债的影响加以估计。例如,固定资产可收回金额的计算需要根据其公允价值减去处置费用后的净额与预计未来现金流量的现值两者之间的较高者确定,在计算资产预计未来现金流量的现值时需要对未来现金流量进行预测,并选择适当的折现率,应当在附注中披露未来现金流量预测所采用的假设及其依据、所选择的折现率为什么是合理的等。又如,为正在进行中的诉讼提取准备时最佳估计数的确定依据等。这些假设的变动对这些资产和负债项目金额的确定影响很大,有可能会在下一个会计年度内作出重大调整。因此,强调这一披露要求,有助于提高财务报表的可理解性。

(五) 会计政策和会计估计变更以及差错更正的说明

企业应当按照《企业会计准则第28号——会计政策、会计估计变更和差错更正》及其应用指南的规定,披露会计政策和会计估计变更以及差错更正的有关情况。

(六) 报表重要项目的说明

企业应当以文字和数字描述相结合,尽可能以列表形式披露报表重要项目的构成或当期增减变动情况,并且报表重要项目的明细金额合计,应当与报表项目金额相衔接。在披露顺序上,一般应当按照资产负债表、利润表、现金流量表、所有者权益变动表的顺序及其项目列示的顺序。

(七) 其他需要说明的重要事项

这主要包括或有和承诺事项、资产负债表日后非调整事项、关联方关系及其交易等,具体的披露要求须遵循相关准则的规定。

第七节　中期财务报告

一、中期财务报告概述

中期财务报告是指以中期为基础编制的财务报告。"中期",是指短于一个完整的会计年度(自公历1月1日起至12月31日止)的报告期间,它可以是一个月、一个季度或者半年度,也可以是其他短于一个会计年度的期间,如1月1日至9月30日的期间等。可见,中期财务报告包括月度财务报告、季度财务报告、半年度财务报告,也包括年初至本中期末的财务报告。

根据中期财务报告准则规定,中期财务报告至少应当包括以下部分:(1)资产负债表;(2)利润表;(3)现金流量表;(4)会计报表附注。这是中期财务报告最基本构成。

在编制中期财务报告时,应注意以下三点:

(1)资产负债表、利润表、现金流量表和附注是中期财务报告至少应当编制的法定内容,对其他财务报表或者相关信息,如所有者权益变动表等,企业可以根据需要自行决定。

(2)中期资产负债表、利润表和现金流量表的格式和内容,应当与上年度财务报表相一致。但如果当年新施行的会计准则对财务报表格式和内容作了修改的,中期财务报表应当按照修改后的报表格式和内容编制,与此同时,在中期财务报告中提供的上年度比较财务报表的格式和内容也应当作相应的调整。

(3)中期财务报告中的附注相对于年度财务报告中的附注而言,可以适当简化。

二、中期财务报告的编制

(一)中期财务报告应遵循的原则

1. 应当遵循与年度财务报告相一致的会计政策原则

企业在编制中期财务报告时,应当将中期视同为一个独立的会计期间,所采用的会计政策应当与年度财务报表所采用的会计政策相一致,包括会计要素确认和计量原则相一致。企业在编制中期财务报告时不得随意变更会计政策。

2. 应当遵循重要性原则

重要性原则是企业编制中期财务报告的一项十分重要的原则。在遵循重要性原则时应注意以下两点:

(1)重要性程度的判断应当以中期财务数据为基础,而不得以预计的年度财务数据为基础。这里所指的"中期财务数据",既包括本中期的财务数据,也包括年初至本中期末的财务数据。

(2) 重要性程度的判断需要根据具体情况作具体分析和职业判断。通常,在判断某一项目的重要性程度时,应当将项目的金额和性质结合在一起予以考虑,而且在判断项目金额的重要性时,应当以资产、负债、净资产、营业收入、净利润等直接相关项目数字作为比较基础,并综合考虑其他相关因素。

3. 应当遵循及时性原则

编制中期财务报告的目的是为了向会计信息使用者提供比年度财务报告更加及时的信息,以提高会计信息的决策有用性。中期财务报告所涵盖的会计期间短于一个会计年度,其编报的时间通常也短于年度财务报告,所以,中期财务报告应当能够提供比年度财务报告更加及时的信息。

应当强调的是,中期财务报告编制的重要性和及时性原则是企业编制中期财务报告时需要特殊考虑的两个原则。同时,对于其他会计原则,比如可比性原则、谨慎性原则、实质重于形式原则等,企业在编制中期财务报告时也应当像年度财务报告一样予以遵循。

(二) 中期财务报告的确认与计量

1. 中期财务报告的确认与计量的基本原则

(1) 中期会计要素的确认和计量原则应当与年度财务报表相一致。

中期财务报告中各会计要素的确认和计量原则应当与年度财务报告所采用的原则相一致。也就是说,企业在中期根据所发生交易或者事项,对资产、负债、所有者权益(股东权益)、收入、费用和利润等会计要素进行确认和计量时,应当符合相应会计要素定义和确认、计量标准,不能因为财务报告期间的缩短(相对于会计年度而言)而改变。比如,不能根据会计年度内以后中期将要发生的交易或者事项来判断当前中期的有关项目是否符合会计要素的定义,也不能人为均衡会计年度内各中期的收益。再如,企业在中期资产负债表日对于待处理财产损益项目,也应当像会计年度末一样,将其计入当期损益,不能递延到以后中期,因为它已经不符合资产的定义和确认标准。

(2) 中期会计计量应当以年初至本中期末为基础。

中期财务报告准则规定,中期会计计量应当以年初至本中期末为基础,财务报告的频率不应当影响年度结果的计量。也就是说,无论企业中期财务报告的频率是月度、季度还是半年度,企业中期会计计量的结果最终应当与年度财务报告中的会计计量结果相一致。为此,企业中期财务报告的计量应当以年初至本中期末为基础,即企业在中期应当以年初至本中期末作为中期会计计量的期间基础,而不应当以本中期作为会计计量的期间基础。

(3) 中期采用的会计政策应当与年度财务报告相一致,会计政策、会计估计变更应当符合规定。

为了保持企业前后各期会计政策的一贯性,以提高会计信息的可比性和有用性,企业在中期不得随意变更会计政策,应当采用与年度财务报告相一致的会计政策。如果上年度资产负债表日之后按规定变更了会计政策,且该变更后的会计政策将在本年度财务报告中采用,中期财务报告应当采用该变更后的会计政策。

2. 季节性、周期性或者偶然性取得收入的确认和计量

中期财务报告准则规定，企业取得季节性、周期性或者偶然性收入应当在发生时予以确认和计量，不应当在中期财务报表中预计或者递延，但会计年度末允许预计或者递延的除外。

3. 会计年度中不均匀发生的费用确认与计量

中期财务报告准则规定，企业在会计年度中不均匀发生的费用，应当在发生时予以确认和计量，不应在中期财务报表中预提或者待摊，但会计年度末允许预提或者待摊的除外。

（三）比较财务报表编制要求

为了提高财务报告信息的可比性、相关性和有用性，企业在中期末除了编制中期末资产负债表、中期利润表和现金流量表之外，还应当提供前期比较财务报表。中期财务报告准则规定，中期财务报告应当按照下列规定提供比较财务报表：

（1）本中期末的资产负债表和上年度末的资产负债表；

（2）本中期的利润表、年初至本中期末的利润表以及上年度可比期间的利润表。其中，上年度可比期间的利润表包括上年度可比中期的利润表和上年度年初至上年可比中期末的利润表；

（3）年初至本中期末的现金流量表和上年度年初至上年可比中期末的现金流量表。

[例13-5] 甲企业按要求需要提供季度财务报告，则该企业在截至20×8年3月31日、6月30日和9月30日分别提供各季度财务报告（即第一、二、三季度财务报告）中就应当分别提供如下财务报表。

（1）20×8年第一季度财务报告应当提供的财务报表（见表13-15）。

表13-15

报表类别	本年度中期财务报表时间（期间）	上年度比较财务报表时间（期间）
资产负债表	20×8年3月31日	20×7年12月31日
利润表	20×8年1月1日至3月31日	20×7年1月1日至3月31日
现金流量表	20×8年1月1日至3月31日	20×7年1月1日至3月31日

（2）20×8年第二季度财务报告应当提供的财务报表（见表13-16）。

表13-16

报表类别	本年度中期财务报表时间（期间）	上年度比较财务报表时间（期间）
资产负债表	20×8年6月30日	20×7年12月31日
利润表（本中期）	20×8年4月1日至6月30日	20×7年4月1日至6月30日
利润表（年初至本中期末）	20×8年1月1日至6月30日	20×7年1月1日至6月30日
现金流量表	20×8年1月1日至6月30日	20×7年1月1日至6月30日

(3) 20×8 年第三季度财务报告应当提供的财务报表(见表 13-17)。

表 13-17

报 表 类 别	本年度中期财务报表时间(期间)	上年度比较财务报表时间(期间)
资产负债表	20×8 年 9 月 30 日	20×7 年 12 月 31 日
利润表(本中期)	20×8 年 7 月 1 日至 9 月 30 日	20×7 年 7 月 1 日至 9 月 30 日
利润表 (年初至本中期末)	20×8 年 1 月 1 日至 9 月 30 日	20×7 年 1 月 1 日至 9 月 30 日
现金流量表	20×8 年 1 月 1 日至 9 月 30 日	20×7 年 1 月 1 日至 9 月 30 日

应当说明的是,企业在中期财务报告中提供比较财务报表时,应当注意以下三个方面。

(1) 企业在中期内按新会计准则的规定,对财务报表项目进行了调整,则上年度比较财务报表项目及其金额应当按照本年度中期财务报表的要求进行重新分类,以确保其与本年度中期财务报表的相应信息相互可比。同时,企业还应当在附注中说明财务报表项目重新分类的原因及内容。

(2) 企业在中期内发生了会计政策变更的,其累积影响数能合理确定且涉及本会计年度以前中期财务报表净损益和其他相关项目数字的,应当予以追溯调整,视同该会计政策在整个会计年度一贯采用;对于比较财务报表可比期间以前的会计政策变更的累积影响数,应当根据规定调整比较财务报表最早期间的期初留存收益,财务报表其他相关项目的数字也应当一并调整。同时,在附注中说明会计政策变更的性质、内容、原因及其影响数;无法追溯调整的,应当说明原因。

(3) 对于在本年度中期内发生的调整以前年度损益事项,企业应当调整本年度财务报表相关项目的年初数,同时,中期财务报告中相应的比较财务报表也应当为已经调整以前年度损益后的报表。

(四) 中期财务报告附注

1. 中期财务报告附注编制要求

中期财务报告附注是对中期资产负债表、利润表、现金流量表等报表中列示项目的文字描述或明细阐述,以及对未能在这些报表中列示项目的说明等。其目的是使财务报告信息对会计信息使用者的决策更加相关、有用,但同时又要考虑成本效益原则。

(1) 中期财务报告附注应当以年初至本中期末为基础编制。

编制中期财务报告的目的是为了向报告使用者提供自上年度资产负债表日之后所发生的重要交易或者事项,因此,中期财务报告附注应当以"年初至本中期末"为基础进行编制,而不应当仅仅只披露本中期所发生的重要交易或者事项。

(2) 中期财务报告附注应当对自上年度资产负债表日之后发生的重要交易或者事项进行披露。

为了全面反映企业财务状况、经营成果和现金流量,中期财务报告准则规定,中期财务报告附注应当以年初至本中期末为基础编制,披露自上年度资产负债表日之后发生的,有助于理解企业财务状况、经营成果和现金流量变化情况的重要交易或者事项。此外,对于理解本中期财务状况、经营成果和现金流量有关的重要交易或者事项,也应当在附注中作相应披露。

2. 中期财务报告附注披露内容

中期财务报告准则规定,中期财务报告附注至少应当包括以下十四个方面的信息。

(1) 中期财务报告所采用的会计政策与上年度财务报表相一致的声明。企业在中期会计政策发生变更的,应当说明会计政策变更的性质、内容、原因及其影响数;无法进行追溯调整的,应当说明原因。

(2) 会计估计变更的内容、原因及其影响数;影响数不能确定的,应当说明原因。

(3) 前期差错的性质及其更正金额;无法进行追溯重述的,应当说明原因。

(4) 企业经营的季节性或者周期性特征。

(5) 存在控制关系的关联方发生变化的情况;关联方之间发生交易的,应当披露关联方关系的性质、交易类型和交易要素。

(6) 合并财务报表的合并范围发生变化的情况。

(7) 对性质特别或者金额异常的财务报表项目的说明。

(8) 证券发行、回购和偿还情况。

(9) 向所有者分配利润的情况,包括在中期内实施的利润分配和已提出或者已批准但尚未实施的利润分配情况。

(10) 根据《企业会计准则第35号——分部报告》规定披露分部报告信息的,应当披露主要报告形式的分部收入与分部利润(亏损)。

(11) 中期资产负债表日至中期财务报告批准报出日之间发生的非调整事项。

(12) 上年度资产负债表日以后所发生的或有负债和或有资产的变化情况。

(13) 企业结构变化情况,包括企业合并,对被投资单位具有重大影响、共同控制或者控制关系的长期股权投资的购买或者处置,终止经营等。

(14) 其他重大交易或者事项,包括重大的长期资产转让及其出售情况、重大的固定资产和无形资产取得情况、重大的研究和开发支出、重大的资产减值损失情况等。

企业在提供上述第(5)项和第(10)项有关关联方交易、分部收入与分部利润(亏损)信息时,应当同时提供本中期(或者本中期末)和本年度初至本中期末的数据,以及上年度可比中期(或者可比期末)和可比年初至本中期末的比较数据。

本章小结

财务报告是企业正式对外揭示或表述财务信息的总结性书面文件。在我国市场经济中,由于所有权与经营权分离,企业必须面向市场,进行筹资、投资和经营活动,这在客观上要求企业向市场披露信息以便帮助现在和潜在的投资者、债权人和其他信息使用者对投资、信贷等作出正确的决策。

我国会计准则规定,企业对外提供的财务报告由资产负债表、利润表、现金流量表、所有者权益变动表和会计报表附注构成(简称"四表一注")。

资产负债表是反映企业在某一特定日期(期末)财务状况的会计报表。通过资产负债表,可以了解企业在这一特定日期拥有或控制的经济资源、企业所承担的各项债务和所有者对企业净资产享有的剩余权益。

利润表是反映企业在一定会计期间(如月度、季度、半年度、年度)经营成果的报表。通过利润表可以反映企业的获利能力、反映企业的资产利用效率和偿债能力,可以用来评价企业管理当局的业绩。

现金流量表是反映企业一定会计期间内有关现金的流入和流出以及净流量信息的报表。这里的现金是指企业库存现金、可以随时用于支取的存款、其他货币资金以及现金等价物。我国现金流量表会计准则将现金流量分为经营活动产生的现金流量、投资活动产生的现金流量、筹资活动产生的现金流量三大类。

所有者权益变动表是反映企业构成所有者权益的各组成部分当期的增减变动情况的报表。

会计报表附注是财务会计报表不可或缺的组成部分,是对在资产负债表、利润表、现金流量表和所有者权益变动表等报表中列示项目的文字描述或明细资料,以及对未能在这些报表中列示项目的说明。

中期财务报告是指以中期为基础编制的财务报告。这里讲的"中期",是指短于一个完整的会计年度的报告期间。编制中期财务报告的目的是为了向会计信息使用者提供比年度财务报告更加及时的信息,以提高会计信息的决策有用性。

 名词中英对照

资产负债表	balance sheet
利润表	income statement
每股收益	earnings per share
基本每股收益	basic earnings per share
可转换公司债券	convertible bond
财务报表	financial statement
流动资产	current assets
营业周期	operating cycle
流动负债	current liabilities

账户式	account form
报告式	report form
所有者权益变动表	statement of changes in owners' equity
现金流量表	cash flow statement
经营活动	operating activities
投资活动	investing activities
筹资活动	financing activities
关联方	related party
关联方交易	related party transactions

 复习思考题

1. 财务报告的作用有哪些？
2. 财务报告由哪几部分组成？
3. 资产负债表的作用是什么？
4. 资产负债表的编制依据是什么？
5. 资产负债表各项目如何填列？
6. 利润表的作用是什么？如何编制利润表？
7. 现金流量表的作用是什么？
8. 现金流量表的"现金"的含义是什么？
9. 如何编制现金流量表？
10. 如何编制所有者权益变动表？
11. 会计报表附注包括哪些内容？
12. 中期财务报告编制的原则有哪些？

 练习题

1. 甲公司为增值税一般纳税人，适用的增值税税率为17%。2×10年11月30日的科目余额（部分科目）如下表所示。

科目名称	借方余额	贷方余额	科目名称	借方余额	贷方余额
银行存款	27 000		短期借款		17 500
交易性金融资产	800		应付账款		10 000
应收账款	20 000		预收账款		25 600

续表

科目名称	借方余额	贷方余额	科目名称	借方余额	贷方余额
坏账准备		80	应交税费	1 250	
预付账款	3 500		应付利息		3 920
原材料	10 000		实收资本		120 000
库存商品	45 000		资本公积		9 000
持有至到期投资	27 000		盈余公积		5 500
固定资产	64 000		利润分配		4 950
累计折旧		13 000	本年利润		10 000
在建工程	21 000				

假定坏账准备均为应收账款计提。

甲公司12月份有关资料如下：

(1) 本月销售商品不含税售价25 000元，增值税额4 250元，款项尚未收到。商品成本为21 000元；

(2) 收回以前年度已核销的坏账4 800元；

(3) 向承包商支付部分工程款6 500元，工程尚未完工；

(4) 计提本月管理用固定资产折旧1 250元，另用银行存款支付其他管理费用2 000元；

(5) 购入交易性金融资产，买价5 000元，另支付交易费用60元，款项用银行存款支付；

(6) 本月支付已计提的短期借款利息3 500元；

(7) 用银行存款偿还短期借款5 500元；

(8) 发生财务费用283元，均以银行存款支付；

(9) 企业经过对应收账款风险的分析，决定年末按应收账款余额的1%计提坏账准备；

(10) 公司所得税税率为25%，1—11月份的所得税费用已转入本年利润，本月应交所得税为1 198.63元，已用银行存款缴纳，假定不存在纳税调整事项；

(11) 按规定计提的法定盈余公积和任意盈余公积的金额均为1 359.59元。

要求：(1) 根据上述资料，编制相关的会计分录；

(2) 计算甲公司2×10年12月31日资产负债表中下列项目的金额：货币资金、交易性金融资产、应收账款、存货、固定资产、在建工程、短期借款、应付利息、应交税费、资本公积、未分配利润。

2. 大华公司为增值税一般纳税人，适用的增值税税率为17%，所得税税率为25%，产品销售业务为公司主营业务，产品销售价格不含增值税额。产品销售成本按经济业务逐笔结转。大华公司2×10年发生如下经济业务：

（1）向甲公司销售A产品一批，销售价格150万元，产品成本110万元。产品已经发出，并开出增值税专用发票，款项尚未收到。

（2）以支付手续费方式委托乙公司销售A产品一批，协议价格60万元，产品成本36万元。昌盛公司收到乙公司开来的代销清单，乙公司已将代销的该批A产品售出60%。

（3）收到乙公司按含税价的10%扣除手续费后的金额并存入银行。

（4）发出以采用预收款方式向丙公司销售B产品一批，售价50万元，产品成本30万元。款项已于上期收到。

（5）收到丁公司退回的300件A产品。该退货系昌盛公司20×9年售出，售出时每件售价200元，单位成本180元，该货款当时已如数收存银行。昌盛公司用银行存款支付退货款项，退回的A产品验收入库，并按规定开出红字增值税专用发票。

（6）出售交易性金融资产，该交易性金融资产的账面余额为18万元，公允价值变动损益余额为0，收到出售价款20万元，存入银行。

（7）计提已完工工程项目的分期付息长期借款利息6万元；用银行存款支付发生的管理费用5万元，销售费用3万元。

（8）用银行存款支付非公益性捐赠4万元，假定不允许税前扣除。

要求：（1）编制大华公司上述资料（1）—（8）经济业务的会计分录。

（2）计算本期利润总额和本期应交所得税，并做出确认本期应交所得税的账务处理。（不考虑其他纳税调整事项，不确认相关的递延所得税资产和相关的递延所得税负债）

（3）根据以上资料编制大华公司2×10年的利润表。

第十四章 财务报表调整

■ 本章概要 ■

财务报表调整是指企业因会计政策变更、会计估计变更、前期差错更正和资产负债表日后事项的调整而对会计记录和财务报表的调整。从这个意义上讲,财务报表调整是财务报表内容的延伸与扩充,其实质是对财务报表的调整。本章主要阐述的是会计政策变更、会计估计变更、前期差错更正、资产负债表日后事项的含义、原因、内容、方法及对企业财务状况、经营成果和现金流量情况的影响等相关问题。

■ 学习目的与要求 ■

通过本章学习,应当能够了解并掌握:
1. 会计政策及其变更的概念、特点及构成内容;
2. 会计估计及其变更的概念、特点及构成内容;
3. 会计政策变更的条件、会计处理原则及披露;
4. 会计政策变更追溯调整法的程序及核算方法;
5. 会计估计变更的会计核算方法及披露;
6. 不重要的前期差错更正的会计核算方法;
7. 重要的前期会计差错更正的会计核算方法;
8. 资产负债表日后事项的概念、涵盖期间及内容;
9. 资产负债表日后事项的会计核算方法。

第一节 会计政策及其变更

一、会计政策概述

(一) 会计政策的概念

会计政策是指企业在会计确认、计量和报告中所采用的原则、基础和会计处理方法。会计政策包括的会计原则、会计基础和会计处理方法,是指导企业进行会计确认和计量的具体要求。

(1) 会计原则是指按照企业会计准则规定的、适合于企业会计核算所采用的具体会计原则。例如,按收入准则的规定,商品销售收入的确认同时具备五个条件作为收入确认的标准,就属于收入确认的具体会计原则。

(2) 会计基础是指为了将会计原则应用于交易或者事项而采用的基础,主要是计量基础(即计量属性),包括历史成本、重置成本、可变现净值、现值和公允价值等。

(3) 会计处理方法是指企业在会计核算中按照法律、行政法规或者国家统一的会计制度等规定采用或者选择的、适合于本企业的具体会计处理方法。例如,企业按照建造合同准则规定采用的完工百分比法等。

(二) 会计政策的特点

在我国,会计准则属于法规,会计政策所包括的具体会计原则、基础和具体会计处理方法由企业会计准则规定。企业基本上是在法规所允许的范围内选择适合本企业实际情况的会计政策。所以,会计政策具有强制性和多层次的特点。

1. 会计政策的强制性

由于企业经济业务的复杂性和多样化,某些经济业务在符合会计原则和会计基础的要求下,可以有多种会计处理方法。例如,存货的计价,可以有先进先出法、加权平均法、个别计价法等。但是,企业在发生某项经济业务时,必须从允许的会计原则、会计基础和会计处理方法中选择出适合本企业特点的会计政策。

2. 会计政策的层次性

会计政策包括会计原则、会计基础和会计处理方法三个层次。其中,会计原则是指导企业会计核算的具体原则;会计基础是为将会计原则体现在会计核算中而采用的基础;会计处理方法是按照会计原则和会计基础的要求,由企业在会计核算中采用或者选择的、适合于本企业的具体会计处理方法。会计原则、会计基础和会计处理方法三者之间是一个具有逻辑性、密不可分的整体,通过这个整体,会计政策才能得以应用和落实。

(三) 重要的会计政策

判断会计政策是否重要,应当主要考虑与会计政策相关项目的性质和金额:一是判断该项目在性质上是否属于企业日常活动;二是判断项目金额大小的重要性。企业应当披露重要的会计政策,不具有重要性的会计政策可以不予披露,企业应当披露的重要会计政策包括以下十个方面。

(1) 发出存货成本的计量,是指企业确定发出存货成本所采用的会计处理方法。例如,企业发出存货成本的计量是采用先进先出法,还是采用其他计量方法。

(2) 长期股权投资的后续计量,是指企业取得长期股权投资后的会计处理。例如,企业对被投资单位的长期股权投资是采用成本法,还是采用权益法。

(3) 投资性房地产的后续计量,是指企业对投资性房地产进行后续计量所采用的会计处理。例如,企业对投资性房地产的后续计量是采用成本模式,还是采用公允价值模式。

(4) 固定资产的初始计量是指对取得的固定资产初始成本的计量。例如，企业取得的固定资产初始成本是以购买价款为基础进行计量，还是以购买价款的现值为基础进行计量。

(5) 生物资产的初始计量是指对取得的生物资产初始成本的计量。例如，企业为取得生物资产而产生的借款费用是应当予以资本化，还是计入当期损益。

(6) 无形资产的确认是指对无形项目的支出是否确认为无形资产。例如，企业内部研究开发项目开发阶段的支出是确认为无形资产，还是在发生时计入当期损益。

(7) 非货币性资产交换的计量是指非货币性资产交换事项中对换入资产成本的计量。例如，非货币性资产交换是以换出资产的公允价值作为确定换入资产成本的基础，还是以换出资产的账面价值作为确定换入资产成本的基础。

(8) 收入的确认是指收入确认所采用的会计方法。例如，企业确认收入时是按照从购货方已收或应收的合同或协议价款确定销售商品收入金额，还是按照应收的合同或协议价款的公允价值确定销售商品收入金额。

(9) 借款费用的处理是指借款费用的会计处理方法。例如，是采用资本化方法，还是采用费用化方法。

(10) 其他重要会计政策等。

二、会计政策变更的概念

会计政策变更是指企业对相同的交易或者事项由原来采用的会计政策改用另一会计政策的行为。为保证会计信息的可比性，使财务报表使用者在比较企业一个以上期间的财务报表时，能够正确判断企业的财务状况、经营成果和现金流量的趋势，一般情况下，企业采用的会计政策在每一会计期间和前后各期应当保持一致，不得随意变更。否则，势必削弱会计信息的可比性。企业只有在以下两种情况下才可以变更会计政策。

(1) 法律、行政法规或者国家统一的会计制度等要求变更。这种情况是指按照法律、行政法规以及国家统一的会计制度的规定，要求企业采用新的会计政策，即企业应当按照法律、行政法规以及国家统一的会计制度的规定改变原会计政策，按照新的会计政策执行。

(2) 会计政策变更能够提供更可靠、更相关的会计信息。这种情况是指由于经济环境、客观情况的改变，使企业原采用的会计政策所提供的会计信息已不能恰当地反映企业的财务状况、经营成果和现金流量等情况。在这种情况下，应改变原有会计政策，按变更后新的会计政策进行会计处理，以便对外提供更可靠、更相关的会计信息。

三、会计政策变更的会计处理

(一) 会计政策变更的会计处理原则

企业会计政策变更要根据具体情况，分别按以下规定进行会计处理。

(1) 按照法律、行政法规以及国家统一的会计制度等要求变更的情况下，企业应当分别按以下情况进行处理：国家发布相关的会计处理办法的，则按照国家发布相关的会计处理规定进行处理；国家没有发布相关的会计处理办法的，则采用追溯调整法进行会计处理。

（2）会计政策变更能够提供更可靠、更相关的会计信息的情况下，企业应当采用追溯调整法进行会计处理，将会计政策变更的累积影响数调整列报前期最早期初留存收益，其他相关项目的期初余额和列报前期披露的其他比较数据也一并调整。

（3）确定会计政策变更对列报前期影响数不切实可行的，应当从可追溯调整的最早期间期初开始应用变更后的会计政策。

（4）在当期期初确定会计政策变更对以前各期累积影响数不切实可行的，应当采用未来适用法处理。例如，企业因账簿法定保存期限而销毁等，可能使当期期初确定会计政策变更对以前各期累积影响数无法计算，即不切实可行，在这种情况下，会计政策变更应当采用未来适用法进行处理。

（二）追溯调整法

追溯调整法是指对某项交易或事项变更会计政策，视同该项交易或事项初次发生时，即采用变更后的会计政策，并以此对财务报表相关项目进行调整的方法。

追溯调整法的运用通常由以下四步构成：

第一步，计算会计政策变更的累积影响数；

第二步，编制相关项目的调整分录；

第三步，调整列报前期最早期初财务报表相关项目及其金额；

第四步，附注说明。

采用追溯调整法时，对于比较财务报表期间的会计政策变更，应调整各期间净损益各项目和财务报表其他相关项目，视同该政策在比较财务报表期间内一直采用。对于比较财务报表可比期间以前的会计政策变更的累积影响数，应调整比较财务报表最早期间的期初留存收益，财务报表其他相关项目的数字也应一并调整。因此，追溯调整法是将会计政策变更的累积影响数调整列报前期最早期初留存收益，而不计入当期损益。

[例14-1] 甲股份有限公司（以下简称"甲公司"）是一家海洋石油开采公司，于20×2年开始建造一座海上石油开采平台，根据法律法规规定，该开采平台在使用期满后要将其拆除，并要对其造成的环境污染进行整治。20×3年12月15日，该开采平台建造完成并投入使用，建造成本为120 000 000元，预计使用寿命10年，采用平均年限法计提折旧。20×9年1月1日甲公司开始执行企业会计准则，企业会计准则对于具有弃置义务的固定资产，要求将相关弃置费用计入固定资产成本，对之前尚未计入资产成本的弃置费用，应当进行追溯调整。已知甲公司保存的会计资料比较齐备，可以通过会计资料追溯计算。甲公司预计该开采平台弃置费用10 000 000元。假定折现率（即为实际利率）为10%。不考虑企业所得税和其他税法因素影响。该公司按净利润的

10%提取法定盈余公积。

根据上述资料,甲公司的会计处理如下。

(1) 计算确认弃置义务后的累积影响数(见表14-1)。

20×4年1月1日,该开采平台计入资产成本弃置费用的现值=10 000 000×(P/S,10%,10)=10 000 000×0.385 5=3 855 000(元),每年应计提折旧=3 855 000/10=385 500(元)。

表14-1 计算确认弃置义务后的累积影响数 单位:元

年 度	计息金额	实际利率	利息费用①	折旧②	税前差异—(①+②)	税后差异
20×4年	3 855 000	10%	385 500	385 500	−771 000	−771 000
20×5年	4 240 500	10%	424 050	385 500	−809 550	−809 550
20×6年	4 664 550	10%	466 455	385 500	−851 955	−851 955
20×7年	5 131 005	10%	513 100.5	385 500	−898 600.5	−898 600.5
小 计	—	—	1 789 105.5	1 542 000	−3 331 105.5	−3 331 105.5
20×8年	5 644 105.5	10%	564 410.55	385 500	−949 910.55	−949 910.55
合 计	—	—	2 353 516.05	1 927 500	−4 281 016.05	−4 281 016.05

甲公司确认该开采平台弃置费用后的税后净影响额为−4 281 016.05元,即为该公司确认资产弃置费用后的累积影响数。

(2) 应编制会计分录如下。

① 调整确认的弃置费用。

借:固定资产——开采平台——弃置义务　　3 855 000
　　贷:预计负债——开采平台弃置义务　　　3 855 000

② 调整会计政策变更累积影响数。

借:利润分配——未分配利润　　4 281 016.05
　　贷:累计折旧　　　　　　　　　1 927 500
　　　　预计负债——开采平台弃置义务　2 353 516.05

③ 调整盈余公积。

借:盈余公积——法定盈余公积　428 101.61(4 281 016.05×10%)
　　贷:利润分配——未分配利润　　　　　　428 101.61

(3) 报表调整。

甲公司在编制20×9年度的财务报表时,应调整资产负债表的年初数(见表14-2),利润表、股东权益变动表的上年数(见表14-3、表14-4)也应作相应调整。20×9年12月31日资产负债表的期末数栏、股东权益变动表的未分配利润项目上年数栏应以调整后的数字为基础编制。

表 14-2 资产负债表(简表)

编制单位：甲股份有限公司 20×9年12月31日 单位：元

资产	年初余额		负债和股东权益	年初余额	
	调整前	调整后		调整前	调整后
……			……		
固定资产			预计负债	0	6 208 516.05
开采平台	60 000 000	61 927 500	……		
			盈余公积	1 700 000	1 271 898.39
			未分配利润	4 000 000	147 085.56
……			……		

表 14-3 利润表(简表)

编制单位：甲股份有限公司 20×9年度 单位：元

项目	上期金额	
	调整前	调整后
一、营业收入	18 000 000	18 000 000
减：营业成本	13 000 000	13 385 500
……		
财务费用	260 000	824 410.55
……		
二、营业利润	3 900 000	2 950 089.45
……		
四、净利润	4 060 000	3 110 089.45
……		

在利润表中，根据账簿的记录，甲公司重新确认了20×8年度营业成本和财务费用，分别调增385 500元和564 410.55元，其结果为净利润调减949 910.55元。

表 14-4 所有者权益变动表(简表)

编制单位：甲股份有限公司 20×9年度 单位：元

项目	本年金额			
……	……	盈余公积	未分配利润	……
一、上年年末余额		1 700 000	4 000 000	
加：会计政策变更		−428 101.61	−3 852 914.44	
前期差错更正				
二、本年年初余额		1 271 898.39	147 085.56	
……				

(4) 附注说明。

20×9年1月1日,甲股份有限公司按照企业会计准则规定,对20×3年12月15日建造完成并交付使用的开采平台的弃置义务进行确认。此项会计政策变更采用追溯调整法,20×8年的比较报表已重新表述。20×8年运用新的方法追溯计算的会计政策变更累积影响数为—4 281 016.05元。会计政策变更对20×8年度报告的损益的影响为减少净利润949 910.55元,调减20×8年的期末留存收益4 281 016.05元,其中,调减盈余公积428 101.61元,调减未分配利润3 852 914.44元。

(三) 未来适用法

未来适用法是指将变更后的会计政策应用于变更日及以后发生的交易或者事项,或者在会计估计变更当期和未来期间确认会计估计变更影响数的方法。

在未来适用法下,不需要计算会计政策变更产生的累积影响数,也无须重编以前年度的财务报表。变更之日仍保留企业会计账簿记录及财务报表上反映的原有的金额,不因会计政策变更而改变以前年度的既定结果,并在现有金额的基础上再按新的会计政策进行处理。

四、会计政策变更的披露

企业应当在附注中披露与会计政策变更有关的下列信息。

(1) 会计政策变更的性质、内容和原因。其包括对会计政策变更的简要阐述、变更的日期、变更前采用的会计政策和变更后所采用的新会计政策及会计政策变更的原因。例如,依据法律或会计准则等行政法规、规章的要求变更会计政策时,在财务报表附注中应当披露所依据的文件,如对于由于执行企业会计准则而发生的变更,应在财务报表附注中说明"依据《企业会计准则第×号——××》的要求变更会计政策"。

(2) 当期和各个列报前期财务报表中受影响的项目名称和调整金额。其包括采用追溯调整法时,计算出的会计政策变更的累积影响数;当期和各个列报前期财务报表中需要调整的净损益及其影响金额,以及其他需要调整的项目名称和调整金额。

(3) 无法进行追溯调整的,说明该事实和原因以及开始应用变更后的会计政策的时点、具体应用情况。其包括无法进行追溯调整的事实;确定会计政策变更对列报前期影响数不切实可行的原因;在当期期初确定会计政策变更对以前各期累积影响数不切实可行的原因;开始应用新会计政策的时点和具体应用情况。

应当注意的是,在以后期间的财务报表中,不需要重复披露在以前期间的附注中已披露的会计政策变更的信息。

第二节 会计估计及其变更

一、会计估计概述

(一) 会计估计的概念

会计估计是指企业对其结果不确定的交易或事项以最近可利用的信息为基础所作的判断。由于商业活动中内在的不确定因素影响,许多财务报表中的项目不能精确地计量,而只能加以估计。估计涉及以最近可利用的、可靠的信息为基础所作的判断。例如,有的项目可能要求估计:坏账;陈旧过时的存货;应折旧资产的使用寿命或者体现在应折旧资产中的未来经济利益的预期消耗方式;担保债务等。

(二) 会计估计的特点

1. 会计估计的存在是由于经济活动中内在的不确定性因素的影响

在会计核算中,企业总是力求保持会计核算的准确性,但有些交易或事项本身具有不确定性,如固定资产折旧年限、固定资产残余价值、无形资产摊销年限、收入确认等,因而需要根据经验作出估计。在会计核算和信息披露过程中,会计估计是不可避免的,并不削弱其可靠性。

2. 会计估计应当以最近可利用的信息或资料为基础

企业在会计核算中,由于经营活动中内在的不确定性,不得不经常进行估计。一些估计的主要目的是确定资产或负债的账面价值,如坏账准备、担保责任引起的负债;另一些估计的主要目的是确定将在某一期间记录的收益或费用的金额,如某一期间的折旧、摊销的金额。企业在进行会计估计时,通常应根据当时的情况和经验,以一定的信息或资料为基础。但是,随着时间的推移、环境的变化,进行会计估计的基础可能会发生变化,因此,进行会计估计所依据的信息或者资料不得不经常发生变化。由于最新的信息是最接近目标的信息,以其为基础所作的估计最接近实际,所以进行会计估计时,应以最近可利用的信息或资料为基础。

3. 进行会计估计并不会削弱会计核算的可靠性

由于存在会计分期和货币计量的假设,在确认和计量过程中,不得不对许多尚在延续中、其结果不确定的交易或事项予以估计入账。但是,估计是建立在具有确凿证据的前提下,而不是随意的。企业根据当时所掌握的可靠证据作出的最佳估计,不会削弱会计核算的可靠性。

(三) 会计估计的判断

企业会计估计的判断,应当考虑与会计估计相关项目的性质和金额。通常情况下,下列属于会计估计。

(1) 存货可变现净值的确定。

(2) 采用公允价值模式下的投资性房地产公允价值的确定。

(3) 固定资产的预计使用寿命与净残值,固定资产的折旧方法。

(4) 使用寿命有限的无形资产的预计使用寿命与净残值。

(5) 可收回金额按照资产组的公允价值减去处置费用后的净额确定的,确定公允价值减去处置费用后的净额的方法;可收回金额按照资产组预计未来现金流量的现值确定的,预计未来现金流量的确定。

(6) 建造合同或劳务合同完工进度的确定。

(7) 公允价值的确定。

(8) 预计负债初始计量的最佳估计数的确定。

(9) 承租人对未确认融资费用的分摊;出租人对未实现融资收益的分配。

二、会计估计变更

会计估计变更是指由于资产和负债的当前状况及预期经济利益和义务发生了变化,从而对资产或负债的账面价值或者资产的定期消耗金额进行调整。

企业可能由于以下原因而发生会计估计变更。

(1) 赖以进行估计的基础发生了变化。企业某项无形资产的摊销年限原定为15年,以后获得了国家专利保护,该资产的受益年限已变为10年,则应相应调减摊销年限。

(2) 取得了新的信息,积累了更多的经验。企业原对固定资产采用年限平均法按15年计提折旧,后来根据新得到的信息——使用5年后对该固定资产所能生产产品的产量有了比较准确的证据,企业改按工作量法计提固定资产折旧。

三、会计估计变更的会计处理

会计估计变更应采用未来适用法处理,不改变以前期间的会计估计,也不调整以前期间的报告结果。

(1) 如果会计估计的变更仅影响变更当期,有关估计变更的影响应于当期确认。

(2) 如果会计估计的变更既影响变更当期又影响未来期间,有关估计变更的影响在当期及以后各期确认。固定资产的使用寿命或预计净残值的估计发生的变更,常常影响变更当期及资产以后使用年限内各个期间的折旧费用。因此,这类会计估计的变更,应于变更当期及以后各期确认。

会计估计变更的影响数应计入变更当期与前期相同的项目中。

(3) 企业难以对某项变更区分为会计政策变更或会计估计变更的,应当将其作为会计估计变更处理。

[例 14-2] 甲公司于 20×7 年 1 月 1 日起对某管理用设备计提折旧,原价为 42 000 元,预计使用寿命为 8 年,预计净残值为 2 000 元,按年限平均法计提折旧。2×11 年年初,由于新技术发展等原因,需要对原估计的使用寿命和净残值作出修正,修改后该设备预计尚可使用年限为 2 年,预计净残值为 1 000 元。甲公司适用的企业所

得税税率为25%。

甲公司对该项会计估计变更的会计处理如下：

（1）不调整以前各期折旧，也不计算累积影响数；

（2）变更日以后改按新的估计提取折旧。

按原估计，每年折旧额为5 000元，已提折旧4年，共计20 000元，该项固定资产账面价值为22 000元，则第5年相关科目的期初余额如下：

固定资产	42 000
减：累计折旧	20 000
固定资产账面价值	22 000

改变预计使用年限后，从2×11年起每年计提的折旧费用为10 500元[(22 000－1 000)/2]。2×11年不必对以前年度已提折旧进行调整，只需按重新预计的尚可使用年限和净残值计算确定折旧费用，应编制会计分录如下：

借：管理费用	10 500	
贷：累计折旧		10 500

（3）财务报表附注说明。

本公司一台管理用设备成本为42 000元，原预计使用寿命为8年，预计净残值为2 000元，按年限平均法计提折旧。由于新技术发展，该设备已不能按原预计使用寿命计提折旧，本公司于2×11年年初将该设备的预计尚可使用寿命变更为2年，预计净残值变更为1 000元，以反映该设备在目前状况下的预计尚可使用寿命和净残值。此估计变更将减少本年度净利润4 125元[(10 500－5 000)×(1－25%)]。

第三节　前期差错更正

一、前期差错的概念

前期差错是指由于没有运用或错误运用下列两种信息，而对前期财务报表造成省略或错报。

（1）编报前期财务报表时预期能够取得并加以考虑的可靠信息。

（2）前期财务报告批准报出时能够取得的可靠信息。

前期差错通常包括以下三个方面。

（1）计算错误。例如，企业本期应计提折旧200 000元，但由于计算出现差错，得出错误数据为210 000元。

（2）应用会计政策错误。如果企业固定资产达到预定可使用状态后发生的借款费用，也计入该项固定资产成本，予以资本化，则属于采用法律、行政法规或者国家统一的会计准则制度等所不允许的会计政策。

(3) 疏忽或曲解事实以及舞弊产生的影响。例如，企业销售一批商品，商品已经发出，开出增值税专用发票，商品销售收入确认条件均已满足，但企业在期末未将已实现的销售收入入账。

二、前期差错重要性的判断

前期差错按照重要程度分为重要的前期差错和不重要的前期差错。

如果财务报表项目的遗漏或错误表述可能影响财务报表使用者根据财务报表所作出的经济决策，则该项目的遗漏或错误是重要的。重要的前期差错，足以影响财务报表使用者对企业财务状况、经营成果和现金流量作出正确判断。不重要的前期差错，是指不足以影响财务报表使用者对企业财务状况、经营成果和现金流量作出正确判断的前期差错。

前期差错的重要性取决于在相关环境下对遗漏或错误表述的规模和性质的判断。前期差错所影响的财务报表项目的金额或性质，是判断该前期差错是否具有重要性的决定性因素。一般来说，前期差错所影响的财务报表项目的金额越大、性质越严重，其重要性水平越高。

三、前期差错更正的会计处理

（一）不重要的前期差错的会计处理

对于不重要的前期差错，企业不需调整财务报表相关项目的期初数，但应调整发现当期与前期相同的相关项目。属于影响损益的，应直接计入本期与上期相同的净损益项目；属于不影响损益的，应调整本期与前期相同的相关项目。

[例 14-3] 甲公司在 2×13 年发现 2×12 年漏记了管理人员工资 1 000 元。则 2×13 年更正此差错的会计分录如下：

借：管理费用　　　　　　　　　　　　　　　　　　　　1 000
　　贷：应付职工薪酬　　　　　　　　　　　　　　　　　　　1 000

（二）重要的前期差错的会计处理

对于重要的前期差错，如果能够合理确定前期差错累计影响数，则重要的前期差错的更正应采用追溯重述法。追溯重述法是指在发现前期差错时，视同该项前期差错从未发生过，从而对财务报表相关项目进行调整的方法。

如果确定前期差错累计影响数不切实可行，可以从可追溯重述的最早期间开始调整留存收益的期初余额，财务报表其他相关项目的期初余额也应当一并调整，也可以采用未来适用法。

(1) 在编制比较财务报表时，对于比较财务报表期间的重要的前期差错，应调整各该期间的净损益和其他相关项目。

(2) 对于比较财务报表期间以前的重要的前期差错，应调整比较财务报表最早期间的期初留存收益，财务报表其他相关项目的数字也应一并调整。

[例 14-4] 20×9 年 12 月 31 日,甲公司发现 20×8 年公司漏记一项无形资产的摊销费用 300 000 元,所得税申报表中也未扣除该项费用。假定 20×8 年甲公司适用所得税税率为 25%,无其他纳税调整事项。该公司按净利润的 10% 和 5% 提取法定盈余公积和任意盈余公积。假定税法允许调整应交所得税。

(1) 分析前期差错的影响数。

20×8 年少计摊销费用 300 000 元;多计所得税费用 75 000 元(300 000×25%);多计净利润 225 000 元;多计应交税费 75 000 元(300 000×25%);多提法定盈余公积和任意盈余公积 22 500 元(225 000×10%)和 11 250 元(225 000×5%)。

(2) 编制有关项目的调整分录如下:

① 补提无形资产摊销:

借:以前年度损益调整——管理费用	300 000
贷:累计摊销	300 000

② 调整应交所得税:

借:应交税费——应交所得税	75 000
贷:以前年度损益调整——所得税费用	75 000

③ 将"以前年度损益调整"科目余额转入未分配利润:

借:利润分配——未分配利润	225 000
贷:以前年度损益调整——本年利润	225 000

④ 因净利润减少,调减盈余公积:

借:盈余公积——法定盈余公积	22 500
——任意盈余公积	11 250
贷:利润分配——未分配利润	33 750

(3) 财务报表调整和重述(财务报表略)。

甲公司在列报 20×9 年度财务报表时,应调整 20×8 年度财务报表的相关项目。

① 资产负债表项目的调整:

调减无形资产 300 000 元;调减应交税费 75 000 元;调减盈余公积 33 750 元,调减未分配利润 191 250 元。

② 利润表项目的调整:

调增管理费用 300 000 元,调减所得税费用 75 000 元,调减净利润 225 000 元。

③ 所有者权益变动表项目的调整:

调减前期差错更正项目中盈余公积上年金额 33 750 元,未分配利润上年金额 191 250 元,所有者权益合计上年金额 225 000 元。

④ 财务报表附注说明:

本年度发现 20×8 年漏记无形资产摊销 300 000 元,在编制 20×9 年和 20×8 年比较财务报表时,已对该项差错进行了更正。更正后,调减 20×8 年净利润 225 000 元,调增累计摊销 300 000 元。

第四节 资产负债表日后事项

一、资产负债表日后事项的概念及涵盖期间

（一）资产负债表日后事项的概念

资产负债表日后事项是指资产负债表日至财务报告批准报出日之间发生的有利或不利事项。

1. 资产负债表日

资产负债表日是指会计年度末和会计中期期末。中期是指短于一个完整的会计年度的报告期间，包括半年度、季度和月度等。我国会计年度采用公历年度，即1月1日至12月31日。因此，年度资产负债表日是指每年的12月31日，中期资产负债表日是指各会计中期期末。

2. 财务报告批准报出日

公司制企业的财务报告批准报出日是指董事会批准财务报告报出的日期。对于非公司制企业，财务报告批准报出日是指经理（厂长）会议或类似机构批准财务报告报出的日期。

3. 有利事项和不利事项

资产负债表日后事项概念中所称"有利或不利事项"，是指资产负债表日后事项肯定对企业财务状况和经营成果具有一定影响（既包括有利影响，也包括不利影响）。如果某些事项的发生对企业并无任何影响，既不是有利事项，也不是不利事项，也就不属于资产负债表日后事项。

（二）资产负债表日后事项涵盖的期间

资产负债表日后事项涵盖的期间是自资产负债表日次日起至财务报告批准报出日止的一段时间，具体是指报告年度次年的1月1日或报告期下一期间的第一天至董事会或类似权力机构批准财务报告对外公布的日期。财务报告批准报出以后、实际报出之前又发生与资产负债日后事项有关的事项，并由此影响财务报告对外公布日期的，应以董事会或类似机构再次批准财务报告对外公布的日期为截止日期。

二、资产负债表日后事项的内容

资产负债表日后事项包括资产负债表日后调整事项（以下简称调整事项）和资产负债表日后非调整事项（以下简称非调整事项）两类。

（一）调整事项

资产负债表日后调整事项，是指对资产负债表日已经存在的情况提供了新的或进一步证据的事项。

如果资产负债表日及所属会计期间已经存在某种情况，但当时并不知道其存在或者不能知道确切结果，资产负债表日后发生的事项能够证实该情况的存在或者确切结

果,则该事项属于资产负债表日后事项中的调整事项。调整事项能对资产负债表日的存在情况提供追加的证据,并会影响编制财务报表过程中的内在估计。调整事项有两个特点：其一是在资产负债表日或以前已经存在,资产负债表日后得以证实的事项;其二是对按资产负债表日存在状况编制的财务报表产生重大影响的事项。

[例14-5] 甲公司因违约问题被客户起诉。20×9年12月31日人民法院尚未判决,考虑到客户胜诉要求甲公司赔偿的可能性较大,甲公司为此确认了200 000元的预计负债。2×10年2月25日,在甲公司20×9年度财务报告批准对外报出之前,人民法院判决客户胜诉,要求甲公司支付赔偿款300 000元。

本例中,甲公司在20×9年12月31日结账时已经知道客户胜诉的可能性较大,但不知道人民法院判决的确切结果,因此确认了200 000元的预计负债。2×10年2月25日人民法院判决结果为甲公司预计负债的存在提供了进一步的证据。此时,按照20×9年12月31日存在状况编制的财务报告所提供的信息已不能真实反映甲公司的实际情况,应据此对财务报告相关项目的数字进行调整。

(二) 非调整事项

资产负债表日后非调整事项是指表明资产负债表日后发生的情况的事项。

非调整事项的发生不影响资产负债表日企业的财务报表数字,只说明资产负债表日后发生了某些情况。对于财务报告使用者来说,非调整事项说明的情况有的重要,有的不重要;其中重要的非调整事项虽然与资产负债表日的财务报表数字无关,但可能影响资产负债表日以后的财务状况和经营成果,所以应在附注中适当披露。非调整事项的特点是：第一,资产负债表日并未发生或存在,完全是期后才发生的事项;第二,对理解和分析财务报告有重大影响的事项。

[例14-6] 甲公司应收乙公司1 000万元货款。2×14年12月31日乙公司财务状况良好,甲公司预计应收账款可按时收回。乙公司在2×15年1月发生重大火灾,导致甲公司50%的应收账款无法收回。导致甲公司2×14年度应收账款损失的因素是乙公司2×15年1月发生的火灾,应收账款发生损失这一事实在资产负债表日以后才发生,因此乙公司发生火灾导致甲公司应收款项发生坏账的事项属于非调整事项。

(三) 调整事项与非调整事项的区别

资产负债表日后发生的某一事项究竟是调整事项还是非调整事项,取决于该事项表明的情况在资产负债表日或资产负债表日以前是否已经存在。若该情况在资产负债表日或之前已经存在,则属于调整事项;反之,则属于非调整事项。

三、资产负债表日后事项的处理

(一) 资产负债表日后调整事项的处理

企业发生资产负债表日后调整事项,应当调整资产负债表日已编制的财务报表。对于年度财务报表而言,由于资产负债表日后事项发生在报告年度的次年,报告年度的有关账目已经结转,特别是损益类科目在结账后已无余额。因此,年度资产负债表日后发生的调整事项,应分别按以下情况进行处理。

(1) 涉及损益的事项(利润表上的科目),通过"以前年度损益调整"科目核算。调整增加以前年度利润或调整减少以前年度亏损的事项,记入"以前年度损益调整"科目的贷方;反之,记入"以前年度损益调整"科目的借方。调整完成后,应将"以前年度损益调整"科目的贷方或借方余额,转入"利润分配——未分配利润"科目。

涉及损益的调整事项,发生在报告年度所得税汇算清缴后的,应调整本年度(即报告年度的次年)应纳所得税税额。

(2) 涉及利润分配调整的事项(调整提取盈余公积),直接在"利润分配——未分配利润"科目核算。

(3) 不涉及损益及利润分配的事项(资产负债表上的科目),调整相关科目。

(4) 通过上述账务处理后,还应同时调整财务报表相关项目的数字,包括:

① 资产负债表日(上期)编制的财务报表相关项目的期末数(资产负债表)或本年发生数(利润表);

② 当期编制的财务报表相关项目的期初数(资产负债表)或上年数(利润表)。

[**例 14 - 7**] 甲公司因违约于2×13年12月被乙公司告上法庭。乙公司要求甲公司赔偿160万元。2×13年12月31日法院尚未判决,甲公司按或有事项会计准则对该诉讼事项确认预计负债100万元。2×14年3月10日,经法院判决甲公司应赔偿乙公司120万元。甲、乙双方均服从判决。判决当日甲公司向乙公司支付赔偿款120万元。甲、乙两公司2×13年所得税汇算清缴在2×14年4月10日完成(假定该项预计负债产生的损失不允许税前扣除)。公司财务报告批准报出日是次年3月31日,所得税税率为25%,按净利润的10%提取法定盈余公积,提取法定盈余公积后不再作其他分配;调整事项按税法规定均可调整应缴纳的所得税。

本例中,2×14年3月10日的判决证实了甲、乙两公司在资产负债表日(即2×13年12月31日)分别存在现时赔偿义务和获赔权利,因此两公司都应将"法院判决"这一事项作为调整事项进行处理。

1. 甲公司(被告)的应编制会计分录如下:

(1) 记录支付的赔偿款:

借:以前年度损益调整——营业外支出　　　　　　　　　　　　200 000
　　　贷:其他应付款——乙公司　　　　　　　　　　　　　　　　200 000
借:预计负债——未决诉讼　　　　　　　　　　　　　　　　1 000 000
　　　贷:其他应付款——乙公司　　　　　　　　　　　　　　　1 000 000
借:其他应付款——乙公司　　　　　　　　　　　　　　　　1 200 000
　　　贷:银行存款　　　　　　　　　　　　　　　　　　　　　1 200 000

注:资产负债表日后事项如涉及现金收支项目,均不调整报告年度资产负债表的货币资金项目和现金流量表各项目数字(收付实现制的体现)。但在调整会计报表相关数字时,只需调整上述第一笔和第二笔分录,第三笔分录作为2×14年的会计事项处理。

(2) 调整递延所得税资产：

借：以前年度损益调整——所得税费用　　　250 000(1 000 000×25％)
　　　　贷：递延所得税资产　　　　　　　　　　　　　　　　250 000

(3) 调整应交所得税：

借：应交税费——应交所得税　　　　　　　300 000(1 200 000×25％)
　　　　贷：以前年度损益调整——所得税费用　　　　　　　　300 000

(4) 将"以前年度损益调整"科目余额转入未分配利润：

借：利润分配——未分配利润　　　　　　　150 000
　　　　贷：以前年度损益调整——本年利润　　　　　　　　　150 000

(5) 因净利润减少，调减盈余公积：

借：盈余公积——法定盈余公积　　　　　　15 000(150 000×10％)
　　　　贷：利润分配——未分配利润　　　　　　　　　　　　15 000

(6) 调整报告年度财务报表相关项目的数字（财务报表略）。

① 资产负债表项目的调整：

调减递延所得税资产 250 000 元，调减应交税费——应交所得税 300 000 元，调增其他应付款 1 200 000 元，调减预计负债 1 000 000 元，调减盈余公积 15 000 元，调减未分配利润 135 000 元。

② 利润表项目的调整：

调增营业外支出 200 000 元，调减所得税费用 50 000 元，调减净利润 150 000 元。

③ 所有者权益变动表项目的调整：

调减综合收益总额 150 000 元；提取盈余公积项目中盈余公积一栏调减 15 000 元，未分配利润一栏调减 135 000 元。

2. 乙公司（原告）的应编制会计分录如下：

(1) 记录收到的赔款：

借：其他应收款——甲公司　　　　　　　　1 200 000
　　　　贷：以前年度损益调整——营业外收入　　　　　　　1 200 000

借：银行存款　　　　　　　　　　　　　　1 200 000
　　　　贷：其他应收款——甲公司　　　　　　　　　　　　1 200 000

注：资产负债表日后事项如涉及现金收支项目，均不调整报告年度资产负债表的货币资金项目和现金流量表各项目数字。但在调整会计报表相关数字时，只需调整上述第一笔分录，第二笔分录作为 2×14 年的会计事项处理。

(2) 调整应交所得税：

借：以前年度损益调整——所得税费用　　　300 000(1 200 000×25％)
　　　　贷：应交税费——应交所得税　　　　　　　　　　　300 000

(3) 将"以前年度损益调整"科目余额转入未分配利润：

借：以前年度损益调整——本年利润　　　　900 000
　　　　贷：利润分配——未分配利润　　　　　　　　　　　900 000

(4) 因净利润增加,补提盈余公积:

借:利润分配——未分配利润　　　　　　　　　　　　　　90 000
　　贷:盈余公积——法定盈余公积　　　　　90 000(900 000×10%)

(5) 调整报告年度财务报表相关项目的数字(财务报表略)。

① 资产负债表项目的调整:

调增其他应收款 1 200 000 元;调增应交税费 300 000 元;调增盈余公积 90 000 元,调增未分配利润 810 000 元。

② 利润表项目的调整:

调增营业外收入 1 200 000 元,调增所得税费用 300 000 元,调增净利润 900 000 元。

③ 所有者权益变动表项目的调整:

调增综合收益总额 900 000 元;提取盈余公积项目中盈余公积一栏调增 90 000 元,未分配利润一栏调增 810 000 元。

(二) 资产负债表日后非调整事项的处理

资产负债表日后发生的非调整事项是表明资产负债表日后发生的情况的事项,与资产负债表日存在状况无关,不应当调整资产负债表日的财务报表。但是,有的非调整事项由于事项重大,对财务报告使用者具有重大影响,如不加以说明,将不利于财务报告使用者作出正确估计和决策,因此,应在附注中对其性质、内容及对财务状况和经营成果的影响加以披露。

对于资产负债表日后发生的非调整事项,应当在报表附注中披露每项重要的资产负债表日后非调整事项的性质、内容,及其对财务状况和经营成果的影响。无法作出估计的,应当说明原因。

资产负债表日后非调整事项的主要情形有:

(1) 资产负债表日后发生重大诉讼、仲裁、承诺;

(2) 资产负债表日后资产价格、税收政策、外汇汇率发生重大变化;

(3) 资产负债表日后因自然灾害导致资产发生重大损失;

(4) 资产负债表日后发行股票和债券以及其他巨额举债;

(5) 资产负债表日后资本公积转增资本;

(6) 资产负债表日后发生巨额亏损;

(7) 资产负债表日后发生企业合并或处置子企业;

(8) 资产负债表日后,企业利润分配方案中拟分配的以及经审议批准宣告发放的股利或利润。

资产负债表日后,企业利润分配方案中拟分配的以及经审议批准宣告发放的股利或利润,不确认为资产负债表日负债,但应当在财务报表附注中单独披露。

▌本章小结▐

会计政策,是指企业在会计确认、计量和报告中所采用的原则、基础和会计处理方法。会计政策包括的会计原则、会计基础和会计处理方法,是指导企业进行会计确认和计量的具体要求。会计政策变更,是指企业对相同的交易或者事项由原来采用的会计政策改用另一会计政策的行为。

会计估计,是指企业对结果不确定的交易或者事项以最近利用的信息为基础所作的判断。会计估计变更,是指由于资产和负债的当前状况及预期经济利益和义务发生了变化,从而对资产或负债的账面价值或者资产的定期消耗金额进行调整。企业对会计估计变更应当采用未来适用法处理。

前期差错,是指由于没有运用或错误运用相关的两种信息,而对前期财务报表造成省略或错报。前期差错按照重要程度分为重要的前期差错和不重要的前期差错。重要的前期差错,足以影响财务报表使用者对企业财务状况、经营成果和现金流量作出正确判断。不重要的前期差错,是指不足以影响财务报表使用者对企业财务状况、经营成果和现金流量作出正确判断的前期差错。企业应当采用追溯重述法更正重要的前期差错。

资产负债表日后事项是指资产负债表日至财务报告批准报出日之间发生的有利或不利事项。资产负债表日后事项包括资产负债表日后调整事项和资产负债表日后非调整事项两类。企业发生资产负债表日后调整事项,应当调整资产负债表日已编制的财务报表。对资产负债表日后发生的非调整事项,不应当调整资产负债表日的财务报表。

 ## 名词中英对照

会计政策	accounting policy
会计政策变更	changes in accounting policies
会计估计	accounting estimates
会计估计变更	changes in accounting estimates
资产负债表日后事项	events occurring after the balance sheet date
国际会计准则	International Accounting Standards(IAS)
一般公认会计准则	Generally Accepted Accounting Principles(GAAP)

 ## 案例分析

2013年3月7日,停牌3天的华锐风电自曝因会计出现差错,提前确认了2011年1.68亿元净利润,现在将要对公司2011年度财务报表进行更正并追溯调整。业内人士称,华锐风电此举既虚增了2011年利润,又可以调整后美化2012年财务报表。

华锐风电披露公告称,公司经自查发现,公司2011年度财务报表的有关账务处理存在会计差错。其中会计差错包括所有者权益、营业收入、营业成本以及净利润等四个方面。营业收入差异为9%,会计差错导致的差异为-9.3亿元;净利润差异比例为22%,会计差错导致的差异为-1.68亿元。

华锐风电称,公司关于收入确认的具体依据为同时满足以下三项条件:(1)公司已与客户签订销售合同;(2)货到现场后双方已签署设备验收手续;(3)完成吊装并取得双方认可。而根据目前自查情况,公司发现2011年度确认收入的项目中部分项目设备未到项目现场完成吊装,导致2011年度的销售收入及成本结转存在差错。

案例思考题:华锐风电应如何对2011年的会计差错进行更正?

复习思考题

1. 什么是会计政策变更?举例说明。
2. 什么是会计估计变更?举例说明。
3. 在我国,具备什么条件可以变更会计政策?
4. 简述追溯调整法的调整步骤。
5. 简述会计估计变更的会计处理方法。
6. 会计差错的会计处理方法有哪些?
7. 资产负债表日后事项是如何分类的?
8. 简述资产负债表日后调整事项的原则。
9. 简述资产负债表日后调整事项的会计处理方法。

练习题

1. A公司系上市公司,从20×9年1月1日首次执行企业会计准则,该公司20×9年1月1日将对B公司的一项短期股票投资重新分类为交易性金融资产,假设A公司已按照新的会计科目进行了新旧科目的转换。20×9年1月1日,该短期投资的账面余额为200万元,公允价值为160万元。该公司按净利润的10%提取盈余公积,A公司适用的所得税税率为25%。

要求:

(1)编制A公司20×9年1月1日首次执行企业会计准则的会计分录。

(2)将20×9年1月1日资产负债表部分项目的调整数填入下表。

20×9年1月1日资产负债表部分项目的调整数

项　　目	金额(万元)调增(＋)调减(一)
交易性金融资产	
递延所得税资产	
盈余公积	
未分配利润	

2. 甲公司2×13年5月销售给乙公司一批产品，货款为100万元(含增值税)。乙公司于6月份收到所购物资并验收入库。按合同规定，乙公司应于收到所购物资后两个月内付款。由于乙公司财务状况不佳，到2×13年12月31日仍未付款。甲公司于12月31日编制2×13年财务报表时，已为该项应收账款提取坏账准备5万元。

甲公司12月31日资产负债表上"应收账款"项目的金额为200万元，其中95万元为该项应收账款。甲公司于2×14年1月30日(所得税汇算清缴前)收到法院通知，乙公司已宣告破产清算，无力偿还所欠部分货款。甲公司预计可收回应收账款的60%。

假定企业财务报告批准报出日是次年3月31日，所得税税率为25%，按净利润的10%提取法定盈余公积，提取法定盈余公积后不再作其他分配；调整事项按税法规定均可调整应交纳的所得税；涉及递延所得税资产的，均假定未来期间很可能取得足够的用来抵扣暂时性差异的应纳税所得额；不考虑报表附注中有关现金流量表项目的数字。

要求：请判断该事项是否属于资产负债表日后事项中的调整事项？如果属于，按相关规定进行处理。

主要参考文献

1. 财政部：《企业会计准则》，经济科学出版社，2006年。
2. 财政部：《企业会计准则——应用指南》，中国财政经济出版社，2006年。
3. 财政部会计司编写组：《企业会计准则讲解》，人民出版社，2010年。
4. 中国注册会计师协会：《会计》，中国财政经济出版社，2015年。
5. 中国注册会计师协会：《税法》，中国财政经济出版社，2015年。
6. 中国注册会计师协会：《经济法》，中国财政经济出版社，2015年。
7. 财政部会计资格评价中心：《中级会计实务》，经济科学出版社，2015年。
8. 吴雪斌：《中级财务会计》，人民邮电出版社，2014年。
9. 刘永泽、陈立军：《中级财务会计》，东北财经大学出版社，2014年。
10. 戴德明、林钢、赵西卜：《财务会计》，中国人民大学出版社，2014年。
11. 刘永泽、陈立军：《中级财务会计》，清华大学出版社，2014年。
12. 温美琴、施元冲：《中级财务会计》，人民邮电出版社，2014年。
13. 张雪南：《中级财务会计学习指导》，华东师范大学出版社，2014年。
14. 《企业会计准则第40号——合营安排》(2014年2月17日财政部发布)。
15. 《企业会计准则第41号——在其他主体中权益的披露》(2014年3月14日财政部发布)。
16. 《企业会计准则第30号——财务报表列报》(2014年1月26日财政部发布)。
17. 《企业会计准则第2号——长期股权投资》(2014年3月13日财政部发布)。
18. 《企业会计准则第9号——职工薪酬》(2014年1月27日财政部发布)。
19. 《企业会计准则第39号——公允价值计量》(2014年1月26日财政部发布)。
20. 《企业会计准则——基本准则》(2014年7月23日财政部修订发布)。
21. 《企业会计准则第37号——金融工具列报》(2014年6月20日财政部发布)。

图书在版编目(CIP)数据

中级财务会计教程/刘海燕、王则斌主编. —2 版. —上海：复旦大学出版社，
2015.9(2019.5 重印)
(通用财经类系列)
ISBN 978-7-309-11704-2

Ⅰ.中… Ⅱ.①刘…②王… Ⅲ.财务会计-高等学校-教材 Ⅳ.F234.4

中国版本图书馆 CIP 数据核字(2015)第 190719 号

中级财务会计教程(第二版)
刘海燕 王则斌 主编
责任编辑/鲍雯妍
复旦大学出版社有限公司出版发行
上海市国权路 579 号 邮编：200433
网址：fupnet@fudanpress.com http://www.fudanpress.com
门市零售：86-21-65642857   团体订购：86-21-65118853
外埠邮购：86-21-65109143   出版部电话：86-21-65642845
常熟市华顺印刷有限公司

开本 787×1092 1/16 印张 28.5 字数 577 千
2019 年 5 月第 2 版第 4 次印刷

ISBN 978-7-309-11704-2/F·2180
定价：52.00 元

如有印装质量问题，请向复旦大学出版社有限公司出版部调换。
版权所有 侵权必究